广东省优秀社会科学家文库（系列四）

李凭自选集

李　凭◎著

中山大学出版社

·广州·

图书在版编目（CIP）数据

李凭自选集／李凭著． --广州：中山大学出版社，
2024.11. --（广东省优秀社会科学家文库）． --ISBN
978 - 7 - 306 - 08139 - 1

Ⅰ. K207 - 53

中国国家版本馆 CIP 数据核字第 20247VD821 号

LI PING ZIXUANJI

出 版 人：王天琪

策划编辑：嵇春霞　廖丽玲　邱紫妍

责任编辑：邱紫妍

封面设计：曾　斌

责任校对：蓝若琪

责任技编：靳晓虹

出版发行：中山大学出版社

电　　话：编辑部 020 - 84110283，84113349，84111997，84110779，84110776
　　　　　发行部 020 - 84111998，84111981，84111160

地　　址：广州市新港西路 135 号

邮　　编：510275　　　　传　真：020 - 84036565

网　　址：http://www.zsup.com.cn　　E-mail：zdcbs@ mail.sysu.edu.cn

印 刷 者：佛山市浩文彩色印刷有限公司

规　　格：787mm×1092mm　1/16　32.75 印张　558 千字

版次印次：2024 年 11 月第 1 版　　2024 年 11 月第 1 次印刷

定　　价：115.00 元

如发现本书因印装质量影响阅读，请与出版社发行部联系调换

李 凭

李凭，1948年生于江苏省江阴市蒲鞋桥街。1986年考入北京大学历史系，1989年获博士学位。1989年至2001年，先后任北京图书馆参考研究部资料研究室主任，书目文献出版社社长、总编辑，中国社会科学院历史研究所秦汉魏晋南北朝研究室主任，中国社会科学院研究生院博士生导师。2001年夏至2002年夏，应韩国高等教育财团资助，在韩国国立汉城大学做访问学者，完成课题"从民族关系的角度研究北魏洛阳政权"。2002年至2004年，任浙江大学历史系教授，2003年在新疆喀什师范学院支教，并实地考察边疆民情和少数民族生活形态。2005年应聘华南师范大学A岗特聘教授，任该校中华二十四史研究中心主任。退休后曾应邀担任澳门大学访问教授和澳门科技大学特聘教授。

2004至2014年，三度当选中国魏晋南北朝史学会会长。还曾当选广东图书文化信息协会名誉会长、广府文化研究会副会长。多次获教育部高等学校科学研究优秀成果奖，广东省哲学社会科学优秀成果奖，郭沫若中国历史学奖。代表作是《北魏平城时代》，该书为1997年度国家社会科学基金项目"北魏京畿考察与研究"之成果，1999年获中国社会科学院出版基金资助，2000年由社会科学文献出版社初版，此后由上海古籍出版社出版第二至第四版，2021年由京都大学学术出版会出版日文版。

"广东省优秀社会科学家文库"（系列四）

出 版 说 明

　　哲学社会科学是人们认识世界、改造世界的重要工具，是推动历史发展和社会进步的重要力量。党的十八大以来，以习近平同志为核心的党中央高度重视发展哲学社会科学，习近平总书记亲自主持召开哲学社会科学工作座谈会，就哲学社会科学工作发表一系列重要讲话，作出一系列重要论述和指示批示，对构建中国特色哲学社会科学作出总体部署，有力推动哲学社会科学事业繁荣发展。党的二十届三中全会进一步明确提出"构建中国哲学社会科学自主知识体系"，这是党中央立足完成新的文化使命和哲学社会科学发展规律作出的重大部署，也是新时代我国哲学社会科学发展的战略目标。

　　广东省委省政府深入学习贯彻习近平文化思想，认真落实习近平总书记关于哲学社会科学的重要论述，着力加强组织领导、政策保障、人才培育，扎实推动全省哲学社会科学事业高质量发展。全省广大哲学社会科学工作者自觉立时代之潮头、通古今之变化、发思想之先声，积极为党和人民述学立论、建言献策，涌现出了一大批方向明、主义真、学问高、德行正的优秀社科名家，在推进构建中国哲学社会科学自主知识体系进程中充分展现了岭南学人担当、演绎了广东学界精彩。广东省委宣传部、省社科联组织评出的"广东省优秀社会科学家"就是其中的杰出代表，他们以深厚的学识修养、高尚的人格魅力、先进的学术思想、优秀的学术品格和严谨的治学方法，生动展现了岭南学人的使命担当和时代风采。

遵循自愿出版原则，"广东省优秀社会科学家文库"（系列四）收录了第四届广东省优秀社会科学家中 9 位学者的自选集，包括（以姓氏笔画为序）石佑启（广东外语外贸大学）、李凭（华南师范大学）、李萍（中山大学）、李新春（中山大学）、张卫国（华南理工大学）、张国雄（五邑大学）、胡钦太（广东工业大学）、黄国文（华南农业大学）、黄建华（广东外语外贸大学）。自选集编选的原则是：（1）尽量收集作者最具代表性的学术论文和调研报告，专著中的章节尽量少收。（2）书前有作者的"学术自传"，叙述学术经历，分享治学经验；书末附"作者主要著述目录"。（3）为尊重历史，所收文章原则上不做修改，尽量保持原貌。

这些优秀社会科学家有的年事已高，有的工作繁忙，但对编选工作都高度重视。他们亲自编选，亲自校对，并对全书做最后的审订。他们认真严谨、精益求精的精神和学风，令人肃然起敬，我们在此表示衷心的感谢和崇高的敬意！

我们由衷地希望，本文库能够让读者比较方便地进入这些当代岭南学术名家的思想世界，领略其学术精华，了解其治学方法，感受其思想魅力。希望全省广大哲学社会科学工作者自觉以优秀社会科学家为榜样，始终胸怀"国之大者"，肩负时代使命，勇于担当作为，不断为构建中国哲学社会科学自主知识体系，为广东在推进中国式现代化建设中走在前列作出新的更大贡献！

丛书编委会
2024 年 11 月

目录

第四部分　北朝史迹考实编

学术自传

◎ 李凭

一

我的第一份工作是在建筑工地拌灰浆，然后学习泥工，后来改做测温工，再后来当技术员练习生，也就是工地上的实习施工员。建筑这个行业与我以后从事的历史研究看起来没有什么关系，但是它让我体会到生活的艰辛，认识到高楼大厦起始于砂石的道理。做人不可以好高骛远，只有垒好每一块砖，才能有所贡献。

二十世纪七十年代，教育逐渐恢复，我有幸当了教员，从小学教起。我任教的那所小学，是新疆生产建设兵团建筑工程第一师第二团子弟学校。这所小学不久就戴帽了。所谓"戴帽"，就是它组建了初中部；接着，它又戴帽，有了高中部。随着它的戴帽，我也从小学老师经初中老师成长为高中老师。形势逼人，逼得我不断地读书。我知道自己欠缺许多知识。所以，那所学校既是教人的场所，也正是我教己的地方。我教过语文、地理、政治，教过代数、立体几何、解析几何，都是应需要而临时上阵。对我来说，每一门课都是生疏的，都得熬夜备课，近视的度数不断地加深。但是，我觉得值，因为自学到了知识。这些知识，与我后来的历史研究看似没有关系，其实不然。读书让我感到思想充实了起来。

我与研究历史结缘，是因为要报考研究生。1977年国家恢复了高考，并着手研究生的招生工作。在那个年代，人们对高考是记忆犹新的，对于研究生招生却并不了解。我当时选择报考研究生的想法其实很简单。因为当时我在山西阳泉市第二中学教书，当班主任，班里的学生多数要参加1977年的高考，我觉得跟我的学生一起去考大学不太好意思，但是我很想深造，于是暗自下决心报考研究生。

然而，1977年只有中国科学院系统公布招生简章。自然科学的专业性非常强，没有受过相应的本科教育是摸不着门径的。我只能对着中国科学院的招生简章兴叹而已。不过，在兴叹之余我却发现了希望。我看到古脊椎动物与古人类研究所要招收旧石器时代方向的研究生，导师是贾兰坡先生。贾先生是在北京周口店的山顶洞里发现了三具古人类头骨的著名专家，他的经历和学问令我钦佩。贾先生的考试科目除了英语、政治，还有中国通史、人体解剖学、古人类与古文化学。其中，古人类与古文化学的专业性比较强，但是指定的参考书却是一本通俗读本，即《十万个为什么》第 19 分册。我觉得这几门课程都可以自学，所以就大着胆子报名了。

不料，1977 年的研究生招生推迟，与 1978 年的相应工作合并了。那时候我虽然将几部参考书都已背熟，但是却胆怯了。中国科学院是全国最高的研究机构，而我却没有上过大学，本地教育局的负责人嘲笑我是"想放卫星"，我自己也担心白忙一场。幸而 1978 年许多大学也开始招收研究生，我就放弃了中国科学院，改报了本省的山西大学历史系。由于该准备的一部分考试科目是相同的，比如内容最多的中国通史，我差不多背下来了，因此原本为报考中国科学院所作的准备没有白干。当年我如愿考上山西大学历史系，导师是著名的中国古代史专家杜士铎先生。

入学以后，系总支书记告诉我，山西大学招收研究生的目的是储备师资，当时历史系要重点发展的是考古专业，所以决定让我学习考古。可是，到了第二个学年末，高等教育部下达文件，建立起学位制度，规定研究生要写相应的学位论文。那时候对专业的规定是很严格的，我原本是中国古代史专业的研究生，必须递交中国古代史方面的论文。我只得中断考古学专业的学习，在中国古代史的专业范围选择一个课题，以利完成硕士学位论文。由于山西省古代史上最辉煌的阶段是北魏建都于平城（位于今山西省大同市）的时代，加上我在参加考古专业实习的时候到过云冈石窟，感受到它的雄伟气象，于是我的论文就确定为研究鲜卑拓跋部在平城的活动。

拓跋部在平城活动的时间将近一个世纪，以其整个阶段作为硕士学位论文的研究范围，这个框架无疑过大了。而且，确定该框架的时候我已经处于整个研究生阶段的后期，实际上来不及完成，所以我只好取出其中的一小部分作为学位论文的研究范围。这就是此后在《晋阳学刊》发表的论文《论北魏宗主督护制》和《再论北魏宗主督护制》。

获得硕士学位以后，我到山西人民出版社文教编辑室从事编辑工作。我的业务范围很庞杂，要编辑包括历史、古籍整理、地理、英语、日语等方面的书稿。在历史方面的书稿中，世界史和中国近现代史的书稿数量居多，很少有中国古代史方面的书稿，即使有也与北魏历史不搭界。所以，我的编辑工作实际上与我学过的专业关系不大。不过，我心里绝无抱怨，只为有了一份稳定体面的工作而庆幸。我要对得起这份工作，这样端起饭碗时才吃得香，不愧疚。至于我学过的北魏历史专业，那就成了我的业余爱好。

现在出去参加学术会议，时常会有记者问我关于业余爱好的问题，诸如是否喜欢音乐、美术？爱好哪种体育项目呢？这真让我作难。我年幼时家境贫困多厄，年轻时出走西域，只身在他乡生活，拿学徒工的薪水，每天在建筑工地十余小时地劳作，既没时间，也没金钱去学乐器，或者健身。看到现代青年大谈业余爱好，我十分羡慕和感慨。不过，自从完成硕士学位论文以后，北魏历史确实成为我的精神寄托了。所以，非要让我讲业余爱好，那就是研究北魏历史吧。

我利用业余时间抄写了两纸箱北魏历史资料的卡片，撰写出一些文章。其中有一篇在《光明日报》的"史学版"发表，题为《拓跋珪的历史功绩》，那是我发表的第一篇文章，现在翻看觉得没什么意思，但当时令我备受鼓舞。不久，有些学校开始招收博士研究生，我希望继续深造，于是在工作五年之后我报考了北京大学历史系的博士研究生，导师是魏晋南北朝史的巨擘田余庆先生。在北京大学的三年时间里，我的业余爱好转变为专业研究，我按照原先确定的拓跋部在平城一个世纪的历史的框架完成了博士学位论文。

从北京大学毕业之后，我到北京图书馆（今国家图书馆）工作。北京图书馆虽然是著名的学术殿堂，但又是行政意味十足的机关。我在那里的工作其实与我的研究兴趣有着十分大的隔膜。换而言之，北魏历史研究又成了我的业余爱好，但是我依旧把我的精神寄托放在北魏历史研究上。我们这一代人，学术专业和本职工作不相一致是常见的现象，这就需要好好摆正二者的关系了。本职工作一定要做好，否则对不起薪俸，也难以体面地生活。学术专业虽然成为业余爱好，却能够永远寄托精神。工作如果丢了，还会有机会，学术专业要是丢了，那就没了精神寄托。《晋书》卷46《刘颂传》中记载了刘颂的一段话："所遇不同，故当因时制宜，以尽事适今。"刘颂谈论的内容关乎他那个时代的形势，是否正确理当别论。但是，对待生活与学习的态度却理应如此，由于社会环境的制约，人们不得不因时制宜。或者，应该更加确切地说是因时求宜吧。

二

我的博士学位论文后来修改出版了，题为《北魏平城时代》，时间是2000年，距今已经二十余年了。自那以后，有大量的相关考古材料被发现和发掘出来，也有许多研究北魏平城时代的成果问世。无论从哪个方面讲，我的这本书都是过时之作了。

前面已经说到，最初我想研究北魏平城时代，是因为要写硕士学位论文，是被临时逼出来的。当然，客观上讲，像鲜卑拓跋这样一个北方少数民族的部族，确实非常值得研究。拓跋部兴起于大兴安岭北端，经历曲折的过程来到平城，在那里建立起北魏王朝。根据这个特点，我将这个王朝活跃的接近一个世纪的历史阶段称为北魏平城时代。北魏平城时代发展到鼎盛阶段，紧接着便转折成为北魏洛阳时代。造成如此重大转折的，是著名的孝文帝迁都事件，它在中华大地掀起了汹涌澎湃的民族融合高潮。这个高潮成为中华民族发展历程上的一大亮点，而整个北魏平城时代正是营造这个高潮的准备阶段。由此肯定和强调北魏平城时代在中国古代史上占据着十分重要的地位，应该是毫无问题的。不过，囿于认识上的局限，这个时代的不少光辉景象我没能表述出来，留下许多缺憾。所以，我渴望从学术界诸多新成果中汲取营养，使得这些缺憾逐渐得到弥补。

《北魏平城时代》这部书稿形成如今的规模，经历了比较长的过程。它的雏形是我于1980年设计的硕士学位论文框架，后来充实成为我的博士学位论文。获得博士学位之后，我没有急于将学位论文出版。因为它有缺陷，特别是需要补充考古学方面的营养。所以，1997年我申请了国家社会科学基金项目，此后带着问题多次到大同、洛阳等地做相应的考察，以修订这部论著。1999年我完成该基金项目，同年获得中国社会科学院出版基金，第二年，在社会科学文献出版社出版该书稿，题名为《北魏平城时代》。从1980年确定框架到2000年成形，《北魏平城时代》经历20年才问世。如果再算上2011年由上海古籍出版社再版，2014年由该社出版第三版，以及2023年由该社出版第四版，这本书的修订经历了43

年。不过，这还不算结束，如果有机会，我还将继续努力吸收学术界的新鲜研究成果，还要字斟句酌地继续完善它。

关于北魏平城时代，我最初想过的问题与后来完成时想到的问题并不一样，其中有逐渐深化的过程。最初，我只是想要把拓跋部族的历史展现出来，后来我想把这个民族放到中华民族文明的长河中去思考。这样一来，就不仅要表述这个部族的史实，更要探讨它在历史上存在的意义。中华民族是由许多这样的部落、部族和民族陆续参加进来而发展壮大的。它们之中，有些至今还存在，有些已经消失了。至今还存在者，其实已不是最初的形态了；已经消失者，并非灭亡了，而是融入中华民族大家庭中了，他们的后裔就生活在我们的身边，正在与我们用共同的语言讲着话。中华民族就是由如此众多的部落、部族和民族相继凝聚而成的。所以，通过拓跋部这样一个典型例证，可以探索中华文明能够毫不中断的原因。我之后发表的论文《〈北史〉中的宗族与北朝历史系统——兼论中华文明长存不衰的历史原因》，就是想说明这样的问题。

三

就历史研究而言，从一定意义上讲，研究就是读书，读书才是研究。我在攻读硕士学位和博士学位期间，确实大部分时间都在读与我的专业有密切关系的书籍。但是，工作以后情况就不一样了。我仍然需要不断地读书，大部分时间也要研究问题，不过所读之书、所作的研究，不一定与我的专业相关。因此，从专业研究的角度来看，确实有主业与副业之分。既要把现有的工作做好，又想恪守专业，那就得把大量工作之余的时间投进去，结果就陷入在业余时间干主业的状态。

我离开北京大学以后，到北京图书馆工作，当过图书管理员、资料室主任，后来又做过出版社的总编、社长。那个阶段，上班时间讨论的问题都跟历史研究关系不大，与北魏历史更是毫不搭界，写出来的心得都是图书整理和编辑业务方面的。只有在下班以后的晚间和节假日，我才能抱着《魏书》或《北史》研读，所以后来我为《北朝研究存稿》写《后记》的时候会有关于主业与副业的感慨。在那篇小文章里，我所说的主业指北魏范围以内的文字，是用工作之余的时间写就的；我所说的副业，指北魏范围以外的文字，反倒是因工作的需要完成的。

后来我到中国社会科学院历史研究所从事研究，持续了七年时间。按常情而言，工作和专业一致了，主业和副业合并了。但是实际情况并没有那么简单，因为我担任秦汉魏晋南北朝研究室主任，不但有行政协调事务，还有历史研究所交代的不少项目。这些任务有的是上面下达的，有的是横向联系的，都需要应对，要服从大局。不过，虽然很难投入全部精力去研究北魏历史，但是主要时间可以放在主业上，所以这七年时间令我在心理上感到充足和实在。

从另一个角度看，拓展副业可以使人开阔眼界，会加深对主业的认识，而且写作时也能放得开，还可以收得拢。我写《黄帝历史形象的塑造》这篇论文时就有这样的体会，论述的内容虽然跳出了北魏史，但是最终还是收回到北魏史了。这篇论文于2004年在浙江仙都峰祭祀黄帝时开始构思，先后在浙江大学和华南师范大学的课堂和讲座上作过演示，历经十数次易稿，才于2012年发表。它是我努力将教书与研究结合的成果，也是尽力将主业与副业贯通的作业。这篇论文表面上在谈黄帝历史形象的演变过程，实际上在论述北魏孝文帝的汉化改革问题。

在读《魏书》的时候，我察觉到一个问题，就是《魏书》首卷《序纪》开头第一句话的主语是黄帝。这个现象已被熟视无睹，但我觉得这里有问题。拓跋部是一个少数民族，黄帝怎么可能是拓跋部的祖先？人们都不会相信，然而《魏书》却偏要这样写。带着这个问题，我查二十四史当中其他各部正史，发现以黄帝开头的只有三部书，就是《魏书》《北史》与《史记》。《北史》是在《魏书》的基础上编撰成的，自可不论。那么，《魏书》以黄帝开头是否与《史记》有关系呢？由此，我开始考察《史记》为什么以《黄帝本纪》开篇的问题，后来就进而探索黄帝作为历史形象的塑造过程。

司马迁为了树立典型的帝王样板，就着力地尊崇黄帝，将黄帝置于《史记》诸本纪之首；为了巩固黄帝的崇高形象，就把黄帝塑造成为祖宗的形象。于是，黄帝成了华夏各族独尊的形象。司马迁这样做，其他史家不一定赞同，班固就不同意，但是魏收却赞成，具体表现就是上面所说的《魏书》也同样以黄帝为开端。这样一来，魏收就在司马迁的基础上推进了一大步，将黄帝塑造成为少数民族与汉族共同的祖先，于是黄帝的历史形象被更广泛地弘扬开来。

魏收的做法具有伟大的意义，因为推动了整个中华民族的融合，但是他也受到了许多质疑。那么魏收为什么要这样做呢？为的是总结孝文帝以来拓跋部汉化的成果。孝文帝与魏收的关系，前者是创造历史的人，后者是编撰历史的人。编撰历史的魏收把创造历史的孝文帝的功劳总结到了《魏书》里面。孝文帝的历史功劳主要表现在民族融合方面，他做了两件大事：其一，把黄帝树立为拓跋部的祖先；其二，把大部分北魏统领之部落的姓氏都改为汉姓。这样一来，少数民族也都成了黄帝的后裔，于是汉族与少数民族共同组成一个民族大家庭。

要之，我对黄帝历史形象的研究，最初起于读《魏书》而发现的问题，最终又回到《魏书》，阐释了孝文帝汉化问题。《魏书》与《史记》都以黄帝开头，看似偶然，却引申出中华民族融合的大趋势问题。《黄帝历史形象的塑造》这篇文章，表面上看与北魏历史的关系并不密切，实际上却是非常密切的。

四

虽然历史距离我们遥远了，但是它对现实是有意义的。所以，从事历史研究的我，当然希望更多的人了解我的研究。要达到这个目的，最好的办法有两个，就是将研究成果教学化和通俗化。

在中国社会科学院历史研究所工作期间，经高翔、祝总斌、阎步克三位教授的推荐，我获得韩国高等教育财团的资助，到韩国国立汉城大学（首尔大学的前身）做学术访问。置身于陌生的环境，但是我并不感到寂寞。在那一年的时光里，我潜心研读了大量专业以内的著述，披览了不少专业以外的图书。我后来发表的一些论文有些是在这个时期写成的，有些则在当时构建了框架。在此期间，由于还常在课堂上宣讲悠久的中国历史，并且感受到国际学生的热切反应，我深刻地认识到研究成果应该教学化。

为此，我先后到浙江大学、华南师范大学任教。在浙江大学期间，我主动到位于少数民族地区的喀什师范学院支援教学一年，以便直接面对少数民族的学生，直接考察少数民族的文化，以利获得生动活泼的感性认识。大学是教育机构，应该将教育放在首位；即便以研究生教育为主导的大学，也应该将教育放在第一位，将科研置于第二位。所以，当教员就必须任课，否则对不住手中捧着的饭碗。不应该抱怨教书影响做学问，所谓教学相长，就是强调教授书本与研究学问相辅相成。

课堂是最好的检验学问的场所，我常常有这样的体会。做学问，想清楚和讲清楚有不一样的效果，讲清楚和写清楚也有不一样的效果。有时候苦思冥想一个学术问题，自以为想通了，很高兴，但放到课堂上一讲，却发现逻辑上有问题；把逻辑理顺了，写成文稿，很得意，在课堂上进行讨论时却会出现漏洞，可能还是致命的漏洞。所以，当了教授还应该讲课，最好给一年级的新生讲课。因为一年级新生不熟悉教授本人，也不了解教授的学问，如果能够给他们讲明白，那才说明自己对相关研究真正理解清楚了。这正是我要从研究院调到大学工作的缘故，也正是我坚持要为大学本科低年级的学生上课的理由。

我还赞成将研究成果通俗化。其实，写通俗化作品对自己的研究也是一番严格的审查，能够全面检验自己的认识是否合情合理，能否被大众接受。也就是让更多的人来看看，我的研究有没有道理，有没有意义。历史现象不仅要用可靠的证据加以证明，而且要依赖逻辑加以推理。在研究的过程中会有许多心得，这些心得可能是合理的，但是证据不充足；或者，虽然有证据，却组合不成证据链。处在这两种情况下，都构不成研究成果。然而，如果采用通俗读本的写法，那么许多逻辑上能够想通但是缺乏证明的想法，就可以有机地串联起来，形成一个整体。这样，不但可以表达自己的想法，而且对自己的研究也是一种补充说明。

通俗读本不仅文字应该畅达易懂，而且思想需要凝练。写完通俗读本再回头去看相应的学术专著，就会发现其中的不少缺陷；反之，修改好学术专著，也能进一步修饰与之匹配的通俗读本。所以，学术专著与通俗读本能够相辅相成地相互完善。《北魏平城时代》出版之后，我对应地写了一部《百年拓跋》，目的是将《北魏平城时代》通俗化。写完《百年拓跋》以后，我有了一些新的认识，于是对《北魏平城时代》加以修订，就有了这部研究专著的第二版；返回来我又将《百年拓跋》的文字进行修补，遂而形成这部通俗读物的第二版，即《拓跋春秋》。《拓跋春秋》出版以后，我对再版的《北魏平城时代》又加以修订，于是有了《北魏平城时代》的第三版。接着，我又反过来逐字逐句地修饰《拓跋春秋》，形成这部通俗读物的第三版，即《从草原到中原：拓跋百年》。这两部书稿相辅相成地三次出版，表明学术著作与通俗读本是能够互为补充发展的。最近，《北魏平城时代》的第四版问世了，我又在着手修订《从草原到中原：拓跋百年》，希望将这部通俗读物更加完善地交到读者手中。此处顺便想说的是，写通俗读本的难度绝不亚于写学术著作。通俗化的度其实很难把握，我对自己做过的通俗化工作总是不满意，因此才会一改再改。

按照自选集规定的体例，要写一篇学术自传。我的经历普通简单，只能拉拉杂杂地写出一些心得。回想起来，当泥工已经是半个多世纪之前的事情了，如今路过建筑工地时，我常常喜欢探头往围栏里面看。看到忙碌着的打工仔，我就会想，那正是过去的我。

李凭自选集

第一部分

中华文明继承编

中国历史上的东西南北中

自从中华大地上有了人类，就充满着生机勃勃的景象；在摆脱野蛮进入文明阶段之后，中华先民就一直活跃且不断发展着。各地先民创造出绚丽的文化，随后从西到东、从南到北地传播，进而汇聚在中原；经过凝结升华之后，又从中原散布到东、西、南、北各个方位。正是这种持续进行的文化交流，推动中华文明不断地丰富，从而在文化上表现出多样性。

区域文化形态的多样性潜移默化地影响着社会的经济与政治，造就经济状态与政治形式的差异，从而酝酿出种种社会矛盾。于是，中国古代历史上就一直存在东西南北中的问题。所谓东西南北中的问题，其实质是经济重心与政治中心不相一致，系由经济发展不平衡性与政治追求统一性之间的矛盾引起的。

位于中原西部的渭水流域是中华古人类与古文化的发祥地，可作例证的是蓝田猿人及其文化。但是，作为发祥地，它并不是唯一的，也不是最早的，因为人们还可以列举出元谋猿人及其文化、中国猿人北京种及其文化等等。由此可见，中华大地上的文化，最早并不是从一向被后人视为中心的中原出现并扩散开来的。①

距今约一万年左右，中华先民先后进入新石器时代，已被发现的新石器时代遗址约有上千处，相应的文化遗存遍及中国的各个省区。其中，闻名于世的有河姆渡文化、良渚文化、仰韶文化、马家窑文化等等。这些著名的新石器时代遗址，除仰韶文化外，大多并不位于中原。可见，无论是旧石器时代还是新石器时代，中华古人类与古文化的发祥地均为多源的，中华古文明的形态是多姿多彩的，中华文化的区域特异性是很早便形成了的。

不过，由于气候、物产相对适宜人类的生活与生产，更由于地理位置的适中，黄河中游成为文化交汇的中间地带。于是，黄河中游的文明程度逐渐突显起来，形成凌驾于其他地区之上的趋势，进而为后世所谓中原文

---

① 李凭：《古人类学与古文化学》，载《文史知识》1994 年第 5 期。

化至尊观念的形成奠定了基础。在这种观念的支配下，黄河中游地区才被视为中华文明最为悠久的发祥地。

其实，在黄河中游地区，原本也存在多种不同的文化。上古传说中关于黄帝与炎帝、蚩尤、三苗等部落的相互联合与彼此战争，正是不同文化交流与冲突的集中反映。依靠军事胜利的推动与政治管理的成功，黄帝部落的文化在中原占据了上风。于是，以黄帝部落为中心的政治形式出现了。当然，这仅仅是黄河中游政治中心的雏形。然而这样的雏形是具有号召力的，后来从中华地域的中部、东部和西部分别发展起夏、商、周三代王朝，就是统统以中原为根据地向周边拓展而成的。而这些王朝的政权所在地也就成为新的政治中心，这些中心被后世称作国都或首都，它们成为各代王朝的象征。因此，在夏、商、周等王朝的更替过程中，铲除对方的政治中心，以确立自己的政治中心，就成为政权建设的首要任务。

由于统治范围与实力的限制，夏、商、周等王朝的政治中心具有局限性。当中原以外地区发展的势头强劲起来，西周的政治中心地位便日益丧失，春秋争霸与战国争雄的局面就出现了。不过，春秋争霸的实质是政治势力的逐步归并，归并的结果是数百个小国汇合成为战国七雄。战国七雄又明显地分成西方和东方两大势力，于是就有了历史上的东西之争。秦国在西方，代表中华大地西部的文化。它的势力向东方推进，陆续消灭六国，从而一统天下。这样的统一，是中华大地西部文明与东部文明碰撞、冲突、融汇的过程。其结果是秦朝建立起中央集权的国家，定都于咸阳。换而言之，此时的咸阳被确立为辽阔中华大地的政治中心。对于中原而言，咸阳是偏西的；但是对于秦朝而言，却是东倾了。

此后，刘邦虽然推翻了秦朝，但是他的政权是建立在秦朝的基础上的，所以西汉的政治中心距离咸阳不远，稍稍东移到长安。东汉虽然也是刘姓王朝，但是统治观念较为注重东部，其政治中心便从长安东移到雒阳。就这样，经过不断的文化交流与融汇、军事冲突与政治集中，政治中心逐步从西向东移动，终于占据了中华大地的中央位置，即中原的中心雒阳。

东汉末年局势大乱，洛阳、长安惨遭蹂躏，中华传统的两大国都被破坏殆尽。这样的形势迫使政治中心不得不东移到相对安定的区域，魏晋南北朝时期在太行山东侧不断出现以邺城、中山、信都等城邑为据点或国都的政权便是明证。不过，即便如此，洛阳仍旧不失其政治中心的地位。比如，曹操政治集团虽然以邺城作为根基，但是曹魏政权却建都在洛阳。这说明在统治者的心目中，仍然倾向于以中原之中央为其政治的中心。

不仅汉族如此，入主中原的少数民族统治者居然也具有如此观念。鲜卑拓跋部建立的北魏王朝，在建都平城将近百年之后将国都南迁洛阳，是为中国古代历史上最重大的事件之一。主持迁都的孝文帝选定洛阳作为新都的意义，就在于"洛阳九鼎旧所，七百攸基，地则土中，实均朝贡，惟王建国，莫尚于此"①。政治中心一定要居于中央的地位才能有力地号令全国。北魏迁都洛阳的宗旨，就在于它一定要成为正统的封建王朝。

隋、唐两朝虽然在长安建都，却以洛阳为陪都或东都。隋唐是中国古代史上的辉煌盛世，二者的政治中心却在长安、洛阳之间徘徊。这也再次反映了中华大地政治中心的位移趋向洛阳。不过，经过五代十国的动乱之后，长安与洛阳最终失却了传统的至尊地位。北宋的政治中心虽然仍旧在中原，但是东移到达开封，这是距离较大的位移。

总体来看，北宋以前列朝，虽然兴起的方位不同，但是政治中心的确立与变迁，大多具有力图居中的特点。不过，政治中心的确立与变迁，在客观上会受诸如地理、民族、习俗、经济等各种因素的影响。特别在北宋以后，这些客观因素的影响日益显著，它们促使中华大地的政治中心最终东移到北京，元、明、清三朝就均以北京为都城。在此过程中，影响政治中心变迁的诸因素，如地理、民族、习俗等都在发生作用，而最为关键的则是经济的变化。具体而言，就是河北已经发展成为仅次于江南的经济相对发达地区。

一般认为，中华大地的经济重心原先位于中原，隋唐之后南移至江南。也有研究认为，早在南齐之际经济重心就已经移到江南。② 不可否认的是，在南北朝分裂时期，江南的经济确实具有长足的发展。不过，此时中原的经济虽然因战乱频仍而破败，但是仍然有一块值得重视的经济发展区域，那就是由黄河下游与太行山围拢成的河北地区。

魏晋南北朝时期，由于中原地区持续动荡，形成了大移民的浪潮。移

① 〔北齐〕魏收：《魏书》卷39《李宝传》附《李韶传》载李韶对孝文帝言古事之语，中华书局标点本1974年版。

② 蒋福亚：《魏晋南北朝社会经济史》第一章第五节之二《新经济重心形成时间蠡测》，天津古籍出版社2004年版。

民浪潮的动向虽然不一，但首选的正是距中原最近的河北。河北地处大平原，自然条件良好，适合农作物生长，经过大批移民的开发而成为北方的经济发达地区。东汉以后许多割据势力依赖河北的经济实力而崛起，先是袁绍，继之曹魏，然后是十六国时期的前燕、后赵、冉魏。到北魏、东魏、北齐之时，甚至有"国之资储咸出河北"[①] 的说法。如果说，江南经济的发展对中国近代历史的发展具有深远的影响；那么，也可以认为，河北经济的发展则深刻地影响着中国古代历史发展的动向。北京能够成为元、明、清列朝的首都，就与河北的经济发展具有密切关系。

在中国历史上，政治中心与经济重心往往不相一致，尤其是中央集权的封建帝国时期。比如隋唐时期，经济重心虽然已经东移，但政治中心仍在长安、洛阳一线，既远离江南，也偏离河北。为了解决政治中心与经济重心分离的问题，贯通南北的大运河被凿通了。从历代大运河走势的变化，不难看出政治中心和经济重心之间的紧密关系。在隋唐、北宋时期，大运河是途经开封的，这种状况有别于后来元明清时期的大运河。因为隋唐的陪都在洛阳，而开封则是北宋的国都，它们都要利用大运河运输物资。大运河就像两支虹吸管一样，把河北和江南的粮食、布帛等物资源源不断地吸纳到洛阳、开封，以解决政治中心与经济重心不一致而造成的首都人民的生计问题。

唐朝以后，中国官僚制度的一大特点，就是围绕大运河而制定了一套职官系统，以此保障将经济重心地区的物资运抵政治中心。政治中心与经济重心的脱离，其弊端在于运输物资要增加巨大成本，会造成财政困难。但是也有其利，那就是迫使政治中心必须与经济重心密切联络，从而有助于对全局的掌控。我们从此后的元、明两朝大运河走势的发展变化，更可见历代统治者力图平衡政治与经济的关系所作的努力。在大运河中流淌着的水流就像人体的血液一样，只有血液不断流淌，人才会充满活力，只有大运河之水不断流淌，封建王朝才能整体发展。

中华大地经济的不平衡发展，是引起东西南北中之争的关键因素。在炎黄时期、夏商周时期、春秋战国时期，主要为东西之争；东汉以后，东西之争转化成南北之争；南北朝以后的隋唐、宋元、明清，都以南北之争

---

① 〔唐〕李延寿：《北史》卷15《魏诸宗室·常山王遵传》附《元晖传》载元晖上书论政要语，中华书局标点本1974年版。

为主。随着东西南北中的争斗与演绎，就不断出现政治中心位移的情况。

古代中华民族的发展，主要面临的是区域经济发展的不平衡性，不平衡的经济会不断引发政治之争，因此就需要寻求政治的平衡、经济的平衡，特别是政治与经济的平衡，而寻求平衡的过程则会耗损巨量的社会成本。中国两千多年封建社会发展缓慢，与东西南北中的不平衡状态是密切相关的。

附记：本文是作者于 2012 年 8 月 24 日在中国社会科学杂志社所作演讲的底稿，择要刊登在《中国社会科学报》2013 年 1 月 18 日《时间与空间：文明的成长》系列中，后辑于《朱绍侯九十华诞纪念文集》（李振宏主编，河南大学出版社 2015 年版）。

黄帝历史形象的塑造

前　言

　　属于上古时代的黄帝，在脱离传说境界以后，最初是向神仙偶像发展的；被塑造成历史人物则较晚，是西汉时期的事情。顾颉刚先生将早期黄帝形象的演变过程归纳为六个阶段：

　　（1）黄帝是秦国崇奉的上帝之一（假定《史记·封禅书》语为可信）。

　　（2）加上战国时神仙家的涂饰（战国时方士以燕、齐为盛，而阪泉、涿鹿均为燕地）。

　　（3）为庄子等论道之人所容纳，又加上一层"道"的涂饰。

　　（4）传说既盛，儒家亦不能不容纳，因此推为古代帝王，而有《易系辞》及《五帝德》等记载。

　　（5）既为儒家所取，于是为汉代之道家所攻击，如《庄子》中《在宥》《天运》诸篇之说他太人间化（《庄子》中汉人的作品甚多，例如言"六经"及"三皇、五帝"之文）。

　　（6）汉以后定一尊于儒家，故《易》《礼》《国语》中所说之黄帝竟成为历史。①

照此理解可知，春秋以降，神仙家和论道之人将黄帝涂饰成神仙形象；战国以降，儒家将黄帝推崇为古代帝王，为塑造黄帝的历史形象预设下铺垫；汉武帝独尊儒术以后，"黄帝竟成为历史"。

　　顾颉刚先生又指出：

---

　　①　顾颉刚：《顾颉刚读书笔记》卷1《纂史随笔三》"黄帝故事的演变次序"条，见《顾颉刚全集》，中华书局2011年版，第431页。（同一书再次引用时，仅注明书名和页码）

黄帝传说初至中原，其时儒、墨两显学言古史者皆曰"尧、舜、禹、汤"，未引而远之也，故黄帝遂翘然居首座。《韩非子·外储说左上》曰："郑人有相与争年者，其一人曰'我与尧同年'，其一人曰'我与黄帝之兄同年'。讼此而不决，以后息者为胜耳。"言尧者循儒、墨之旧说，言黄帝之兄者接受新来之说而又增益之也。《史记·孟子荀卿列传》曰："驺衍，……语闳大不经，……先序今以上至黄帝，学者所共术，……推而远之，至天地未生，窈冥不可考而原也。"邹衍，齐人，当战国后期，其时黄帝传说流至中原已久，为学者所共术，群奉为最古之人王，故衍由此而推远之也。自此以来，黄帝之说遂为言古史者所不能废，司马迁冠《五帝本纪》于《史记》全书者以此。[①]

按照这段论述理解，使"黄帝竟成为历史"者是司马迁。

一、中华正史第一本纪

司马迁编撰《史记》，第一卷为《五帝本纪》，五帝之首是黄帝。司马迁这样做的理由，在该卷之末"太史公曰"中有所解释：

> 学者多称五帝，尚矣！然《尚书》独载尧以来；而百家言黄帝，其文不雅驯，荐绅先生难言之。孔子所传宰予问《五帝德》及《帝系姓》，儒者或不传。……予观《春秋》《国语》，其发明《五帝德》《帝系姓》章矣，顾弟弗深考，其所表见皆不虚。《书》缺有间矣，其轶乃时时见于他说。非好学深思，心知其意，固难为浅见寡闻道也。余并论次，择其言尤雅者，故著为本纪书首。[②]

司马迁虽然承认五帝的事迹或者"难言"，或者"不传"，或者内容"缺有间"，但是仍然坚持认为"其所表见皆不虚"，因此"择其言尤雅者"

---

① 《顾颉刚读书笔记》卷16《史林杂识初编》"黄帝"条，见《顾颉刚全集》，第407－408页。

② 〔西汉〕司马迁：《史记》，中华书局标点本1959年版。

第一部分　中华文明继承编

9

为五帝撰写了本纪。

在中华传统文献中，《史记》是影响最深远的经典。但是，作为该书开篇的《五帝本纪》，由于所述对象时代久远，其史料是否可信，在司马迁之后成为长期争论的问题。尤其自 20 世纪初以来，许多学者对《五帝本纪》提出质疑，其中黄帝更是受重点批判乃至被否定的对象。

不过，黄帝的影响甚为广泛，早就超出史学讨论的范畴。如今的黄帝，已经从神仙偶像与历史人物之中超脱出来，升华为中华民族人文初祖，是深入海内外人心的文化符号。因此，继续讨论黄帝形象的问题，仍然具有现实意义。人文初祖形象，是由黄帝的历史人物形象放大与推广而成的；而黄帝的历史人物形象，则脱胎于上古传说。所以，讨论与黄帝相关的问题，又不得不回到原点，再议以往对于《五帝本纪》的批判。

深受西方史学熏陶的史学大师陆懋德先生是否定《五帝本纪》的代表，他认为：

> 司马迁既非黄帝时人，而作《史记》所述之黄帝事迹，又未说明材料出处，而并不见于上古记载，则其来源不明。最多亦只是杂钞周秦人传说，自不能谓为原料。此因所谓原料者，本有同时代的人所留遗之义。《史记》于黄帝事迹，既未说明所用的是何人材料，吾人又焉知其所用者为同时代，或非同时代。[①]

陆懋德先生又认为：

> 吾人试取《史记》首篇《五帝本纪》为例如下：此篇是真本，作者是司马迁，作成于汉时，写定于汉京，已无问题。但此篇之材料不是得之观察，而是得之传闻，且其传闻是取之于《五帝德》《帝系姓》及《尧典》《舜典》等书。前二章已言史料须用同时代的记载。今考《五帝德》《帝系姓》，今在《大戴礼》内，是汉初作品；而《尧典》《舜典》，今在《尚书》内，是周末作品：皆非五帝时的同时代的史料。如此，则《五帝本纪》之价值自见。价值如此，则此

---

① 陆懋德：《史学方法大纲》第二编第二章，见《民国丛书》第三编第 61 册，上海书店影印本 1989 年版，第 29 – 30 页。

篇之不足为信史，不问可知。①

陆懋德先生指出，《五帝本纪》的材料得之于"传闻"，而这些"传闻"都不是出自"五帝时的同时代的史料"。他从文献产生与发展的角度出发，运用史源学的原理加以分析，认定《五帝本纪》"不足为信史"。

陆懋德先生似乎从根本上颠覆了《五帝本纪》，但是我们不得不说他忽略了司马迁所处的时代背景。由于西汉距离上古已经久远，口头的"传闻"很可能会变得模糊或者发生扭曲。由于五帝时代处于文明的早期阶段，是否有当时的文献流传下来已很难说；即使有相关的文献流传下来，也必然是非直接的，数量是很有限的，而且往往是遗存在其他后世文献中的。所以，作为司马迁本人，肯定不能直接"观察"到五帝时代的情景。他撰写《五帝本纪》时，只能从"传闻"之中汲取史料，或者转述他所能见到的间接的文献记载。而他听到的传闻与见到的文献也必然是模糊的，甚至是扭曲的。至于五帝之首的黄帝，相关史料必然甚为稀缺，即使有所流传，也往往遗存在后世文献中。因此，陆懋德先生的看法值得商榷。

缺乏文献，不等于没有历史。实际上，人类没有文献的历史远比有文献的历史漫长得多。不能因为缺乏文献就不去考察上古历史，陆懋德先生就曾这样主张过。他在批判顾颉刚提出的"层累地造成的中国古史观"时指出：

> 在西国，凡研究上古史事，纯为考古学家之责任。历史学家不必皆是考古学家，故作上古史者必须借用考古学家所得之证据。今顾君仅作文字上之推求，故难得圆满之结果；然此因吾国考古学之成绩不良，不足以为顾君之资助故也。

陆懋德先生接着指出：

> 顾君所标之治史方法虽极精确，然如尧、舜、禹等均为历史前（Pre-historic）的人物，终当待地下之发掘以定真伪，实不能仅凭书

① 《史学方法大纲》第三编第三章，第55页。

本字面之推求而定其有无者也。余甚愿顾君能用其方法以治周以后之史事，则其廓清之功有益于学界者必大于此矣。顾君之书虽未求得结论，而三千年以前之尧舜禹者，其存在已受其影响，而其地位已感其动摇，则此书势力之大亦可惊矣。[①]

陆懋德先生在称赞顾颉刚先生治史方法极精确的同时，对他的上古史理论作了严厉的批判。这番批判是中肯的，但却使陆懋德先生自己因关于《五帝本纪》的言论陷入"以子之矛，攻子之盾"的尴尬境地。既然尧、舜、禹"终当待地下之发掘以定真伪"，那么黄帝、颛顼、帝喾也就应该"待地下之发掘以定真伪"。既然五帝都应该"待地下之发掘以定真伪"，为何司马迁笔下的《五帝本纪》就一定"不足为信史"呢？

对于传闻模糊和文献稀缺造成的困难，司马迁还是充分认识到的，但是他并未知难而退。为了探求真知，司马迁曾经"西至空桐，北过涿鹿，东渐于海，南浮江淮"，到达黄帝及尧、舜等活动过的区域作广泛的考察，并且亲自采访各地的长老。为了"心知其意"，他曾经遍览《五帝德》《帝系姓》《尧典》《舜典》等文献。最后，司马迁将他所能听到的传闻和他所能见到的文献相比照，终于得出二者"近是"的结论。《五帝本纪》正是经过司马迁如此"好学深思"之后才完成的。

司马迁所处的时代，没有现代发达的科技手段，却能够寻找到在口头上还流传着五帝故事的相关地区与相关人物，这是现代的历史学家难以再得的机遇，所以是非常宝贵的。如果真的要否定《五帝本纪》的价值，就必须具体地分析《五帝本纪》的内容，才能够找到它的要害或不足之处，而不应借史源学的原理一言以蔽之。

与陆懋德先生不同，清末民初的政论家梁启超是直接针对《五帝本纪》的文字加以批判的。他言辞激烈地指出：

　　带有神话性的，纵然伟大，不应作传。譬如黄帝很伟大，但不见得真有其人。太史公作《五帝本纪》，亦作得恍惚迷离。不过说他

① 陆懋德：《评顾颉刚〈古史辨〉》，顾颉刚编《古史辨》第二册，见《民国丛书》第四编第 65 册，上海书店影印本 1989 年版，第 383－384 页。

"生而神明①，弱而能言，幼而徇齐，长而敦敏，成而聪明"。这些话，很像词章家的点缀堆砌，一点不踏实，其余的传说，资料尽管丰富，但绝对靠不住。纵不抹杀，亦应怀疑。……无论古人近人，只要带有神话性，都不应替他作传。作起来，亦是渺渺茫茫，无从索解。②

梁启超的看法并非没有道理，他在文中引述的"生而神明"等词句，是司马迁对黄帝的称颂之语。这番话显得空洞不实，似乎给人以"不踏实"的感觉。但是，《五帝本纪》中《黄帝本纪》的大部分内容却并非如此，所以梁启超所谓"绝对靠不住"的话未免流于绝对；而且，梁启超的抹杀面也过于宽泛，远不止于黄帝一位。对此下节再作详论。

其实，作为古史辨理论的倡导者，顾颉刚先生对于司马迁当时面临的难处倒是颇能理解的，所以他的观点不像陆懋德和梁启超那样激烈。他写道：

> 《六艺》中的《尚书》是始于尧舜的；还有礼家杂记的《五帝德》和《帝系姓》，虽然"儒者或不传"，究竟还为一部分的儒者所信，这两篇中的历史系统是从黄帝开始的。司马迁在他自己所立的标准之下，根据了这些材料来写史，所以他的书也起于黄帝。黄帝以前，他已在传说中知道有神农氏（《五帝本纪》）、伏羲（《自序》）、无怀氏和泰帝（《封禅书》），但他毅然以黄帝为断限，黄帝以前的一切付之不闻不问。这件事看似容易，其实甚难；我们只要看唐司马贞忍不住替他补作《三皇本纪》，就可知道他在方士和阴阳家极活动的空气之中排斥许多古帝王是怎样的有眼光与有勇气了。③

---

① "神明"，《史记》中华书局标点本第 1 页该处作"神灵"。按：《五帝本纪》该条张守节"正义"引《书》云"人唯万物之灵"，称"故谓之神灵也"（见于《史记》中华书局标点本第 2 页）。

② 梁启超：《中国历史研究法（补编）》分论一第二章，见梁启超著《饮冰室合集》第 12 册《专集》之 99，中华书局 1989 年版，第 49－50 页。

③ 顾颉刚：《战国秦汉间人的造伪与辨伪》，见吕思勉、童书业编《古史辨》第七册（上编），《民国丛书》第 70 册，上海书店影印本 1989 年版，第 47 页。

在顾颉刚先生看来，《五帝本纪》的编排体例显示了司马迁的"历史系统"，这个系统在人物的"断限"上是立有"标准"的。这个"标准"的上限以黄帝为界，在黄帝之前有神农氏、伏羲、无怀氏和泰帝等，他们都属于传说人物；而在黄帝之后者，均归入司马迁的"历史系统"。所以，上述这番话正好是顾颉刚先生对于自己所说的"黄帝竟成为历史"之语的诠释。

不过，顾颉刚先生虽然理解司马迁的"历史系统"，赞成以"黄帝为断限"的"标准"，但是对与黄帝相关的记载却颇为怀疑。因此，在盛赞司马迁"排斥许多古帝王"的决断之后，他紧接着就指出：

> 他（指司马迁）①虽承认有黄帝，而好些黄帝的记载他都不信。所以他说："予曾读《谍记》，黄帝以来皆有年数。"（《三代世表》）似乎可以在他自己书中排出一个综合的年表来了，然而他决绝地说："稽其历谱谍，终始五德之传，……咸不同乖异。夫子之弗论次其年月，岂虚哉！"（《同上》）他因为把各种年表比较的结果，没有一种相同，觉得与其任意选取一种，不如干脆缺着，所以共和以前但记世数。我们只要看《史记》以后讲古史的书有哪几种是没有共和以前的年数的，就可以知道他的裁断精神是怎样的严厉和确定了。②

体会这番话语，第一句正是整段的中心思想。顾颉刚先生认为，司马迁心中处于矛盾的状态，一方面他承认黄帝，另一方面他又不相信与黄帝相关的记载。顾颉刚先生之所以要指出司马迁心中的所谓矛盾，其宗旨在于表达他自己在黄帝问题上的困惑。

顾颉刚先生虽然声称司马迁对有关黄帝的记载"都不信"，但又不得不在所谓司马迁不相信的"黄帝的记载"之前加上"好些"二字，而没有采用"全部"这样的词作为司马迁不相信"黄帝的记载"之定语。而且，顾颉刚先生也无法否认司马迁"承认有黄帝"这样的大前提，因为以《黄帝纪》为首篇的《五帝本纪》分明地摆在《史记》的最前列。所以，我们不管怎样依照顾颉刚先生的思路去领会，也难以想象出司马迁自

---

① 括号中的内容为作者注，此后不再另行说明。
② 顾颉刚：《战国秦汉间人的造伪与辨伪》，《古史辨》第七册（上编），第47-48页。

己对有关黄帝的记载"都不信"。

顾颉刚先生声称司马迁对"好些黄帝的记载"都不相信的理由，主要出于他对《史记》卷13《三代世表》序言的理解。顾颉刚先生指出，司马迁在该序言中表示，因为西周共和以前难以排定年数，所以《三代世表》在相关方面"但记世数"。由此顾颉刚先生认为，年代上的不确定性影响了"好些黄帝的记载"的可信度。

《三代世表》"但记世数"，这确实让人感到遗憾。对于这种情况，司马迁并非不了解，也非不承认，他在《三代世表》序言之中表述得很清楚：

> 五帝、三代之记，尚矣。自殷以前诸侯不可得而谱，周以来乃颇可著。孔子因史文次《春秋》，纪元年，正时日月，盖其详哉。至于序《尚书》则略无年月；或颇有，然多阙，不可录。故疑则传疑，盖其慎也。
>
> 余读谍记，黄帝以来皆有年数。稽其历谱谍终始五德之传，古文咸不同，乖异。夫子之弗论次其年月，岂虚哉！于是以《五帝系谍》《尚书》集世纪黄帝以来讫共和为《世表》。

司马迁认识到，由于五帝、三代的时代太遥远，因此在按时间顺序排列相关文献时就会出现缺失或矛盾的情况，具体表现为或者"略"而"无年月"，或者"多阙"而"不可录"，或者"咸不同"而"乖异"。如此客观的分析，正说明司马迁在编排史料时态度的审慎，正如顾颉刚先生赞扬的那样，"他的裁断精神是怎样的严厉和确定"。然而，即使在这般困难的情况下，司马迁还是编定了《三代世表》。这恰恰说明他对于共和以前的"历史系统"是坚信不疑的，绝不能就此证明他对"好些黄帝的记载"都不相信。

按照顾颉刚先生的话去理解，司马迁面对的有关黄帝的史料可以划分为两类：一类是连司马迁都不相信的"好些黄帝的记载"；另一类则属于所谓"好些黄帝的记载"之外，应该是司马迁相信的内容。而相信与否的标准，则是能否排出确切的年代。《三代世表》不能排出确切的年代，因此属于司马迁不相信的内容。不过，我们看到，与《三代世表》一样，《五帝本纪》也是无法排出确切年代的，倘若据此理由而将《五帝本纪》

也列入连司马迁自己都不相信的内容，那么所谓"好些黄帝的记载"就应该改为"全部黄帝的记载"，而司马迁"承认有黄帝"的大前提也就应该被否定掉了。于是，按照这样的逻辑，便会推导出司马迁为自己并不相信的黄帝撰写了本纪的观点。这样的观点，当然是难以令人接受的。不仅令他人难以接受，顾颉刚先生自己也会感到矛盾，因为他分明对司马迁建立的"历史系统"是盛赞的。

不错，在《五帝本纪》卷末，司马迁确实禁不住大发感慨道"《书》缺有间矣"，但值得注意的是，他接着又说"其轶乃时时见于他说"。这表明，尽管文献的内容和年代有所缺失，但都没有动摇司马迁为黄帝撰述本纪的坚定意志。意志的坚定与处事的谨慎并不矛盾，在甄别具体的史料上司马迁的态度是严格的。为了谨慎起见，他对史料的时代采取"共和以前但记世数"的处理办法，对史料的内容则抱定"传疑"的态度。所谓"传疑"，就是保留史料的原貌，对其疑惑之处绝不轻易作出判断或者修改，更不笼统地否定。这就并非如顾颉刚所说的那样，对于"好些黄帝的记载他都不信"。其实，时间愈是久远，年代就愈是难以准确，史料的内容也愈是难以精细。所以，就上古史而言，以能否排出确切的年代作为依据去甄别相应的史实并不一定妥当。近代以来，在旧石器时代与新石器时代的考古上有许多重大发现，并不因其年代的模糊而遭受否定，这是一样的道理。

要之，顾颉刚先生声称司马迁对"好些黄帝的记载"都不相信的目的，其实是要表明他自己对"好些黄帝的记载"的质疑。不过，顾颉刚先生的质疑是在间接地分析《三代世表》序言之后提出来的，而"好些黄帝的记载"却是集中在对《五帝本纪》的阐述中的。讨论黄帝的问题，只有回到品读《五帝本纪》上来，其结论才能令人信服。

作为严谨的历史学家，顾颉刚先生虽然对黄帝的历史存在提出了质疑，但是对《五帝本纪》并不像梁启超那样绝对地否定。他对其中的记载是抱着一分为二的态度分析的，对此第三节中将要谈到。在这里要强调指出的是，尽管顾颉刚先生对于与黄帝相关的记载心存质疑，却还是以历史主义的态度充分肯定了司马迁为黄帝撰写本纪这件事情的深远意义。顾颉刚先生指出，司马迁通过"自己所立的标准"，建立了"历史系统"，并且划定了传说人物与历史人物之间的界限，这件事看似容易，其实甚难。他认为，在传说人物的取舍方面班固就不如司马迁，因此感叹地写道：

> 司马迁生于战国百家寓言之后，帝王能舍伏羲、神农、燧人、有巢，名人能舍许由、务光、列御寇，确不容易，辨伪史中当列一席。使班固为《史记》，则《古今人表》中许多神话人物悉当收入矣。[1]

撇开众多的传说人物，从上古混沌的史料中整理出头绪，进而建立起清晰的"历史系统"，无疑是司马迁对中国历史学所作的伟大贡献。通过盛赞司马迁的词句，我们也能够感受到顾颉刚先生高屋建瓴的史识。

不过，司马迁的卓越之功更在于，将《五帝本纪》定为《史记》开篇，将《黄帝本纪》列为《五帝本纪》之首，[2] 从而将黄帝树立为他的"历史系统"中的第一人。司马迁的做法，是有意而为的决定，绝非出于偶然的选择。司马迁在《三代世表》序言之中称，"于是以《五帝系谍》《尚书》集世纪黄帝以来讫共和为《世表》"；又在《史记》末篇《太史公自序》之尾，以"余述历黄帝以来至太初而讫"作为结束之语；[3] 以此反复地照应开篇之首的《黄帝本纪》。如此做法正表明，对于确立黄帝的独尊地位，司马迁抱着十分强烈的意识。唯其如此，黄帝才能从众多传说人物之中脱颖而出；唯其如此，黄帝才会作为历史人物而被历史学家塑造；唯其如此，黄帝才有被后世社会弘扬为人文初祖的价值；唯其如此，司马迁的历史学成就才超出了历史学的范畴，从而受到社会广泛而持久的推崇。

司马迁在《报任安书》中说道：

> 近自托于无能之辞，网罗天下放失旧闻，考之行事，稽其成败兴坏之理，凡百三十篇。亦欲以究天人之际，通古今之变，成一家之言。[4]

---

① 《顾颉刚读书笔记》卷2《泣吁循轨室笔记五》"《史记》《汉书》取舍之异"条，见《顾颉刚全集》，第255页。

② 林立仁：《论〈史记·五帝本纪〉首黄帝之意义》，载《人文社会学报》总第5期，2009年版。

③ 《史记》卷130《太史公自序》。

④ 〔东汉〕班固：《汉书》卷62《司马迁传》，中华书局标点本1962年版。

"究天人之际，通古今之变"的理想是宏伟的，司马迁用毕生精力撰成《史记》，从而实现了远大的理想。司马迁还在《太史公自序》之尾中称：

> 序略，以拾遗补艺，成一家之言，厥协六经异传，整齐百家杂语，藏之名山，副在京师，俟后世圣人君子。

司马迁切盼将《史记》传于后世圣人君子，他的愿望实现了。继司马迁之后，历朝史家辈出，历代史传不穷。从数以千百计的史传之中，最终凝聚成为系列的中华正统史书，连同《史记》一起，在唐代总称为十三史，在宋代总称为十七史，在明代总称为二十一史，在清代先后总称为二十二史、二十四史，民国以后总称为二十五史，乃至于二十六史。从时代上看，在二十六史之中，除《史记》为通史以外，其余二十五部均为断代史，但是纪传体式的体例却是一脉相承的，内容是连续不断的。这样一来，《黄帝本纪》就不仅仅是《史记》的第一本纪，更是二十六部中华正统史书整体的第一本纪。在《黄帝本纪》之后的纪传，无论如何层累叠加，也都改变不了《黄帝本纪》的首要位置，而只会使其更加崇高。于是，作为司马迁"历史系统"中第一人物的黄帝，也就成了中华传统正史中不可动摇的第一人物。

不管司马迁自己曾否预见到，也不管司马迁之后的历史学家是否认可，更不管后世的学者如何辩论，其社会效果就是如此。

二、虚实之间的历史形象

尽管陆懋德、梁启超和顾颉刚对于五帝的历史存在的判断都存在值得商榷之处，但是他们的相关言论已经形成强大的冲击力，诚如陆懋德先生所言，"三千年以前之尧舜禹者，其存在已受其影响"。岂止是"尧舜禹者"，尧之前的黄帝、颛顼与帝喾更是自不待言了。受此强烈的冲击，学术界对黄帝的质疑日趋多见，黄帝形象的"迷离"仿佛成为共识，否定《五帝本纪》的看法渐近于定论。这就终于导致了在现代一些研究中竟可以置中国上古历史不顾而奢谈黄帝形象。例如，孙隆基先生就认为：

> 在中华文明被纳入西方中心的邦国秩序之前，根本不会有"民

族肇始者"的构想。

他为此而论述道：

> 中国人好称"黄帝子孙"，此种概念在中国自称"天下"的大一
> 统时代是不可能形成的。明清之际的王夫之提倡严夷夏之防，曾奉黄
> 帝为华夏畛域之奠立者，清季的汉民族主义分子遂将黄帝转化为民族
> 始祖。黄帝崇拜的叙事，由古代、现代、本土、外来的因素编织而
> 成，表面上首尾一贯，其实是一个混合语，而且一首一尾都是舶
> 来品。①

孙隆基先生不顾春秋战国时代"黄帝故事的演变次序"，非但把黄帝始祖
形象形成的时间推迟到明清以后，而且将黄帝归结为"一首一尾都是舶
来品"。如此极端的议论是难以令人接受的。

其实，不待众多现代学者的质疑，批判司马迁者古已有之。南宋学问
家黄震就曾直截了当地指责《五帝本纪》：

> 迁之纪五帝，自谓择言之尤雅者著于篇，其存古之意厚矣。然黄
> 帝杀蚩尤与以云纪官，才一二事，若封禅事已不经，至颛顼、帝喾
> 纪，皆称颂语，非有行事可考。唐、虞事虽颇详，皆不过二典所已
> 载。然则孔子定书，断自唐、虞至矣，何求加为？②

不过，黄震并不像梁启超那样，对《五帝本纪》笼统地下个"恍惚迷离"
的结论，然后就提出"纵然不抹杀，亦应怀疑"的简单处理办法。比梁
启超早六百多年的黄震反倒较后人公允，他对《五帝本纪》的各纪是有
区别地对待的。

黄震所谓"唐、虞事虽颇详，皆不过二典所已载"的批评之语，是

---

① 孙隆基：《清季民族主义与黄帝崇拜之发明》，载《历史研究》2000 年第 3 期。
② 〔南宋〕黄震：《黄氏日钞》（七）卷 46《读史》之一"史记·五帝纪"条，见钟肇鹏
选编《（宋明）读书记四种》第 16 册，北京图书馆出版社影印本 1998 年版，第 1-2 页。

指责尧、舜二纪的内容系抄录自《尚书》的《尧典》与《舜典》①。只要核对相关文献，就可以印证黄震这样的说法并不错。不过司马迁并没有讳言自己对二典的抄录，他在《五帝本纪》卷末"太史公曰"中分明说过"《尚书》独载尧以来"等语。

与黄震的批判态度不同，对于司马迁抄录二典之事，明代学问家何良俊反倒十分赞扬。他认为：

> 太史公作《五帝本纪》，其尧、舜纪全用二典成篇，中间略加点窜，便成太史公之文。……乃知此老胸中自有一付炉鞴，其点化之妙不可言也。②

不论是黄震的批评也好，何良俊的赞扬也好，都恰恰说明尧、舜二纪是具有文献依据的。因此，如果承认《尚书》尧、舜二典具有一定的史料价值，那就不能完全抹杀《五帝本纪》的意义。

品读《五帝本纪》的尧、舜二纪，不仅如黄震所云"颇详"，而且内容具体。虽然在《尧本纪》之中并非没有虚言套语，如颂扬尧"其仁如天，其知如神；就之如日，望之如云"等语就显然是空泛虚誉，不过此类词语所占比例较小。在简短的颂扬之后，接着就记载起尧主持召开的两次部落联盟酋长会议的情况。其一，讨论的主题是荐举嗣位人选和治理洪水人选，参加讨论者有放齐、讙兜、四岳等主事贵族，结果是嗣位人选议而未决，治理洪水者试用不当。其二，再次讨论嗣位人选，结果从民间选出虞舜。这两次会议讨论的议题对于部落联盟来说都是头等大事，司马迁编撰这方面的内容是恰当的。同样，在《舜本纪》之中也有舜召集四岳讨论治理洪水等事的记载，由于采用对话的形式，给人以会议实况记录的感受，绝无梁启超所谓"恍惚迷离"的感觉。如今，尧、舜二纪已经是研究中国上古历史的经典，成为评论禅让问题时被引述得最多的内容。曾经被用作全国高等学校历史系教学参考书的《中国通史参考资料》，就选

---

① 〔唐〕孔颖达等：《尚书正义》卷二《虞书》之《尧典》《舜典》，见《十三经注疏》（清嘉庆刊本）（第一册）之二，阮元校刻，中华书局影印本 2009 年版，第 247 - 263 页、第 264 - 281 页。

② 〔明〕何良俊：《四友斋丛说》卷 5《史一》，见《续修四库全书》第 1125 册，上海古籍出版社影印本 2002 年版，第 549 页下栏 - 550 页上栏。

辑了上述《尧本纪》中关于两次部落联盟酋长会议的记载。①

不过，黄震批评《颛顼本纪》和《帝喾本纪》之中"皆称颂语，非有行事可考"的看法确实不差。先看描述颛顼的一段：

> 静渊以有谋，疏通而知事，养材以任地，载时以象天，依鬼神以制义，治气以教化，絜诚以祭祀。北至于幽陵，南至于交趾，西至于流沙，东至于蟠木，动静之物，大小之神，日月所照，莫不砥属。

这段文字没有具体的叙事，显得空洞而且夸张。依靠当时的交通工具到达幽陵、交趾、流沙与蟠木等地已属万难，更不要说"莫不砥属"了。再读描述帝喾的一段：

> （帝喾）高辛生而神灵，自言其名。普施利物，不于其身。聪以知远，明以察微，顺天之义，知民之急。仁而威，惠而信，修身而天下服。取地之财而节用之，抚教万民而利诲之，历日月而迎送之，明鬼神而敬事之。其色郁郁，其德嶷嶷。其动也时，其服也士。帝喾溉执中而遍天下，日月所照，风雨所至，莫不从服。

这段文字同样是虚词的堆砌。而且，所谓"日月所照，风雨所至，莫不从服"，其实是照抄《颛顼本纪》中的夸张之词而形成的套话。

我们品味《颛顼本纪》和《帝喾本纪》，感觉确实如梁启超所云"一点不踏实"，与《尧本纪》和《舜本纪》排列在一起形成鲜明的对比，更与《史记》其他纪传中生动具体的语言风格迥然相异。然而，它们却与《黄帝本纪》中的第一段话雷同，请看：

> 黄帝者，少典之子。姓公孙，名曰轩辕。生而神灵，弱而能言，幼而徇齐，长而敦敏，成而聪明。

---

① 翦伯赞、郑天挺主编：《中国通史参考资料》古代部分（第一册）[壹]之二《关于尧舜禹禅让的传说》，中华书局 1962 年版，第 7－8 页。

这番话源于《五帝德》，① 被梁启超批评为"词章家的点缀堆砌"之语。那么，司马迁为何非要抄录如此空虚的文字呢？只要细细体会顾颉刚先生所说的司马迁毅然以黄帝为历史人物上限"看似容易，其实甚难"的话语，就会发现这段赞颂黄帝的文字虽然空虚，却有着深刻的用意。

黄帝原本出自传说，西汉以前长期被供奉在仙境，司马迁立意要将黄帝拉到俗界，作为他的"历史系统"中的第一人物，这就必须赋予黄帝以人格。在上述赞颂黄帝的文字中，连用了"生""弱""幼""长""成"五个字，这五个字正好是人生的五个必经阶段；在这五个字之后，连用了"神灵""能言""徇齐""敦敏""聪明"五个词，这五个词除"神灵"以外都是用于形容个体的性格与智商的。所以，看似空虚的文字其实不虚，恰恰具有使黄帝人格化的意义。至于"神灵"一词，虽然常常使用于仙界，但是当它与"生而"连写在一起，就成了似神的意思。似神，乃人而非神也。司马迁真是"胸中自有一付炉韝，其点化之妙不可言也"。按此理解，我们返回去再读《帝喾本纪》中的"生而神灵，自言其名"之语，也就同样能够体会到其中含有的人格化意味了。

至于《黄帝本纪》的内容，黄震也不得不承认它记录着实实在在的"一二事"，那就是"杀蚩尤与以云纪官"。其实，《黄帝本纪》中所述事件远不止这些，它可以划分为三个部分：开头第一部分，交代黄帝的出身、姓氏以及成年之前的情况，梁启超指出的"词章家的点缀堆砌"之语就出在这部分；中间第二部分，描述黄帝的创业过程与历史功绩；结尾第三部分，记录黄帝身后的世系，这将在本文的第四节中讨论。

《黄帝本纪》的第二部分，是该纪重心所在。这部分又可以清晰地划分为三个自然段，现划分如下：

> 轩辕之时，神农氏世衰，诸侯相侵伐，暴虐百姓，而神农氏弗能征。于是轩辕乃习用干戈，以征不享，诸侯咸来宾从。而蚩尤最为暴，莫能伐。炎帝欲侵陵诸侯，诸侯咸归轩辕。轩辕乃修德振兵，治五气，艺五种，抚万民，度四方。教熊罴貔貅䝙虎，以与炎帝战于阪泉之野。三战，然后得其志。蚩尤作乱，不用帝命。于是黄帝乃征师

---

① 〔西汉〕戴德：《大戴礼记》卷7《五帝德》，见《四库全书精华》经部第四册，国际文化出版公司、台北古今大典文化事业有限公司影印本2000年版，第283页下栏。

诸侯，与蚩尤战于涿鹿之野。遂禽杀蚩尤。而诸侯咸尊轩辕为天子，代神农氏，是为黄帝。

天下有不顺者，黄帝从而征之，平者去之，披山通道，未尝宁居。东至于海，登丸山，及岱宗。西至于空桐，登鸡头。南至于江，登熊、湘。北逐荤粥，合符釜山，而邑于涿鹿之阿。迁徙往来无常处。

以师兵为营卫，官名皆以云命，为云师。置左右大监，监于万国。万国和，而鬼神山川封禅与为多焉。获宝鼎，迎日推筴。举风后、力牧、常先、大鸿以治民。顺天地之纪，幽明之占，死生之说，存亡之难。时播百谷草木，淳化鸟兽虫蛾，旁罗日月、星辰、水波、土石、金玉，劳勤心力耳目，节用水火材物。有土德之瑞，故号黄帝。

上述三个自然段正好分别表述了黄帝生平事业的三个阶段。可以看出，如果将黄帝建立的部落联盟比附为后世所谓政权概念的话，那么黄帝的一生事业就是与其政权的确立、巩固和建设这三个阶段同步发展的。在第一阶段，黄帝战败炎帝与蚩尤，成为统领中原的军事部落联盟大酋长，这是他确立政权的阶段；在第二阶段，黄帝征服不顺从者，开疆拓域，这是他巩固政权的阶段；在第三阶段，黄帝订立制度，发展生产，这是他建设政权的阶段。如此要紧的内容，在黄震与梁启超的批判之中竟然被轻易地撇开了。不过，《中国通史参考资料》古代部分第一册却将其中的第一自然段全部辑录下来，说明《黄帝本纪》在现代历史学家的心目中依然具有重要的价值。[①]

应该承认，在《黄帝本纪》的第二部分中确实含有夸张的成分，如黄帝统治的区域，即所谓的东、西、南、北四至，范围过于宽广；还有过于理想的成分，如所谓"旁罗日月、星辰、水波、土石、金玉"云云，概念过于抽象。不过，"杀蚩尤与以云纪官"却不是虚夸的。杀蚩尤是部落战争的写照，以云纪官是订立雏形的官职，它们应该属于真实的历史事实，是黄震也不得不承认的"一二事"。除此之外，在第二部分中还记录

① 《中国通史参考资料》古代部分（第一册）［壹］之二《关于原始社会生活及氏族部落的传说》，第4页。

着不少实在的内容，那都是反映上古时代历史发展状况的大事件。比如，为了与炎帝争天下，黄帝发动过三次大的战役，然后才"得其志"，这其中就有具体的人物与激烈的场景；又如，"举风后、力牧、常先、大鸿以治民"，则是安排诸侯去管理分布在各地的部落，以安定统治局面；还如，"时播百谷草木，淳化鸟兽虫蛾"，便是带领部众劳作，从事农耕与培育牲畜。至于被黄震批评过的封禅之事，其实是指原始的崇拜神灵活动，不能因所谓"不经"而否定其曾经发生。可见，第二部分中并不缺乏具体的内容，与其他反映上古历史的文献一样，它的文字是简练而朴素的，但是透过高度概括的语言同样能够解析出复杂生动的情节，所以连梁启超也不得不承认其"资料尽管丰富"。

当然，与尧、舜二纪相比，《黄帝本纪》的内容是相对简短的。不过，从尧、舜比黄帝生活的时代较晚的角度考虑，后者略于前二者是正常的现象。值得注意的是，按照时代的远近，本来应该详于《黄帝本纪》的颛顼、帝喾二纪反倒略于《黄帝本纪》，这也反衬出《黄帝本纪》较此二纪实在，因此不能一概地按照梁启超所云，去"抹杀"与"怀疑"之，而应该有所区别地对待。按照内容的详略和虚实程度，《五帝本纪》中的各纪可以划分为三类。尧、舜二纪系抄录文献而成，具有实在的内容；颛顼、帝喾二纪均为编制的套辞，属于虚夸的语言；《黄帝本纪》则介于虚实之间，不过其中实在的内容远多于虚夸的语言。这样的对比正好说明，在五帝之中，司马迁对黄帝的考察是用力较深的，应该相信他主观上肯定不想让《黄帝本纪》给人留下"不踏实"的感觉。

司马迁撰写黄帝的事迹，不仅以上古文献作为依据，而且参照自己采集的史料，二者相互印证，以成就其文章。他在《五帝本纪》中称：

> 余尝西至空桐，北过涿鹿，东渐于海，南浮江淮矣。至长老皆各往往称黄帝、尧、舜之处，风教固殊焉，总之不离古文者近是。

张守节在上文"空桐"之下作"正义"曰：

> 空桐山在原州平高县西百里，黄帝问道于广成子处。

他接着又在"涿鹿"之下作"正义"曰：

涿鹿山在妫州东南五十里，山侧有涿鹿城，即黄帝、尧、舜之都也。

两段"正义"注文反映，张守节已经意识到，在五帝之中司马迁尤其注重黄帝，他踏勘的地点大多与黄帝的遗迹相关。可见，《黄帝本纪》确为司马迁征引前人文献与亲身考察结合的产物。

如前已述，司马迁撰写《史记》抱有崇高的理想，意欲达到"究天人之际，通古今之变，成一家之言"的目标。他曾发布宣言道：

先人有言："自周公卒五百岁而有孔子。孔子卒后至于今五百岁，有能绍明世，正《易传》，继《春秋》，本《诗》《书》《礼》《乐》之际。"意在斯乎！意在斯乎！小子何敢让焉。[1]

出于如此宏伟的动机，应该相信司马迁对于整理文献和采集史料的工作是毫不马虎的。对于《史记》中的第一人黄帝，司马迁在主观上肯定不想给后人留下"不踏实"的感觉；至于客观上效果如何，那就只好见仁见智，难免看法不同了。

台湾学者王仲孚先生就坚定地认为：

在旧史传说的远古帝王中，黄帝是一位事迹特多的人物，古代文献如《易·系辞传》《左传》《国语》《管子》《庄子》《吕氏春秋》《山海经》《淮南子》等书，皆有关于黄帝之记载。战国秦汉间的许多著作，如《竹书纪年》、邹衍《五德终始说》《世本》《史记》等，也都始于黄帝。特别是《史记》的撰述，司马迁舍弃传说中的伏羲、神农，毅然以黄帝为中国历史的开端，乃是经过了广泛采访和严格考证之后的结论。[2]

王仲孚先生对司马迁的"广泛采访和严格考证"给予了充分的肯定。不仅如此，在将上古传说的食、衣、住、行四类发明与新石器时代考古学的

---

① 《史记》卷130《太史公自序》。
② 王仲孚：《黄帝制器传说试释》，载《台湾师范大学历史学报》1976年第4期。

成果对照之后，他更加确信传说中关于黄帝时代出现的许多发明应有史实作为素材，因为颇具有新石器时代的诸多特征。他指出：

> 传说中的黄帝时代，所显示的是农业进步，陶器精良，纺织建筑交通工具的制作进步，实具有新石器时代的特征，"制器"，亦即文物发明的传说，也具有不寻常的意义。综合以观，杵臼釜甑的制作传说，反映了谷物加工以及熟食器皿的进步技术；衣冠扉履的制作与"以衣裳别尊卑"的传说，则不仅反映了原始的纺织与裁缝，而且显示了社会组织的意义；城郭宫室的制作传说，不过是反映了聚落和居室建筑的出现；舟车制作的传说，则表示原始交通工具的使用。这些文物发明，都是由于食衣住行的基本需求而来的。文献载籍中的远古传说，虽然不能据为"实录"，但对照考古学、人类学的新知，综观黄帝制器传说的内容，实可视为我国远古文明的一个重要阶段的反映。①

王仲孚先生的研究充分显示了《五帝本纪》的价值，表明黄帝时代确实是中国上古史一个十分重要的阶段。此后，另一位台湾学者林立仁先生又在王仲孚先生研究的基础上，给予《五帝本纪》以高度的评价。②

客观而论，与黄帝相关的种种事件大多是在中国上古时代发生过的，符合现代历史学和考古学已经取得的经验和认识。笔者在前文中维护《黄帝本纪》的原因正在于此。但是，《黄帝本纪》的真实与黄帝本人的真实却不是相同的概念。将与黄帝相关的种种事件归纳入一篇本纪之中，其实无可厚非；但是，将这些事件全都归结到一位人物身上，就不免令人疑惑。换而言之，正因为与黄帝相关的种种事件大多是发生过的真实事件，所以黄帝本人的真实性反倒值得怀疑。因为就个人毕生精力而言，就上古技术水平而论，谁都难以具有在那么广阔的时空中活动的经历，谁也获得不了那么多丰功伟绩，无论他是多么"神灵"。所以，诸多学者曾发出的种种质疑并非没有道理。

不过，出现《黄帝本纪》的真实与黄帝本人的不真实如此矛盾的现

---

① 王仲孚：《黄帝制器传说试释》。
② 林立仁：《论〈史记·五帝本纪〉首黄帝之意义》。

象并不奇怪，那是后人误将黄帝看作个体而造成的。其实，能够作出如《黄帝本纪》所云那么多历史贡献的，绝对不会是某个个体，只能是一个群体。这个群体应该由前后相继的若干部落领袖组合而成，他们代表着上古某个辉煌阶段中活跃于黄河流域的一支成就突出的部落联盟，黄帝正是他们的共同称号。

东汉学术大师郑玄就是将黄帝视为群体的先哲。孔颖达疏《礼记》时引《春秋命历序》以申郑玄之义曰：

> 《春秋命历序》：炎帝号曰大庭氏，传八世，合五百二十岁；黄帝一曰帝轩辕，传十世，二千五百二十岁；次曰帝宣，曰少昊，一曰金天氏，则穷桑氏，传八世，五百岁；次曰颛顼，则高阳氏，传二十世，三百五十岁；次是帝喾，即高辛氏，传十世，四百岁：此郑之所据也。其《大戴礼》：少典产轩辕，是为黄帝；产玄嚣，玄嚣产乔极，乔极产高辛，是为帝喾；帝喾产放勋，是为帝尧；黄帝产昌意，昌意产高阳，是为帝颛顼；产穷蝉，穷蝉产敬康，敬康产句芒，句芒产蟜牛，蟜牛产瞽叟，瞽叟产重华，是为帝舜；及产象教；又，颛顼产鲧，鲧产文命，是为禹：司马迁为《史记》依而用焉。皆郑所不取。①

孔颖达在这里详列了关于黄帝世系的两种说法，其一为司马迁主张的个体说，依据是《大戴礼》；其二为郑玄主张的群体说，依据是《春秋命历序》。

对于这两种说法，民国时代的历史学家夏曾佑曾经发表过如下的议论：

> 马迁为史家之巨擘，康成集汉学之大成，而其立说违反若此。然观迁所作历书，叙少昊、颛顼之衰，则其间必非一世可知矣。今姑用本纪说耳。②

---

① 〔唐〕孔颖达：《礼记正义》卷46《祭法》篇，见《十三经注疏》第三册，中华书局影印本 2009 年版，第 3445 页上栏。

② 夏曾佑：《中国古代史》第一篇第一章，生活·读书·新知三联书店 1955 年版，第 20 页。

在撰写《中国古代史》的《帝喾氏》一节时，夏曾佑对于表述黄帝世系感到两难，因此发表了上述议论。从他所说的"其间必非一世"以及"姑用本纪说"等语中不难体会到，夏曾佑虽然"姑用"个体之说，但其内心则更加倾向于群体之说。

在夏曾佑之后，现代许多历史学家采用了群体之说，他们将黄帝视为部落酋长的集体称号，甚至径直以黄帝作为部落或部落联盟的名称。范文澜先生著《中国通史》，将黄帝称为"黄帝族"。[①] 翦伯赞先生主编《中国史纲要》，将黄帝称为"黄帝部落"。[②] 郭沫若先生主编《中国史稿》，将黄帝与氏族及部落的关系阐述得十分清晰：

> 当夷人和羌人的一些氏族和部落活动在黄河流域的时候，有一些氏族和部落从我国北方发展起来。传说中的黄帝，就是这些氏族和部落想象中的祖先。传说黄帝号有熊氏，又号轩辕氏（即天鼋），也号缙云氏，这显然是把北方许多氏族部落的想象祖先集中到所谓黄帝的头上了。[③]

上述三部流行多年的现代版中国通史，已经将黄帝群体之说发展到相对科学的地步。

然而，令人十分费解的是，为什么夏曾佑已经认识到黄帝时代"其间必非一世"却还要"姑用本纪说"，而未能将群体观念运用于他撰写的《中国古代史》中呢？或许，他深感《黄帝本纪》在传统史学界的影响甚大，一时难以扭转，因此才"姑用"个体之说。更加令人费解的是，以太史公的大智大慧何以不能觉察到作为个体的黄帝难以承载太多的丰功伟绩呢？人们不禁会发问，司马迁何以一定要囿于个体之说呢？

笔者以为，以个体之说去理解司马迁笔下的黄帝是不准确的。司马迁撰写《黄帝本纪》，虽然赋予黄帝以人格而使之脱离仙境，但是并非仅仅为了将黄帝写成具体的个人，而是为了塑造一个绝对完美的人物形象。他

---

① 范文澜：《中国通史》第一册第一编第一章第三节，人民出版社 2008 年版，第 13－19 页。
② 翦伯赞主编：《中国史纲要》第一册第一章第三节，人民出版社 1979 年版，第 9－10 页。
③ 郭沫若主编：《中国通史》第一册第一编第三章第三节，人民出版社 2008 年版，第 118 页。

李凭自选集 | LI PING ZIXUANJI

笔下的黄帝，看似个体，却非个体，那是将若干世代黄帝群体的丰功伟业经过集中凝炼而升华成就的历史形象。

唐代学问家张守节在《黄帝本纪》之"节用水火材物"条下作"正义"，他引用《大戴礼》所记孔子的说法去解释"黄帝三百年"的问题，借以表达他对于司马迁良苦用心的深刻理解。据《大戴礼记》记载，孔子与宰我有过如下的对话：

> 宰我问于孔子曰："昔者予闻诸荣伊，言黄帝三百年。请问黄帝者人邪抑非人邪？何以至于三百年乎？"孔子曰："……生而民得其利百年，死而民畏其神百年，亡而民用其教百年：故曰三百年也。"①

这段所谓"黄帝三百年"的说法，是儒家学派出于对黄帝的景仰而作的抽象化描绘。正是由于这种"人邪抑非人邪"观念的影响，司马迁将黄帝塑造成了介于虚实之间的历史形象。

三、封建帝王理想样板

司马迁从众多黄帝的集合中抽象出一尊处于虚实之间的历史形象，其意义不仅限于如顾颉刚所说的要表示"历史系统是从黄帝开始"的，而且更在于现实。司马迁的目的是为西汉朝廷树立一尊理想的帝王样板，以供当朝的汉武帝借鉴。对此，明末清初学问家李邺嗣看得十分清楚，他指出：

> 太史公作《史记》，虽传述古今，而尝自以其意见于叙次中。至为帝王诸本纪，质叙而已。唯诸篇似无所致意，可无深考。余独三复之，谓史公称《尚书》载尧以来，而今自黄帝始。盖《黄帝本纪》，实太史公之谏书也！当与《封禅书》并读，即可见矣。②

---

① 《大戴礼记》卷7《五帝德》，见《四库全书精华》第四册经部，第283页下栏－284页上栏。

② 〔清〕李邺嗣：《杲堂文钞》卷4《五帝本纪论》，见《丛书集成续编》第124册，上海书店影印本1994年，第141页下栏。

李邺嗣认为，司马迁往往通过"叙次"以贯彻自己的意图，撰写《史记》其实具有规谏当朝的用意，而《黄帝本纪》则是体现其针对现实的最重要的篇章。要深刻理解这一点，就应该将《黄帝本纪》与《封禅书》"并读"。

李邺嗣的看法为清末学者薛士学所阐发，他认为李邺嗣将《黄帝本纪》视为谏书乃是得其要领的：

> 《史记》不载三皇之事，岂其才学有所不能哉？盖子长之慨然怀古，而首称黄帝，正为汉武辨其怪诞荒唐之无足信也，如此则方士神仙之言绌矣。秦始皇时，其以方技相干者只曰神仙，未闻远言黄帝也。神仙之说，既无所验于秦皇，则此辈亦自虑其不可再尝于汉武，于是思以黄帝迎年（原文误刻作"年"，据《封禅书》应作"日"——作者注）之术驾轶前人而上之，则其为术益尊，而学亦似本于古而可据。否则，仅以仙人居山泽而形貌甚臞，则是草衣木食之徒枯寂其身，推其所至，不过许由、巢父之所为玩世孤高而已，而巍巍人主之威严岂其耽此。故方士托言黄帝，以为是天子而圣人者也，以圣人天子而终之铸鼎以作神仙，此真汉武之所甘心矣。史迁盖曰，以臣所闻古黄帝何尝若此，而朝廷方惑于其说，又不能执书策所当考信者而力争之，则《史记》之首称黄帝故阙三皇也。鄞人李邺嗣以为太史公之谏书得其指矣。则夫孝武晚年之悔所云天下岂有神仙者，安知不从读史中来，而子长忠爱之思有以讽之乎。[①]

薛士学一针见血地指出，司马迁撰写《黄帝本纪》的宗旨，是要消除笼罩于黄帝身上的神仙气息，还其"圣人天子"的世俗本相。在汉朝之前，方士一向推崇的所谓神仙往往只是身处下层的"草衣木食之徒"。这类神仙的作为，不过"玩世孤高而已"，难以令人主迷惑其形，追随其迹。不过，黄帝却与众不同，他作为天子圣人，竟然沉溺于铸鼎之术，最终乘龙而登临仙境。黄帝的崇高身份和登仙经历，成为方士诱引人主的榜样。为了辨明黄帝追求神仙之说的不足信，从而谏阻汉武帝惑于神仙的想法与举动，司马迁为《史记》撰写了第28卷《封禅书》，以此与《黄帝本纪》

---

① 〔清〕薛士学：《书小司马补三皇纪后》，见陈继聪等编《蛟川先正文存》（第7册）卷14，中山大学图书馆藏光绪八年刊本，第33页。

李
凭
自
选
集

LI PING ZIXUANJI

30

相呼应。

《封禅书》记载的时限上起舜、禹，中经夏、商、周、秦，下至西汉，而重点在于汉朝；在汉朝的相关记载中，则以讽喻汉武帝将黄帝崇奉为神仙偶像的内容为主。就其侧重而言，司马迁撰写《封禅书》的针对性是明显的。不过，司马迁虽然努力辨明神仙之说"怪诞荒唐之无足信"，但是他并不反对封禅，更不反对崇奉黄帝。他在《封禅书》的开首声言：

> 自古受命帝王，曷尝不封禅？盖有无其应而用事者矣，未有睹符瑞见而不臻乎泰山者也。虽受命而功不至，至梁父矣而德不洽，洽矣而日有不暇给，是以即事用希。《传》曰："三年不为礼，礼必废；三年不为乐，乐必坏。"每世之隆，则封禅答焉，及衰而息。

将封禅活动与礼乐的兴废紧密联系在一起，可见在司马迁心中是高度重视封禅活动的。因为他认识到，虽然封禅是颂扬往古盛世的活动，但是可以收到彰显当世丰功伟绩的功效，所以"每世之隆"必然大张旗鼓地封禅。当年黄帝自己就是这样做的，因此司马迁在《黄帝本纪》中就写有"万国和，而鬼神山川封禅与为多焉"等赞美的语句，以此与《封禅书》照应。

在司马迁的心目中，封禅是神圣的，但是将封禅演变成求仙活动却是荒唐的。对此，当代学者张强先生发表过精辟的见解：

> "获麟"以后，汉武帝由迷恋海上的神仙说转向热衷于封禅。封禅与效法黄帝成仙之事相关。在这一过程中，汉武帝一方面把长生术的追求外化为封禅，另一方面又通过封禅把师法黄帝、求见黄帝视为个人追求的目标……帝王封禅大典是一代新王向上天汇报受命成功、报答天地之功、表示遵从天命的宗教祭祀活动。在燕齐方士的蛊惑之下，汉武帝把封禅降低到追求仙人仙药、长生不死的水平上，不但取消了报答天地之功的神圣性，而且还因将个人追求长生的"侈心"糅合到神圣的封禅活动之中而显得荒唐。也就是说，汉武帝降低封禅的神圣性旨在以此承担追求长生的玄想。对此，司马迁是有微辞的。因为在司马迁看来，封禅乃报答天地之功之举，是十分神圣的，天命深微而崇高的特性必须维护，可以说，司马迁正是在这个意义上对神

仙方士和汉武帝进行了辛辣的讽刺。①

司马迁充分理解封禅的神圣意义，所以并不反对封禅，而是反对将封禅"降低到追求仙人仙药、长生不死的水平上"。

正因为如此，司马迁对于方士造作的封禅仪式不感兴趣，他在《封禅书》的结束语"太史公曰"中写得很清楚：

> 余从巡祭天地诸神名山川而封禅焉。入寿宫侍祠神语，究观方士祠官之意，于是退而论次自古以来用事于鬼神者，具见其表里。后有君子，得以览焉。若至俎豆珪币之详，献酬之礼，则有司存。

司马迁笔下的所谓《封禅书》，并不记载"俎豆珪币之详，献酬之礼"，而是要追溯往古至当朝那些热衷于封禅者的"表里"。所谓的"表里"，即外露的举动与心中的意图；至于"用事于鬼神者"，就是那些力图迎合人主嗜欲的方士。可见，司马迁撰写《封禅书》的宗旨，就是要集中破解方士宣扬的神仙邪说。

由于方士宣扬的主要的神仙偶像与司马迁塑造的主要的历史形象居然是一致的，都是黄帝，因此《封禅书》的内容必然以黄帝为重点。方士热衷于宣扬黄帝，并非出于偶然，而是具有相应的社会背景的。对此李郁嗣解释得很清楚：

> 自汉初学者多治黄老言，至孝武皇帝时始乡儒术，而帝更好言神仙。神仙者，道家之外乘也，其言亦本诸黄老，然李聃一守藏室史，避世而去，时称为隐君子，儿（原文如此，似应作"凡"——作者注）方士所造荒怪不经，不能与之附益，足以动人主。至轩辕古帝大圣人，又世绝远，可以极言附会，竦人主之听，于是诸方仕竞进其说。②

---

① 张强：《司马迁学术思想探源》第六章第三之（二）《"仙可学致"的思想批判》，人民出版社 2004 年版，第 460 页。

② 〔清〕李郁嗣：《呆堂文钞》卷 4《五帝本纪论》，见《丛书集成续编》第 124 册，第 141 页下栏 – 142 页上栏。

西汉初期实行所谓的无为之治，由于政治思潮的推波助澜，遂使"汉初学者多治黄老言"；由于学者的影响，黄帝早就成为社会上重要的崇奉对象。至汉武帝朝，虽然改变无为之治的方针而"始乡儒术"，但是汉武帝本人好大喜功，依旧热衷于封禅。中年之后的汉武帝，壮志已成大业，企望永享荣华，因此追求长生不老，从而更加醉心于神仙之道。于是，方士就迎合上意，大兴骗术以蛊惑汉武帝。正如李邺嗣指出的那样，轩辕黄帝是"古帝大圣"，远比老子李聃地位崇高，在众多的得道成仙者中格外耀眼；而且黄帝生活的时代距离西汉为时遥远，便于"极言附会"，所以就成为方士竞相向人主进说的头等角色。方士将黄帝奉为得道的神仙，司马迁则要使黄帝脱离仙境而投向人间，彼此针锋相对的思想倾向必然会产生强烈的意识冲突。

所以，司马迁一方面撰写《黄帝本纪》，为读者正面树立黄帝在人世间的崇高形象；另一方面又撰写《封禅书》，以揭破方士的"表里"，通过对反面现象的批判以巩固黄帝正面的形象。李邺嗣充分理解司马迁的良苦用心，他建议将《黄帝本纪》与《封禅书》"并读"的道理正在于此。因此，所谓"并读"，其实是要求读者对比着读，而不是互补地读，就是要通过《黄帝本纪》与《封禅书》在内容上一正一反的强烈对比，达到立历史形象而破神仙偶像的效果。

关于方士的伎俩，司马迁在《封禅书》中剖析得十分清楚，大体遵循以下途径：首先，表演沙石化金等变幻诡异之术，以此骗取世人的信任，达到扬名的目的；继而，通过各种途径和方式，逐渐接近人主；进而，以不死之药作为"钓饵"，引诱人主追求；然后，借修炼成仙之路的曲折过程，不断地获取功名利禄；最后，描述仙境的虚无缥缈，以为自己开脱和遁迹的铺垫。按照这样的伎俩去忽悠，人主很难不中其招数。

在方士施展的百般伎俩之中，齐人公孙卿的招数算得上是登峰造极的。公孙卿借用所谓申公之语，向汉武帝演讲了黄帝成仙的经历。《封禅书》记录了这段演讲：

> 中国华山、首山、太室、泰山、东莱，此五山黄帝之所常游与神会。黄帝且战且学仙，患百姓非其道者，乃断斩非鬼神者。百余岁然后得与神通。黄帝郊雍上帝，宿三月。鬼臾区号大鸿，死葬雍，故鸿冢是也。其后黄帝接万灵明廷。明廷者，甘泉也。所谓寒门者，谷口

也。黄帝采首山铜，铸鼎于荆山下。鼎既成，有龙垂胡髯下迎黄帝。黄帝上骑，群臣后宫从上者七十余人，龙乃上去。余小臣不得上，乃悉持龙髯。龙髯拔，堕。堕黄帝之弓。百姓仰望黄帝既上天，乃抱其弓与胡髯号。故后世因名其处曰鼎湖，其弓曰乌号。

这段演讲比以往的神仙故事更具蛊惑效应，因为得道成仙的过程与世俗事功的经历绝不矛盾。作为黄帝，既能够在游历五山之际与神相会，又可以"且战且学仙"。投身尘世功利活动和享受人间荣华富贵，丝毫不妨碍"郊雍上帝"和"接万灵明廷"，也丝毫不影响最终达到长生不老的境界。何况，黄帝升仙的结局，还留下了铸鼎既成而乘龙上天的壮观场面。这情景着实令人惊羡，难怪汉武帝禁不住发出感叹：

> 嗟乎！吾诚得如黄帝，吾视去妻子如脱屣耳！

汉武帝的感叹是半真半假的，渴望长生是真，丢弃尘世享乐是假，被群臣与后宫簇拥着登临仙境才是他追求的目标。

更为可恶的是，公孙卿等方士号准了汉武帝的"脉搏"，他们竭尽逢迎之能事，将汉武帝吹捧成为活黄帝。顾颉刚先生指出：

> 观《封禅书》，汾阴得鼎，则有司云泰帝兴神鼎一，黄帝作宝鼎三。公孙卿遂有受自申公之札书，云黄帝得宝鼎而迎日推策，遂仙登于天；又谓宝鼎出而后可以封禅，封禅则能仙登天。至元封三年，旱（原文误印为"早"，据《封禅书》应作"旱"——作者注），公孙卿曰："黄帝时封则天旱，乾封三年。"元封二年，武帝欲治明堂奉高旁，未晓其制度，公玉带即上《黄帝时明堂图》，于是如其图作之。柏梁灾，受计甘泉，公孙卿又曰："黄帝就青灵台，十二日烧。黄帝乃治明廷，明廷，甘泉也。"凡此可见当时人直把武帝捧成了活黄帝，而以公孙卿为尤其。此即司马迁所云"百家言黄帝，其文不雅驯，搢绅先生难言之"者也。"百家"，指方

士也。①

方士阿谀奉承地将汉武帝与黄帝比附，好大喜功的汉武帝心中也不免飘飘然起来，以为自己真是在世的黄帝了。对于方士与汉武帝的呼应，司马迁感到深恶痛绝。所以，他一方面在《黄帝本纪》之中斥责方士供奉的黄帝神仙偶像"不雅驯"，另一方面又在《封禅书》中大量地铺叙"搢绅先生难言"的荒诞现象，这样做的目的都是维护他塑造的黄帝历史形象。

不过，汉武帝如此沉溺于成仙之道，如此虚妄地自比黄帝，要想改变他的想法是困难而又危险的。司马迁为人正直，并非没有向天子直言谏诤的勇气，然而"忤逆"君主的危险，他不仅在朝廷上屡见，而且自身亲历过。司马迁曾因厌恶汉武帝的穷兵黩武而为身陷匈奴的李陵辩解，结果遭致惨无人道的灾厄。据顾颉刚先生判断，司马迁受腐刑的时间与《封禅书》完成的时间恰好是衔接的。他写道：

> 《封禅书》记汉武事，讫于"其后五年，复至泰山修封。还，过祭恒山"。《集解》引徐广曰："天汉三年。"则班固所谓"讫于天汉"者信矣。此太史公受腐刑之年也。②

时间上的衔接表明，司马迁是在愤懑与焦虑相交错的矛盾情绪下写成《封禅书》的。他既要批判方士的卑劣和汉武帝的荒谬，又不得不顾虑自身的安危，因为他还肩负着完成《史记》的事业。这就难怪《封禅书》尽管大胆地暴露了诸多丑恶现象，但在写作风格上却与《黄帝本纪》截然不同，而是采用迂回类比的形式去追求讽喻的效果。

同出于司马迁之手，《黄帝本纪》行文工整，《封禅书》却写得恍惚迷离，研究《史记》者对此均有同感。民国时期学问家李景星就认为：

---

① 《顾颉刚读书笔记》卷7《缓斋杂记一》"汉武帝被捧成活黄帝"条，见《顾颉刚全集》，第142－143页。

② 《顾颉刚读书笔记》卷7《缓斋杂记一》"《封禅书》讫于天汉三年"条，见《顾颉刚全集》，第143页。

封禅本千载恍惚之事，而太史公之为《封禅书》，更演为五色迷离之文，所谓文与事称也。①

司马迁将《封禅书》"演为五色迷离之文"的用意，就是要给读者产生难以相信方士所作的宣传的感觉，因为事情牵涉往古君主与当朝天子，不便从正面多说，故而以旁事影照之。不过，《封禅书》的文字风格看似"五色迷离"，其实叙述的层次依旧是清晰的。所以李景星接着指出：

> 通篇丽事烦杂，几混宾主。然一言打破，则讽刺武帝而已。叙次牵连，几无头绪，然一笔揭明，则一起一结，中分九层而已。……层层分叙，却层层钩连，总以讽刺武帝封禅为主。盖武帝封禅，本意原为求长生不死。正面不便多说，故以旁事影照之；不能直说，故以曲笔萦绕之。且其牵引各事，虽似不类，却皆有情。②

司马迁的写作手法是巧妙的，《封禅书》看似"几混宾主"，然而却有一个中心贯穿其间，那就是讽刺求仙的举动。抓住中心思想，层次自然分明。李景星正是依此规律，将《封禅书》分作九层，从而"一笔揭明"。按照这样的规律，被讽刺的对象便一一凸显，他们就是往代的君主以及方士。那些热衷于求仙的君主无一不是失败者，那些鼓吹成仙之道的方士也都没有好下场。

在求仙失败的君主中，司马迁首先列举的是齐燕诸君。齐威王、齐宣王与燕昭王都曾使人航行渤海，寻求所谓的蓬莱、方丈、瀛洲三神山，冀遇"仙人及不死之奇药"，然而"终莫能至"。步齐燕诸君之后尘，秦始皇也曾赍童男童女入海求三神山，虽"望见之焉"，但"未能至"。秦始皇心有不甘，于是亲临海上，"冀遇海中三神山之奇药"，结果失望而归，中途崩于沙丘。针对秦始皇荒唐的求仙举动，司马迁特意指出，残暴而"无其德"，虽"用事"于封禅，也难防"天下畔之"。这正应着《封禅书》序所云"盖有无其应而用事者矣"，体现了司马迁借古人以讽今世的

---

① 李景星：《四史评议·史记评议》之《封禅书第六》，韩兆琦、俞樟华校点，岳麓书社1986年版，第32页。

② 李景星：《四史评议·史记评议》之《封禅书第六》，第32-33页。

意图。

在《封禅书》中，与帝王求仙不果的桩桩陈迹并行的，是方士伎俩败露的件件例证。周灵王用方士苌弘之计"依物怪欲以致诸侯"，但诸侯不从而苌弘被晋人执杀；新垣平因为"所言气神事皆诈"，而被汉文帝诛夷；文成将军"为帛书以饭牛"，剖牛腹而得所谓奇书，事情败露后遭诛杀；五利将军所为妄言多不应验，因此被汉武帝处死。在司马迁的笔下，种种事态光怪陆离，但是条理是清晰的；各类情节丑态百出，但是层层推进的逻辑是明显的：那就是以鲜明的事实表述问题的实质，以达到警醒汉武帝的目的。

尤其应该注意到，司马迁虽然对于公孙卿转述的申公演讲之故事记录得比较详细，但是他绝不相信黄帝登仙的神话。对于这一点，清代史学大师崔述在评论王充的《论衡·道虚篇》时曾一针见血地指出过：

> 黄帝升天之说本不足辨。司马氏载之，正以见其荒谬耳！王氏（指王充——作者注）以为非实，是矣；然言黄帝好方术，则犹惑于世之邪说而未之察也。上古原无方术，而黄帝垂衣裳而天下治，亦岂至为方士之所欺哉！世之言神仙者，多托之于黄帝、老子，类此者非一，而文学之士亦有采之入书者。[1]

对于方士捏造的与黄帝相关的谎言，崔述的认识是透彻的。司马迁对此也未尝不明晰，所以在他的笔下，黄帝始终不是被讽刺的对象，将黄帝神仙化的人与事才是他讽刺的对象。

对于讽刺的对象，司马迁的分寸把握得很好。他在转录黄帝登仙故事之时，还保留了一句看似与黄帝不相干的话语，"余小臣不得上，乃悉持龙髯，龙髯拔，堕"。所谓小臣，正是方士，他们卑劣地巴结逢迎，下场必定是无耻地堕落。"余小臣不得上"等语好像无关紧要，但是司马迁编撰《封禅书》时却特意保留。看似不经意的小小插曲，却能横生出耐人寻味的讽刺妙趣，真如何良俊所言，"乃知此老胸中自有一付炉韝，其点化之妙不可言也"。

---

① 〔清〕崔述：《补上古考信录》卷上，见《丛书集成新编》第 5 册，台北新文丰出版公司 1985 年版，第 726 页下栏–726 页上栏。

对于方士抨击的最终结果如何，《封禅书》没有写；事实上，发生在黄帝身上的神仙形象与历史形象之争远远不会完结，还将长久地延续下去。不过，对于司马迁的良苦用心，以汉武帝之雄才未尝不明白；对于方士的屡屡败露，以汉武帝之聪慧亦未尝不觉察。《封禅书》记载汉武帝祭祀黄帝冢之事曰：

> 乃遂北巡朔方，勒兵十余万，还祭黄帝冢桥山，释兵须如。上曰："吾闻黄帝不死，今有冢，何也？"或对曰："黄帝已仙上天，群臣葬其衣冠。"

汉武帝对黄帝之冢提出了质疑，虽然问题被糊弄过去，但却说明所谓黄帝不死的信念已经在汉武帝心中发生动摇。况且求仙活动的屡屡无验，也必然会令人主厌烦。所以《封禅书》又称：

> 而方士之候伺神人，入海求蓬莱，终无有验。而公孙卿之候神者，犹以大人之迹为解，无有效。天子益怠厌方士之怪迂语矣，然羁縻不绝，冀遇其真。自此之后，方上言神祠者弥众，然其效可睹矣。

不过，汉武帝既然已经"益怠厌方士之怪迂语矣"，何以仍旧"羁縻不绝"呢？仅仅以心存侥幸而"冀遇其真"来解释，恐怕是难以说服世人的。

为此，司马迁在《封禅书》中还记载了一段汉武帝与上郡之巫神君交往的事迹，曰：

> 神君所言，上使人受书其言，命之曰"画法"。其所语，世俗之所知也，无绝殊者，而天子心独喜。其事秘，世莫知也。

既然神君所语本"无绝殊"，何以又称"其事秘，世莫知"？看来，汉武帝与众多方士之间的思想交流，可能已经超出一般迷信的范畴，而具有特别的现实意义，所以才会产生"天子心独喜"的效果。

这其中的奥妙似乎被顾颉刚看破了，他在归纳《封禅书》记载的方士将汉武帝与黄帝相比附的十一条事迹之后，昭然地揭示出"汉武有一事，黄帝则多一事"的现象。在此基础上，顾颉刚论述道：

> 即此可知黄帝故事皆如楼台倒影，若岸上无是物即水中无是影。公孙卿附会饰说，其事独多，可谓大言不惭者。继之者公玉带也。司马迁于《封禅书》中，已将此义写得穷形尽相。但他虽已拆穿西洋镜，可是他的《五帝本纪》中还是写着黄帝"获宝鼎，迎日推筴"，则公孙卿的胡言竟成了真古史了！即此可见谬说拨除之难。[①]

顾颉刚做了十分生动的比喻，将方士鼓吹的黄帝故事比作"楼台倒影"，折射"楼台倒影"的本源则是现实的迹象，而现实的迹象就是汉武帝的具体作为。于是，方士玩弄的伎俩被历史学家拆穿了。以汉武帝的具体作为折射出来的黄帝身影，汉武帝自己能否真正信仰之，实在令人怀疑。然而，汉武帝却偏偏要作出信仰的姿态来，那是因为他要借此为自己树立至高无上的权威，而令臣民俯伏敬畏，从而获得巩固其统治的效果。这样的想法当然只会"心独喜"，也只能"世莫知"了。

值得注意的是，顾颉刚关于"楼台倒影"的论证，是专门针对《封禅书》中的黄帝形象的，不是针对《黄帝本纪》中的黄帝形象的。至于《黄帝本纪》中的黄帝形象，则被他肯定地认作"真古史"，而非"皆如楼台倒影"的故事。他虽然也否定了《黄帝本纪》所载的黄帝"获宝鼎，迎日推筴"，但是并未全盘否定《黄帝本纪》。由此不难看出，顾颉刚对于《黄帝本纪》中黄帝形象的看法是一分为二的。在顾颉刚的心目中，《封禅书》与《黄帝本纪》的不同就在于，后者写的是历史，为此他曾明确地指出：

> 战国时所创之古史，和西汉末所创之古史，均给人承认了，惟西汉中叶所创之古史，因学派之改变而不占势力（如三一、太一，封禅等，后来均销散了。九皇亦是，黄帝成仙亦是）。所以如此之故，太史公颇有功劳，他作《封禅书》，处处点穿方士之说。王莽、刘歆

---

① 《顾颉刚读书笔记》卷3《旅杭杂记二》"汉武有一事，黄帝即多一事"条，见《顾颉刚全集》，第622页。

一辈人也有功。①

既然《封禅书》"处处点穿方士之说"，方士之说当然不是真历史；那么，真历史在哪里，它就在《黄帝本纪》里。通过上述对比研究，亦能有利于理解以顾颉刚为代表的古史辨派理论。古史辨派理论并非否定中国上古的历史，而是剥离掩盖历史的假象，剖析历史现象的成因，进而求取其中的真理，其态度是客观公允的。

要之，将《黄帝本纪》与《封禅书》对比地"并读"，就不难看出，在脱离传说的境界以后，黄帝的形象是向着神仙偶像与历史人物两个方向发展的。前者是造神，后者是树人，二者性质迥异，形成的途径也截然相反。

关于黄帝神仙形象的形成途径，顾颉刚高度地概括为：

> 黄帝由神变人，由好战的帝王变成道家的宗主，再变成仙人。②

黄帝的神仙形象是按照当朝天子汉武帝描摹出来的，所以他就会由神变人，再通过"且战且成仙"的方式经由道家的宗主而变成仙人。黄帝的神仙形象虽然在"西汉中叶所创古史不占势力"，但是并不因为黄帝的历史形象之出现而消亡，东汉以后它迎合着宗教的需要而变换形态，久久地被泥塑木雕于道观之中。

塑造历史人物与描摹神仙偶像的途径恰恰相反，历史形象并不是当朝天子的"倒影"，而是要成为当朝天子模仿的榜样；不能用汉武帝的事迹去塑造黄帝，而是要借黄帝的光辉影响汉武帝。所以，唯有以文献记载及田野考察为客观依据，从众多的史料中抽象出尤为现实所关注的内容，才能进而升华成为历史形象。唯其如此，才具有榜样的力量；唯其如此，才能够推而广之。

至于黄帝历史形象的性质，司马迁在交代《五帝本纪》的撰写宗旨

① 《顾颉刚读书笔记》卷3《忍小斋笔记》之"西汉中叶所创古史不占势力"条，见《顾颉刚全集》，第13页。

② 《顾颉刚读书笔记》卷3《忍小斋笔记》之"黄帝之变化"条，见《顾颉刚全集》，第13页。

时讲得很清楚：

> 维昔黄帝，法天则地，四圣遵序，各成法度。……厥美帝功，万世载之。作《五帝本纪》第一。[1]

黄帝绝对不是《封禅书》中方士描绘的乘龙上天的仙人，而是如《黄帝本纪》记述的那样，既是开天辟地创立政权的圣者，又是巩固和建设政权的伟人。黄帝象征着天地的法则，颛顼、帝喾、尧、舜四帝尚且遵序，当朝天子也就必须效法。这样塑造起来的黄帝形象，概括其性质，乃是封建帝王的理想样板。

四、北朝各族共同祖先

按照建立政权、巩固政权和建设政权三项全能的标准，司马迁树立起"法天则地"的黄帝形象。他不仅要以黄帝作为当朝天子的楷模，而且意欲"厥美帝功，万世载之"，将黄帝推广为永久传承的榜样。为了达到这样的效果，司马迁采用了将黄帝祖宗化的办法。读《五帝本纪》之末"太史公曰"可知，司马迁这样做是因为受到《帝系姓》的启发。

顾颉刚先生曾经将《帝系姓》所述世系仔细排列成表，使人一目了然，但也因此发现了《帝系姓》的片面之处。他指出：

> 看此表，可知《帝系》独详于高阳一系，高阳系中又独详于楚之一系。意者此篇是楚之谱牒乎？抑作者据楚之谱牒而缘饰之以成书乎？"中国四万万同胞皆黄帝子孙"的一个观念，即由此篇来。在此表中，楚与虞之世系特久，虞十世、楚十世外（舜为颛顼族，楚为高阳族，虞与楚合，故颛顼与高阳合）。叙述母系者，以楚系为最详，其他惟尧、舜、禹及稷、契、启、挚等著名人物耳。……《帝系》篇不及炎帝，亦不及少皞。[2]

---

[1] 《史记》卷130《太史公自序》。

[2] 《顾颉刚读书笔记》卷2《东山笔乘（一）》"帝系表和〈帝系〉所无"条，见《顾颉刚全集》，第360页。

《帝系姓》的片面之处有二：其一，独详于华夏以外的楚系；其二，不及炎帝和少暤。针对其一，司马迁将《史记》所列本纪、世家大多归为黄帝后裔，使得黄帝名下世系不再独详一系。经此推广，黄帝成为诸王与诸侯众家的祖先，其重点不再在楚，转而在于华夏。于是，在华夏的传统中黄帝自然具有至高无上的权威，祖宗崇拜遂与中原的社会政治结合一致。至于其二，则正合司马迁编撰《史记》的宗旨，因为在他的历史系统中本来就没有炎帝和少暤的位置。炎帝虽然早于黄帝，却是被黄帝打败的英雄，司马迁要树立的是开天辟地的帝王，炎帝就只能被排除在五帝之外了。

祖宗化的办法在司马迁笔下得到充分发挥，他在《帝系姓》的基础上，将以黄帝为祖先的观念整理成富有条理的世系，以此体现他的历史系统。而这样的世系，是既有纲领又有要目的。

司马迁世系布局的纲领，体现于《五帝本纪》。黄帝在五帝之中占据最为突出的地位，不仅由于时代上最古老，而且因为其他四帝都是他的子孙。颛顼是黄帝之孙，其父昌意是黄帝正妃西陵之女嫘祖的次子；帝喾是黄帝曾孙，其祖父玄嚣是嫘祖的长子；尧是帝喾之子，黄帝的玄孙；而舜的六世祖为颛顼，他是黄帝的八世孙。按照这样的编排，所谓五帝的血统，全都出自黄帝的嫡系子孙。

司马迁世系布局的要目，体现于《三代世表》。所谓三代，虽然指夏、殷、周而言，但是表中并不仅仅排列三代世系，而是往上追溯至黄帝，往下延续及西周共和以前封建的鲁、齐、晋、秦、楚、宋、卫、陈、蔡、曹、燕十一诸侯。在《三代世表》中，司马迁创造了一种强调血统的语言格式，表述为"某属＋某生"。比如，夏的血统，被表述为"夏属，黄帝生昌意"。其意为，夏属于黄帝之子昌意后代中的一支。通过这样的表述格式，司马迁将上古到先秦的诸王与诸侯之间的血缘关系，特别是他们同属于黄帝后裔的特点，鲜明地突显出来。

正是以《五帝本纪》为纲领，以《三代世表》为要目，司马迁为世人编织出一张硕大的网络。缔结这张体现历史体系网络的纽带则是血脉。继《三代世表》之后，司马迁又在《史记》中编撰了第14卷《十二诸侯年表》、第15卷《六国年表》、第16卷《秦楚之际月表》、第17卷《汉兴以来诸侯王年表》、第18卷《高祖功臣侯者年表》、第19卷《惠景间侯者年表》、第20卷《建元以来侯者年表》、第21卷《建元以来王子侯者年表》、第 22 卷《汉兴以来将相名臣年表》等九表。除第 16 卷与第 22 卷之外，各卷都是以血脉为纽带编织的网络，它们可以看作《三代世表》的延续与补充。东汉的学问家应劭对此有精到的概括：

> 有本则纪，有家则代，有年则表，有名则传。[①]

纪、代、表、传分明，纲举而目张，于是一个庞大的系统完成，这就是本文第一节中谈论过的司马迁的历史体系。

为了让人们相信《三代世表》中的血缘关系，司马迁还在相应的本纪和世家中继续强调列朝诸王与诸侯均为黄帝后裔的观念。这种强调血脉的语言，均出现在本纪和世家之首，具体表现为追溯先世的词句，从而形成《史记》体例的固定格式。这样的体例也显示出森严的等级，因为透过相应的内容可以看到列朝诸王、诸侯与黄帝的血缘有着明显的亲疏之别。并且，按照亲疏之别，可以将《史记》中的诸王与诸侯大体划分为三个层次。

处于第一层次者，是所谓在血缘关系上最接近黄帝的颛顼、帝喾、尧、舜四帝，以及夏、殷、周的先祖禹、契、后稷。禹是颛顼之孙，为黄帝玄孙；契与后稷是同父异母兄弟，他们都是帝喾之子，也为黄帝玄孙。[②] 这正是应劭所谓的"有本则纪"。

其外第二层次，列有众多诸侯，他们的血缘都与第一层次中的帝王相连，因此也与黄帝血脉相通。如，楚人的祖先出自颛顼，陈胡公满是舜的后裔，杞东楼公是禹的后裔；又如，宋微子开是殷朝帝乙之首子、纣之庶兄，与契血脉相连；还如，吴太伯是周太王之子、周文王之叔，鲁周公旦、管叔鲜、蔡叔度、卫康叔封都是周武王之弟，晋国祖先唐叔虞是周武王之子、周成王之弟，郑桓公友是周厉王少子、周宣王庶弟，这些诸侯都与后稷血脉相连。[③] 上述均应了应劭所谓的"有家则代"。

再外第三层次，情况比较复杂，虽然多数被列为《史记》的世家，

---

① 《史记》卷 130《太史公自序》"作《五帝本纪》第一"条下司马贞作"索隐"引应劭云。
② 《史记》卷 2《夏本纪》、卷 3《殷本纪》、卷 4《周本纪》。
③ 《史记》卷 40《楚世家》、卷 36《陈杞世家》、卷 38《宋微子世家》、卷 31《吴太伯世家》、卷 33《鲁周公世家》、卷 35《管蔡世家》、卷 37《卫康叔世家》、卷 39《晋世家》、卷 42《郑世家》。

但是与黄帝的血缘关系比较含混。这个层次中有不少是所谓与周同姓的诸侯，如燕召公奭与周同姓姬氏；又如魏之先为毕公高之后，而毕公高与周同姓，其苗裔曰毕万，事晋献公；再如韩之先与周同姓姬氏，其苗裔事晋而封于韩原。① 然而，这些诸侯或者道不明始祖，或者难以理清世系的脉络，虽然有所谓与周同姓的说法，但是血缘显然甚为疏远，他们与黄帝的关系是勉强粘连上的。除了以父系为纽带与黄帝接上关系者，还出现了以黄帝为母族的情况。例如，《史记》卷5《秦本纪》记载：

> 秦之先，帝颛顼之苗裔，孙曰女修。女修织，玄鸟陨卵，女修吞之，生子大业。

秦人的祖先虽然号称颛顼的苗裔，但对于大业而言，黄帝系统是其外家。由此再去推导，黄帝系统还应该是赵人的外家，因为"赵氏之先与秦共祖"。②

按照如此牵强附会的逻辑，华夏各姓氏就大多可以在司马迁编织的血脉网络上找到相应的位置，甚至处于边缘地带的异族也都可以被挂到这张网络上。例如，《史记》卷41《越王勾践世家》记载：

> 越王勾践，其先禹之苗裔，而夏后帝少康之庶子也。封于会稽，以奉守禹之祀。文身断发，披草莱而邑焉。

越人"文身断发"，风俗与华夏迥异，却被视为少康之庶子的后裔，得以奉守夏禹之祀。同样被安排为夏后氏苗裔的还有匈奴，《史记》卷110《匈奴传》记载：

> 匈奴，其先祖夏后氏之苗裔也，曰淳维。

匈奴的血缘也能与夏人沟通，这真是令人惊讶的。然而，唐代学者司马贞却拥护这样的说法，他在该条之下作"索隐"，居然还为此找到若干

---

① 《史记》卷34《燕召公世家》、卷44《魏世家》、卷45《韩世家》。
② 《史记》卷43《赵世家》。

李凭自选集 | LI PING ZIXUANJI

依据：

> 张晏曰："淳维以殷时奔北边。"又乐彦《括地谱》云："夏桀无道，汤放之鸣条。三年而死，其子獯粥，妻桀之众妾，避居北野，随畜移徙。中国谓之'匈奴'。其言夏后苗裔，或当然也。"故应劭《风俗通》曰："殷时曰獯粥，改曰匈奴。"又晋灼云："尧时曰荤粥，周曰猃狁，秦曰匈奴。"韦昭云："汉曰匈奴。荤粥，其别名。"则淳维是其始祖，盖与獯粥是一也。

从司马迁到司马贞关于匈奴血缘的说法当然难以令人置信，但是在民族关系的处理方面却具有积极的意义。

分析上述血脉网络，不难发现三个特点：其一，按照司马迁的模式，诸王与诸侯乃至庶民百姓，或者能在这张网络上找到相应的位置，或者可以通过与某个支系挂钩而攀接到网络上面。例如，战国七雄之一的齐国田氏，原非周初所封诸侯，其祖先田完本系陈氏，陈氏为舜之后裔，而舜为黄帝八世孙，因此田氏也就成为黄帝的后裔。[①] 其二，按照司马迁的逻辑，这张血脉网络具有蔓延的性质。例如，越王勾践得以奉守禹之祀，那么闽越王无诸及越东海王摇也都成了夏的后代，因为"其先皆越王勾践之后也"[②]。其三，更为重要的是，按照司马迁的布局，为后世陆续进入大中华区域内的各族留下了空间。在作为《黄帝本纪》结尾的第三部分中，记录了黄帝身后的世系，声称：

> 黄帝二十五子，其得姓者十四人。

关于这十四位得姓者，已经难辨清楚；至于另有十一位未得姓者，就更加无从考证。[③] 既然难辨清楚或者无从考证，就留下了填空的余地。

总之，在司马迁编织的血脉网络上，黄帝高踞在顶端，他既是颛顼、帝喾、尧、舜四帝的祖先，又是夏、商、周三代诸王以及众诸侯的祖先；

---

① 《史记》卷46《田敬仲完世家》。
② 《史记》卷114《东越传》。
③ 《史记》卷1《五帝本纪》"黄帝二十五子，其得姓者十四人"条下"索隐"。

不仅如此，他还被推广成为后世所有帝王及诸侯的祖先，乃至庶民百姓的祖先。以血缘作为维系华夏一统的办法并非司马迁的原创，其发明应该归于春秋战国间的《帝系姓》；将这样的观念整编成有条理的世系，从而提升、放大和推广黄帝的历史形象，这才是司马迁的历史贡献。上引顾颉刚指出的"'中国四万万同胞皆黄帝子孙'的一个观念，即由此篇（指《帝系姓》）来"，这就讲到黄帝问题的根源上了。毋庸置疑，将黄帝视为祖先的观念，应该源于战国之前，绝非如孙隆基先生所说的那样，"一首一尾都是舶来品"。

不过，司马迁的血脉网络并不能够网罗一切，也有难以与之挂钩的诸侯。《史记》卷32《齐太公世家》载：

> 太公望吕尚者，东海上人。其先祖尝为四岳，佐禹平水土，甚有功。虞夏之际封于吕，或封于申，姓姜氏。夏商之时，申、吕或封枝庶子孙，或为庶人，尚其后苗裔也。本姓姜氏，从其封姓，故曰吕尚。

吕尚本姓姜氏，他的祖先为禹之佐臣，后来受封于吕。可见，早期的姜姓部落并不属于夏人的血脉，只是后来才加入以夏人为首的部落联盟。在该条史料之下，司马贞作"索隐"引谯周曰：

> 姓姜，名牙。炎帝之裔，伯夷之后，掌四岳有功，封之于吕，子孙从其封姓。吕尚其后也。

吕尚编不进司马迁的血脉网络，原因在于姜氏是炎帝的后裔，而炎帝时代比黄帝时代更早。姜姓齐国在春秋时期地位重要，在《史记》的世家中排名第二，却与司马迁的血脉网络格格不入。这确实令人遗憾，好在类似的情况并不多见。

由于存在例外和牵强的现象，司马迁将黄帝供奉为华夏祖先的做法并不能得到普遍的认可，后世有不少学者，从不同的角度，以不同的方式，提出了质疑，甚至表示反对。

西汉元成年间博士褚少孙努力整理司马迁的著述，为弥补《史记》的缺失作过贡献。褚少孙就曾因黄帝始祖之说遇到过质疑，为此他以问答的形式将自己的看法附在《三代世表》之后。在答疑之中，褚少孙试图以天命之说维护舜及夏、商、周三代与黄帝之间的血缘承续关系，他在发表大段的议论之后强调：

> 天命难言，非圣人莫能见。舜、禹、契、后稷皆黄帝子孙也。黄帝策天命而治天下，德泽深后世，故其子孙皆复立为天子，是天之报有德也。人不知，以为泛从布衣匹夫起耳。夫布衣匹夫，安能无故而起王天下乎？其有天命然。

然后，褚少孙又引述蜀王、霍光事例，欲为"黄帝后世王天下之久远"寻求解释：

> 《传》云，天下之君王为万夫之黔首请赎民之命者帝，有福万世，黄帝是也。五政明修礼义，因天时举兵征伐而利者王，有福千世。蜀王，黄帝后世也，至今在汉西南五千里，常来朝降，输献于汉，非以其先之有德，泽流后世邪？行道德岂可以忽乎哉！人君王者举而观之。汉大将军霍子孟名光者，亦黄帝后世也。此可为博闻远见者言，固难为浅闻者说也。

褚少孙所作的辩解显然难以自圆，因此受到司马贞的严正批驳：

> 褚先生盖腐儒也。……而末引蜀王、霍光，竟欲证何事？而言之不经，芜秽正史。[1]

褚少孙试图以天命论为黄帝始祖之说辩护，自然难以令人信服。不过，司马贞以"腐儒"斥之似乎并不妥当，因为黄帝始祖之说本身就存有许多漏洞，责任应该由《帝系姓》的作者和司马迁承担。

站在与褚少孙对立的立场上，东汉思想家王充客观地指出了黄帝始祖之说的自相矛盾：

---

[1] 《史记》卷13《三代世表》。

《三代世表》言五帝三王皆黄帝子孙，自黄帝转相生，不更禀气于天。作殷本纪，言契母简狄浴于川，遇玄鸟坠卵，吞之，遂生契焉。及周本纪，言后稷之母姜嫄野出，见大人迹，履之则妊身，生后稷焉。夫观《世表》，则契与后稷黄帝之子孙也。读殷周本纪，则玄鸟大人之精气也。二者不可两传，而太史公兼纪不别。案：帝王之妃，不宜野出，浴于川水。今言浴于川，吞玄鸟之卵；出于野，履大人之迹。违尊贵之节，误是非之言也。①

王充认为造成"误是非之言"的原因是司马迁"兼纪不别"，这是合乎逻辑的。至于他批评"浴于川"和"出于野"为"违尊贵之节"，则是以后世礼仪看待上古风俗，就难免失于偏颇了。

《史记》之后的正史为《汉书》，它是经东汉的班彪、班固、班昭和马续四人之手合作完成的。《汉书》的作者对于司马迁追溯祖宗的做法不仅不反对，而且还具体运用于为汉家天子寻根上，这是司马迁当初没有做过的。《汉书》卷1下《高帝纪下》文末有"赞曰"：

《春秋》晋史蔡墨有言，陶唐氏既衰，其后有刘累，学扰龙，事孔甲，范氏其后也。……范氏为晋士师，鲁文公世奔秦。后归于晋，其处者为刘氏。刘向云战国时刘氏自秦获于魏。秦灭魏，迁大梁，都于丰。……是以颂高祖云："汉帝本系，出自唐帝。降及于周，在秦作刘。涉魏而东，遂为丰公。"丰公，盖太上皇父。其迁日浅，坟墓在丰鲜焉。……由是推之，汉承尧运，德祚已盛，……自然之应，得天统矣。

刘邦祖籍沛县丰邑，父母是连名字都没有留下的平民。然而，《汉书》的作者却兜了很大的一个圈子，总算将汉室的祖先攀附到唐尧名下，归位于黄帝后裔。这样做的目的，显然是要表明刘家得天下乃"自然之应"。

《汉书》的作者虽然仿效《史记》而强调血统，但是对于独尊黄帝为华夏始祖的做法却不赞成。与《史记》不同，《汉书》不是通史，而是专

---

① 〔东汉〕王充：《论衡》卷29《案书篇》，见《四库全书》第862册，上海古籍出版社影印本1987年版，第334页上栏。

述西汉一代的断代史书，本无讨论上古人物的必要。然而，《汉书》的作者偏要对西汉以前的人物加以评价。《汉书》卷20《古今人表》就一直追溯到上古，网罗了众多人物，并将他们区分成圣人、仁人、智人及愚人，排列为上上至下下九等。在《古今人表》之中，黄帝虽然被排在上上之列，但是他的地位并不是至高无上的，因为黄帝并非唯一的圣人，在他之前还有太昊帝宓羲氏和炎帝神农氏。可见，《史记》与《汉书》对于上古时代的理解并不相同。司马迁能够"毅然"划清传说人物与历史人物，从而确立中国通史的上限；《汉书》的作者却割舍不掉宓羲氏等传说人物，对于上古的看法就只能陷入混沌状态。

东汉科学家张衡也是坚决反对司马迁"独载五帝"的。在《后汉书》卷59《张衡传》"又条上司马迁班固所叙与典籍不合者十余事"条下，李贤等注曰：

> 《衡集》其略曰："《易》称，宓牺氏王天下；宓犍氏没，神农氏作；神农氏没，黄帝、尧、舜氏作。史迁独载五帝，不记三皇。今宜并录。"[1]

张衡同样割舍不掉宓羲氏与神农氏等传说人物，由此也可以反衬出司马迁能够做出这样的决断是多么具有眼光与勇气。

不过，王充、张衡与班彪家族都是学术精英，他们的思想在很大程度上代表了东汉学界的观念，他们的意见对于司马迁"独载五帝"的做法造成了强大冲击，其影响颇为深远。所以，直到唐朝中期，司马贞还对司马迁割弃黄帝以前的人物感到不平，终于按捺不住，而为《史记》作补，撰写成《三皇本纪》。[2]

在众多的批评之中，清代学者崔述的考据是最有说服力的，他从根本上反对血统之说，而不再拘执于独尊与并录之争。他指出，五帝之间并非倚赖血缘相继承：

---

① 〔南朝宋〕范晔：《后汉书》，中华书局标点本1965年版。
② 〔唐〕司马贞：《补〈史记·三皇本纪〉》，见《四库全书》第244册，上海古籍出版社影印本1987年版，第964页上栏－966页上栏。

盖古之天下，原无父子相传之事，故孰为有德则人皆归之。……
要之，上古人情淳厚，慕义向风者为多，故其得天下之次第大概如
此，不必尽藉于先业也。若尧不藉父兄之业即不能有天下，则（宓）
義、（神）农、黄帝又何所藉而能得天下也哉！且使尧之天下果传之
于父兄，则尧当世守之，丹朱虽不肖，废而他立可也。①

　　五帝嫡传既然不可能，黄帝为华夏芸芸众生的单传始祖之说自然难以成
立。崔述的这番考据，如今已成学界的共识，但是在他所处的清代，发表
这样的言论却是要有很大勇气的。崔述的考据为现代疑古派着了先鞭，顾
颉刚正是在他的基础上提出了"层累地造成的中国古史观"。

　　司马迁将黄帝供奉为华夏独尊的祖先确实是牵强的做法，不可能得到
普遍认可。然而应该承认，司马迁努力弘扬黄帝是极有远见的举动。独尊
黄帝的说法后来发展成为中华民族一元一体理论，与此相对，"并录"之
说则趋向于中华民族多元一体理论的雏形。虽然相对而言后者较为合理，
但是前者在凝聚民族关系方面具有深远的意义。

　　司马迁的历史体系终究是中国传统文化中的正宗，尽管屡受来自不同
角度的批评，但是其影响历久而不衰。后世治史者大多数还是遵奉《史
记》为圭臬的，其中对司马迁的精神领悟至深者是北齐史家魏收。魏收
撰写的《魏书》是一部专门记述拓跋魏诸朝历史的著作，在传统的中华
正史中属于断代史书。然而，《魏书》与《史记》具有相同之处：《史
记》虽然以西汉王朝的历史为重点，但是记述了西汉以前自上古至秦的
史实；《魏书》虽然以拓跋魏诸朝历史为重点，但是记述了北魏以前自嘎
仙洞至拓跋代国的史实。既然与《史记》有相同的特点，《魏书》也就可
以看成一部通史；所区别者在于，它不是华夏的通史，而是拓跋氏的
通史。

　　《魏书》的通史性质不仅贯穿于若干纪传与书志对于往古的追溯上，
而且集中体现在该书的《序纪》中。与《史记》以《黄帝本纪》为开篇
一致，《序纪》竟然也是以黄帝张本的。请看：

---

　　① 〔清〕崔述：《唐虞考信录》卷1，见《丛书集成新编》第5册，台北新文丰出版公司影
印本1985年版，第622页。

昔黄帝有子二十五人，或内列诸华，或外分荒服；昌意少子，受封北土，国有大鲜卑山，因以为号。其后，世为君长，统幽都之北广漠之野，畜牧迁徙，射猎为业，淳朴为俗，简易为化。不为文字，刻木纪契而已，世事远近，人相传授，如史官之纪录焉。黄帝以土德王，北俗谓土为托，谓后为跋，故以为氏。其裔始均，入仕尧世，逐女魃于弱水之北，民赖其勤。帝舜嘉之，命为田祖。爰历三代，以及秦汉，猃狁、獯鬻、山戎、匈奴之属，累代残暴，作害中州，而始均之裔，不交南夏，是以载籍无闻焉。[①]

这段不足二百字的文字，将拓跋氏的祖先与五帝紧密地联系起来。其一，拓跋氏的初祖是黄帝之子昌意的少子，亦即黄帝之孙；其二，拓跋氏的祖先始均曾经加入尧的部落联盟，并为驱逐女魃出过力；其三，始均还受过帝舜的嘉奖，被命为田祖；其四，"拓跋"二字意译为"后土"，与黄帝"以土德王"意义相通。归纳起来，这四点的中心思想，就是表明拓跋氏系自黄帝部落分化出去的一支，并在早期一直与五帝诸部落有所联系。这样，就为拓跋氏与黄帝直接挂钩提供了依据。

　　不过，令史家为难的是，在中原早期文献中并没有关于拓跋氏的相应记载。为了消除疑问，《序纪》做了三点解释：其一，拓跋氏"不为文字，刻木纪契而已"，其早期情况自然不会见于中原早期文献；其二，拓跋氏的历史是"人相传授"的，言外之意，拓跋氏与黄帝的关系虽然没有文字记录，但是在本部之内不见得没有说头；其三，从三代到秦汉诸朝，匈奴等族累代"作害中州"，而始均之裔并没有参与，所以就"载籍无闻"。尤其是第三点解释，还有向中州表示友好的意味，令汉人在感情上乐于接受。

　　上述三点解释看似合理合情，却经受不住推敲。由于没有扎实的史料依据，《序纪》之中追记拓跋氏祖先的内容很难让人感到踏实可靠。作为编辑拓跋历史的史家，魏收也未尝没有察觉拓跋早期历史中充斥着牵强附会的成分。但是，为了体现统治者的意图，他却偏要努力将拓跋氏填入司马迁血脉网络之中早已预留的空间。而这个空间，在《序纪》之中已经写得很明白，就在昌意的名下。

---

① 〔北齐〕魏收：《魏书》卷1《序纪》，中华书局标点本1974年版。

昌意为黄帝与正妃嫘祖所生之少子，按照《黄帝本纪》的记载似乎是实实在在的人物；至于昌意生有多少个儿子，昌意少子为谁，却没有确切的记录，这就只好听便于魏收的编撰了。于是，通过所谓昌意少子的传说，魏收就将拓跋氏的初祖设定成了黄帝的后代。魏收能够做这样的设定，好像蛮有道理：首先，《史记》之中有众多先例可循，不少姓氏可以通过迂回曲折的方式攀接到与黄帝血脉相连的网络上面，拓跋氏何以不能径直挂到昌意少子的名下？其次，拓跋氏虽然为北方射猎部落，但是越王得以奉守禹之祀，匈奴亦可当作夏后氏之苗裔，拓跋氏何以不能成为黄帝的后代？

虽然在《魏书》中有与《五帝本纪》相照应的《序纪》，但是魏收并未编写与《史记·三代世表》相应的世表。不过，在《魏书》卷113《官氏志》下特设有《姓氏志》，它在一定意义上发挥了世表的作用。于是，魏收就以《序纪》为纲领，以《姓氏志》为要目，也像司马迁那样，构建起一张庞大的血脉网络。这张网络广泛地联系着北朝的部族，它的核心则是拓跋氏。

《序纪》是魏收编织的血脉网络的纲领，它贯穿着北魏建国以前拓跋氏发展的线索。关于这条线索，在始均之下可以划分为三个阶段：第一个阶段的起点是成帝毛，此时拓跋氏尚在大鲜卑山一带从事"畜牧迁徙，射猎为业"；第二个阶段的起点是献帝邻，此时拓跋氏"始居匈奴之故地"；第三个阶段的起点是神元帝力微，此时拓跋氏已"迁于定襄之盛乐"。上述三个阶段的出现，标志着拓跋氏经历了三次大的部落迁徙事件。而拓跋氏的历次迁徙，又都与其部落组织的大规模整顿同步，具体内容则反映在《姓氏志》中。

《姓氏志》是魏收编织的血脉网络的要目，它比较详细地反映了北魏建国以前拓跋氏部落联盟内外姓氏演变的情况。在以成帝毛为起点的第一阶段，拓跋氏诸部分化为九十九姓。这是部落组织繁衍的时期。[①] 在以献帝邻为起点的第二阶段，拓跋氏进入匈奴故地，于是"七分国人，使诸

---

① 《序纪》记载，拓跋氏之下"统国三十六，大姓九十九"；《姓氏志》的记载一样，也是"诸部有九十九姓"。不过，《序纪》记在成帝毛的名下，《姓氏志》则记在安帝越统国之际。在成帝毛至安帝越之间，有节帝贷、庄帝观和明帝楼三代。这表明，此五帝在位的较长时间内，各氏族的分布格局处于相对稳定的状态。

兄弟各摄领之，乃分其氏"，以此适应辽阔大草原的新鲜环境；随后，每支国人又"兼并他国"，从而形成"各有本部，部中别族，为内姓焉"的状态。这是拓跋本部发展的时期。在以神元帝力微为起点的第三阶段，拓跋氏以盛乐为中心组建成为强大的部落联盟。该联盟广泛地接纳草原游牧部落，形成"余部诸姓内入"的兴旺局面。这是拓跋氏诸部族的发达时期。此后，以拓跋氏为核心的诸部族虽然历经兴衰曲折，但是其部落联盟的格局一直延续到北魏建国之前。

北魏建国之际，开国皇帝道武帝采用离散诸部的措施，陆续将游牧部落民收纳，并且整编成为其封建统治下的编民。这些编民中的大多数被安顿在国都平城附近，实行"分土定居"。① 孝文帝迁都之际，平城附近的多数编民随同拓跋氏政权进入新都洛阳附近。虽然屡经迁徙，但是由于经历过封建化的整编，原部落民姓氏的归属已经相对稳定，这就为孝文帝推行姓氏改革奠定了基础。

将《序纪》与《姓氏志》相对照，就能纲举目张地看清楚魏收编织的这张庞大网络，它已将北朝各游牧部落尽量纳入。同时也就不难发现，像司马迁笔下的诸王与诸侯那样，魏收笔下的北朝部落姓氏也是依照其与拓跋氏关系的亲疏划分为三个层次的。第一层次共有十姓，它们是因献帝邻"七分国人"而分裂形成的姓氏，包括献帝邻代表的拓跋帝室，献帝兄纥骨氏、普氏和拔拔氏，献帝弟达奚氏、伊娄氏、丘敦氏和系俟亥氏，献帝叔父之胤乙旃氏，以及疏属车焜氏。② 在十姓之间，坚持所谓"百世不通婚"的状态，严格地遵守父系血统的界限，维护着拓跋氏的嫡系传统，以显示其最为高贵的身份。在太和年间（477—499）之前，只有这十姓贵族才能参与"国之丧葬祠礼"。第二层次共有七十五姓，是神元帝力微之际"余部诸姓内入者"。它们最初与拓跋氏并无血缘关系，是陆续加入部落联盟的外姓。第三层次包括三十五姓，它们按照东方、南方、次南、西方与北方等方位分布在拓跋部落联盟的周围，与拓跋氏保持所谓"岁时朝贡"式的关系。

上述三个层次是递进地形成的，是由拓跋氏的发展过程决定的，也就是说，它们先后对应着上述拓跋氏发展史上的繁衍、发展和发达三个时

---

① 李凭：《北魏离散诸部问题考实》，载《历史研究》1990 年第 2 期。
② 《官氏志》以及该卷的中华书局标点本《校勘记》〔二十三〕、《校勘记》〔二十四〕。

期。由这三个层次的姓氏结成了等级分明的网络格局，其下层为四方诸部，中层是内入诸姓，上层即帝室十姓。这样的层次划分，虽然比较粗糙，却反映了拓跋部落联盟分化与重组的历史状况。

拓跋氏部落联盟不断地分化与重组的影响是弥久的。因此，直到北魏中期孝文帝定姓族之际仍然要强调层次分明的观念，致使区分姓氏的高低成为姓氏改革的重要目标。在《姓氏志》中，记载了孝文帝于太和十九年（495）下达的布置定姓族工作的诏书。按照诏书的规定，姓氏的尊卑是井然有序的。其中最尊贵的，当然就是帝室十姓。在帝室十姓之下，有所谓"勋著当世，位尽王公"的八姓；自此八姓以下，再依具体标准划分为姓和族。

孝文帝姓氏改革有一个明显的特点，那就是在北人姓族与华夏姓族之间进行比照。上述太和十九年诏书宣称：

> 其穆、陆、贺、刘、楼、于、嵇、尉八姓，皆太祖已降，勋著当世，位尽王公。灼然可知者，且下司州、吏部，勿充猥官，一同四姓。

据《资治通鉴》中的相应记载，该诏书中的所谓四姓指汉族的高门四姓，为范阳卢氏、清河崔氏、荥阳郑氏和太原王氏，乃是北方门阀士族中的最高门第。[①] 诏书将北人高层的八姓与汉族最高门第的四姓列为同等级别，从表面上看一视同仁地突出了北族与华夏的高等门第，实质上则将它们全都置于帝室十姓之下。这样一来，帝室十姓，尤其是其核心拓跋氏，就理所当然地高踞于包括部落姓氏与华夏姓氏在内的北朝各族的顶巅。族权与政权结合起来，北魏皇帝成为傲视一切的权威。

孝文帝姓氏改革的另一个显著特点，就是将包括拓跋氏在内的部落姓氏改成汉姓。历来围绕拓跋氏改汉姓问题的讨论颇多，虽然见仁见智各有认识，但是认为这项措施有力地推动了中华民族的融合则是学术界一致的看法。同时，也要看到，与评定姓族的高下相比，将部落姓氏改为汉姓，是一项更加深刻地触动民族心理的浩大工程。在推行该项运动期间，必然

---

① 〔宋〕司马光：《资治通鉴》卷140《齐纪》建武三年正月条，中华书局标点本1956年版。

会遇到来自诸多方面尤其是原部落民的强烈抗拒。对此，作为姓氏改革的推行者，孝文帝充分地预感到了，所以他将姓氏改革的工作安排得十分细致。太和十九年诏书中宣称：

> 凡此定姓族者，皆具列由来，直拟姓族以呈闻，朕当决姓族之首末。其此诸状，皆须问宗族，列疑明同，然后勾其旧籍，审其官宦，有实则奏，不得轻信其言，虚长侥伪。不实者，诉人皆加"传旨问而诈不以实"之坐，选官依"职事答问不以实"之条。令司空公穆亮、领军将军元俨、中护军广阳王嘉、尚书陆琇等详定北人姓，务令平均。随所了者，三月一列簿帐，送门下以闻。

孝文帝的布置是周到的，要求也极为严格，目的是要"详定北人姓，务令平均"。而其中的至为关键处，则是"送门下以闻"，"朕当决姓族之首末"。对于姓氏改革的终审权，孝文帝是牢牢抓在手中的。

孝文帝姓氏改革的推动，特别是改汉姓运动，已经将部落的新旧姓族梳理得十分清晰，客观上为魏收撰写《姓氏志》提供了充分的准备。而且，生活在孝文帝时代之后不久的魏收，也自然能够感受到拓跋氏统下各部族改汉姓运动的强烈脉冲，所以这场运动必定会成为他编撰《姓氏志》时重点反映的内容。于是，在各部族姓氏之下标注汉姓也就成为《姓氏志》的显著特征。

现在回过头来，就可以看出，与司马迁的网络相同，魏收编织的网络也利用了血缘关系。显然，在其中处于第一层次的帝室十姓，就都是拓跋氏的血脉分支。但是，在魏收网络的第二层次和第三层次中所列的部落，则与拓跋氏没有明显的血缘关系。不过，在《姓氏志》中，不仅逐一列出一百二十个部落姓氏的旧姓，而且标明了各自新改的汉姓。这样一来，众多部落姓氏之间似乎都由血脉潜在地联系起来了，因为大多数汉姓都已被列为黄帝的后裔。于是，通过汉姓的标示，原来并无血缘关系的诸种部落竟然被血脉纽带系牢在一起，并且都被挂到魏收的网络上面。而且，通过汉姓的标示，魏收的网络又可以全部挂到司马迁的网络之上。换而言之，魏收网络就与司马迁网络合并为一张更大的网络，这张更大的网络遂将北朝各族，包括新改成汉姓的部落姓氏与华夏旧有的诸姓氏，统统归纳为一体。于是，四海之内皆是兄弟或者叔侄，全都成为黄帝的后裔。

魏收生活在东魏北齐之际，此时部落贵族势力依旧占据着主导的地位，他却敢于公然编织意味着拓跋氏向华夏姓氏靠拢的网络，那是因为这张网络体现着孝文帝姓氏改革的成就。然而，值得思考的是，意味着拓跋氏向华夏姓氏靠拢的改革竟然是由拓跋氏统治者主动发起的。更加耐人寻味的是，孝文帝竟然带头将拓跋之姓改为元，从而公开标榜自己的祖先是华夏祖先黄帝的后裔。①

不过，千万不要误解，其实孝文帝推行姓氏改革，并非数典忘祖，而是在努力贯彻北魏太祖道武帝的意图。道武帝在登基之时就曾经赞许朝廷群臣所谓"国家继黄帝之后"的奏言，《魏书》卷108之一《礼志一》记载：

> 天兴元年，（道武帝）定都平城，即皇帝位，立坛兆告祭天地。……事毕，诏有司定行次，正服色。群臣奏以国家继黄帝之后，宜为土德，故神兽如牛，牛土畜，又黄星显曜，其符也。于是始从土德，数用五，服尚黄，牺牲用白，祀天之礼用周典。

由"宜为土德"等语可以知道，《序纪》中所谓"黄帝以土德王，北俗谓土为托，谓后为跋，故以为氏"的说法，并非魏收撰写《魏书》之际的发明，而是在北魏初期就已经杜撰的。有道武帝作为榜样，孝文帝的态度便十分坚定，不但自己改姓元，而且敢于将全体部落姓氏都改成为汉姓，统统认作黄帝的后裔。

在《资治通鉴》相应的记载中称，道武帝自谓黄帝后裔，是听从崔宏建议的缘故。② 崔宏属于汉族高门士族，提出这样的建议很合乎他维护华夏传统的立场。③ 不过，并非华夏族的道武帝，对崔宏的立场倾向如此鲜明的建议却并不觉得反感，那未尝不是因为他曾经受过慕容、氐、羌等部族编造祖宗故事之举的启迪。

《晋书》卷108《慕容廆载记》记载：

---

① 《魏书》卷7下《高祖纪下》太和二十年正月丁卯条。
② 《资治通鉴》卷110《晋纪》隆安二年十二月己丑条。
③ 《魏书》卷24《崔玄伯传》。

慕容廆，字弈洛瑰，昌黎棘城鲜卑人也。其先有熊氏之苗裔，世居北夷，邑于紫蒙之野，号曰东胡。①

有熊氏为黄帝所在的氏族，可见慕容氏是比拓跋氏更早地自称黄帝后裔的部族。《晋书》卷112《苻洪载记》记载：

　　　苻洪，字广世，略阳临渭氐人也。其先盖有扈之苗裔，世为西戎酋长。

有扈氏是被夏后启灭亡的部落，② 却被氐族苻洪部落供奉为祖先。《晋书》卷116《姚弋仲载记》记载：

　　　姚弋仲，南安赤亭羌人也。其先有虞氏之苗裔。禹封舜少子于西戎，世为羌酋。

舜少子的封地是否在西戎，那是很难求证的说法，然而由于地望似乎相合，有虞氏便被羌人选为祖先。由以上三条史料可知，虽然慕容、氐、羌等部族的姓氏原本自成体系，但是当它们在中原建立政权以后却偏要编造故事，将其祖先安排到华夏的某个姓氏之下。这些部族的首领竟会如此煞费苦心地冒认祖先的原因，就是要在尽可能短的时间之内让华夏民众在思想感情上接受他们建立的政权，以达到巩固其统治的目的。

　　《晋书》是唐朝房玄龄等编撰的正史，晚于《魏书》问世，但上述三篇载记的史料应该源于晋末十六国之际。其中所述三家部族关于祖先的说法并非唐朝史家的编造，而应该是十六国时期人士杜撰的。道武帝在淝水之战前曾经流落中原，对于在北魏之前进入中原的氐、羌等部族早期的故事或许略有所闻；特别是，他早年与慕容部尤为亲近，对于慕容部自称黄帝后裔之事也应该有所了解。③ 看来，道武帝颇能理解这三支部族追溯祖先故事的用意，所以他在北魏建国之初就能不囿于民族的偏见，而听从汉

---

① 〔唐〕房玄龄等：《晋书》，中华书局标点本1974年版。
② 《史记》卷2《夏本纪》。
③ 李凭：《北魏道武帝早年经历考》，载《中国史研究》1992年第1期。

族士大夫崔宏的建议，立即高调地认可黄帝为其祖先。

在追溯祖先的故事方面，氐族苻氏不够大胆，选择了不甚令人注意的有扈氏为其祖先；鲜卑族慕容氏最为大胆，径直以有熊氏为其祖先，但是理由含混；羌族姚氏力图将其祖先与五帝之中的两位挂钩，还提出了所谓的依据：这三个部族的事例成了拓跋氏认祖的先导。道武帝倡导的追溯祖先的说法，正是在对比了这些部族说法的优劣之后提出的。所以，拓跋氏的做法最大胆，居然将祖先径直安排为黄帝的直系孙辈；而且，还在编造其依据上下足功夫，于是就有了"拓跋"与"后土"对译等说法。

关于北魏编织早期历史的过程，姚大力先生有精湛的研究。在理清其脉络的基础上，他对道武帝的用意提出看法：

> 皇始、天兴年间对拓跋先世史的重构深受汉文化观念的影响。初入平城的道武帝居然能接受如此形态的一部远古史，证明他那业已酝酿就何等坚定的统治北中国的意志。①

北魏建国之初就能着手重构其先世史，系由外因与内因共同促成的。慕容、氐、羌等部族的认祖，是各自与汉族求同的表象；崔宏的提议，具有华夏士族积极接纳北族的意义；道武帝的坚定意志，则反映出拓跋氏的强烈倾向：种种因素的交织使得拓跋先世的历史烙上了深深的汉文化印记。这部重构的先世史，被道武帝的后人孝文帝领悟和发扬，于是就有了太和年间的定姓族和改汉姓运动，加上北魏各朝的不断修正，以黄帝为祖先的说法在拓跋氏朝廷终于获得普遍认同。正是在这样的基础上，生活在东魏北齐的史家魏收，才敢在所著《魏书》的开篇第一句就抬出华夏的祖先黄帝。

返回来考察司马迁的《黄帝本纪》所载世系，便不得不承认，北魏王朝将拓跋氏的祖先挂到昌意名下是经过精心设计的。其一，昌意是嫘祖之子，而嫘祖为黄帝正妃，则拓跋氏为黄帝嫡系，而非庶出；其二，昌意长子颛顼接替黄帝而成为五帝之中的第二位，作为昌意少子的拓跋初祖则与颛顼辈分相当，世系地位也极高；其三，昌意有兄长玄嚣，玄嚣这一支

---

① 姚大力：《试论拓跋鲜卑部的早期历史——读〈魏书·序纪〉》，见李凭、赵导亮主编《黄帝文化研究——缙云国际黄帝文化学术研讨会论文集》，山西古籍出版社2005年版，第71页。

直到孙辈高辛才获得帝位，高辛即五帝之中的第三位帝喾，但对于拓跋初祖而言已经是族子的辈分。在辈分和地位两个方面，昌意少子都占据了制高点，不但为北朝部落姓氏望尘莫及，华夏姓氏中也极少有超越者。由此看来，拓跋氏远认昌意少子为其初祖，正是为了表示，虽然他们居处偏僻的地区，但是与黄帝的血缘关系却是至亲至近的，其氏姓最为优越。这的确是超越前人的设计，从道武帝到孝文帝焉能不乐于接受和发扬之呢？

拓跋氏远攀黄帝之胤的效果，可以从《资治通鉴》卷140《齐纪》建武三年（496年）正月中的一段记载看出：

> 众议以薛氏为河东茂族。帝曰："薛氏，蜀也，岂可入郡姓！"直阁薛宗起执戟在殿下，出次对曰："臣之先人，汉末仕蜀，二世复归河东，今六世相袭，非蜀人也。伏以陛下黄帝之胤，受封北土，岂可亦谓之胡邪！今不预郡姓，何以生为！"乃碎戟于地。帝徐曰："然则朕甲、卿乙乎？"乃入郡姓，仍曰："卿非'宗起'，乃'起宗'也！"

不难看出，虽然孝文帝受到薛宗起的无礼冲撞，但是他的内心却是宜嗔宜喜的。嗔的是，薛宗起刨根问底，居然敢挖苦皇族，谓之为"胡"；喜的是，薛宗起能够在朝廷公开承认拓跋氏为黄帝之胤；更为可喜的是，河东茂族薛氏的社会地位最终竟要由拓跋皇帝认可。由此可见，编造拓跋氏的祖先源自黄帝的故事，最得便宜者竟然是拓跋氏。孝文帝热衷于姓氏的汉化，表面上似乎在向华夏族这边靠拢，实质上是将华夏族与部落姓族一起置于拓跋氏之下。这样做的宗旨当然是着眼于北魏政权的巩固，不过在客观上也有力地推动了各民族的融合。

要之，拓跋氏早期的历史并非魏收编造；魏收的贡献在于，遵循司马迁的体例，将北魏建国以降不断修订而成的先世史辑入《魏书》。通过这样的编辑，全面地总结了十六国北朝时代民族融合的巨大成就；通过这样的总结，将黄帝从华夏祖先推广成为北朝各族共同祖先。

后　语

黄帝的形象，在脱离传说境界以后是向着神仙偶像与历史人物两个方向发展的，而黄帝神仙偶像的出现远早于黄帝历史人物形象的形成。司马迁编撰纪传体中国通史《史记》，建立起上古历史的系统，并以黄帝为该书首篇本纪的第一人，从而划清了历史人物与传说人物的界限。为了现实的需要，司马迁采集众多与黄帝相关的文献和传说资料，努力排除方士对黄帝的神仙化宣扬，将黄帝塑造成介于虚实之间的人物，尊崇为封建帝王的理想样板，供奉为华夏的始祖，这才将黄帝的历史形象塑造成型。

然而，司马迁的做法引起诸多学者的质疑乃至否定，而且愈往后世批判者愈多。司马迁笔下的黄帝是否符合历史的真实，他以黄帝为《史记》第一人的做法是否妥当，对此或许还将争论下去。不过应该看到，司马迁塑造的黄帝形象，虽然与上古黄帝的真相不尽相合，不乏缺憾之处，但却符合汉武帝时代的现实需要。

从高祖创业到武帝集大成，西汉王朝在政治上经历了建立政权、巩固政权和建设政权的三大发展阶段；在军事上，王师北定匈奴，南安诸越，拓展出恢宏的版图，构建起庞大的帝国；在意识形态方面，诏令罢黜百家，确立了独尊儒术的思想体系。面对如此迅猛发展的形势，西汉王朝迫切需要总结历史的经验与教训，以利于巩固刘氏家天下的专制统治，以利于完善以汉族为主体的大一统局面。与汉武帝同处一个时代的司马迁，将黄帝加以世俗化、形象化、楷模化和祖宗化的塑造，为专制集权的封建制度树立起膜拜的对象，为华夏各族擎起集合的旗帜，在客观上顺应了历史的需要。

刘氏两汉王朝维持了四百余年。东汉末年，在黄巾起义及军阀混战的轰击下，以汉族为主体的封建中央集权统治大堤崩溃了。此后，华夏大地经历了分裂割据的魏晋南北朝时期。动荡不安的局面和连绵不断的战争，如同汹涌澎湃的波涛，刷洗了作为华夏文明发祥之区的中原大地，标志华夏传统的黄帝历史形象似乎可以被摈弃了。然而实际并非如此，物质文明虽遭破坏，精神文明却依旧长存。

大规模的动乱与战争引起频繁的民族迁徙，成为魏晋南北朝时期重要的社会特征。大量华夏民众从中原奔向周边，华夏传统文化也随而播撒到当时被视为偏僻的辽西、漠南、雁北、河西、西蜀、江南等地。与华夏民众迁徙的方向相反，匈奴以及胡、羯、鲜卑、氐、羌、乌桓等部族不断涌向中原，在洛阳与长安之间散布，并带来了异彩纷呈的文化。民族迁徙难免引发纷争，但也加深了民族交往，加速了文化交流。经过十六国割据与北魏统治，民族迁徙运动逐渐停滞，民族融合成为社会发展的主流。于是，从中原播撒到周边的华夏传统文化，经过一番曲折的途径之后陆续从各地汇拢起来，又在中原洛阳碰撞到一起，形成民族文化大融汇的高潮。

不过应当认识到，这场文化融汇的主体虽然是华夏文化，但此时的华夏文化已不同于秦汉传统的华夏文化。这是因为当年播撒到周边地区的华夏文化，都已不同程度地吸收了所在地区的各部族文化，含有浓郁的异族气息。由于种种文化熔于一炉，传统的华夏文明升华了，不但内容丰富，而且精神清新。所以，经过升华的文明，虽然依旧以华夏传统为主干，但是能够被北朝各部族普遍地接受。于是，文化的融会反过来又推动民族的融合，而此时的民族融合，不仅是广泛的，而且是深层次的。①

这样的历史动向被北魏孝文帝敏锐地感悟到了，他适时地发动姓氏改革运动，通过姓氏的全面汉化达到令北朝各族承认同宗共祖的目的。其效果，恰如顾颉刚形象地比喻的那样：

> 我们的古史里藏着许多偶像，而帝系所代表的是种族的偶像。所谓华夏民族究竟从哪里来，它和许多邻境的小民族有无统属的关系，此问题须待人类学家与考古学家的努力，非现有的材料所可讨论。……但各民族间的种族观念是向来极深的，只有黄河下流的民族唤作华夏，其余的都唤作蛮夷。疆域的统一虽可使用武力，而消弭民族间的恶感，使其能安居于一国之中，则武力便无所施其技。于是有几个聪明人起来，把祖先和神灵的"横的系统"改成了"纵的系统"，把甲国的祖算作了乙国的祖的父亲，又把丙国的神算作了甲国的祖的父亲。他们起来喊道："咱们都是黄帝的子孙，分散得远了，所以情谊疏了，风俗也不同了。如今又合为一国，咱们应当化除畛域的成见！"这是谎话，却很可以匡济时艰，使各民族间发生了同气连枝的信仰。……借了这种帝王系统的谎话来收拾人心，号召统一，确是一种极有力的政治作用。②

---

① 李凭：《魏晋南北朝时期的移民运动与中华文明的整体升华》，载《学习与探索》2007年第1期。

② 《顾颉刚古史论文集》卷1《古史辨第四册序》，见《顾颉刚全集》，第110－111页。

孝文帝正是顾颉刚所说的聪明人，他为了使各民族间发生"同气连枝的信仰"而进行姓氏改革；他的姓氏改革之所以能够成功，就是因为高擎黄帝这面旗帜。

孝文帝之前的鲜卑部慕容廆、氐族苻洪、羌人姚弋仲等是聪明人，孝文帝之后的北齐史家魏收也是聪明人。魏收纵观北朝巨大民族融合潮流，总结孝文帝姓氏改革成就，将以北魏与东魏为主要内容的《魏书》撰述成拓跋氏的通史。他又在《官氏志》中创建《姓氏志》，以梳理拓跋氏统领下各部落的汉化姓氏，还在《序纪》之中将黄帝尊奉为拓跋氏初祖的祖先。魏收的做法显然过于大胆，作为北朝各族共同祖先的黄帝，既与上古黄帝的真相存在很大的差别，又远不同于司马迁笔下的历史形象。然而，也正是在灌注少数民族新鲜血液之后，黄帝的历史形象被推广成为北朝各族共同祖先的形象，在客观上顺应了新的历史发展形势。

司马迁撰写《史记》，将黄帝的形象塑造成型；魏收撰写《魏书》，将黄帝的形象弘扬推广开来。这正是两位史家的历史贡献。不过，当黄帝被推广成为北朝各族共同祖先以后，就跳出了历史形象的框架，而被放大塑造成人文初祖的形象。至此，历史学家的历史使命基本完成，他们将黄帝的人文初祖形象交给了社会。此后，黄帝形象的弘扬就与当时社会的形势更加密切关联，也在客观上顺应着更新的历史发展趋势。

魏收之后，历代都不断有"聪明人"出现，持续地从事弘扬黄帝形象的事业。不过，他们弘扬黄帝形象的方式，就不仅仅限于撰述正史了。在这里，值得提出来的是唐代文人李阳冰，他曾经在长江以南为弘扬黄帝形象出了不少力。

李阳冰于唐肃宗乾元年间（758—760）出任地处东南偏隅的江南道括州缙云县县令。缙云县并非传统县邑，系武则天万岁登封元年（696）划丽水、永康两县之地而建置。[①] 该县因郊外有缙云山而得名，而缙云山之出名乃因遗有所谓黄帝肇迹之处。[②] 唐朝中期，地方政府为了响应朝廷的号召，在缙云山上修建黄帝祠宇。《旧唐书》卷9《玄宗纪下》天宝七载（748）条记载：

---

① 缙云如今仍旧为县治，属浙江省丽水市管辖。
② 〔唐〕李吉甫：《元和郡县图志》卷26《江南道二》处州缙云县条，贺次君点校，中华书局1983年版。

五月壬午，上御兴庆宫，受册徽号，大赦天下。……三皇以前帝王，京城置庙，以时致祭。其历代帝王肇迹之处未有祠宇者，所在各置一庙。①

缙云县建造黄帝祠宇，是因为相传缙云山为黄帝炼丹处，这正符合所谓"历代帝王肇迹之处未有祠宇者"的规定。虽然，按照司马迁撰写的《黄帝本纪》对照，黄帝到过缙云的说法是难以令人置信的，但是李阳冰却认可这样的说法，所以他以小篆书写了"黄帝祠宇"，并刻石立碑以为纪念。②

李阳冰是唐朝文学艺术巨匠，他的小篆号称为李斯之后第一。李阳冰为黄帝祠宇书碑立石的举动或许只是文人雅兴的抒发，然而其意义却超出了时代的限制。由此可以豹窥一斑地发现，黄帝的人文初祖形象已经从原属北朝统治的黄河流域推广到了大江以南，而且稳固地扎下根柢。这就向世人昭示了一个不容忽视的现象，即发源于西北的华夏文明至迟在大唐盛世期间就已经浸润到东南的僻壤。

斯人虽去，书法永在，迄今尚存的这块碑石便成为唐人曾经在江南建造黄帝祠宇的有力证据。当年的黄帝祠宇，在当地是否产生过轰动的效应，已经不得而知。但是它的遗迹至今仍然具有巨大的影响，这是不争的事实。如今，祭奠黄帝的场所，首为陕西黄陵，次为浙江缙云，形成所谓"北陵南祠"的格局。缙云黄帝祠宇能够被置于如此高度，李阳冰以书法为之弘扬起到了至关重要的作用。至于这座黄帝祠宇后来被道教利用的情况，则又当别论了。

唐朝之后，弘扬黄帝的运动方兴未艾，为此而努力者层出不穷。被孙隆基先生提及的"奉黄帝为华夏畛域之奠立者"的王夫之和"将黄帝转化为民族始祖"的"清季的汉民族主义分子"，也都是顾颉刚所说的"聪明人"，他们的历史贡献同样不容忽视。

由于众多"聪明人"的努力，经过漫长时代的社会宣传，黄帝的人文初祖形象从原属北朝统治的黄河流域推广到大江南北、长城内外，在宽

① 〔后晋〕刘昫等：《旧唐书》，中华书局标点本 1983 年版。
② 王达钦：《缙云法书摩崖碑刻选》影印李阳冰书"黄帝祠宇"，见毛子荣主编《轩辕黄帝与缙云仙都》，浙江人民出版社 2001 年版，第 314 页。

广的中华大地播撒开来，遂而普遍地深入人心。所以，进入近现代的中华民族，依旧需要黄帝这面旗帜。众所周知，为了推翻最后一个封建王朝，同盟会高擎起象征民族复兴的黄帝旗帜；为了中华民族的生存，国共两党都曾以祭奠黄陵的方式倡导万众一心的团结，以战胜日本帝国主义强寇。

经过史家的精心塑造和社会的长期弘扬，黄帝已经成为海内外公认的中华民族人文初祖，成为广泛团结世界华人的旗帜。如今的黄帝形象更加远离上古时代，但是依旧适应中华民族发展的需要——这就是历史的辩证法则。

附记：本文刊于《中国社会科学》2012 年第 3 期，辑于《〈中国社会科学〉创刊三十五周年论文选（1980—2014）》，中国社会科学出版社 2017 年版；又收于《北朝论稿》，北京师范大学出版社 2018 年版。原有副标题《从司马迁到魏收的历史贡献》。

从华夏始祖到民族共祖

黄帝被供奉为始祖的现象由来已久，可以一直追溯到上古时代。不过，将黄帝树立成凝聚中华民族的旗帜则是汉朝以后的事，对此发挥过重要作用的有两位史学家，那就是司马迁和魏收。司马迁的贡献在于，总结西汉孝武帝开疆拓域的成果，将原为部落领袖的黄帝塑造为华夏汉族始祖；魏收的贡献则在于，总结北魏孝文帝的汉化改制成果，将黄帝拓展成北方各族共祖。这两位历史学家为黄帝被尊为中华民族公认的人文初祖奠定了基础。

一、司马迁弘扬的华夏汉族始祖

司马迁编撰《史记》，首卷是《五帝本纪》，其中第一本纪是《黄帝本纪》，该本纪第一句的第一个词就是"黄帝"。对此，顾颉刚先生有过精辟的解释：

> 还有礼家杂记的《五帝德》和《帝系姓》，虽然"儒者或不传"，究竟还为一部分的儒者所信，这两篇中的历史系统是从黄帝开始的。司马迁在他自己所立的标准之下，根据了这些材料来写史，所以他的书也起于黄帝。黄帝以前，他已在传说中知道有神农氏（《五帝本纪》）、伏羲（《自序》）、无怀氏和泰帝（《封禅书》），但他毅然以黄帝为断限，黄帝以前的一切付之不闻不问。[①]

顾颉刚是古史辨派的领袖，他对那些与黄帝相关的记载抱着怀疑态度。然而，他却完全理解司马迁将黄帝置于《史记》首卷之首的用意，从而盛赞此举。司马迁此举具有深远的意义：第一，建立起中国通史的架构，这

---

① 顾颉刚：《战国秦汉间人的造伪与辨伪》，见《古史辨》第七册（上编），《民国丛书》第 70 册，上海书店影印本 1989 年版，第 47 页。

个架构是排除神农氏、伏羲、无怀氏和泰帝等诸多传说人物之后筑成的历史系统。第二，这个历史系统的上限具有精确的标准，那就是以黄帝为界，只有黄帝之后的历史人物才可以归入中国通史。

自从司马迁编撰《史记》之后，历朝史家层出，历代史传不穷。数以千百计的史传汇集成中华正史系列，它们连同《史记》一起，在唐代已经有十三史，在宋代增为十七史，在明代加至二十一史，在清代先后总称为二十二史、二十四史，民国以后扩展成二十五史，乃至二十六史。从断限上看，除《史记》为通史以外，其余二十五部均为断代史。这些断代史，不仅内容连续不断，而且体例一脉相承。它们严格遵循司马迁的纪传体式历史系统，以充实的内容证明了中华文明毫不间断的悠久历史，因此迄今依旧是中国历史学的主线。

由于洋洋二十六史呈现出代代衔接的关系，因此《黄帝本纪》就不仅仅是《史记》的第一本纪，而且成了整体中华正统史书的第一本纪。在《黄帝本纪》之后的纪传，无论如何层累叠加，也都改变不了《黄帝本纪》的首要位置，只会使其更加崇高。于是，黄帝作为司马迁创建的历史系统中的第一人，就成为中华传统正史中不可动摇的第一人，也就是中国历史上占据独尊地位的人物。

为了巩固黄帝的历史形象，司马迁还做了一件重要的事情，就是建立以黄帝踞于最高端的世系布局，通过世系布局以强化黄帝在父系传统之中的祖宗形象。司马迁的世系布局首先体现在《五帝本纪》中，五帝之中黄帝占据最高的血统位置，颛顼是黄帝之孙，帝喾是黄帝曾孙，尧是黄帝玄孙，而舜是黄帝的八世孙。如此编排，五帝的支系就全都成为黄帝的后裔。司马迁的世系布局还体现在《三代世表》中，表中不仅排列着夏、商、周三代世系，而且往上可以追溯至黄帝，往下延续到西周在共和前分封的鲁、齐、晋、秦、楚、宋、卫、陈、蔡、曹、燕十一国诸侯。于是，先秦之前诸王侯同属于黄帝后裔的特点得以鲜明地体现出来。在《三代世表》之下，司马迁又编撰成《十二诸侯年表》《六国年表》《汉兴以来诸侯王年表》《高祖功臣侯者年表》《惠景间侯者年表》《建元以来侯者年表》《建元以来王子侯者年表》等表，作为《三代世表》的延续与补充。于是，一个庞大的世系布局工程完成了，司马迁将这个世系布局推向广阔的社会，编织起一张硕大的血缘网络，并在这张网络上树立起黄帝华夏汉族始祖的形象。

不难看出，在以黄帝为首的血脉网络上的基本是华夏汉族。不过，也不排斥少数民族，例如《史记》卷41《越王勾践世家》记载：

> 越王勾践，其先禹之苗裔，而夏后帝少康之庶子也。封于会稽，以奉守禹之祀。文身断发，披草莱而邑焉。

越人风俗与华夏迥异，然而这些"文身断发"的氏族却被认为是少康的后裔，通过夏后这支姓氏的转接，越人接上黄帝的血脉。

又如《史记》卷110《匈奴传》记载：

> 匈奴，其先祖夏后氏之苗裔也，曰淳维。

匈奴也同样被安排成为夏后氏的苗裔，这不能不引人怀疑。然而，这一现象对于后世出现的大量少数民族的汉化具有积极意义。

司马迁还有另一项便于少数民族汉化的作为，那就是在黄帝的名下预留了空位。《黄帝本纪》的结尾记录了黄帝身后的世系：

> 黄帝二十五子，其得姓者十四人。

在黄帝诸子中，有十四位得姓者，则未得姓者为十一位。[①] 这十一位未得姓者是如何往下传续的，属于很难查寻的课题，于是为后世陆续进入中华区域内的各民族留下了空间。不知道司马迁是否意识到，这对于弘扬黄帝的影响是极有远见的举动。

不过，在司马迁那个时代难以走得更远了。直到北魏以后，黄帝才从华夏汉族始祖被弘扬成为汉族与北方各少数民族共同的祖宗。

二、魏收弘扬的北方各族共祖

在中华传统二十四史之中，连同《史记》在内，只有三部正史首称黄帝，另外两部是生活在东魏北齐之际的历史学家魏收编撰的《魏书》

---

① 《五帝本纪》"其得姓者十四人"条下"索隐"。

和唐代历史学家李延寿编撰的《北史》。《北史》是在《魏书》的基础上编撰而成的，自可不论。《魏书》首称黄帝之事，一方面表明他的撰史工作深受司马迁的启发，另一方面还与《魏书》的编辑体裁密切相关。

在二十四史中，除《史记》外都是断代史。《史记》上起黄帝，下至西汉武帝，是一部通史。《魏书》以北魏、东魏为重点，插在二十四史的中间，从中华传统正史的系统来看它是一部断代史。但是，《魏书》还记述了拓跋部从嘎仙洞起源经代国时代而进入北魏平城时代的史实。从这个角度来看，《魏书》也是一部通史。不同之处在于，《史记》是华夏汉族的通史，《魏书》则是拓跋氏的通史。因此，二者不但体裁汇通，而且内容也挂得上钩。其挂钩之处就在于司马迁为少数民族预留下了入围黄帝世系血缘网络的空间。请看《魏书》卷1《序纪》的记载：

> 昔黄帝有子二十五人，或内列诸华，或外分荒服；昌意少子，受封北土，国有大鲜卑山，因以为号。其后，世为君长，统幽都之北广漠之野，畜牧迁徙，射猎为业，淳朴为俗，简易为化。不为文字，刻木纪契而已，世事远近，人相传授，如史官之纪录焉。黄帝以土德王，北俗谓土为托，谓后为跋，故以为氏。其裔始均，入仕尧世，逐女魃于弱水之北，民赖其勤。帝舜嘉之，命为田祖。

这段文字正是利用了司马迁所谓"黄帝二十五子"的说法，将拓跋氏与黄帝紧密地联系起来。昌意为黄帝与正妃嫘祖所生之子，按照《黄帝本纪》的记载似乎是实实在在的人物，但是昌意生有多少个儿子，昌意少子为谁，都没有确切的记录，这就只好听便于魏收的编撰了。于是，利用所谓"昌意少子"的说法，魏收将拓跋氏的初祖设定为黄帝的后代。魏收能够做这样的设定，好像是合理的。拓跋氏虽然为北方射猎部落，但是越人与匈奴族都能被当作夏后氏之苗裔，拓跋氏为何不能寄作黄帝后代？为此，魏收还刻意地将"拓跋"二字通译成"后土"，似乎提供了拓跋氏作为黄帝后裔的可信证据。

虽然魏收采用了司马迁的说法，但是魏收并未像司马迁那样编撰相应的世表。不过，魏收在《魏书》卷113《官氏志》中特设了《姓氏志》，它发挥着世表的作用。拓跋氏是一支不断迁徙的部族，在其历次迁徙的过程中，不仅所属部落屡经分化与合并，还吸纳了许多草原部落，因此在拓跋部落联盟之内形成众多姓氏。这些姓氏的名称及其分布状况等内容均被记录在《姓氏志》中。于是，魏收仿效司马迁，以《序纪》为纲，以《姓氏志》为目，也构建起一张庞大的血脉网络。这张网络汇拢着北朝的各支游牧部落，占据其核心的是拓跋氏，站在顶端的是拓跋氏的先祖始均。值得注意的是，既然始均属于黄帝的后代，那么魏收构建的血脉网络也就能整体地接到司马迁构建的血脉网络之下。

《姓氏志》还有一个显著的特点，就是在各支部落的姓氏之下标注出相应的汉姓。由于部落姓氏所改的汉姓多数直接借用汉族的姓氏，久而久之，部落民与汉民就混淆难辨了。于是，司马迁构建的血脉网络与魏收构建的血脉网络渐渐融成一体。通过这样的融合，四海之内就皆是兄弟，全都成了黄帝的后裔。

经此扩展，原本是华夏汉族始祖的黄帝，被弘扬成了北方各族共同的祖宗。

三、凝聚中华民族的需要

司马迁塑造的黄帝，形象高大；魏收再塑造的黄帝，形象亲和。经两次弘扬之后的黄帝形象，虽然与上古时代作为部落领袖的黄帝真容不尽相合，却更加适应凝聚中华民族的需要。

西汉王朝从高祖创业到武帝集大成，在政治上，经历了建立政权、巩固政权和建设政权的阶段；在军事上，王师北定匈奴，南安诸越，拓展出恢宏的版图，构建起庞大的帝国；在意识形态方面，经罢黜百家而确定独尊儒术的思想体系。面对迅猛发展的形势，西汉王朝迫切需要总结历史的经验与教训，以利于巩固刘氏家天下的专制统治，完善以汉族为主体的大一统局面。司马迁将黄帝尊崇为至高无上的祖宗，就为专制集权的封建制度树立起膜拜的对象，为华夏高擎起集合的旗帜，客观上顺应了历史的需要。

两汉刘氏封建王朝维持了四百余年，在黄巾起义及军阀混战的轰击下崩溃了。此后华夏大地经历了分裂割据的魏晋南北朝时期。大规模的动乱与接连不断的战争引起频繁的民族迁徙，成为这个时期主要的社会特征。华夏民众从中原奔向周边，华夏传统文化也随之播撒到当时被视为偏僻的辽西、漠南、雁北、河西、西蜀、江南等地。与华夏民众向周边迁徙的方向相反，匈奴以及胡、羯、鲜卑、氐、羌、乌桓等部族不断涌向中原，在洛阳与长安之间散布，并带来异彩纷呈的文化。民族迁徙难免引发纷争，但也加深了民族之间的交往，加速了文化交流。经过十六国割据与北魏统治，民族迁徙运动逐渐停滞，民族融合成为社会发展的主流。于是，从中原播撒到周边的华夏传统文化经过一番曲折之后陆续从各地汇拢起来，又在中原洛阳碰撞到一起，形成民族文化大融合的趋势。

这样的历史动向被北魏孝文帝敏锐地感悟到了，他适时发动汉化改制运动，将民族文化大融汇推向高潮。汉化改制运动包括革新语言、服饰、籍贯、葬俗、姓氏等多项内容，其中姓氏革新是最重要的项目。孝文帝的姓氏革新包括两个步骤：其一，将包括拓跋氏在内的部落姓氏改为汉姓；其二，评定姓族的高下。这是一项深刻触动民族心理的浩大工程，推行该项运动必然会遭到诸多原部落民的强烈抗拒，因此孝文帝率先将自己的姓拓跋氏改为元氏，同时为姓氏革新工作制订了具体细致方案。他在太和十九年（495）下达诏书，宣称：

> 凡此定姓族者，皆具列由来，直拟姓族以呈闻，朕当决姓族之首末。其此诸状，皆须问宗族，列疑明同，然后勾其旧籍，审其官宦，有实则奏，不得轻信其言，虚长侥伪。不实者，诉人皆加"传旨问而诈不以实"之坐，选官依"职事答问不以实"之条。今司空公穆亮、领军将军元俨、中护军广阳王嘉、尚书陆琇等详定北人姓，务令平均。随所了者，三月一列簿帐，送门下以闻。①

孝文帝的布置是周到的，要求也极为严格，目的是要达到"详定北人姓，务令平均"。而且，按照北魏朝廷的规定，姓氏的尊卑是井然有序的。其中最尊贵的是帝室十姓；在帝室十姓之下，有八姓贵族；在八姓以下，再依具体标准划分为姓和族。②

---

① 《魏书》卷113《官氏志》。

② 据《魏书》卷113《官氏志》记载，帝室十姓，除拓跋氏改作元氏外，为纥骨氏、普氏、拓拔氏、达奚氏、伊娄氏、丘敦氏、侯氏、乙旃氏、车焜氏，此后分别改作胡氏、周氏、长孙氏、奚氏、伊氏、丘氏、亥氏、叔孙氏、车氏；贵族八姓为丘穆陵氏、步六孤氏、贺赖氏、独孤氏、贺楼氏、勿忸于氏、纥奚氏、尉迟氏，此后分别改作穆氏、陆氏、贺氏、刘氏、楼氏、于氏、嵇氏、尉氏。

孝文帝姓氏改革还有一个明显的特点，那就是在北人姓族与华夏姓族之间进行比照。上述太和十九年诏书又称：

> 其穆、陆、贺、刘、楼、于、嵇、尉八姓，皆太祖已降，勋著当世，位尽王公。灼然可知者，且下司州、吏部，勿充猥官，一同四姓。

所谓四姓指汉族的高门四姓，为范阳卢氏、清河崔氏、荥阳郑氏和太原王氏，是北方门阀士族中的最高门第。[①] 诏书将北人高层的八姓与汉族最高门第的四姓列为同等级别，从表面上看，一视同仁地突出了北族与华夏的高等门第，实质上将北人高层与汉族高门全都置于以元氏为首的帝室十姓之下。这样一来，元氏就理所当然地高踞于包括部落姓氏与华夏姓氏在内的北朝各族的巅峰。族权与政权结合起来，北魏皇帝成为傲视一切的权威。孝文帝热衷于姓氏的汉化，表面上似乎在向华夏族这边靠拢，实质上着眼于北魏政权的巩固。不过，这在客观上达到促使北朝各族承认同宗共祖的效果，有力地推动了各民族的融合。

孝文帝的姓氏改革具体、细致，将部落的新旧姓族梳理得十分清晰，为魏收撰写《姓氏志》提供了充分的准备。而且，生活在孝文帝时代之后不久的魏收，也自然能够感受到拓跋氏统治下的各部族姓氏改革运动的强烈脉冲，所以这场运动就成为他编撰《姓氏志》时重点反映的内容。再通过《姓氏志》与《序纪》的配合，魏收在司马迁的基础上将黄帝弘扬为北方各族共同的祖宗。魏收生活在东魏北齐之际，此时部落贵族势力依旧占据着主导的地位，他却敢于公然编织意味着拓跋氏向华夏姓氏靠拢的网络，那是因为这张网络体现着孝文帝姓氏改革的成就。魏收创下的先例，为更多的少数民族加入中华大家庭作了坚实的铺垫，也将黄帝推向更加宽广的社会，为黄帝的历史形象升华为人文形象奠定了基础。

四、历史形象的现代意义

作为历史学家，司马迁与魏收都作出了划时代的贡献，通过他们的接

---

① 《资治通鉴》卷140《齐纪》建武三年正月条。

力，黄帝从部落领袖被弘扬成为华夏汉族始祖，进而被推广成为汉族与北方各族共祖。唐朝之后，弘扬黄帝的运动方兴未艾，为此而努力者层出不穷，遂使黄帝的影响从黄河流域推广到大江南北、长城内外，在宽广的中华大地上传播开来，普遍地深入到社会的各个阶层。于是，黄帝突破历史形象的框架，升华成为人文初祖。

经过漫长时代的社会宣传，黄帝已经成为广泛团结全球华人的旗帜。无论在国内还是在海外，无论政治倾向如何，黄帝都是华人心目中至高无上的祖宗。抗日战争时期，中国共产党和中国国民党都曾到黄陵公祭黄帝，目的在于高擎黄帝这面凝聚大众的旗帜，团结起来打倒中华民族的万恶仇敌日本帝国主义。黄帝的形象早已远离上古时代，但是始终适应中华民族发展的需要。

附记：本文是作者应陕西省政府和张岂之先生的邀请于2014年出席公祭黄帝典礼和参加相关的学术研讨会提供的报告。为了适应简洁的需要，将《黄帝历史形象的塑造》中烦琐的考证简化，并且加以压缩和梳理，从而形成这篇对前文具有诠释意味的短文。本文后刊于《华夏文化》2016年第3期，又收于陕西省公祭黄帝陵工作委员会办公室编的《黄帝陵是中华文明的精神标识学术交流会论文选集》，由陕西人民出版社于2016年出版。

魏晋南北朝时期的移民运动与中华文明的整体升华

魏晋南北朝时期，中华民族经历动乱割据而逐步趋向安定统一。这个时期突出的社会现象就是此起彼伏的移民运动。移民运动如汹涌的波涛冲刷着中华大地，促进了文化的交流、民族的融合、社会的飞跃、文明的升华，成为魏晋南北朝时期发展的主流。

一、呈系列状态的战乱

东汉末年以后，战乱就像间歇性的地震一样，时有发生，时强时弱。特别是在北方黄河流域，那里的战乱尤为激烈，形成系列的状态，致使社会长期动荡不安。在这些系列性战乱中，对中原社会震撼最剧烈的有三次。

第一次是东汉末年的系列战乱，始于汉灵帝中平元年（184）的黄巾起义。黄巾起义的主力虽然当年就被汉朝剿灭，但是别部不断复燃，坚持反抗汉朝的黑暗统治，直到初平三年（192）青州黄巾军被曹操镇压并收编，其势头才骤然减弱。与黄巾别部相呼应的，有以汉中为据点的五斗米道和以河北为据点的黑山军[①]。不过，彻底破坏东汉经济基础的，是中平六年（189）开始的历时约四年的董卓及其余部之乱。董卓及其余部之乱的恶果，还在于引发了席卷中原大地的封建军阀混战。封建军阀的混战，以汉献帝建安五年（200）曹操和袁绍之间的官渡之战为高潮。官渡之战以后，胜利者曹操又逐个歼灭袁绍余部及其他封建军阀势力，逐步占有黄河中下游大部分地区，直到建安十二年（207）才稳定北方的局面。东汉末年系列战乱历时20余年，致使中原广袤的良田美畴废为丘墟，社会陷入民不聊生的凄凉境地，经秦汉帝国垒筑而成的中央集权统治的大堤崩溃。

---

① 〔西晋〕陈寿：《三国志》卷8《张鲁传》《张燕传》，中华书局标点本1959年版。

第二次是西晋末年系列战乱，始于晋惠帝永平元年（291）的八王之乱。八王之乱是典型的抢夺皇权的宗室内讧战争。由内讧战争引起内迁各民族纷纷起兵反晋，史称"永嘉之乱"。各民族反晋的战乱虽然被冠以晋怀帝永嘉年号（307—313），其实经历的时间超过了永嘉年间，肇始于晋惠帝永兴元年（304）匈奴刘渊反晋，终于建兴四年（316）晋愍帝于长安出降刘渊族子刘曜。[①] 西晋末年系列战乱历时约 26 年，由于宗室内讧战争与民族战争紧密衔接，各族人民几无喘息之机，因此破坏尤其剧烈，西晋的统治在战乱中被彻底摧毁。

第三次是北魏末年系列战乱，始于魏孝明帝正光四年（523）的北边六镇之叛。北镇之叛约持续了三年，虽然最初发生于北方边镇，但是向西南影响，引发了关陇暴动；向东南蔓延，掀起了河北及青州的暴动。[②] 与此同时，上层集团之间也展开了野蛮的残杀。契胡酋长尔朱荣制造的河阴之变，使屠杀达到疯狂的巅峰状态。[③] 此后的北魏王朝，先后由尔朱氏家族与高欢家族专权[④]，而下层的暴动依然此起彼伏。北魏末年系列战乱历时十余年，在上下都动乱不已的形势下，北魏于孝武帝永熙三年（534）解体为东魏和西魏。

秦汉统一封建帝国时期的中原，经过 400 余年的经营，逐渐形成了以长安—洛阳为轴心的汉族文化覆盖区。这个汉族文化覆盖区的文明程度相对地高于周边地区，是当时整个中华文明的代表。东汉以后的长期系列战乱，使长安、洛阳两大文明古都夷为废墟，汉族文明的根据地遭到严重摧毁。不过，物质文明虽遭严重摧毁，精神文明却依旧长存。动荡不安的政治局面和连绵不断的战乱引起了大量的汉族人口的流动和频繁的少数民族的迁徙，形成一次又一次气势磅礴的移民运动。伴随着汉族人口的流动，中原的汉族文明散播到周边地区。与此相应，周边各地、各族的文明也随着各民族的迁徙而传入中原。

---

① 《资治通鉴》卷 85《晋纪》惠帝永兴元年条、卷 89《晋纪》愍帝建兴四年条。

② 杜士铎主编：《北魏史》下编第九章第二节之二《正光末年的六镇关陇起义》，山西高校联合出版社 1992 年版，第 373－386 页。

③ 《魏书》卷 74《尔朱荣传》。

④ 《北魏史》下编第十章第一节之一《孝庄前废帝时期尔朱氏的专权》、第十章第一节之二《后废帝出帝时期高欢的专权》，第 393－406 页、第 406－412 页。

二、汉人从中原奔向周边

汉族人口的流动，倾向于从中原奔向周边地区；与此相应，汉族文化也呈现从长安与洛阳向四周播散的状态。

以襄樊（今湖北省襄阳市境）为中心的荆州，统辖八郡，方圆数千里，是较早开发的盛产鱼米之地。荆州牧刘表带甲十余万人，在任二十年之久，使当地成为汉末封建军阀混战时期相对安定的区域。刘表还提倡学术，开立学馆，博求儒士，于是荆州成为中原汉族人士迁徙的首选地区。① 官渡之战以后，曾经依附袁绍的刘备率领部众投靠刘表，从建安七年（201）到建安十三年（208）在荆州住了八年②。赤壁之战以后，荆州被刘备、曹操和孙权瓜分，此后这里成为控扼南来北往、西上东下的军事要津，也是汉族人口流动的中转站。晋惠帝太安年间（302—303），汇聚在荆州境内石岩山（在今湖北省安陆）的流民，在小吏出身的张昌领导下起义③。这次流民起义历时两年，规模很大，曾经南破武昌，继下长沙、湘东（今湖南省衡阳市境）、零陵（今湖南省零陵），东进抵达扬州。在起义斗争的推动下，流民运动也扩展到长江中下游的大片地区。

长江上游的益州虽然地处偏远，路途艰难，却是中原汉族人士较早迁徙的地区，先后任益州牧的刘焉、刘璋父子就是外来汉人集团的代表。④随后，刘备也由荆州入川，火并刘璋，建立蜀汉政权。蜀汉在诸葛亮辅政期间，注意搜罗人才，厉行法治，发展生产，将成都平原建成天府之国。诸葛亮还曾经营南中，将势力发展到云贵高原。⑤

造成中原汉族人口流失最多的是西晋末年的系列战乱，特别是永嘉之乱。永嘉之乱以后，中原人口急剧减少，除战死、病死以外，许多人苟延逃生而成为流民。逃生的中原士女以南渡江淮者居多，他们大多数迁到江左定居。在江左的肥田沃土上，从中原迁去的人民与当地人民并肩携手，同耕共织，使那里的社会面貌发生了巨大的变化。在汉代司马迁的笔下，

---

① 《后汉书》卷74下《袁绍刘表传下》。
② 《三国志》卷32《先主传》。
③ 《晋书》卷100《张昌传》。
④ 《三国志》卷31《刘二牧传》。
⑤ 《三国志》卷35《诸葛亮传》。

长江以南是一幅"地广人稀""无积聚而多贫"的荒凉景象①，然而南朝的江左，竟出现了"百姓无鸡鸣犬吠之警，都邑之盛，士女富逸，歌声舞节，祛服华妆"的安定富足的局面。② 与此同时，秦、汉、魏、西晋的礼、乐、政、刑等典章和文物也被带到江左，在此基础上东晋和宋、齐、梁、陈的统治相继建立起来。虽然江左的朝代更迭频繁，诸朝的国运也都短促，但是，除了东晋末年由于政治腐败而引发的孙恩卢循起义和梁朝末年的侯景祸乱③，江左相对来说是比较安定的。所以，在物质文明发展的基础上，这一地区的精神文明也发展起来，特别是文化、教育和科技等方面都取得了划时代的成就。这些学术文化的成就又反过来促使来自中原的典章制度与学术文化改进和发展。

当时被称为凉州的河西走廊，虽然是边远地区，却也保存着传统的汉族文明。秦汉时期，河西走廊地广民稀。东汉末，仓慈与皇甫隆先后为凉州的敦煌郡太守，他们"恤理有方"，并教导土著居民制作楼犁，使农业生产迅速发展。④ 西晋后期，张轨出任凉州刺史，他起用汉族士人，招纳中原流民，然后兴建学校，选拔贤才，努力发展农业，使凉州的社会发生了巨大的飞跃，进入经济与文化繁荣的时代。⑤ 于是，永嘉之乱以后，中原士族纷纷趋避凉州。伴随他们的到来，传统的中原文化和丰富的典籍文物也大量地流向凉州，使西部边陲的河西走廊形成了与中原地区发展程度接近的文明。正是在此基础之上，河西走廊先后出现了汉人张氏建立的前凉、氐人吕氏建立的后凉、河西鲜卑秃发氏建立的南凉、汉人李氏建立的西凉、卢水胡沮渠氏建立的北凉等政权。

三、少数民族从周边涌向中原

与汉族流民向周边运动相应，原居于周边的少数民族则大量地涌向中原或其他地区，并带入了异彩纷呈的文化。

---

① 《史记》卷129《货殖列传》。

② 〔南朝梁〕萧子显：《南齐书》卷53《良政传序》，中华书局标点本1972年版。

③ 王仲荦：《魏晋南北朝史》第五章第三节《孙恩卢循的起义与东晋王朝的崩溃》、第六章第四节《侯景乱梁与南朝的再削弱》，上海人民出版社1979年版，第360－364页、第446－451页。

④ 《三国志》卷16《仓慈传》及裴注所引《魏略》。

⑤ 《晋书》卷86《张轨传》。

从北方草原来到中原的是南匈奴。南匈奴有五部之众，乘八王之乱的机会，在首领刘渊的率领下沿黄土高原南下。刘渊先于西晋永安元年（304）在左国城（今山西省离石北部）建王庭，后于永嘉二年（308）在平阳（今山西省临汾市）建都称帝，国号为汉。① 西晋在汉国的攻击下灭亡，匈奴部众及其所率胡、羯、鲜卑、氐、羌、乌桓等六夷在洛阳与长安之间散布开来。

东晋咸和四年（329），刘氏匈奴政权败灭，出身耕奴的羯族人石勒兴起，在前者的基础上建立后赵政权，定都襄国（今河北省邢台市）。② 石勒以汉族失意士人张宾为大执法，总管朝政。后赵沿用曹魏的九品官人制度，招引汉族世家入仕；兴办学校，培养文武官吏的子弟；并减轻编户齐民的田租户调，鼓励生产。为了强化统治，后赵还将数十万汉人及少数民族部众迁徙到襄国、邺（今河北省临漳县境）、信都（今河北省衡水市冀州区境）等城的附近。这些措施使黄河下游地区的经济一度复苏。③

继匈奴、羯族之后，来自西方的氐族兴起。氐族以苻氏集团最为强盛，匈奴刘耀曾以其首领苻洪为氐王。咸和八年（333），后赵徙关中豪杰及羌戎于关东，以苻洪为流民都督，率户二万居住枋头（今河南省浚县西南）。东晋永和六年（350），后赵崩溃，进入关东的关陇流民十余万人相率投奔苻洪。此后，苻洪子苻健统领其众自枋头西入长安，受到关中氐人的响应，遂于永和八年（352）建立前秦政权。④ 到苻健侄苻坚统治时期，由于信用汉族寒人王猛，留心儒学，整齐风俗，兴修水利，劝课农桑，厉禁奢侈，前秦一度出现国富兵强、百姓丰乐的升平景象。在此基础上，前秦逐个消灭北方的割据势力，将整个黄河流域统辖于一。⑤

淝水之战以后，前秦政权分崩离析。关中的氐族势力大损，羌族继之而起，在渭北聚集十余万户。东晋太元十一年（386），在西州豪族的支持下，羌族首领姚苌于长安建立大秦政权，史称后秦。⑥ 姚苌之子姚兴继位以后，东出潼关，据有河东，占领洛阳，成为中原地区的强国。在天水

---

① 《晋书》卷101《刘元海载记》。

② 《晋书》卷104《石勒载记上》。

③ 《晋书》卷105《石勒载记下》及所附《张宾传》。

④ 《晋书》卷112《苻洪载记》《苻健载记》。

⑤ 《晋书》卷113《苻坚载记上》、卷114《苻坚载记下》所附《王猛传》。

⑥ 《晋书》卷116《姚苌载记》。

大族尹纬的辅助下，姚兴免奴为良，立律学于长安，大兴儒学，同时也提倡佛教，使后秦一度出现文治的昌明气象。[1] 可惜，姚兴死后，后秦王室演起内讧丑剧，被东晋大军乘机攻灭。

随着前秦、后秦的发展，西方的氐、羌等族如潮水般涌入中原。与此同时，也有不少秦、雍的流民经梁州而徙往益州。进入益州的最大移民浪潮，出现在西晋惠帝永康元年（300）。这批流民约有氐人、賨人和汉族民众十余万，以略阳、天水六郡为主体，首领是略阳賨人大姓李特兄弟。李特兄弟进入益州，在巴蜀土著的支持下起兵反抗西晋的残暴统治，于是流民集团转化为军事集团。西晋太安二年（303）年底，李特之子李雄攻占成都。西晋光熙元年（306），李雄称帝，建立大成政权。李雄起自流民，因此为政宽和，事少役稀，刑不滥及，致使益州百姓富实，闾门不闭。[2] 李氏流民政权立国四十余年，使巴蜀地区的状况在早先蜀汉政权的基础上又发展了一大步。

在魏晋南北朝时期，迁徙最为活跃、影响最为广泛的是鲜卑族。鲜卑族成分复杂，其主要的部族大多兴起于东北的大兴安岭。汉末以降，鲜卑族的各支部族陆续向西南方向迁徙，先后进入中原。不过，各支部族的路线并不一致。慕容部先占据辽河流域，然后进入河北；拓跋部先占据河套以东，然后进入大同盆地；乞伏部和秃发部则南出阴山，然后西进至河西走廊以南：三条迁徙路线大体呈现为"爪"字的形状。

介于东北与华北之间的辽河流域，在两汉时期还是未开垦的处女地，这一地区的开发主要是在慕容部建立的前燕政权统治时期。在前燕统治下，辽河流域的人口猛增至150万左右，达到有史以来人口数量的顶峰。[3] 在猛增的人口之中，含有大量的少数民族，但更多的是来自中原的汉族人民。汉族人民蜂拥来到辽河下游并非偶然，其原因除了中原战乱的背景和当地利于农业的自然条件，关键还在于前燕统治者能较好地处理胡汉关系，推行优惠流民的措施，并且鼓励垦殖，劝课农桑。由于经济实力的不断增长，文化教育事业也发展起来。慕容部后来进入中原，凭的就是

① 《晋书》卷117《姚兴载记上》。

② 《晋书》卷120《李特载记》、卷121《李雄载记》。

③ 蒋福亚：《魏晋南北朝社会经济史》第二章第四节之三《辽河下游》，天津古籍出版社2004年版，第200页。

在辽河流域积攒下的实力。① 淝水之战以后，慕容部还在黄河下游建立过后燕、西燕与南燕政权，直到其实力将近耗损完才退回辽河流域。

但退回辽河流域的慕容部未能复兴，它的衣钵由汉族冯氏建立的北燕政权所接续。冯氏统治集团继承了慕容部在龙城附近开展农垦的传统，并且省徭役，薄赋敛，注重地方守宰的行政能力，还努力发展友好的邦交关系，于是地方经济再度繁荣。② 从慕容部到冯氏的长期努力经营，奠定了辽河流域持续发展的物质基础。辽河流域后来成为东北各少数民族与中原交往的中转站，在隋唐以后的中国历史进程中能发挥不可忽视的作用，这绝非偶然。

鲜卑族乞伏部自兴安岭西侧出发，越阴山南下，沿河套西向，渡陇西高平川（今宁夏南部的清水河），翻过牵屯山（在今宁夏固原），到达苑川水流域（今甘肃榆中县东北）。据《水经注》记载，"苑川水地，为龙马之沃土，故马援请与田户中分以自给也。有东、西二苑城，相去七里。西城，即乞佛（乞伏）所都也"。③ 苑川水流域被称为"龙马之沃土"，曾是东汉名将马援屯田的地方。这个地区既适合发展畜牧，又宜于农耕，乞伏部就以此为根据地而发展起来。淝水之战以后，乞伏部的首领乞伏国仁招集部众十余万口，成为陇西的一支重要的军事势力。乞伏国仁死后，其弟乞伏乾归率部众迁往金城（今甘肃兰州市西北）。东晋太元十九年（394），乞伏乾归尽占陇西之地，自称秦王，史称其政权为西秦。东晋隆安四年（400），乞伏乾归迁都苑川。乞伏乾归死后，子乞伏炽磐即位，迁都枹罕（今甘肃临夏）。乞伏炽磐在位时四出攻掠，使西秦国力达到顶峰。④ 由于乞伏部的频繁活动，苑川—金城—枹罕之间兴旺了将近半个世纪。

鲜卑族秃发部原是拓跋部的支系，三国时期从塞北迁到河西，因此被称为河西鲜卑。在首领秃发乌孤时期，秃发部建筑廉川堡（在今青海民和县），并以此为政治中心。隆安元年（397），秃发乌孤自称大将军、大单于、西平王，后改称武威王，徙都乐都（今青海省乐都）。秃发乌孤死

---

① 《晋书》卷 109《慕容皝载记》。

② 《魏书》卷 97《海夷冯跋传》。

③ 〔北魏〕郦道元注，杨守敬、熊会贞疏：《水经注》卷 2《河水注》，江苏古籍出版社1989 年版，第 183－184 页。

④ 《魏书》卷 99《鲜卑乞伏国仁传》。

后，其弟利鹿孤统领部众，徙都西平（今河南省西平县），于隆安五年（401）改称河西王。利鹿孤死后，其弟傉檀统领部众，再从西平迁回乐都，改称凉王，史称南凉①。秃发部不断地迁徙，既因外部的形势所致，又与其原本的习俗有关。不过，秃发部迁徙的范围主要限于青海东部的湟水流域，而且渐渐趋向定居。除了放牧，秃发部也从事农业生产。南凉立国时间虽然不到二十年，但是为湟水流域的开发做出了贡献。

鲜卑族中最值得重视的一支部族是拓跋部。拓跋部原本在大兴安岭的嘎仙洞（今内蒙古自治区鄂伦春自治旗境）附近从事射猎②，在陆续兼并大量游牧部落后形成强大的军事部落联盟。大约在三国曹魏时期，拓跋部进入漠南草原，在河套东部的盛乐城（今内蒙古自治区和林格尔县北）建立根据地。此时，拓跋部控弦之士已有二十余万。拓跋部与中原的曹魏政权实行和亲政策，和亲政策为漠南赢得了相对安定的局面，盛乐这座汉代的军事城堡也由此而发展为漠南的中心。永嘉之乱以后，西晋的势力被迫往南退缩，拓跋部则往东南发展，曾挺进到并州一带。③

漠南安定的时期，正是中原动乱之际。因此，大批中原地区的汉人和大量被称为杂胡的各类少数民族，来到盛乐附近定居谋生，其中甚至有晋朝官僚的中下层分子。④汉人与杂胡来到盛乐附近，使河套地区的人口结构和产业结构发生重大的变化。河套地区地势平坦，水网交错，便于灌溉。特别是盛乐所在的河套东部，由大青山麓向南伸展成开阔的土默特川，如今也称呼和浩特平原。黄河的支流大黑河、浑河等流淌其间，土壤肥沃，利于牧草与农作物生长。因此，盛乐附近的牧业与农业都发展起来，而拓跋部的势力也就愈加地强盛。西晋永嘉四年（310），拓跋部帮助晋朝将领刘琨攻破活动在并州的白部和铁弗等部落，拓跋部首领拓跋猗卢被晋怀帝封为大单于、代公。⑤此后，拓跋部在盛乐附近的漫长岁月里逐步向定居生活发展。代王什翼犍在位的时候，拓跋部达到鼎盛时期。但是，太元元年（376），拓跋部遭到了更加强大的前秦苻氏政权的进犯，

---

① 《魏书》卷99《鲜卑秃发乌孤传》。

② 米文平：《鲜卑史研究》第一编之二《拓跋鲜卑先祖石室考》，中州古籍出版社1994年版，第20－26页。

③ 《魏书》卷1《序纪》。

④ 《魏书》卷23《卫操传》《莫含传》。

⑤ 《魏书》卷1《序纪》。

而此时其内部又发生动乱，在内外夹击之下拓跋部落联盟解体了，漠南的发展停滞下来。

四、文明在播散与融汇中升华

前秦在淝水之战后崩溃，拓跋部得以再兴。北魏登国元年（386），什翼犍之孙拓跋珪重组拓跋部落，建立北魏王朝。随后，北魏以盛乐为据点向东南发展。皇始元年（396），拓跋珪称帝，是为道武帝。天兴元年（398），北魏建都于平城（今山西省大同市境）。此后，道武帝实行离散诸部的措施，促使部落联盟迅速解体，并推行一系列仿效汉族封建制度的政治、经济措施，将平城政权推进到封建社会的门槛。[①]

以平城为中心的大同盆地原本是十分荒凉的边郡之地。大同盆地的四周为崇山所环绕。在崇山之中，关隘与险峰重叠，断崖与峻岭错落，成为盆地与其周围地区相阻隔的天然屏障。这样的地形既利于政治上的统治，又便于军事上的攻防。当政治形势比较稳定的时候，区域性经济就能很快地繁荣。北魏定都平城后，这里成为拓跋王朝重点经营的地区，从北方各地往大同盆地迁徙了大量的人口，仅道武帝统治时期的徙民就有150余万之多。[②] 由于大量徙民迁入，大同盆地的民族构成日趋复杂，其中既有来自北方草原的拓跋部和其他游牧部族，也有从中原各地被迫迁来的汉族和汉化较早的各农耕民族。在各族人民的辛勤劳动下，大同盆地的农业、牧业和手工业迅速地发展，进入历史上最辉煌的时期。

应该看到，大同盆地开发的意义，已经远远地超出了在这一局部地区创造的社会经济价值。因为凭借北魏王朝建都于斯的历史契机，平城走到了时代的前列，在将近一个世纪内成为整个北方的政治中心。而且，在开发大同盆地的共同劳动中，汉族与北方各游牧民族通过生产经验与技术的交流而增进了民族感情。更为重要的是，随着北方的逐渐统一，大同盆地成为吸附与容纳来自四面八方的民族与文化的大熔炉，平城则成为融汇那个时代各式文明的中心。

还值得注意的是，自从汉末长安、洛阳被战乱夷为废墟之后，整个北

---

① 李凭：《北魏离散诸部问题考实》，载《历史研究》1990 年第 2 期。

② 李凭：《拓跋珪与雁北的开发》，载《晋阳学刊》1985 年第 3 期。

方的文化中心逐渐地向东转移。曾在北方相继称雄的袁绍和曹操，都将建立霸业的根据地置于黄河下游的河北之地。在永嘉之乱以后的十六国时期，河北地区处于汉化较深的羯族和鲜卑族慕容部的统治之下。大量汉族人口被留居于此，内迁的胡人渐渐地被同化。经过多年的经营，这一地区的经济慢慢地复苏，进而形成以邺城—中山为轴心的新的汉文化中心地区。而这个新的汉文化中心的显著特点，则是寓学术文化于家学之中。

由于汉族的中央集权统治在不断的战乱中被摧毁，朝廷掌管的文化设施和学校也屡遭劫掠，因此原本由太学博士承传典章与文化的官学途径渐归中断。代之而行的则是父子嫡亲世代相传的家族承传文化的形式。这样，汉族传统的典章制度与学术文化就主要掌握在若干大家族手中，从而形成了魏晋南北朝时期所特有的家学现象。① 这些大家族便利用掌握典章制度与学术文化的特权，占据上层建筑与思想意识形态，达到世代冠冕仕进的目的，形成这一时期所特有的门阀世族。在河北地区，传统的汉魏典章制度与学术文化主要由清河崔氏、渤海高氏等世家大族所承袭。

北魏平城政权建立不久就占有了河北地区。作为河北世家大族代表的崔浩、高允等人先后出仕魏朝，他们向道武帝、明元帝、太武帝等统治者介绍汉族传统文明的精华，并以汉魏典章作蓝本，为北魏王朝制礼作乐，孕育出一整套汉化的制度②，引领平城政权沿汉化的轨道发展。同时，经过北魏前三朝不断的东征西伐，太武帝终于统一北方，结束西晋末年以来十六国割据的局面。于是，从长安、洛阳播散到周边各地的传统文化，经过一番曲折以后，又都从周边各地汇拢起来，与平城正在孕育的汉化制度与文物碰撞到一起。

北魏太延二年（436），北燕被北魏大军攻灭。大量北燕的人口和物资被迁徙到平城，其中有不少人后来成为北魏统治集团的执政者或中坚，如北魏史上著名的政治家文明太后就是北燕国王的孙女。③ 太延五年（439），太武帝攻灭凉州的最后一个地方政权北凉。战后，被征服的河西走廊的文物与士人大多被迁徙到平城，保存在河西的汉魏典章制度和学术

---

① 陈寅恪：《隋唐制度渊源略论稿》之二《礼仪》，生活·读书·新知三联书店1954年版，第17页、第21页。

② 《魏书》卷35《崔浩传》、卷48《高允传》。

③ 《魏书》卷13《文成文明皇后冯氏传》。

文化也随而东迁。① 于是，在平城出现了来自河北、辽西与河西走廊的文明融汇为一体的高潮。在此前后，相继卷入平城文明融汇高潮的还有荆州、益州、漠南、苑川以及湟水流域等地区的文明。

应当特别指出的是，参与这场文明融汇运动的，虽然以汉族文明为主体，但是早已不同于汉魏传统的汉族文明。这是因为当年播散到周边地区的汉族文明，都已不同程度地吸收与融合了所在地区的各民族的文明。来自河北、辽西的文明含有匈奴、羯族和鲜卑慕容部的文化因素，来自河西走廊的文明含有氐、羌以及鲜卑秃发部的文化因素，来自荆州的文明含有楚、越的文化因素，来自益州的文明则含有巴蜀的文化因素。至于来自漠南、苑川以及湟水流域的，更有着浓郁的异族文明气息。上述种种文明，一旦被熔于一炉，传统的文明就升华了，不但内容丰富，而且精神清新。经过升华的文明一直传续到文明太后和孝文帝统治时期，为他们在太和年间（477—499）全面地推行改制运动奠定了基础。

太和年间的改制是包括经济基础、上层建筑和思想意识形态在内的一场大规模的汉化运动。仅仅从北魏的角度来看，太和改制是平城时代以来的汉化运动的总结，也就是将近一个世纪以来北方各民族汉化运动的总结。但是，从整个中华文明发展的广阔历史背景来看，太和改制的意义就不仅限于此了，它实质上是中国北方广阔范围内大多部族参与的一次波澜壮阔的弘扬中华文明的运动。因为太和改制的内容虽然仍以汉族文化为主导，实际上却远不限于秦汉时代的旧的汉族传统内容，而是包含了由众多少数民族输入的大量成分复杂的营养。②

不过，此时的大同盆地，作为平城政权的躯壳，不再能够适应统领整个北方社会发展的需要了。特别是孝文帝时期，当统治机制向高度中央集权统治发展的时候，偏僻而局限的大同盆地终于成了束缚拓跋政权的围栏。如不冲破这一围栏，北魏王朝就会像淝水之战后兴起的诸多部落国家一样，不过是一个割据一地、兴盛一时的所谓偏安政权而已。与此同时，中原的社会状况已经安定下来，中原的经济迅速地恢复和发展起来，而中原各民族的融合与文化交流也进入了高潮。正是在这样的背景之下，孝文

---

① 《隋唐制度渊源略论稿》之一《叙论》，第 1-3 页。

② 李凭、袁刚：《中华文明史》第 4 卷《魏晋南北朝·卷首语》，河北教育出版 1992 年版，第 1-4 页。

帝于太和十八年（494）将国都从平城迁到洛阳。①

与太和改制同步进行的迁都壮举，也可以视为太和改制中的一项重大措施，它使融汇于平城的文明潮流随而涌向洛阳。这就不仅使洛阳恢复了昔日的繁荣景象，而且取代长安成为中华的中心。② 非但如此，源自中原而在江左的东晋、宋、齐各朝发扬的典章制度与学术文化也随着南北士人的交往而互传，从而形成南北文化不断交流融汇的生动态势。于是，在平城升华的文明得到再次升华。

北魏洛阳时代的辉煌阶段，实际上只是孝文帝迁都后的五年和宣武帝朝的十五年，合计二十年光景。政治平稳和经济发展的时期虽然仅仅二十年，却造就了"百国千城，莫不欢附"，"天下难得之货咸悉在焉"的鼎盛局面。③ 当时的洛阳，不仅是拓跋王朝的中心，而且是天下的中心。二十年的时间只是历史发展过程中的一瞬间，却确定了中华社会继续向前发展的方向，成为中国历史由魏晋南北朝的分裂动乱时代向隋唐的统一兴盛时代过渡的关键时刻。

宣武帝以后的孝明帝等六朝是北魏洛阳时代的后期，这是北魏王朝迅速滑坡的时期。在孝明帝朝，胡太后两次临朝称制，试图实行改革，其效果却与孝文帝改革的成就迥然相异，并成为北魏末年系列战乱的引子。这是因为北魏太和年间的文化改制运动还不足以囊括北方所有的地区。北魏迁都洛阳以后，由于国策南倾，冷落了旧都平城及其附近的北镇地区，致使那里的经济状况与迅速繁荣的洛阳形成新的反差。政治的矛盾、经济发展的不平衡，又往往与新的民族矛盾和文化冲突纠缠在一起，终于激化为六镇之叛及随后的一系列暴动。④

洛阳的繁荣不仅是北魏平城时代文明积累与转移的成果，而且是汉末以来各族人民创造的文明经过播迁与升华的结晶，但是更多地享受成果与结晶的则是北魏的统治集团。所以，繁荣的洛阳也成了北魏统治集团迅速腐败的温床，而统治集团的腐败则是洛阳政权衰败的催化剂。北魏政权终

① 李凭：《北魏迁都洛阳述略》，载《文史知识》2005年第5期。

② 李凭：《北魏孝文帝迁都洛阳与丝绸之路的起点》，载《河洛史志》1993年第1、2合期。

③ 〔北魏〕杨衒之：《洛阳伽蓝记》卷3《城南》，上海古籍出版社影印本1993年版，第32页。

④ 李凭：《从平城时代到洛阳时代——述论北魏王朝的发展历程》，见《黄河文化论坛》第9辑，山西人民出版社2003年版，第1－17页。

于在内耗与外争中分裂成为东魏和西魏，不久又分别被北齐和北周取代。

北魏分裂以后，北方社会又经历了东、西政权间的战争，洛阳再次毁于无情的战火，人民再次流离，社会再次变革。但是，北魏的一分为二，与西晋的大分裂具有不同的本质，它是对经过两番升华而形成的文明的咀嚼与消化，是建立更加牢固的统一政权的前奏。东魏—北齐相继承袭了北魏洛阳时代建立起来的礼、乐、政、刑等典章制度和学术文化，西魏—北周则熔胡、汉习俗为一体，创立了适应当时社会结构的府兵制度。

建德六年（577），北周攻灭北齐，统一北方。西魏—北周与东魏—北齐的典章制度、学术文化结合起来，构建成隋唐典章制度与学术文化的基础。与此同时，江左又经历了梁、陈二朝，其物质文明与精神文明也不断地曲折而持续发展。开皇元年（581），隋朝取代周朝，定都大兴（今陕西省西安市境）。开皇九年（589），隋朝攻灭陈朝，统一全国。此后，江左的文明被大规模地输送到北方，与中原的文明充分地融汇、结合。就这样，已历两度升华的传统文明，又迎着新时代的曙光，升华成为代表境内更加广泛的民族文化的中华文明。

在魏晋南北朝时期，汉族的外迁与草原民族的内徙引发了汹涌蓬勃的民族融合和文化交流运动，这不仅大大丰富了中华民族的物质生活与精神生活，而且使古老的传统文明具有了强劲的新鲜活力。处在秦汉和隋唐两大统一帝国之间的魏晋南北朝，是中国历史中承上启下的时代，它与大一统的时代同样辉煌、伟大。经过雷鸣电闪的考验，中华文明被风雨刷洗得更加绚丽多姿。当云散天晴之时，在划破长空的七色彩虹映照下的便是文明昌盛的隋唐时代。

附记：本文刊于《学习与探索》2007 年第 1 期，后收于《李凭学术经典文集》，山西人民出版社 2015 年版。

盛乐成为漠南中心的历史背景

　　古盛乐城位于今内蒙古自治区和林格尔县境，南距县城城关 10 公里，① 北距内蒙古自治区首府呼和浩特市区 40 公里；在自然地理位置上处于黄河河套的东北，大黑河中游与浑河中游之间。如今盛乐已经成为故城，留下一片空旷的废墟。三年前，和林格尔县政府在其东侧建起一座颇具鲜卑特色的盛乐博物馆。

　　盛乐虽然早就消逝，却曾经是整个漠南的中心。它的鼎盛与鲜卑族拓跋部的兴旺紧密联系在一起。拓跋部从大兴安岭往西南迁徙之后，依次经历以盛乐、平城和洛阳为中心的时代，就像三级跳远一样，完成了虽然短暂但却辉煌的历程。盛乐被立为拓跋部的第一都城，并能够发展成为漠南的中心，其原因，除了它具有交通方面的优势即扼守着中原通往漠南各地的要道，还与大黑河、浑河流域上古以来相对发达的人文环境密切相关。

一

　　历代文献中屡见"漠南"这个名词，从汉代一直沿用至清朝。《后汉书》是较早见到"漠南"之词者，其卷 90《乌桓传》记载：

　　　　（建武）二十二年，匈奴国乱，乌桓乘弱击破之，匈奴转北徙数千里，漠南地空。②

对于这次匈奴北徙事件，《资治通鉴》卷 43《汉纪》建武二十二年条下

---

　　① 和林格尔县文物保管所编：《和林格尔县文物志》第二章《古遗址》第六节《古城址》之一《土城子古城》，内部刊物，1988 年 3 月，第 85－90 页。内蒙古文物工作队：《和林格尔县土城子试掘记要》，见内蒙古文物工作队编《内蒙古文物资料选辑》，内蒙古人民出版社 1964 年版，第 69－74 页。

　　② 《后汉书》卷 90《乌桓传》。

也有相应的记载，只是"漠南"被写成为"幕南"。① 字面不同，但是所指的地理范围是相同的。由于各类文献中称"漠南"者居多，本文采用《后汉书》中使用的称谓。《清史稿》是较晚记录"漠南"一词者，其卷137《兵志八》边防条记载：

> 蒙古以瀚海为界，画其部落之大类有四：日漠南内蒙古，日漠北外蒙古，日漠西厄鲁特蒙古，日青海蒙古。②

对照前后史料可知，漠南的范围虽然相当广阔，但是其地望自古以来是一致的。它泛指长城以北、瀚海以南的广大区域，包含今内蒙古自治区的大部分。

在漠南，发达较早的地区，正是黄河的支流大黑河与浑河流域，特别是由二者的中下游围成的四边形盆地，相当于如今行政区划上的呼和浩特市区及和林格尔、托克托、清水河三县。这个地区距离大海较远，海拔在一千米以上，因此气候干燥，平均气温较低，昼夜温差很大。但是，在这一地区的北部，横亘起阴山山脉的余脉大青山，构成一道天然的屏障，阻滞着从西伯利亚袭来的寒风。这里虽然春来较晚，但并非严寒难熬。由于黄河及其支流大黑河、浑河的滋养，这里土地肥沃，水草丰美，既宜放牧，也宜农耕。每年四月，河冰解冻，草绿芽生，树木吐青，春暖花开，便可见生机勃勃的景象。正是这样的自然环境，涵养出漠南古代文化的精华。

大黑河与浑河流域很早就是人类劳动、生息的地方。1973 年，内蒙古自治区博物馆、文物工作队在今呼和浩特市东郊的大窑村南山坡发现了距今 70 万年到 1 万年的旧石器时代遗址。③ 该处遗址分为旧石器时代早期、中期和晚期三个阶段，其晚期就是著名的大窑文化。④ 大窑文化时期的石器种类繁多，百余件形制较复杂的龟背形刮削器为其典型。从工艺上

---

① 《资治通鉴》卷 43《汉纪》建武二十二年条。

② 〔民国〕赵尔巽等：《清史稿》卷 137《兵志八》边防条，中华书局标点本 1976 年版。

③ 内蒙古博物馆、内蒙古文物工作队：《呼和浩特市东郊旧石器时代石器制造场发掘报告》，载《文物》1977 年第 5 期。

④ 汪宇平：《"大窑文化"的发现及其意义》，载《内蒙古日报》1979 年 2 月 17 日。

看，当时的打片技术已经相当熟练。① 大窑文化的载体是堪称同时代世界上最大的石器制造场，面积达 200 万平方米。规模如此巨大的石器制造场的形成原因，固然是当地蕴藏的燧石质地坚韧而易于击打成形；但更为重要的原因，应该是当时社会对于石器的大量需求。由此可见，早在远古时期，大窑村周围的广阔地区就一直活跃着数量相当多的人。

至于大窑文化之后的文化遗迹，在大黑河与浑河流域就更加丰富了。从二十世纪五十年代起，考古工作者不断地在这个地区发现新石器时代的遗址。这些遗址的散布面积很广，也在相当程度上印证了此前的大窑文化影响力的深远。大黑河与浑河流域的新石器时代遗址蕴含着丰富的文物，不但有大量的打制石器、磨制石器，还有特征鲜明的细石器。而且，这一带出土的陶器，已经形成以清水河县白泥窑子遗址和托克托县海生不浪遗址为代表的两种彩陶类型。② 丰富的文化遗存充分地表明，大黑河与浑河流域是哺育我国早期文明的温床之一。

漠南早期的产业是游牧，众多北方民族在辽阔的草原上放牧。漠南游牧民族的文化对中原文化的发展产生过重大而深远的影响。春秋时代之后，中原的汉族势力逐渐向周边地区发展。战国七雄之一的赵国，位于今河北中南部和山西东北部。赵国君主武灵王为了解除来自西方秦国的军事压力，于公元前 307 年倡导胡服骑射。③ 所谓胡服骑射，就是效法漠南游牧民族的轻便装束，学习他们骑马射箭的本领，以此增强本国的军事实力。通过这项重要改革，赵国发展成为东方六国之中军事力量最强的政权。然后，赵武灵王向西北开拓，降伏了漠南草原诸游牧部落，迫使"林胡王献马"。④ 从此，赵国的势力进入漠南，并在漠南建立起云中郡。赵国云中郡的范围很大，东部包括今山西省北部的大同市的一部分，西部包括大青山以南至黄河河套的大部分，而其中心云中县就在位于大黑河下

① 中国社会科学院考古研究所：《新中国的考古发现和研究》第一章《旧石器时代》第三节《旧石器时代晚期文化》之六《呼市东郊的旧石器制造场》，文物出版社 1984 年版，第 26 页。

② 《新中国的考古发现和研究》第二章《新石器时代》第四节《北方地区的新石器时代文化》之四《内蒙古和新疆原始文化的调查》，第 187 页。

③ 《史记》卷 43《赵世家》武灵王十九年条。

④ 《史记》卷 43《赵世家》武灵王二十年条。

游的今托克托县境。① 为了防止游牧民族南下，巩固其在云中郡的统治，赵国沿大青山的南麓修筑了一道长城。②

秦朝统一六国以后，分天下为三十六郡，云中为其中的一郡。《史记》卷6《秦始皇本纪》太史公曰："乃使蒙恬北筑长城而守藩篱，却匈奴七百余里，胡人不敢南下而牧马。"为了加强北境的防务，秦朝将原来的燕、赵、秦三国长城连接成一体，并驻军以防守。此后的漠南，特别是大黑河与浑河流域，成为北方游牧民族与南方农耕民族长期交流的商贸地带和屡次交战的军事地带。

二

汉朝初期继承秦朝制度，仍置云中郡，但原云中郡的东南部分被划归新设置的定襄郡。③ 两汉之际，北方游牧民族以匈奴的势力最为强大，与中原王朝不断进行战争，主要战场就在漠南，尤其是沿黄河河套一线。其时，汉朝廷在河套沿线遍设军事城堡和障塞，大量屯兵成边。为了维持军需，中原王朝还在军事城堡的附近通渠置田，推行屯垦。

利用战争的间歇，特别是汉朝廷与匈奴和亲期间的安宁，成边的军民开垦出大片农田，收获了大量的粮食。从而，在一些军事城堡的附近逐渐形成相对集中的居民区域，盛乐的前身成乐就是其中之一。成乐设置于西汉初期，《汉书》卷28下《地理志下》定襄郡条下有载，为定襄郡所属十二县之首县。据该条记载：

> 定襄郡，高帝置。莽曰得降。属并州。户三万八千五百五十九，口十六万三千一百四十四。县一十二。

《汉书》并未记载当时成乐附近的人口数量，若按定襄郡户口数字平均计算，则作为首县的成乐的户口应该在千户、万人以上。

---

① 王仲荦：《北周地理志》附录之一《北魏延昌地形志北边州镇考证》朔州云中郡条，中华书局1980年版，第1077页。
② 《水经注疏》卷3《河水三》东迳高阙南条，江苏古籍出版社1989年版，第214页。
③ 《汉书》卷28下《地理志下》云中郡条、定襄郡条。

关于两汉时代成乐的人文状况，由于史载不明，很难直接地作出描述。不过，1971 年秋在现今的和林格尔县新店子镇西的小板申村东发现了一座古墓穴，这座墓穴距离盛乐故城约 50 公里，它为我们提供了可作参照的景象。在这座墓穴的内壁上，绘有几十幅场面宏大的壁画，约有榜题二百余项，为少见的文物与艺术珍品，这就是轰动一时的和林格尔汉墓壁画。数十年过去了，人们对和林格尔汉墓壁画的兴趣渐渐消退，但是它对于我们了解农耕民族与游牧民族交界地区的人文状况仍然具有十分重要的价值。

绘在该墓前室、中室和甬道的壁画，向人们描述的是墓主由举孝廉起家而官至护乌桓校尉的宦途，追忆了他长期在西河、上郡、繁阳、宁城等北部边境担任地方官职的生平。在该墓后室的北壁，绘有一幅面积很大的城池图，由榜题得知是当时的武城县县城。这座县城虽然位于汉族与北方少数民族交界的地区，但是它的布局与当时中原城堡的布局一致。由此可以想见，当时中原王朝在这一地带的显著影响。在该墓后室的南壁，画着崇峦疏树环绕的庄园。① 而在该墓前室和北耳室的壁画中，还绘有放马、牧牛、运粮、种菜、捕鱼、弋猎、碓舂、酿造诸种劳作的场面，呈现一番亦农亦牧而自给自足的庄园景象。

1986 年，小板申村古墓穴被确定为内蒙古自治区第二批重点文物保护单位。2006 年 2 月 7 日，笔者到和林格尔参加由和林格尔县政府举办的"北魏盛乐历史文化与和林格尔县域经济发展研讨会"，第二天有幸随文物部门参观了小板申村汉墓。历经岁月蹉跎，该墓依旧保存完好，虽然壁画已有许多处自然剥落，但是仍然能够显现其当年恢宏的场景和绚丽的色调，使得原本死气沉沉的墓穴竟然平添了光彩的生机。

当年，黄盛璋先生看过小板申村汉墓之后写道：

> 封建社会中，一般人老死都要归葬故乡，何况是生前"飞黄腾达"，官至护乌桓校尉的一个较大官僚。护乌桓校尉是墓主最后最高的官职，此后未再任他官，那么他晚年应有一段"退仕还乡""解甲归田"的生活。后室南壁有大幅庄园图，那里面绘有山峦、别墅、

---

① 《和林格尔县文物志》第二章《古遗址》第七节《古墓葬》之二《汉墓·小板申东汉壁画墓》，第 104 - 110 页。

果树环抱、农耕、蚕桑、马牛羊鸡犬彘，以及车库，作坊等等，正是墓主晚年过着地主剥削生活的实录。而这段田园生活也只能在他的故乡，也就是在墓葬附近一带。因此他死葬于此，是很自然的。最近，在距墓葬百多米处发现另一早被破坏的墓葬，墓室形制、大小以及画有壁画等等，完全和此墓葬一样，应同属一家。这也证明：他家在此居住不止一代，墓葬之处可能就是此家祖坟所在。①

诚如黄先生所言，墓主的晚年在其故乡的庄园度过，死后就葬在庄园附近的坟地之中，因此该墓后室等处壁画所描绘的景象正是墓主去世前不久当地的状况。墓中的壁画虽然会有理想的成分，但是主要内容应该是当时人间生活的写照。从和林格尔汉墓壁画中，我们可以豹窥一斑地见到古代漠南的军事城堡以及居民聚集区域的社会生活。

关于上述壁画中的城堡武城，由前文所引的《汉书》卷28"定襄郡"条可知，西汉之际它与成乐同为定襄郡属县。而据《后汉书》卷23《郡国志五》"云中郡"条、"定襄郡"条记载，东汉之际，武城仍旧归属定襄郡，成乐改属云中郡。汉代武城县城在今新店子乡榆林城村南，现在尚存数米城垣墙体的遗迹。② 这座故城距离小板申村东的古墓穴仅仅3公里，则它与同在今和林格尔县境的成乐之间的距离也在50公里左右。因此，由武城的结构可以想见成乐的结构；而由武城附近的社会状况也自然可以想象成乐附近的社会状况。换而言之，当时的成乐及其附近也应该像小板申村古墓穴壁画描绘的那样，呈现亦农亦牧的双重产业特色，具有自给自足的庄园经济特征。

据金维诺先生的推测，和林格尔汉墓的墓主可能是东汉护乌桓校尉公綦稠，该墓穴大约建于东汉灵帝中平五年（188）。金先生采用的是逐一排除其他曾任护乌桓校尉职务者的方法，他的推测很有理据。但是金先生也承认，他所列举的曾经担任过护乌桓校尉职务者，系"从史传零星记

---

① 黄盛璋：《和林格尔汉墓壁画与历史地理问题》，见黄盛璋《历史地理论集》，人民出版社1982年版，第514页。

② 《和林格尔县文物志》第二章《古遗址》第六节《古城址》之二《汉武城县故城》，第90—91页及图板十六之1。

载所集，可能是不完全的"①。也就是说，并不能排除有曾任护乌桓校尉职务而未见于史载者，因此墓主的最终确定尚待进一步的研究，由此而推测的建墓时间也还值得推敲。黄盛璋先生运用历史地理学的资料对和林格尔汉墓的墓葬时间做了考证，从而指出"墓葬应在公元二世纪六十年代，这就是目前所能推断的墓葬与壁画的绝对年代"②。黄先生的考证过程是相当严密的，然而值得注意的是，最终确定该"绝对年代"的前提为墓主"如果享年以七十左右计"，不过这是黄先生自己设定的。那么，由主观设定的墓主享年推导出来的墓葬与壁画的年代怎么能够视为绝对呢？其实，这样的结论仍然是相对的。在内蒙古文物工作队、内蒙古博物馆的报告中称，"推知本墓的年代当在公元 145 年到 200 年这五十多年之间，在东汉的后期"③。这个看法虽然不太精确，却比较稳当。

不过，武城也好，成乐也好，它们的出现固然是以经济的发展作为历史背景的，但是现实的原因是军事的需要，所以其附近的居民聚集区域的延续是与军事城堡的发展紧密地联系在一起的。东汉末年中原战乱，汉族王朝无力北顾，遂将黄河河套沿线的军队南撤，那些军事城堡及其附近的居民聚集区域也就大多被废弃了。所以，《元和郡县图志》卷 14《河东道三》云州条称：

> 今州即秦雁门郡地。……汉末大乱，匈奴侵边，自定襄以西，云中、雁门、西河遂空。④

魏晋时期，中原汉族政权无力北顾，对北部边郡之地采取放弃的态度。《晋书》卷 14《地理志上》并州条也称：

> 汉武帝置十三州，并州依旧名不改，统上党、太原、云中、上

---

① 金维诺：《和林格尔东汉壁画墓年代的探索》，见金维诺《中国美术史论集》，人民美术出版社 1981 年版，第 76 页。

② 黄盛璋：《和林格尔汉墓壁画与历史地理问题》，见黄盛璋《历史地理论集》，人民出版社 1982 年版，第 512 页。

③ 内蒙古文物工作队、内蒙古博物馆：《和林格尔发现一座重要的东汉壁画墓》，载《文物》1974 年第 1 期。

④〔唐〕李吉甫：《元和郡县图志》，中华书局点校本 1983 年版，第 409 页。

郡、雁门、代郡、定襄、五原、西河、朔方十郡，又别置朔方刺史。后汉建武十一年，省朔方入并州。灵帝末，羌胡大扰，定襄、云中、五原、朔方、上郡等五郡并流徙分散。建安十八年，省入冀州。二十年，始集塞下荒地立新兴郡，后又分上党立乐平郡。魏黄初元年，复置并州，自陉岭以北并弃之，至晋因而不改。

从这条记载知道，至迟在曹魏之初，汉族统治势力已经撤到陉岭以南。陉岭成为当时汉族势力与北方游牧民族势力之间新的分界线。陉岭即勾注山，又名雁门山，在今山西省代县北部。

由于汉族统治势力的大规模南撤，大黑河与浑河流域成为北方游牧民族势力的腹心地带，不再是他们与汉族统治势力交界的前沿。而一些被汉族军事势力废弃的军事城堡，则成为后世发展的基础。其中，最重要的就是《汉书》的《地理志》与《后汉书》的《郡国志》中所见的成乐，亦即《魏书》的《序纪》中所见的盛乐。

三

在中原汉族王朝势力逐渐南撤的同时，漠南草原上游牧部落的分布状况也发生了巨大变化。原先在大草原上占据统治地位的匈奴族衰落了，其地位被公元二世纪前后进入大草原的鲜卑族取代。鲜卑族中的一支拓跋部落，从大兴安岭往西南进入大草原，大约在三国曹魏时期进入大黑河与浑河流域，此时的部落首长名叫力微。

力微将拓跋部落发展成为强大的军事部落联盟，据称控弦之士有二十余万。258 年，力微率部落来到盛乐。当年的四月，河冰解冻，春来草原，拓跋部在盛乐隆重祭天，其部落联盟所统各部，皆来助祭。就在这次祭天大会上，力微制定了与中原曹魏政权和亲的政策。[①] 和亲政策为漠南赢得一个相对和平的局面，当中原连年厮杀的时候，漠南在安定地发展。在盛乐这座军事城堡的废墟附近，遂又萌发出蓬勃的生机。

时过 37 年，到 295 年，拓跋部已由力微之子禄官统领。由于部落联盟的扩大，禄官遂将其划分为三部。一部在上谷以北、濡源以西游牧，由

---

① 《魏书》卷1《序纪》力微三十九年条。

禄官亲自统领；一部在代郡的参合陂以北游牧，由力微之孙猗㐌统领；还有一部就在以上两部的西面游牧，归猗㐌之弟猗卢统领，其活动的中心就在盛乐。[1]

此后，拓跋部的三部分都发展得很快，又以西部的猗卢发展势头最好。猗卢往东南发展，一直挺进到并州一带。而中原晋朝的势力则被迫往南退缩，多数汉族人民也随而南移，留下了少量汉族人和大量的东汉以来陆续迁入并州附近的各少数民族，这些少数民族被统称为杂胡。猗卢没有久据并州，不久他就撤回盛乐了。在回撤的时候，猗卢将居住在并州附近的杂胡以及少量汉族人民裹挟北徙，迁往云中、五原、朔方，也就是沿黄河河套一带。他又西渡黄河，击败匈奴、乌桓诸部。然后，自杏城以北八十里到长城原，夹道立碣，与晋朝建立起分界线。[2]

猗卢的上述举动对于大黑河与浑河流域的发展具有十分重要的意义。首先，他将敌对的势力驱逐出河套，为大黑河与浑河流域的发展与巩固创造了良好的环境。其次，大量杂胡以及少量汉族人民的到来，使大黑河与浑河流域的人口结构和产业结构发生很大的变化。杂胡以及汉人，这些新的草原客人，与游牧民的生活习惯并不相同。杂胡中的大部分部落原先也是在草原游牧的，不过，由于他们在并州附近长期与汉族人民接触，或多或少地接受了农耕文明。而来到草原的汉人，由于原先与杂胡接触较多，也或多或少地接受了游牧文明。因此，一方面，杂胡以及汉人能够很快地适应草原的牧业生活；另一方面，他们又以废弃的秦汉时期军事城堡附近的聚居区域为据点去开垦农田。

杂胡以及汉人在大黑河与浑河流域发展农业，有自然方面得天独厚的条件。这里位于黄河河套外套的东北部，地势平坦，土壤肥沃；水网交错，便于灌溉。这里虽然冬天寒冷，但是也有盛夏，七月是一年最热的月份，平均气温为 22 ℃ 左右，最高气温可超过 37 ℃。年降水量虽然较少，约为 400 毫米，却集中于七、八月份，而七、八月份正是农作物迅速成长的时期。总之，大黑河与浑河流域的地理与气候有利于作物繁殖，是适合农业发展的。我们知道，如今的大黑河与浑河流域盛产小麦、莜麦、高粱、玉米、小米、糜子、土豆等粮食作物，以及甜菜、油料、麻类、小茴

---

[1] 《魏书》卷 1《序纪》禄官元年条。
[2] 《魏书》卷 1《序纪》禄官元年条。

香和甘草等经济作物。这是一千七百余年以来，各族劳动人民辛勤地垦殖农田和培育作物的结果。而其发展基础的奠定，则与拓跋部在此地的活动密切相关。

杂胡以及汉人在大黑河与浑河流域发展农业，与拓跋部固有的生产方式并不矛盾。到猗卢时期，虽然拓跋部在草原上活动已经百余年，但是与此前活动在草原上的匈奴等民族的产业形式不同，它并不是单纯的游牧民族。进入匈奴故地之前，拓跋部长期处在原始社会时期，过着所谓"纯朴为俗，简易为化，不为文字，刻木结契而已"的生活。[①] 拓跋部的发源地位于今呼伦贝尔市鄂伦春自治旗阿里河镇西北约 10 公里的嘎仙洞。拓跋部迁走以后，那里一直属于鄂伦春族的活动区域。而中华人民共和国成立初期的鄂伦春族，尚停留在原始社会时期，他们的生产方式与生活习俗便是拓跋部早期社会状态的生动参照。种种迹象表明，进入大草原匈奴故地之前，拓跋部正处于原始社会后期的第一次社会大分工的时代。那时候，拓跋部虽然也有了原始的畜牧业，但所从事的主要是射猎。进入大草原匈奴故地之后，由于草原上原居各民族的影响，拓跋部进入了游牧阶段，但是拓跋部从未排斥过农耕。史书上对猗卢将居住在并州附近的杂胡及汉人迁到漠南的目的以及事后的安置状况并未交代。但是，他显然没有刻意打破杂胡等原有的农业生产与定居方式的意图，这可以从上述大黑河与浑河流域的农业逐渐发展起来的事实得到印证。顺便提及，由于产业类型经受过较多、较大的变化，拓跋部的可塑性比大草原上的其他部落更大，这正是后来这个民族能够不断地革新的基因。

值得注意的是，漠南安定的时期，正是中原动乱之际。因此，除了上述被强行裹挟者，后来还陆续有不少中原地区的汉族人民自行来到大黑河与浑河流域定居谋生。其中甚至有晋朝的官僚，如率领宗室、乡亲来到拓跋部的卫操，就是其中有名的人物。[②] 卫操来到拓跋部以后受到了重用，从而招引了一批汉族士人前来归附拓跋部。在拓跋部的率领之下，由于众多民族的努力经营，大黑河与浑河流域进入繁荣的阶段，为推动盛乐成为漠南的中心奠定了基础。

---

① 《魏书》卷 1《序纪》昔黄帝有子二十五人条。
② 《魏书》卷 23《卫操传》。

四

307 年，禄官去世，猗卢乘机总摄三部，将拓跋部统一起来。310 年，西晋并州刺史刘琨遣子刘遵为质，请求猗卢出兵，帮助刘琨攻破活动在今山西北部的白部和铁弗等部落。事后，猗卢被晋怀帝封为大单于、代公。拓跋部称代国始于此时。猗卢就此以封邑离根据地悬远为理由，向刘琨要求句注陉以北之地。刘琨将马邑、阴馆、楼烦、繁畤、崞五县汉人迁往句注陉南，把空出来的地方让给拓跋部。于是，猗卢统治的地区向东开拓至代郡，从而使漠南与今山西北部联成一体。三年以后，即 313 年，猗卢将盛乐确定为北都，修筑故平城作为南都。① 拓跋部此举是盛乐成为整个漠南中心的肇始。

盛乐能够发展成为漠南的中心，也与其自古以来扼守着漠南与中原交通要道的优势密切相关。《太平寰宇记》卷 49《河东道》十云州云中县条记载：

> 又《冀州图》云：引入塞三道。自周、秦、汉、魏以来，前后出师北伐，惟有三道：其中道，正北发太原，经雁门、马邑、云中，出五原塞，直向龙城，即匈奴单于十月大会祭天之所也；一道东北发向中山，经北平、渔阳，向白坛、辽西，历平冈，出卢龙塞，直向匈奴左地，即左贤王所理之处；一道西北发自陇西，经武威、张掖、酒泉、敦煌，历伊吾塞，匈奴右地，即右贤王所理之处。②

《冀州图》所云入塞三道，相对而言当以中道最为近便，而且直接指向匈奴单于十月大会祭天之所。而云中正好处在中道之上，位于大漠与中原的中间。不过，《太平寰宇记》所谓的云州云中县在今山西省大同市区，《冀州图》所云的云中并非《太平寰宇记》所谓的云州云中县，乃是前文所述两汉时期以成乐为郡治的云中。所以，这条史料恰好能够说明，两汉成乐亦即此后盛乐的地理位置至为关键。实际上，由成乐向西北行，进入

---

① 《魏书》卷 1《序纪》猗卢六年条。
② 〔宋〕乐史：《太平寰宇记》，王文楚点校，中华书局点校本 2007 年版，第 1036 页。

今武川县境，就可以抵达白道。白道正是最有名的通达大漠南北的交通要道。要之，盛乐在漠南的中心地位是由多重因素造成的。

由于拓跋部势力的强大，315 年猗卢被晋愍帝封为代王。随后，代国开始设立官属，制定法令。可惜的是，第二年猗卢被其子六脩害死。此后，拓跋部陷入长期的内乱。所以，二十年之后盛乐才进入营建的阶段，是为代王翳槐及其弟代王什翼犍统治的时期。翳槐即位的时候，拓跋部仍然处于动乱之中，他在后赵的支持下逐渐平定内乱，使部落归附于自己。《魏书》卷一《序纪》记载：337 年，翳槐在猗卢北都盛乐东南十里的地方营建新盛乐城；① 338 年，翳槐病死，其弟什翼犍在繁時即位，继为代王；340 年，什翼犍移都云中之盛乐宫；第二年，即 341 年，什翼犍又在盛乐故城南八里的地方再筑盛乐城。② 这些举动标志着盛乐由军事城堡形态向古代城邑形制的逐步转变。猗卢北都盛乐、翳槐新盛乐城、什翼犍云中之盛乐宫、什翼犍盛乐城，它们虽然并非位于一处，各自的遗址尚待甄别，但是它们之间的位置相当接近。这说明，以这一带作为漠南的中心地区的观念已经得到认可，并且在逐渐地巩固。

什翼犍是一位有雄才大略的部落领袖，他在位的时间较长，其间拓跋部不但安定，而且日益强大，一度有众数十万人。什翼犍还重用外来的汉人，有名者如燕凤、许谦等。③ 这些汉人曾在中原的政权做过官，因此能利用他们的知识和经验帮助什翼犍设置百官，制定法律，使代国具有了国家的雏形。而拓跋部对大黑河与浑河流域的统治也日趋稳固。

什翼犍在位时，盛乐作为代国的都城，达到了它的鼎盛时期。但是，什翼犍统治的后期，代国面临南方强大的氐族政权前秦的威胁。376 年，前秦大司马苻洛率二十万大军进攻代国，而代国此时又发生了内乱，在内外夹击之下，代国灭亡了，拓跋部的雏形国家也随之而解体。

大约十年以后，由于前秦在淝水之战后崩溃，拓跋部得以再兴。386 年，什翼犍之孙拓跋珪在牛川大会部众，即代王位。然后，拓跋珪率领部众来到盛乐，改称魏王。拓跋珪改称魏王，说明他的志向已经不在漠南了。但是，拓跋珪仍然十分重视旧根据地大黑河与浑河流域的建设，他一

① 《魏书》卷 1《序纪》翳槐后元年条。
② 《魏书》卷 1《序纪》什翼犍四年条。
③ 《魏书》卷 24《燕凤传》《许谦传》。

到达盛乐就下令息众课农。① 拓跋部利用大黑河与浑河流域旧有的基础迅速发展起来，此后又以盛乐为根据地，东征西伐，平服草原各部，恢复了祖先的事业。两年以后，拓跋珪称帝，然后亲率四十万大军败灭后燕。398 年，拓跋珪迁都平城。拓跋部的盛乐时代结束，平城时代开始。

<h2 style="text-align:center">五</h2>

拓跋部的盛乐时代开始于258 年春天力微率部落在盛乐隆重祭天，结束于398 年夏季拓跋珪迁都平城。

盛乐时代与拓跋部在漠南的兴盛过程相始终，其间时断时续，时起时伏，大体上可以划分为五个时期。第一时期自 258 年至 294 年，历时 37年。力微盛乐祭天是这个时期最重要的事件，它标志着拓跋部在漠南的兴起。第二时期自 295 年至 336 年，历时 42 年。295 年禄官分国为三而以盛乐为西部的中心，313 年猗卢将盛乐作为北都，均为这个时期的重要事件。后者是盛乐成为漠南中心的肇始。第三时期自 337 年至 376 年，历时40 年。这个时期是盛乐城的营建阶段，337 年营建新盛乐城，340 年移都云中之盛乐宫，341 年再筑盛乐城，都是这个时期的重要事件，这些举动标志着盛乐由军事城堡向古代城邑的逐步转变。第四时期自 377 年至 385年，历时 9 年。这是代国被前秦灭亡以后拓跋部的蛰伏时期。第五时期自386 年至 398 年，历时 13 年。这个时期发生在盛乐的重要事件是，拓跋珪在盛乐改称魏王，并下令息众课农。这说明，盛乐时代虽然将要结束，但是盛乐所在的大黑河与浑河流域已经形成稳定的宜牧宜农的经济区域。

需要补充说明的是，在上述盛乐时代的第四时期，漠南处于前秦的统治之下，而前秦对于漠南的发展也是很有贡献的。前秦的统治者属于西北方的氐族，是较拓跋部更早接受农耕文明的民族。所以，前秦占有漠南以后，曾将降服的拓跋部众安置在所谓汉郭边故地，即黄河河套的外套地区，特别是大黑河与浑河流域，让他们从事农耕，并给予三年不收租税的优惠。② 因此，前秦统治的九年，也是盛乐附近农业经济发展的九年。

当然，笔者在本文中强调农业在大黑河与浑河流域的发展问题，并不

---

① 《魏书》卷 2《太祖纪》登国元年条。
② 李凭：《北魏离散诸部问题考实》，载《历史研究》1990 年第 2 期。

是认为农业在古代就代表了先进的生产经营方式，而游牧经济似乎相对后进。这种误解是应该被消除的。笔者只是想要说明，农业经济与游牧经济是可以互补的，多样化的经济有其发展上的优势。大黑河与浑河流域之所以能够发展成为古代漠南最富庶的地区，不仅仅因为它的自然条件比较优越，更重要的是其因地制宜地实行了亦牧亦农的政策，而且形成了传统的方式。

盛乐是拓跋部向着中原奋进的最关键的着力点，而拓跋部的盛乐时代也是漠南历史上最辉煌的阶段。拓跋部离去后，盛乐失去了国都的地位，但是依旧是漠南的中心。所以，唐朝在此设置单于大都护府，历代也都设县置郡。而且，继拓跋部之后的北方少数民族，如敕勒人、东突厥人、沙陀人都相继活跃在漠南，它们的活动中心也均在盛乐故城的附近。不过，此后盛乐故城逐渐被冷落，而辽金元三朝的丰州、明朝的归化和清朝的绥远，即现代的青城呼和浩特，渐次上升成为漠南的中心。漠南的中心虽然从和林格尔附近北移到了呼和浩特，但是并未跳出大黑河与浑河流域的范围，仍然离盛乐故城不远。可见，盛乐时代不仅为古代漠南的兴旺发挥了先头作用，而且为后来呼和浩特成为内蒙古的政治、经济与文化中心奠定了基础，虽然其间久经起伏，但是道路愈走愈宽。

附记：本文的底稿是在内蒙古自治区和林格尔县召开的"盛乐历史文化研讨会"开幕式上的致辞，题为《盛乐时代是和林格尔历史上灿烂的春天》；被收入内蒙古人民出版社 2007 年出版的《盛乐风流》时，题名被改为《盛乐时代是漠南历史上最辉煌的篇章》。本文经修订后刊于《学习与探索》2010 年第 3 期，自改题名为《盛乐成为漠南中心的历史背景》，又收于《李凭学术经典文集》（山西人民出版社 2015 年版）。

华夏文明的广泛传播与江南黄帝祠的修建

一

　　华夏文明是中华文化最主要的源头，华夏文明的代表人物是黄帝。黄帝姓公孙，名轩辕，是上古时代活动在黄河中游的部落领袖。当时黄河中游各部落大多处于原始社会母系氏族制时期，而轩辕统领的部落最早过渡到父系氏族制时期。相传轩辕修德振兵，建立了强大的军事部落联盟，因此各部诸侯敬奉他为天子，尊称他为黄帝。

　　相传黄帝死后葬于桥山，陵墓在今陕西省黄陵县境。黄帝虽然逝去，但以黄帝为代表的父权制在黄河中游各部落中确立了稳固而崇高的地位。与此相应，以黄帝为象征的华夏文明发育起来，逐渐在黄河中游占据主导地位。经过夏商周三代的经营，黄河中游发展成为整个中华民族与文化的重心所在。

　　秦始皇统一中国，奠定中华文化西胜过东、北强于南的局面。西汉帝国因而将都城置于长安。但东汉以后长安的中心地位动摇，洛阳在政治、经济与文化等方面的重要程度渐渐接近乃至超过长安。于是中华文化的重心东移，形成以长安—洛阳为轴心的黄河中下游华夏文明覆盖区。相对而言，华夏文明覆盖区的文明程度高于其他地区，代表当时中华文化的最高水平。

　　伴随华夏文明的传播，黄帝的声名日益彰显，进而被奉为中原汉族的始祖。有关黄帝的神话渐渐流传开来，其中最生动的一则是黄帝升天的情景，这在《史记》卷28《封禅书》中有记载，曰：

　　　黄帝采首山铜，铸鼎于荆山下。鼎既成，有龙垂胡髯下迎黄帝。黄帝上骑，群臣后宫从上者七十余人，龙乃上去。余小臣不得上，乃悉持龙髯，龙髯拔，堕，堕黄帝之弓。百姓仰望黄帝既上天，乃抱其弓与胡髯号，故后世因名其处曰鼎湖，其弓曰乌号。

在这则神话中，黄帝既是帝王，又像神仙。它表达的寓意是，黄帝生前受到世人拥戴，登仙后依然受到后人尊敬，他是人民世代顶礼膜拜的偶像。

黄帝生前活动于黄河中游，死后葬在西北的黄陵县境，但是相距遥远的江南却也流传着有关黄帝的神话，位于今浙江省缙云县仙都风景名胜区中竟有一座传说是黄帝升天之地的鼎湖峰。此事乍看令人惊讶，其实并不奇怪。

二

江南地区也具有悠久的历史，其文明程度与中原相比毫不逊色。在今安徽、江西、福建、江苏等省早就发现了旧石器时代遗址。浙江省虽然是全国最后发现旧石器时代文化的省份，但是后来居上，其旧石器时代遗址的分布非常密集，遗物十分丰富，在整个华东地区排名第二。[①] 众多遗址与大量遗物不仅拓宽了我们对于江南古人类活动时空的认识，而且将浙江境内古文化的发生提前到十几万年以前。

至于新石器时代，河姆渡与良渚遗址是举世闻名的。[②] 河姆渡遗址于1973年在浙江省余姚市的河姆渡镇被发掘出来，总面积约4万平方米，自下而上叠压着四个文化层，时间跨度为距今7000年至5000年。在河姆渡遗址发现了大面积的木建筑遗迹，出土了丰富的生产工具、生活器具、艺术品以及大量的稻谷和动物骨骼等遗物，表明当地已经有了耜耕农业和采用榫卯技术的干栏式建筑，在生产与生活水平方面，在当时的中华大地上居领先地位。这说明江南与中原一样，都是中华民族文化的发祥地。如果说中华民族的起源是多源的，那么江南的先民应该是其中重要的一源。

1936年，良渚遗址在杭州市余杭区的良渚镇首次被发现，该遗址距今5300至4000年，属于新石器时代晚期。[③] 后经半个多世纪的发掘，以莫角山为中心而形成的既有村落又有墓地和祭坛的50余处良渚文化遗址显现在人们面前。研究表明，良渚文化时期的农业已经实现犁耕稻作，手

---

① 李建：《浙江旧石器时代考古一鸣惊人——发现文化遗物之多排名华东第二》，载《浙江日报》2002年11月19日。

② 汪济英：《河姆渡遗址试掘漫忆》，见《东方博物》第四辑，浙江大学出版社1999年版。

③ 安志敏：《良渚文化及其文明诸因素的剖析》，见《良渚文化研究——纪念良渚文化发现六十周年国际学术讨论会文集》，科学出版社1999年版。

工业表现出专业化的倾向。在良渚文化遗址上出土的一些黑陶、玉器和纺轮上刻画着象形的符号或画面。而良渚文化遗址中明显的贵族大墓和平民小墓的分野则表明当时社会的分化。如果说距今五千年是中华大地上生活的人类从野蛮往文明过渡的界限，那么良渚遗址群正是这条界限上的东方明珠。

不过，良渚遗址群之所以能在中华文化史上占据突出的地位，不仅由于它文明程度的领先性，而且在于它对其他地区具有强大的影响力。在邻近良渚的遂昌好川、桐乡新地里和松江广富林等遗址上，人们发现了反映良渚文化向外拓展的新资料；而安徽、山东、江西、广东等地出土的良渚式玉器，则让人们不得不赞叹良渚文化扩散范围的广泛。良渚文化之所以会持续地向周围渗透，原因之一是它保持了江南特有的魅力，引起了其他地区的惊羡。良渚文化与其他文化接触、混合、交流、融汇后，就升华成为具有崭新气象的江南地方文化。

中华文化正是这样，由来自不同地域的文化，诸如西北的仰韶文化、东南的良渚文化、北方的龙山文化等，陆续地融汇其中，进而发展壮大起来。在这个过程中，从黄河中游发育起来的华夏文明，吸收上述种种文化的精髓，逐渐崛起并占据主导地位，形成多元一体的文明形态。但是，具有地方特色的文化，依旧会保持顽强的生命力。春秋时期偏霸一方的吴国和越国，曾经跃跃欲试，与中原诸侯抗衡，正是江南先民创造的文化基业仍然具有强劲势头的例证。[①] 不过，在秦汉帝国时期，由于都城位于中原，江南被视为偏远的地区。江南悠久的文化被忽视，乃至埋没了。

三

东汉以后黄河中下游发生了一系列大的动乱，不安的政局和连绵的战争引起频繁的民族迁徙和大量的人口流动，势如汹涌的波涛摧决了经秦汉帝国垒筑而成的中央集权统治的大堤，刷洗了华夏文明的发祥地。昔日的良田美畴被无情的铁蹄践踏，长安、洛阳两大古都被夷为废墟，汉族王朝的版图被林立的少数民族邦国瓜分。

幸存的士族与民众纷纷迁往偏远地区，而以逃亡江南者居多。随着大

---

① 《史记》卷31《吴太伯世家》、卷41《越王勾践世家》。

批士族与民众的南下，包括秦汉魏晋的礼、乐、政、刑等典章和文物在内的华夏文明被带到江南。在此基础上，东晋和宋、齐、梁、陈的统治相继建立。虽然江南的朝代更迭频繁，各个朝廷的国运均甚短促，但是除了东晋末年和梁朝末年发生过两次规模较大的祸乱，江南相对而言还是比较安定的。在江南的肥田沃土上，从中原迁去的人民与当地人民并肩携手，同耕共织，使那里的社会面貌发生了巨大的变化，出现了富足的局面。于是，传统的华夏文明在东晋南朝扎根、发展，渐渐融入江南的地方文化之中。在此基础上，江南的文艺、教育与科技等方面都获得了划时代的成就并反过来影响了北方。唐朝初期，江南经济总体发展的势头逐渐赶超北方。到唐朝中后期，全国经济的布局终于出现"扬一益二"的局面。又经过宋元明清各朝的经营，江南终于成为中国最早出现资本主义萌芽的地区。究其根源，就在于东晋以降对于江南长期的开发和经营。由于地方经济的发展，江南自上古以来悠久的文化底蕴被激活了。

正是在这样的历史背景下，地处江南的缙云山区出现了大量有关黄帝的传说，自魏晋隋唐至宋元明清历久而不衰，而突兀于缙云群山中的鼎湖峰竟被传为黄帝的升天之地。这是因为追随着江南高涨的文化浪潮，大批文人墨客来到缙云游学，其中著名者如东晋南朝的葛洪、王羲之、谢灵运、陆修静、陶弘景、徐则，唐五代的白居易、刘处静、周景复、杜光庭等。承载他们思想的重要工具是文学作品与宗教宣传，其内容虽只是歌颂山水风景，主旨实则在于发扬以黄帝为象征的华夏文明。[①] 文人墨客创作的许多诗歌在缙云山区久久流传，至今读来仍觉脍炙人口。其中最著名的，相传是白居易的《缙云山鼎湖》，[②] 曰：

> 黄帝旌旗去不回，
> 片云孤石独崔嵬。
> 有时风激鼎湖浪，

① 章建明：《历代文人仙都寻根踪迹》，见李凭、赵导亮主编《黄帝文化研究》，山西古籍出版社 2005 年版。

② 当地文献将此诗记为白居易所写，其缘由或许沿自〔元〕陈性定《仙都志》。然而，后人对此说颇多异议。如，王启兴主编的《校编全唐诗（中）》（湖北人民出版社 2001 年版，第 2374 页）就径将此诗归在徐凝名下。又如，李学功在《改变：从思考开始——读史札迻》（黑龙江人民出版社 2022 年版，第 113 – 115 页）中所论。

化作晴天雨点来。

明朝缙云出了一位监察御史，名叫樊献科。他写的《赠羽士三首·鼎湖山歌》也很优美，曰：

> 鼎湖山，
> 高几许，我欲从之晴复雨。
> 跨金龙，振玉羽，
> 与君往兮获我所。
>
> 鼎湖山，
> 轩辕一去谁复返！
> 黄鹤可度，彩云独还；
> 有美人兮盘桓其间。
>
> 鼎湖山，
> 去地四千六百尺，
> 东望苍桑沧海逼。
> 餐月华，展鳌极，
> 随君之轨兮慰我朝夕。①

值得注意的是，在这些诗歌里黄帝登仙的神话竟被移植到江南山水之中了。

上述文人墨客中有不少是道教的宗师或信仰者，他们的活动促使道教在缙云迅速发展。由于黄帝在道教中也享有崇高的地位，因此道教的发展更加速了华夏文明在山区的播撒。文人墨客与道教宗师的大量活动，导致历代封建统治者对缙云山区的关注。其中最引人注目的事件是，唐玄宗天宝年间缙云之山被敕命为仙都山，山上的道观缙云堂经改建而正式确定为黄帝祠宇。随后，缙云县令书法家李阳冰为黄帝祠宇题了匾额。自此之后，江南人在仙都山祭奠黄帝的活动成为传统。于是，黄帝的形象在江南

---

① 吕驾宇编著：《缙云黄帝祠》，西泠印社出版社 2006 年版，第 129 页。

广泛传播，日益深入人心。华夏文明在江南不仅生根发芽，而且开花结果，与江南地方文化融汇为一体。

黄帝在江南影响的扩大和深入，使仙都山的香火特别旺盛。但是，宣传黄帝的意义，其实早已超出了宗教的范畴。因为黄帝不仅是道教崇拜的偶像，更重要的是华夏文明的象征。发源于西北的华夏文明能够在东南的仙都山区深入人心，说明华夏文明经过魏晋南北朝时期的扩散与融合和隋唐时期的升华与凝炼，已经在中华大地得到广泛认同，成为中华文化的主流。中华文化代表了整个中华大地上生活的各族人民共同创造的文明。文明无论出自何源，全都隶归中华民族，这便是多元一体的中华文化。建立在缙云仙都山的黄帝祠宇，正是表明中华文化多元一体的最好例证。

四

作为中华民族的始祖，黄帝的光辉形象，是逐步地扩大影响和渐渐地深入人心的，是华夏文明经过漫长的历史而累积成的，而且还将继续发扬光大。自从改革开放以后，江南人民，特别是仙都山区民众，充分地认识到这一点。经济富裕以后，在一批有志华侨的带动下，人们重修了仙都山黄帝祠宇。如今，浙东辉煌的黄帝祠宇与关西雄伟的黄帝陵墓遥相呼应，形成"北陵南祠"的格局。这正是中华大地各族人民大团结的和谐景象。

2004 年和 2006 年重阳，笔者有幸两次参加黄帝祠宇的祭祀活动和相关的学术研讨会议，遂深怀崇敬之情写成《天下第一祠记》，以纪念中华始祖黄帝：

> 我祖轩辕，号有熊，曰缙云，顺天地之纪，知幽明之占。时播百谷草木，淳化鸟兽蛾虫；节水火材物之用，劳心力耳目之勤。有土德之瑞，以监临万国，故称黄帝。
>
> 我祖黄帝，得六相而天地治，垂衣裳而邦国和；采首山铜以铸鼎，驾垂髯龙以升天。呜呼！小臣攀援兮堕尘土，兆民仰望兮同噓唏。我祖黄帝，生而民得其利，死而民服其神，亡而民用其教。泽被大河上下兮，降至秦汉魏晋；威扬长江南北兮，历经宋齐梁陈。中土士人东迁吴越，神州文物南渐江浙。华夏瓯闽，咸庆吾华同源共脉；仙都鼎湖，对扬始祖伟烈丰功。事与时俱，山川告祭。桥山留衣冠之

冢，汉武帝驻跸拜祭，是为中华至尊陵园；缙云有登仙之堂，唐玄宗降旨易名，遂称天下第一祠宇。

我邑缙云，幸甚至哉！有晋建堂，彩云洞旁；在唐立祠，灵山仙乡。白乐天歌吟抒怀，鼎湖激浪；李阳冰篆额传神，孤石轩昂。世道清明兮万姓思本，庆云凌虚兮越音悠扬；重阳设祭兮官绅立誓，龙脉朝天兮山原流芳。我邑缙云，幸甚至哉！政府倡导，天堂山新润雨露；商界赞助，黄帝祠重现辉煌。好溪丽水莺歌燕舞，轩辕子孙龙耕云翔；里约罗马遥相呼应，华夏儿女大洋飞船。江河同源，南北朝拜人文始祖；海峡两岸，世代祭祀黄陵缙堂。北陵南祠，本是多元一体，浙东关西，咸歌诸夏隆昌。

甲申九九，缙云隆重公祭，学界肃穆谒堂；同心弘扬黄帝文化，仙都古祠盛名愈彰。乙酉九九，县府宣导，民间拥护，修葺祠宇，爱国恋乡，嘱余撰文，难却情长。观夫缙云风色：雪峰日照红豆杉，松岭云开帝子邦；炼金溪畔桃源路，问渔亭侧麻鸭乡。是以深相爱怜，因而为文记之。[1] 颂曰：

一柱擎天百柱朝，鼎湖缈缈紫云飘。

凌虚最爱风吹雨，雾漫山川景愈俏。

附记：本文原刊于《中学历史教学》2007 年第 3 期。文中所录《天下第一祠记》曾请卞孝萱先生和殷宪先生指谬润色，二位长者均已驾鹤仙逝，故而留存此记以志纪念。

---

[1] 文中具有地方特色的名词，如彩云洞、凌虚（亭）、龙脉（坛）、朝天（洞）、龙耕（路）、问渔亭等，均为仙都山区名胜古迹。其余如：天堂山，为仙都山主峰；大洋（山）、雪峰（山），为缙云县附近山脉名；飞船（岩），为缙云县城北黄龙山脊有船形山石，俗称"飞船"；好溪、丽水，为缙云县附近河流名；炼金溪，为好溪流经仙都山前的一段；里约、罗马，即巴西城市里约热内卢和意大利首都罗马，代指旅居巴西和意大利的侨胞，他们热爱家乡，为黄帝祠宇的修葺作出了贡献；红豆杉，为仙都山区特产珍贵树种；麻鸭乡，缙云麻鸭享誉全国，素有"麻鸭之乡"称号。

继承六朝文明的宝贵遗产
——答《中国社会科学报》记者吴楠问

缘　起

六朝文明是开放的，它为海上丝绸之路的畅达提供了充足的储备。唐、宋、元、明、清历代正是遵循着前代的航程，向着愈行愈广的海洋进取。整体来看，六朝文明是温和、友善、生机勃勃的，它不但是构成中华文明的重要组成部分，而且还通过陆上与海上丝绸之路连通着海外世界。后人不仅应该珍惜这份历史遗产，而且更要让其发扬光大。

229 年，吴大帝孙权迁都建业（今南京），开启了南京建都史，此后东晋以及南朝的宋、齐、梁、陈四朝相继建都南京。在不到四百年的时间里，江南地区经历了六个朝代的更迭。六朝的社会经济发展状况如何？六朝文明是如何形成的？如何评价六朝文明在中华文明中的地位？围绕这些问题，《中国社会科学报》的记者吴楠采访了李凭。

李凭以为，六朝是南京古代历史上最光辉灿烂的一章，也是整个中国历史上绚丽夺目的一篇。研究六朝文明的成果、探索六朝文明形成的具体过程是十分必要的。六朝文明既是历史的宝藏，也是浸润现实的甘露；既是传统文化的瑰宝，也是构成现实文化的精华。

一、南北文化融合催生六朝文明

吴楠问：六朝文明是中华文明的一部分，请您从中华文明发展的大背景下，梳理一下六朝文明产生的原因。

李凭答：认识六朝文明的历史地位，一定要将其放到中华文明发展的框架下。一般认为，是由于东晋政权迁到建康，经济重心转移，江南才发展起来，逐渐形成了六朝文明。事实上，六朝文明的形成既有外因，也有内因。

从外因来看，一方面，西晋末年的中原动荡不安，先有八王之乱，后有五胡入华，中小战争更是接连不断。长期的战乱使中原人口锐减，幸存的士族与民众纷纷流徙他乡。这些徙民之中，以逃亡江南者居多。另一方面，中国古代社会经济重心原本在中原，东汉以后经济重心出现向东迁移的趋势，最初向黄河下游即现在的河北大平原迁移，然后逐渐向东南迁移到江南。实际上，到南齐永明（483—493）年间，江南地区的经济实力已经超越北方。

从内因来看，江南地区之所以能够容纳大量人口、建立六朝政权、承受经济的巨大负荷，是因为它有深厚的文明底蕴。考古成果不断表明，江南自古就是人类的生存之地，这里旧石器时代遗址分布密集，遗物丰富多样。早在 7000 年以前，江南就有耜耕农业和采用榫卯技术的干栏式建筑，生产水平处于同时代亚洲乃至整个世界的领先地位。

东晋以后，随着大批士族与民众的南下，包括礼、乐、政、刑等典章制度和文物在内的华夏文明被带到江南，而江南地区则充分地接纳和吸收了这些文明的精华。于是，秦汉时期一度沉寂的吴文化被激活起来，与华夏文明融合之后催生成为新型的江南文明，我们不妨称之为六朝文明。

二、六朝文明推动中华文明升华

吴楠问： 六朝文明在中华文明中占据了什么样的地位？

李凭答： 六朝虽然偏踞长江以南，却在整个中国历史上占据十分重要的地位。当中原大地横遭百年战乱之际，以建康为中心的江东地区保存了一块欣欣向荣的土地。六朝期间，江南的社会经济蒸蒸日上，特别是农业和手工业发展迅速。在物质文明发展的基础上，这一地区的精神文明也很快发展起来，在文化、教育、科技等方面都获得了划时代的成就。先后在江南建立的东吴、东晋以及宋、齐、梁、陈六朝政权，虽然都是割据政权，但其文明成果影响深远，将整个中华文明推向腾跃的历史时代。

作为传统文明的象征，汉魏典章制度在六朝时期有了重大的发展，形成出自中原而在江南得到发扬的崭新的典章制度，其中蕴含着丰富而宝贵的学术文明。随后，这些新颖的学术文明反向地北传，被北魏以刘芳、王萧为代表的文人们带到了中原。隋朝统一中国以后，长江以南的物质财富与精神文化成果源源不断地输往北方，深刻地影响了北方的传统华夏文明。六朝以后，在隋唐、五代十国、宋元、明清各个历史时期，江南的地方经济继续领先发展，并成为中国最早出现资本主义萌芽的地区。江南经济的发展促进了江南文明的扩展，持续不断地回馈着北方乃至整个中国，从而推动着中华文明的升华。

三、古为今用促进六朝文明发扬光大

吴楠问：六朝文明的影响至今犹存，那么今天应如何弘扬这种历史文明？

李凭答：2013 年中央提出"一带一路"的恢宏构思，使古代的陆上丝绸之路与海上丝绸之路再现光彩，推动了现代的跨国经济合作和中外文化交流。自古以来，六朝文明的成果一直是两条丝绸之路上流通的物资和精神产品。

隋唐是陆上丝绸之路兴旺的时代，特别是大运河开通以后，六朝积淀的物质文明与精神文明被源源不断地输送到洛阳、长安，再经河西走廊运往西域。六朝后期，海上丝绸之路与六朝文明的关系密切起来。陈霸先从珠江流域勃兴，发展至长江下游而立国。陈朝兴起以后，江南与岭南的联系加强了。这就产生了两个重大作用：一方面，为六朝文明注入了新鲜的养分；另一方面，使江南面向更加开阔的海洋。

过去，有观点认为中国的文化是大陆型文化，其实六朝时代的江南早已远眺南洋了，特别是陈朝将江南与岭南密切相连后，沿东海与南海的航线繁忙起来。宋朝以后，海上丝绸之路日益开拓，到明清之际终于成为发达的海上贸易大通道。在这条大通道上，六朝以降，特别是南宋时期，杭州湾成为最重要的物资集散地。由此航行，可以北上高丽，东往东瀛，南抵广州，由广州沿海岸线继续向西南方行进，穿越马六甲海峡，可进入印度洋，进而抵达中东和非洲。

六朝文明是开放的，唐、宋、元、明、清历代更是遵循着前代的航程，向着愈行愈宽广的海洋进取。中华文明为海上丝绸之路的畅达提供了充足的储备，那就是高度发达的物质文明和精神文明成果。

整体来看，六朝文明是温和、友善、生机勃勃的，它不但是中华文明的重要组成部分，而且还通过陆上、海上丝绸之路连通着海外世界。后人不仅应该珍惜这份历史遗产，而且更要让其发扬光大。

附言：本文刊于《中国社会科学报》2016 年 4 月 22 日"探访六朝风华"栏目，原有副标题《访中国魏晋南北朝史学会荣誉会长李凭》。

继承中华传统文化的深远意义

一

许地山先生发表过一篇题曰《三迁》的文章，借改写孟母三迁的典故，铺陈出阿同一家的悲惨遭遇。[①] 文章第一段中这样写着："花嫂子着了魔了！她只有一个孩子，舍不得教他入学。她说：'阿同底父亲是因为念书念死的。'"（图1）许地山先生向人们释放了悲哀的情绪。"阿同底父亲"是念书人，因念书而死，剩下可怜的孤儿寡母。阿同不再念书了，但是受人欺凌和压迫，结果愚昧而死，连带花嫂子也疯了。念书死人，不念书人死，终归是死，这让那个时代的人陷入无望而不知所措。不过，许地山先生自己可不迷茫，他既念过私塾，也读过洋书，还因为写书而出人头地，当上了大学教授，可以举阿同家庭的事故去教训大众。

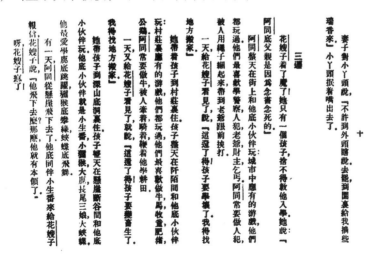

图1 《小说月报》书影（陈嘉欣剪辑）

① 落华生（许地山）：《空山灵雨》，载《小说月报》第13卷第4号（1922），第10－11页。

阿同只是小名，阿同的父亲姓甚名何难以确证，也没有确证的必要，因为许地山先生发表《三迁》的时间距今已逾百年。其实，在中国的旧时代，念死书，死念书，念书死，这样的例子常有。像许地山先生那样，明知念书会死人却还勇敢地念书的人也有；甚至，还有因念书而死却不懊悔的人。

在澳门望厦村赵氏的家谱中记载着一段令人扼腕哀痛的事迹。① 赵家第二十五世二房的赵元辂曾经离别望厦，公车北上，应试清朝乾隆庚子春闱。② 岂料，他体弱染疾，硬撑三场，扶病而出，迁延十数日后卒于京师城南之广州会馆，时为乾隆四十五年（1780）阴历三月二十六日，③ 享年四十二虚岁，正值壮年，实在令人惋惜！但是，弥留之际的赵元辂毫无懊悔之意。他向随从家人交代后事，撇下寻常琐碎家务，却留下了"人可死，书不可死也"的遗言。赵元辂谆谆叮嘱儿子，要继续读书，用功到底。

其意颇坚，其志甚高；其情堪悯，其言惊人！

二

我以往对各类谱牒中所载的褒扬情节心存疑窦，而且以为传承几十代而不熄的谱系需要推敲。因为家族的存在与发展，不但受制于人类的生育机能，而且难免因遭受经济波折而阻滞，也常碰到政治动乱而中断，甚至因遇上严重的流行疫情而灭顶，抑或像阿同之家那样由于念书而绝迹，所以三代而衰及五世乃亡的情况并不让人奇怪，一些传承几十代的家族反倒稀罕。然而，看到赵元辂的遗事，我终于相信家谱的记载并非全然虚夸，像赵家这样哀婉伤感的情节很难凭空想象出来。尤其赵元辂临终呐喊的"书不可死"四个字，真是掷地有声，难以杜撰。

赵元辂与阿同的父亲都因为念书而死，两人的经历迥异但归宿一致。阿同的父亲为何念书，念了什么书，许地山先生语焉笼统，让读者自己去

---

① 此家谱系澳门巨贾吴利勋先生的收藏品，笔者所见为澳门大学伍宜孙图书馆庋置的复印本。该复印本题曰《赵书泽堂家谱》，作为《蒲江赵氏家谱》之续，记载赵氏第二十五世二房同义公分支之讳号履历，刊印于咸丰戊午孟冬吉旦（1858 年阴历十月初一日），距今接近 165 年。

② 赵元辂的事迹以《赵书泽堂家谱》所辑《九衢公行略》为详。为了方便行文和保存资料，将其加以标点，附录本文之后，在正文中则不烦一一出注。

③ 见于《赵书泽堂家谱》第二十五世二房同义公分支元辂公条。

想当然。赵元辂念的书在《九衢公行略》中表述得很清楚，他"于四书、五经、三礼一一手注"。由此可见，赵元辂的志向十分明确，就是一门心思追求功名。赵元辂在乾隆丁酉科广东乡试之时已经高中第十八名举人，但是他不肯罢休，想要争取更高的功名，因此酿成不幸，成为封建科举制度的牺牲品。

1919 年的五四运动以后，科举制度被视为洪水猛兽，成为人们激烈抨击的对象。赵元辂赴京赶考而死的事实以及至死不悔的遗言，显然可以作为控诉科举制度戕害念书人的典型例证。不过，我写这篇短文，并不是要追随前人，继续笔伐科举制度。作为历史的陈迹，科举制度确实有其可恶弊端，造成了诸多令人悲悯的事件；应付科举考试的读本也确实含有大量糟粕，会严重伤害人们心智。但是不可否认，科举也发挥过难以磨灭的历史作用。那就是，将长期庋置于门阀世族之家的典籍推行为士庶共同追求功名利禄的工具，促使垄断于上层的书册扩散开来和传承下去，在客观上推动了中华传统文化的发展。倘非如此，像赵元辂这样局居于偏僻半岛之人，很难有踏上仕途的机会。

赵元辂临终之时并非真的不自悲悯哀婉，然而，他却声嘶力竭地发出了"书不可死"的呐喊。那是因为赵元辂深谙传统格言"诗书继世"的道理。他知道，获取功名是科举时代让其家族兴旺发达的重要途径，而获取功名的手段则是努力地念书。赵元辂的肺腑遗言成为赵家后辈刻骨铭心的家训，其长子赵允菁即以"书泽"为堂号而发奋念书，著有《书泽堂文稿》，并且于"嘉庆辛酉科中式广东乡试第四名举人"，于"道光丙戌科会试后选为大挑二等"，随即"授南雄州始兴县儒学，以教谕衔管训导事加一级"，此后更"以振兴文教为己任"。① 赵元辂过世，赵氏依旧前赴后继，从而出现不少人物，子孙不乏取进郡庠和入贡候选者。因此，赵氏家族成为著称望厦的名门，对于社会的影响颇大。②

---

① 《赵书泽堂家谱》第二十六世允菁公条。
② 关于望厦赵氏的社会影响，详见林广志《清代澳门望厦赵氏家族事迹考述》，载《澳门历史研究》2004 年第 3 期，第 123－130 页；莫景泰《望厦赵氏家族对澳门的影响》，载《澳门杂志》（中文版）2005 年第 48 期，第 66－73 页；沈馥绚：A Study on the Family in Macau：Focus on Genealogy of Shuze Hall of the Zhao Family（《赵书泽堂家谱》），Synopsis of the Zhao Family（《家乘略钞》）and Genealogy of the Zhao Family from Pujiang（《浦江赵氏家谱》），硕士论文，澳门大学，2019 年 7 月。

与赵元辂的观念形成鲜明对比，许地山先生笔下的花嫂子竟"着了魔"，她坚决不让儿子阿同念书了。后来，阿同在城市里学"做人犯，被人用绳子捆起来，带到老爷跟前挨打"；在村庄里"阿同常要做牛，被人牵着，骑着，鞭着他学耕田"；在深山底洞里阿同模仿"鹿底跳跃，猕猴底攀援，蛱蝶底飞舞"。许地山先生想告诉人们：不读书，就会坠入愚昧的状态；没文化，必然陷入野蛮的境地。阿同最终"从悬崖飞下去了"，他没能传续家族的香火。

当然，我们不能过分苛责花嫂子，她只是寻常之家的妇人，顾念的是眼前生计，很难有长远的理想。我们也不必过分赞颂赵氏，其家送子孙念书的初衷只是为了改变家境。对此，赵元辂的祖父在离世之前对赵元辂讲得很明白："吾家虽贫，汝必读书。"赵家祖上的本意并不复杂，念书的目的是摆脱贫困。

其实，念书的作用，更在于增长才智。

三

虽然赵元辂和赵允菁的作为很难超脱科举时代的束缚，但是他们的观念并非一成不变的，因为念过书的人对于社会变化的感悟会比较敏锐。当时，在赵氏所居的望厦以南，是被葡萄牙管治多年的澳门城，人文环境颇受西来文明的熏染，赵家父子对此种形势抱有清醒的认识（图2、图3为赵家巷）。赵元辂曾为澳门"华夷杂处"的状态焦虑，担心如此则"人不知书"，恐怕华人念书的传统遭受挫折。赵允菁去世于道光甲午（1834）正月初三日，他在弥留之际也留下了谆谆遗嘱："子孙虽愚，经书不可不读。"① 赵允菁此语，看似在复制先辈的遗言，但其内涵却更加深刻宽广，超越了父亲所言的"书不可死"的意境，更超越了曾祖父所言"吾家虽贫，汝必读书"的意境。赵允菁没有苛求子孙非得中举，只希望他们通过念书增长才智而摆脱愚昧。他已经觉悟到，愚昧就会遭受外人欺凌，难免"从悬崖飞下去"。对比前辈，赵允菁的认识已经超越了读死书和死读书的境地，其宗旨不再局限于科举考试的成功，还关注着传统文化的维系和继承。

---

① 《赵书泽堂家谱》第二十六世允菁公条。

图2　赵家巷（陈嘉欣摄制）

图3　赵家巷26及24号（陈嘉欣摄制）

不过，风雨飘摇的旧时代，并非如善良人们抱有的美好愿望那样，只要刻苦地念书，就能安宁度日，抑或光宗耀祖。赵元辂去世 60 年后，他的后辈接连阅历两番清朝丧权辱国的丑陋事件。道光二十四年（1844），美帝国主义势力讹逼清朝签订《中美五口贸易章程：海关税则》，① 将中华民族的肌肤撕裂出一块痛楚的创伤，结成难以磨灭的疤痕。这处疤痕就刻印在赵氏祖居的望厦地界，因此那款不平等的章程又被简称为《望厦条约》。② 接着，三年之后葡萄牙殖民主义者亚马留策划施暴，公然蚕食位于澳门半岛北部的望厦及周围地区。从此，望厦民众承受起巨大的屈辱，遭受着残忍的榨取。望厦民众无力挣脱命运的摆布，唯有迫切地盼望积贫积弱的祖国能够复兴强大。

近代百年的时光缓缓地流淌，望厦民众历经世道变幻的风风雨雨，却依旧凝聚团结，默默恪守中华传统文化，因为在他们的胸腔中跳动着一颗祖传的中国心。望厦赵氏的子孙尤其坚贞不渝，他们持之以恒地尊奉着祖训，诵读着典籍，续写着家谱。凭借诵读诗书建成乡贤门庭，仰赖传统文化德洽闾里垄亩，赵氏后人继承赵元辂父子的遗愿，发扬他们的思想，脚踏实地绵延存续，终于勾画出一条中华传统文化在葡人管治的澳门顽强地发展的轨迹，撰写为一部饱含望厦乡土气息的家谱。如今，这部家谱作为宝贵文物呈现在人们面前。它彰显了望厦赵氏继承和发扬祖训德艺的心路历程，成为科学研究的珍品和教育后代的史料。它清楚地表明，澳门人民即使长久处于葡人管治之下，依旧时刻向往祖国母亲。

由此我们再来体会赵元辂的遗言，竟然发现"书不可死"四个字转活过来了，它的意义随着时代的变迁而演绎，而升华。由于文明的发展，人们的精神逐步摆脱"念死书"和"死念书"的沉疴，人们的观念终于挣脱掉科举制度的束缚，人们的思想上升到继承传统文化的境界。于是，"书不可死"四个字，升华成为弘扬传统文化的豪言壮语。它告诉人们，

---

① 《中美五口贸易章程：海关税则》（*Treaty of peace，amity，and commerce，between the United States of America and the Chinese Empire*）是美国迫使清朝签订的第一个不平等条约，时为道光二十四年（1844）。由于签约地点在澳门半岛北部的望厦村，通常称之为《望厦条约》。

② 关于该条约名称的辨析以及影响，详见谭世宝的《从"望厦条约"签订处看澳门与中国的历史沧桑》和《〈望厦条约〉签证处及名称之异说考辨》。文中采用"讹逼"二字，精确刻画了美国的卑劣行径。二文均载于谭世宝《马交与支那诸名考》，香港出版社 2015 年版，第 228 - 231、232 - 279 页。

凝聚家族要仰仗内在精神，内在精神的提升依赖于文化教养，文化教养的载体则是传统典籍。"书不可死"四个字，虽然简简单单，但是用意深深沉沉。它执着地道明，传统文化是维系中华民族百折不挠地生存发展的精神纽带，是浸润于大地而培育民众爱家、爱乡、爱祖国的精神营养。

正是在这样的精神激励下，生活在澳门的郑观应，撰写了忧国忧民的《盛世危言》；行医在澳门的孙中山，思索起挽救中华民族的伟大方略。正是在这样的精神激励下，澳门的疍民船家能哺育出伟大的音乐家冼星海，他饱含深情地谱写成音乐史诗《黄河大合唱》，这部嘹亮的组曲至今仍旧唱彻广袤的祖国大地，鼓舞着全体中国人民继往开来。所以，我们不能否认，中华传统文化的的确确是绵延千千万万家族的决定因素。历史的经验值得注意，绝不可以削弱乃至抛弃中华传统文化。

虽然社会在日新月异地变迁，但是不管如何吐故纳新，"书不可死"！

四

由此推开来看，自从上古黄帝部落凝聚成华夏部族，进而发展为中华民族大家庭，至今已经穿越五千余年时空。在漫长的岁月里，中华大地屡经沧海桑田巨变，饱受外侮而战乱丛生。但是，由生活在广袤天地间的千千万万家庭凝聚而成的中华民族，其香火非但不熄不灭，反而愈燃愈烈，不正是因为其精神之中蕴含的传统文化坚忍不拔而历久弥新吗？

中华传统文化的历史作用就在于：其一，深刻贯彻民族精神于始终，因此可以持久发展至现今；其二，普遍灌输华夏大地而毫不遗漏，所以能够浸润达乎边疆僻壤。赵氏家族十几代扎根生存的望厦，位于祖国大陆南端珠江口外的澳门半岛之北部，是偏僻的基层村落。它远离华夏的政治中心北京，远离东方的经济重镇上海，远离悠久的文化古都洛阳和西安，而且曾长期处于葡人管治之下，但是却一直追念着中华传统文化的光彩。

终于，在1925年，闻一多先生借《七子之歌·澳门》为包括望厦在内的澳门人民呼喊出由衷的心声："我离开你的襁褓太久了，母亲！但是他们掳去的是我的肉体，你依然保管我内心的灵魂。"伟大的诗人啊，您的吟诵久久萦绕半岛！如此撕心裂肺的呼喊之声，能不令人感动涕零吗？澳门同胞对祖国母亲之所以怀有如此深情，是因为他们的民族精髓没有改变；澳门同胞的民族精髓之所以不会改变，是因为像望厦赵氏这样的坚持中华文化传统的家族和民众比比皆是。由此可见，澳门同胞"内心的灵魂"，就是亘古不断的中华传统文化。由于坚守着中华传统文化，历经数百年葡人管治的澳门同胞始终怀念和追随祖国母亲。

"书不可死"，故而"内心的灵魂"永恒！

附录：《九衢公行略》

先子氏赵，讳元辂，字任臣，号九衢，又号仲朴，中式乾隆丁酉科广东乡试第十八名举人。赋性肫笃严毅，言动不苟，悉中礼法。孜孜于孝悌忠信，常浩然有光大意。族党僚友咸钦敬之，内外无间言。

酷嗜诗书，如饥渴之于饮食。周岁始终，隆冬盛暑，手不释卷数十年如一日。每大除之夕，元旦之辰，亦琅琅闻诵读声，曰此"来年雨""开年雨"也。

其教子侄，亦无不然。忆不孝菁总角时，每五鼓即唤起。读书必求精熟，稍惰辄加鞭朴。督之奋勉，如所自为。盖真知笃好出于自然者如此。家住澳门，华夷杂处，人不知书。

先子髫龄时，家极寒素，藜藿不饱。先曾祖晨夕扶杖，亲携就塾，忍饥以饲。先曾祖疾笃，流涕执先子手言曰："吾家虽贫，汝必读书。毋自馁，毋忘我之志！"先子用是益发愤，冬夜读倦，常以冷水浸其足，学日精进。

事先祖父母至孝。比以府试第一人入泮，闻先祖父病革，跄踉归省侍疾。弥月目不交睫，委曲备至。先祖父殁，奉先祖母弥谨，依依孺慕，夜四五起视枕被。每有触怒，先祖母一言及之，即破怒为喜。事先伯父如事父，外出读书，每得一艺必寄呈评定。归则与诸先伯叔津津言孝友，及一切齐家教子之法。一堂聚坐，必至夜分乃散，怡怡棣萼，先祖母时顾而乐之。约束门内严而有恩，莫不整肃如礼。稍有不检，谴诃随及，绝不姑容。以故一门循循礼教，称于都邑。与朋友交，道谊相敦，规劝出于忠告；轻财乐施，寒畯者尤加意周恤。

尝从澹泉何太夫子如濩游，于所讲论必明加辨析，太夫子视为畏友。时同学者岁常数百人，太夫子宣讲时先子或因事外出，每当席向诸友言曰："赵生不在坐，讲书辄觉无兴趣。"其为所器重如此。肄业粤秀书院，文一出辄冠侪偶，山长暨上游咸器重之。德大宗丞定圃先生尤加爱奖，时邀入衙署，上下议论终日。丁酉秋捷，无喜色，惟恨先曾祖父母、先祖父不及见，临祭悲涕哀动众人。

生平精研经学，喜读韩文，故为文皆根柢经术气盛，如江海之运。著有《观我集文稿》，耗失过半；于四书、五经、三礼一一手注，择精语详悉，多发前人所未发；所著自警日记，随手抒写心得，至三万余言：概以存心养气为旨，而一归于孝友。读其书，可想见其为人。

乾隆己亥，再上公车时身体就弱，人或劝之稍息。先子曰："祖志不可忘也。"庚子，应春官试三场，扶病出。越十数日，卒于京邸，年四十有二。弥留之顷，不及琐屑家事，惟殷殷以母兄为念，言不绝口。并遗嘱勉不孝菁兄弟读书，曰："人可死，书不可死也！"诸父执自京来讣，言之甚悉。呜呼！先子之嗜书如命，始终惓惓于祖志若此。

维时经纪其丧者，皆以古道交，而顺德陈明府锡熙尤关切得力。呜呼！此不孝菁之所以抱恨终天，罪无可逭者也。

先子殁，菁年甫十三。谨掇少所记忆及闻于诸伯叔及暨诸父执者，据实而略志之，以世为我子孙法。

不孝男允菁谨述
年愚侄吴梯顿首拜填讳

附记：本文写于新型冠状病毒感染疫情肆虐期间，承蒙陈嘉欣君慷慨相助，为我奔忙于澳门大学图书馆，惠予借取相关文稿和期刊，并且与我反复讨论，不吝提出宝贵意见。借此文之后，致以由衷谢忱！本文刊于《文化杂志》（中文版）第 117 期，2023 年，原有副标题《对读〈三迁〉与〈九衢公行略〉有感》。

李凭
自选集

第一部分

中华文献访读编

新加坡访史籍

缘　起

在海上丝绸之路的中途，有一大片璀璨的陆地，既是中西物资交流的中转站，又是中西文化营养的积淀池，它就是马来半岛南端的新加坡。为了解中华文化在海外的传播情况，笔者于 2015 年 5 月 18 日至 22 日在新加坡作了实地考察。按照计划，访问的机构是新加坡共和国的国家图书馆、新加坡国立大学中文图书馆、南洋理工大学图书馆，访问的内容是这些图书馆典藏之中华传统史籍的情况。

中华传统史籍浩如烟海，只有二十四史是贯通整个中国古代历史的。它的内容上起黄帝下迄明朝，合计 3213 卷，篇幅绵延相续。世界诸文明古国中只有中华民族文明历经五千年而毫不间断，二十四史就是最有力的文字证明。无疑，二十四史在海外的流传情况是反映中华文化影响程度的标尺之一。由于本次考察的时间短促，只能择重点而访问，遂以二十四史的线装版本作为主要对象。

一、汉籍书藏富甲东南亚

在笔者访问的三家图书馆中，以新加坡国立大学中文图书馆典藏的中华传统史籍最为丰富。早在 20 世纪中叶，主管该图书馆的克拉克就自豪地宣称："基本汉籍书藏得以充实，迄今（1954 年 1 月）为止，已逾十三万册，蔚为马来亚汉学研究之中心。"[①] 到 2013 年 6 月，这家图书馆的汉

---

① 克拉克为蒋振玉所编《马来亚大学中文图书目录》（上册）撰写的《序》。马来亚大学为新加坡国立大学之前身，此《序》写于 1954 年 1 月，其时克拉克主管该校图书馆，蒋振玉女士任职于中文图书室。嗣后不久，马来亚大学中文图书馆成立，蒋振玉女士任馆长。《马来亚大学中文图书目录》（上册），新加坡马来亚大学出版社 1956 年版，首页。Catalogue of the Chinese Collection of the University of Malaya Library, Volume I, Singapore: the University of Malaya Press, 1965.

籍书藏已逾 59 万册。① 在中华传统文献的经、史、子、集诸部均有善本，所藏二十四史各类线装版本共计 320 部，仅《史记》就达 35 部，数量如此众多，确实令人叹观，所谓"蔚为马来亚汉学研究之中心"实非虚夸。以下各选明代、清代、民国以及日本刊印之版本略作介绍。

其一，明崇祯四年（1631）毛氏汲古阁本。该套二十四史各部保存完整，品相尚佳。各部首页有"毛晋"方形钤印及"毛子九氏"方形钤印，每卷首页有题为"琴川毛凤苞氏审定（某）本"的黑色长方形钤印，每册首卷首页盖有"University of Malaya"以及"马鉴之印"钤记。板框宽 15.1 厘米，高 21.5 厘米。版式为左右双夹线，单鱼尾。版面半页 12 行，每行 25 字，注释均为小字双排。版心之中，间断注有"汲古阁毛氏"或"正本"字样。尤其值得注意的是，其中的《南史》有墨笔点校。

其二，清乾隆四年（1739）武英殿刊本。该套二十四史各部保存完整，共装订成 602 册，品相俱佳。各部卷首有翰林院侍读学士陈邦彦所作序言。板框宽 15.4 厘米，高 22.4 厘米。版式为左右双夹线，单黑平鱼尾，有界行。版面为半页 10 行，每行 21 字，注释均为小字双排。版心注"乾隆四年校勘"字样以及书名、卷名、次第及页码。部分书页穿插有钤记及朱、墨笔点校，以《史记》之点校最为丰富。

其三，1915 年北京都门书局刊印之《史记》。该藏本共 12 册，130 卷齐全，品相俱佳。署为桐城吴挚甫点勘，桐山张伯英敬题。首有《桐城吴先生点勘〈史记〉读本序》，盖红色"马鉴之印"钤记，部分页有蓝色"University of Malaya"钤记。板框宽 11.5 厘米，高 15.5 厘米，左右单边。单页版心注有书名、卷数、卷名及页码。末附《桐城吴先生〈史记〉初校本点识》1 卷、《桐城吴先生集录各家〈史记〉评语》1 卷。牌记有"乙卯四月都门书局重校印"字样。挚甫为清末桐城派硕学吴汝纶之字，其校勘文字印在相关各页的天头。吴汝纶初为曾国藩和李鸿章的幕僚，后出任直隶深州、冀州知州，还在两州开办书院并亲自讲学，辞官后回到家乡安徽桐城办学。张伯英是江苏徐州铜山人，清朝末民国初著名书法家、学者。该藏本虽然稍晚于前二者，但有此二位的点校与题字，亦颇有价值。

其四，日本大正十二年（1923）六月东京有朋堂刻印发行之《史记》。此藏本为六册精装本，保存完整，品相俱佳。封面印有烫金"有朋

① 据新加坡国立大学中文图书馆馆内陈列之宣传栏。

堂文库"字样，上切口烫金。板框宽 8.1 厘米，高 14.5 厘米。框外有书耳，题有书名"史记解题"字样，书耳下侧标注页码。书名页印有"U-niversity of Malaya"钤记。这部书的版面独特，框内正文由司马迁原文、日文翻译和注释三部分组成，合印在一页之上而分区印制，令读者便于对照阅览。此藏本署为冢本哲三编辑。在 20 世纪的上半叶东京有朋堂出版过多种署为冢本哲三的书籍，均为中华传统文献之注译本。该馆可能还收有冢本哲三编辑的其他书籍，尚待此后察访。此藏本虽非线装，但为该图书馆典藏之《史记》中唯一完整的日本版，[①] 因而本文也加以介绍。出自东瀛的版本能够来到南洋，其经历值得了解，因为它能反映中外文化交流的曲折细节。

新加坡国立大学中文图书馆之汉籍书藏的来源有受赠与采集两条渠道。关于受赠方面，蒋振玉女士在《新嘉坡大学中文图书目录》（中册）的《序》中提到一位著名藏书家："（本书）所录以癸巳（1953）为断，癸巳以后所得，及故许氏绍南所赠，尚在整理中。补阙拾遗，有待异日。"许绍南先生是广东潮安人，1935 年赴新加坡从商，在南洋潮籍社团颇负盛名。他热爱中华传统文化，精于目录之学，尤喜中华戏剧小说，毕生致力于藏书，其藏书室号曰"霜月虫音斋"。1963 年许绍南先生病逝，家属遵其遗志将藏书慷慨赠予该图书馆。蒋振玉女士所述就是这批赠书，此后不久这批赠书的目录即被编辑成书。[②]

关于采集方面，蒋振玉女士在上引《序》中又称："溯自壬辰（1952）大学创建中文系，为图书馆搜集中文图书之始，余即负采访与守编录之责。十余年来，日积月累，收藏之富，已甲东南亚。"[③] 笔者此次还拜访了新加坡国立大学中文图书馆的原馆长李金生先生。承蒙告知，在该校中文系和中文图书馆组建初期，就从澳大利亚国家图书馆延聘贺光中博士任教，并委派他到香港等地采办中文图书。此后，该馆不但逐年增购，还汇

---

① 另典藏有京都帝国大学文学部 1942 年印刷之《汉书》，仅 1 册。

② 蒋振玉：《许绍南先生赠书目录》，新加坡国立大学 1966 年版。Catalogue of the Koh Show Nam collection of the Chinese library, complied by Ho Chiang Chen-Yu. Singapore: the National University of Singapore Press, 1966.

③ 蒋振玉：《新嘉坡大学中文图书目录》（中册）《序》，新加坡马来亚大学 1965 年版，首页。Catalogue of the Chinese Collection of the University of Singapore Library, Volume Ⅱ, complied by Ho Chiang Chen-Yu. Singapore: the University of Malaya Press, 1965.

集了前马来西亚大学新加坡校园、前新加坡大学、前南洋大学、前东南亚哲学研究所等单位的藏书，从而形成如今的洋洋大观状态。不过，该图书馆之收藏能够号称"富甲东南亚"，不仅因其拥有丰富的典藏数量，还因不乏善本珍品。

二、直当以法器珍藏之抄本

新加坡一向以金融中心和物流巨港闻名于世，其实那里还积淀着比钞票更加珍贵的文物，新加坡国立大学中文图书馆典藏的明代手抄本《史记》就是其中的极品（图1）。

图1　手抄本《史记》24 册全貌

这部手抄本《史记》依序线装，分订成 24 册，墨色品相均保存完好。书根印有书名、册数和篇目。版框宽 20.1 厘米，高 34 厘米。行款为

李凭自选集　LI PING ZIXUANJI

每半页 8 行，每行 20 字。全书五十余万字，自始至终一丝不苟，全以工整小楷抄录而成。

　　在该手抄本之前裱有"序言"一篇，以流畅的行书写就。落款署为"鼎臣"，即明朝大臣顾鼎臣。落款时间是嘉靖丁酉（十六年）二月，即阳历 1537 年的三四月间。据《明史》卷 193《顾鼎臣传》记载，嘉靖丁酉之时顾鼎臣任明世宗朝的礼部尚书，掌詹事府；翌年八月以本官兼文渊阁大学士，入参机务；寻加少保、太子太傅，进武英殿。① 可知顾鼎臣获此书时正是官运显赫之际。"序言"之页质地坚韧，对折处盖有一长方形钤记，为"法喜转轮藏经"字样（图 2）。此类纸张名贵，与顾鼎臣身份相称，可作为"序言"系顾鼎臣所书真迹的佐证之一。

图 2　"序言"之页盖有长方形钤记

---

　　① 〔清〕张廷玉：《明史》卷 193《顾鼎臣传》，中华书局点校本二十四史 2011 年版，第 5115 页。

顾鼎臣在“序言”中称，此手抄本得于赵大洲馆中。赵大洲即明朝大儒赵贞吉，《明史》卷 193 中也有《赵贞吉传》。该传记载，赵贞吉“以博洽名，最善王守仁学。举嘉靖十四年进士”，后官至南京礼部尚书，兼文渊阁大学士，参预机务，加太子太保等职。[①] 从双方所处时代和各自经历上看，顾鼎臣与赵贞吉之间曾有文书交往是属实可信的。

关于该手抄本的来源，顾鼎臣在“序言”中写道：“相传为元人所抄，或又谓姜立纲笔。”顾鼎臣虽然提出了两种说法，但经辨识后他认为该抄本应是姜立纲所书。整理此书的蒋振玉女士在所撰《新嘉坡大学中文图书目录》（中册）之中标识该书为“明抄本”，[②] 新加坡国立大学中文图书馆造册时也登记此书为“明抄本”，应该都是依据顾鼎臣的判断。倘若此手抄本是元人抄本，即便在内地也属罕见。不过，确定为姜立纲所书，价值也珍贵无比（图 3）。

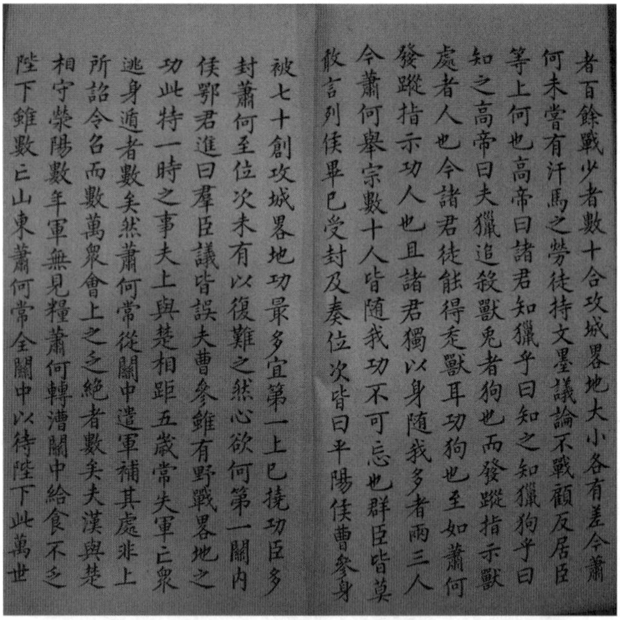
者百餘戰少者數十合攻城畧地大小各有差今蕭
何未嘗有汗馬之勞徒持文墨議論不戰顧反居臣
等上何也高帝曰諸君知獵乎曰知之知獵狗乎曰
知之高帝曰夫獵追殺獸兎者狗也而發蹤指示獸
處者人也今諸君徒能得走獸耳功狗也至如蕭何
發蹤指示功人也且諸君獨以身隨我多者兩三人
今蕭何舉宗數十人皆隨我功不可忘也群臣皆莫
敢言列侯畢已受封及奏位次皆曰平陽侯曹參身
被七十創攻城畧地功最多宜第一上已撓功臣多
封蕭何至位次未有以復難之然心欲何第一關內
侯鄂君進曰羣臣議皆誤夫曹參雖有野戰畧地之
功此特一時之事夫上與楚相距五歲常失軍亡衆
逃身遁者數矣然蕭何常從關中遣軍補其處非上
所詔令召而數萬衆會上之乏絕者數矣夫漢與楚
相守滎陽數年軍無見糧蕭何轉漕關中給食不乏
陛下雖數亡山東蕭何常全關中以待陛下此萬世

图 3　手抄本《史记·萧相国世家》之一页

---

① 《明史》卷 193 中《赵贞吉传》，中华书局点校本二十四史 2011 年版，第 5122－5123 页。

② 蒋振玉：《新嘉坡大学中文图书目录》（中册）《历史科学类》中国通史正史条，第 158 页。

姜立纲七岁能书，后被朝廷命为翰林院秀才，天顺中授中书舍人，历官太常少卿。他擅长楷书，字体清劲方正，"中书科写制诰皆宗之"。[①] 姜立纲是有明一代书宗，时人以得其书法为荣幸之事，因此社会上时有以鱼目混珠的现象。好在顾鼎臣本人就是书法大家，生活的时代距离姜立纲不远，他在"序言"中敢于斩钉截铁般声称"其为姜书无疑"，该手抄本应非赝品。

　　《史记》为二十四史之首，居中华传统史籍之冠，其明代以前的抄本虽有残卷存世，但如这部抄本那样完备无损者则无；姜立纲为书法界巨擘，其书法作品存世稀少，如此几十万字得以保存实属特大幸事（图4）；顾鼎臣亦为明代书法大家，加上政治地位崇高，他以行书所写的"序言"也十分宝贵：由此可见该手抄本堪称新加坡之文化极品。顾鼎臣在"序言"中郑重嘱咐子孙道："直当以法器珍藏，勿仅目为书籍已也"，其珍视手抄本的心情可谓至至矣。然而，时运变幻无常，这部手抄本不知何时流落社会。自从离开顾家之后，它经历了怎样的辗转才来到南洋，又如何最终幸存于新加坡国立大学中文图书馆，则有待日后的访察。不过，它所显示的文化意义是无与伦比的，体现在中外文化交流史上的价值是十分可观的。

图4　手抄本《史记》末页

　　① 〔清〕孙岳颁等：《御定书画谱》卷41《书家传》，见《文津阁四库全书》子部·艺术类（第823册），商务印书馆2006年版，第363页上栏。

三、史籍辗转迁徙之痕迹

新加坡的其他图书馆也收集有不少中华传统史籍，其版本价值虽然逊于上述手抄本《史记》，不过它们同样都有过渡洋的经历。在这些史籍上烙印着的辗转迁移之痕迹，为中外文化交流史的研究者提供了书本内容以外的有益信息。以下略述新加坡国家图书馆与南洋理工大学图书馆典藏二十四史的情况。

新加坡国家图书馆典藏的线装二十四史合计 11 部，其中《汉书》2 部，《三国志》3 部，《晋书》《宋书》《南齐书》《北齐书》《周书》《元史》各 1 部，以商务印书馆百衲本居多。据询问，该图书馆或许会有更多相关善本，尚待整理后展示出来。[①] 笔者得以细细观察的是，该馆所藏一部百衲本《汉书》，封面背页贴有印着字样的标签，记为"东南亚室：椰阴馆藏书，陈育崧先生赠"，并且有相对应的英文内容。卷首盖有蓝色钤记，字样为英文"National library Singapore：18 Jun 1964"。这些标识清楚地表明了这部书的赠送人及赠送时间。

陈育崧先生是马来西亚槟榔屿华人，1935 年在新加坡创办南洋书局。抗日战争胜利后他亲身前往上海，创建南洋编译所，组织出版华文图书与刊物，并积极往南洋运销书刊。陈育崧先生还收集了大量有关南洋华侨史的文献和中华传统史籍，其藏书室名曰"椰阴馆"。1964 年，陈育崧将椰阴馆所藏一万余册图书捐赠给新加坡国家图书馆，这些藏书成为该图书馆东南亚室的主要典藏。[②] 对照标签和钤记，笔者得见之《汉书》即是此次捐赠品之一。

像陈育崧这样为传播中华传统史籍作出贡献者在新加坡不乏其人，人们可以不断地从图书馆典藏的史籍上发现众多学人留下的痕迹，其中不一定会有跌宕起伏的情节，却也能令人为之肃然起敬。南洋理工大学典藏的二十四史，就是这样的一幅缩影。在所列的相应目录中，有《史记》5 部、《汉书》6 部、《后汉书》6 部、《三国志》6 部、《晋书》4 部、《宋

---

① "Catalogue of the Ya Yin Kwan Collection in the Lee Kong Chian Reference Library", complied by Ang Seow Leng, Jane Wee. Singapore：the National Library Board Singapore，2006.

② 《椰阴馆藏书目录》，新加坡国家图书馆董事会，1966 年。

书》3部、《南齐书》3部、《梁书》3部、《陈书》3部、《魏书》5部、
《北齐书》3部、《周书》3部、《隋书》4部、《南史》4部、《北史》4
部、《旧唐书》3部、《新唐书》5部、《旧五代史》4部、《新五代史》2
部、《宋史》3部、《辽史》3部、《金史》3部、《元史》4部、《明史》3
部，共计92部正史。其中，几近整套的是民国间上海中华书局据武英殿
本刊印之二十四史（惜《宋书》不见），赠送者为王赓武先生。赠送数量
居其次者是何丙郁先生，所赠7部之中，有20世纪初武林竹简斋影印之
武英殿刻本《汉书》与《后汉书》，以及20世纪30年代上海中华书局刊
印之聚珍仿宋版《晋书》《隋书》《新唐书》《新五代史》与《辽史》。又
有潘洁夫先生，所赠为20世纪30年代上海涵芬楼影印之北平图书馆藏本
《宋史》与《元史》。以单位名义赠书者列有：新加坡历史博物馆，赠送
将近整套的台北艺文印书馆刊印之二十四史（惜《宋书》《新五代史》不
见）；南洋女子中学，赠送商务印书馆印万有文库"国学基本丛书"本
《史记》《汉书》《后汉书》《三国志》各1部；中华女子中学，赠送商务
印书馆"学生国学丛书"本《汉书》《后汉书》《三国志》各1部；华侨
中学，赠送上海中华书局据武英殿本刊印之《宋书》1部。除以上已经述
及者外，还有不清楚来历者30部，其中有1部《三国志》版本较早，登
记为1887年江南书局刊印。值得注意的是，南洋理工大学典藏的各类二
十四史版本的出版时间大多为20世纪上半叶，其出版地主要是上海及长
沙，也有的来自台北，但均非新加坡本地。数十年间，这些史籍不远千里
舶来海外，其间总会留下或多或少的历史痕迹。

现将赠书的个人与南洋地域的关系略述如下。王赓武教授是研究东南
亚史与华人史的著名专家，出生于印度尼西亚泗水，肄业于南京中央大
学，1957年获伦敦大学博士学位，曾任马来亚大学历史系主任、文学院
院长。他于1968年移居澳大利亚，先后任澳大利亚国立大学远东历史系
主任、太平洋研究院院长，香港大学校长。新加坡理工大学图书馆旗下特
设王赓武图书馆，于2010年9月开幕。据介绍，该馆现有图书五万余册，
其中王赓武先生捐赠的图书就有约一万册。何丙郁教授是研究中国科学技
术史的著名专家，1964年任马来亚大学吉隆坡分校的中文系主任，还曾
兼任拉曼学院院长，后来也移居澳大利亚，先后任澳大利亚格里斐大学
（Griffith University）现代亚洲研究学院首任院长、香港大学中文系主任、
英国剑桥大学李约瑟研究所所长等职。潘洁夫先生是南洋著名办报企业

家、文化名人，原籍广东顺德，1938年到新加坡，曾任《快活报》经理和《工商报》《新生日报》《新明日报》督印。他于1956年向南洋大学赠送商务印书馆缩印本四部丛刊初编全套和自撰《餐英楼诗稿》五部。[1] 1994年潘洁夫先生去世，翌年潘家后人将他的藏书4489册捐赠给南洋理工大学。[2] 上述种种事例，显示出众人踊跃的势头，遂使南洋理工大学的二十四史典藏构成琳琅满目的史籍大拼盘。

要之，那些曾经属于个人和单位的史籍，其辗转过程必然与其曾经的主人之命运息息相关。寻觅这些史籍背后的史迹，就能勾画成一幅长卷的学人负笈奔波图，从而生动地反映中外文化交流的场景和意义。

余　语

新加坡诸图书馆的汉文史籍书藏不仅为数众多，而且质量上乘，充分表明那里是中华传统文化积淀丰厚的宝地。本次考察所历单位只是新加坡国家图书馆、新加坡国立大学和南洋理工大学，它们的图书馆典藏二十四史的情况各有千秋，但是都反映了中外文化交流上的一个侧面。这三家图书馆是新加坡文化与教育事业的权威单位，因此具有代表意义。文献目录学家蒋振玉女士在编完《新嘉坡大学中文图书目录》（中册）之后，深有感触地写道："……是宜如何珍惜利用之耶。余有鉴于斯，是以馆务虽繁，不敢自旷，卒成斯目。然亦颇耗心力，尚冀好学君子，勤事披览，倍加珍惜，护持勿失，则余之微劳庶不为虚掷矣。"前辈开启了宝库的门户，后学自当努力探索，不至于辜负也。

笔者在新加坡访问仅仅五日，除却前后路途，所占时间只有三天。如此浮光掠影般的考察必然会挂一漏万，错误层出。然而，笔者的感觉是亲切的，感受是深刻的，深深体会到新加坡的文化深厚，与其经济呈现之发达状态一样，在如今我国倡导的"一带一路"上占据着十分重要的地位。因此，我迫不及待地要将所见所闻写出来。不过，限于管见只能勾勒出片面肤浅的印象，但求以此抛砖引玉，能够获得方家的赐教。

---

[1] 《潘洁夫赠书南大四部丛刊初集全部暨餐英楼诗稿五部》，载新加坡《南洋商报》1956年4月5日第5版。

[2] 《潘洁夫后人捐4489本藏书》，载新加坡《联合晚报》1995年12月30日第4页。

丙申之岁适逢《史学集刊》创办六十周年，程尼娜教授嘱我写一些感想。《史学集刊》经长期耕耘而积累起丰赡的学术威望，令我景仰，而且我与程教授和编辑部的执事孙久龙先生早就有邮件来往，通过电子传媒的虚拟通道结下了实实在在的学术友谊，因此欣然从命，呈上这篇小文，借以表达对《史学集刊》的热烈祝贺。这篇小文所谈新加坡典藏中华传统史籍的点滴情况，对于远隔数千公里的长春学坛不知是否有意义，不过从中外文化交流的角度看待，希望此举也能算作添加一块不起眼的细砖吧。本次考察与研究，先后得到新加坡国立大学图书馆李金生先生和胞弟申凡的指教和帮助。博士生姜霄协助我查阅了文献。同往新加坡考察的研究生朱晓玲和冯炜垚协助我整理了资料与图片。谨此一并致以谢忱。

　　附记：本文刊于《史学集刊》2016 年第 3 期。文中图片均由作者李凭摄于新加坡国立大学中文图书馆。

新加坡抄本《史记》通考

笔者于 2015 年 5 月 19—20 日访问了新加坡国立大学中文图书馆，得以浏览该馆典藏的古籍，特别是观摩了善为典藏的旧抄本《史记》全套。这部抄本按内容顺序线装，分订成 24 册。在每册的书根写明书名、次第和篇目。虽然各册的封面、封底以及装帧线已经替旧换新，但是内页自首迄尾完备齐整，颇显历来典藏者对它的珍视。整部抄本共 3194 页，其中含白页 66 页。开本高 34 厘米，宽 20.1 厘米。行款每页（相当于刻本之半页）8 行，每行 20 字。扣除白页之后，按每页满字 160 字统计，共合 500480 字。

这部抄本的品相甚佳，内页的纸张润洁挺括，墨色黝黑清亮，全无漫漶不清之处。虽然在若干卷帙的边沿略有浅黄色旧污渍，但是没有残缺破损和剥离脱落的现象，亦未受到虫蛀。全部正文仅仅发现三字略伤，但无碍辨认。内页虽然未划边栏与界行，然而全部文字均横竖排布齐整，无遗脱补缀之处，自始至终一丝不苟，均以端庄小楷抄写而成。

中华传统的历史典籍浩如烟海，而以二十四史作为骨干，其中《史记》独占鳌头，因此它的各类版本最受史学家和藏书家的重视。然而，存世的旧抄本《史记》寥寥无几。新加坡国立大学典藏的这部抄本在该校中文图书馆的藏书目录上显示为"明抄本"，在备注栏中注称"相传为元人所抄"，无论它是元抄本还是明抄本，均属罕见的善本无疑。还值得重视的是，在该抄本的正文之前，附有明朝嘉靖年间宰辅大臣顾鼎臣为其撰文并亲笔书写的"序言"；更令人惊喜的是，"序言"的载体竟是古代笺纸中的极品。以下就从这幅笺纸论起。

一、法喜转轮藏经纸

抄本《史记》的"序言"书写在一张整幅的笺纸上。这幅笺纸的周边被后人裁剪并加以裱衬，经对折之后装订在首页之前，俨然与正文合为一体。细看这幅笺纸，色泽蜡莹润滑，白里微微透黄；质地坚韧如绵，历经数百年漫长岁月居然不显脆裂。在纸张对折处的正中，横抑一枚长方形朱色钤印，刻有楷体阳文双行。字迹虽然模糊，但是犹可辨识，为"法喜转轮藏经"六字。这枚钤印显示此笺纸绝非寻常之物，应是古刹用以抄写佛经的所谓藏经纸（图1）。

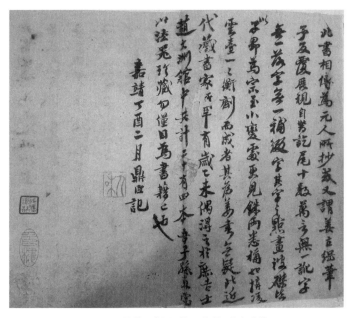

图1　顾鼎臣撰文并手书的"序言"

藏经纸自古就是珍品，如今更难获见。《清稗类钞》中对于这类纸张的来龙去脉有一段细腻的描述：

　　乾隆中叶，海宇晏安，高宗留意文翰，凡以佳纸进呈者皆蒙睿藻嘉赏，由是金粟笺之名以著，词馆且尝以为试题。金粟山有金粟寺，在海盐县西南三十里。自孙吴康僧开方，历唐宋以来称大丛林，创设经藏。纸皆坚韧可贵，硬黄复茧，内外皆蜡摩光莹，以红丝阑界之。……纸背每幅有小红印，文曰"金粟山藏经纸"。……或云唐时物，然其纸间有元丰年号，则为宋藏无疑。张芸堂尝于童时见古书面，多以金粟笺为之。间有作书画标签者，而吴上装潢家大半以伪者代之，明代名流书画悉用藏经笺全幅。至国初，则查二瞻辈以零星条子装册，供善书者挥写，可知纸在彼时已不易得，宜今之绝迹于市肆，而仿造者且不佳也。①

据此描述可知，藏经纸具有悠久历史，它依托于古刹丛林，发轫于三国东吴时代，发展于唐代，发达于宋代。藏经纸能在宋代达到鼎盛，是手工造纸产业在江浙勃兴的缘故。北宋中叶，江南出现了以苏州承天寺纸坊为代表的一批手工造纸作坊。② 那些作坊生产的纸品中有一类工艺考究的精品，由于用料纯正，着墨效果良好，而且耐于保存，因此南方诸名刹中典藏的佛经大多用这类纸张抄录而成，这类纸张遂得名"藏经纸"。经元朝至明朝，因为藏经纸的品质优秀，所以不但寺庙用以抄录经书，而且还在上流社会传播开来，呈现出"名流书画悉用藏经笺全幅"的景象。到清朝乾隆年间，由于上有所好，藏经纸愈加宝贵，其中的名品金粟笺尤以"词馆且尝以为试题"而享誉宇内。

不过，物珍必稀，由于朝廷嘉赏"以佳纸进呈者"，致使藏经纸身价陡然腾升，于是乾隆之后民间便难以得到此类文物，所以上述引文中称江南著名文人张燕昌（芑堂）也只是在"童时"见过。张燕昌生于1738年，时为乾隆三年，则其童年应指乾隆十年即1745年前后。③ 至于《清稗类钞》的编撰者徐珂，则生活在晚清至民国间，④ 那时藏经纸已"绝迹于市肆"。当然，就历史背景而言，藏经纸的衰落主要与18世纪以后海内外机器造纸业的日趋兴旺密切相关。

上引《清稗类钞》中所言藏经纸的历史，是以金粟笺作为代表加以描述的，其实江南诸古刹所用的藏经纸大多经历过这般兴衰。本节所论钤印"法喜转轮藏经"之笺纸属于另一座古刹法喜寺。它与金粟寺齐名，

① 徐珂：《清稗类钞》第9册《鉴赏类四》"张芑堂藏金粟笺"条，中华书局标点本2010年版，第4519页。徐珂此段文字概括自下文引述的张燕昌所著《金粟笺说》，但较之条理紧凑。

② 承天寺今名重元寺，位于今江苏苏州市城区。

③ 台湾篆刻学家黄尝铭编有《篆刻年历（1051—1911）》，该书依年纪事，其中1738年项下第11则载有"张燕昌（芑堂）"条（台北真微书屋出版社2001年版，第194页）。该条记载，张燕昌是古刹金粟寺和法喜寺所在的海盐县人，颇具文化素养和学术阅历。

④ 徐珂是杭州人，清光绪朝举人，民国时期在上海商务印书馆任编辑。其生平详见谢国桢为《清稗类钞》写的"前言"（第1册，第1-4页）。

两寺均位于如今的浙江省海盐县境。既然地址相近，① 两寺所用纸品的出处应该邻近，甚至可能同源，所以法喜寺藏经纸堪与金粟山藏经纸比拟。

法喜寺在光绪三年（1877）版《海盐县志》中有专条记载。② 相传该寺最初由东吴大帝孙权的夫人舍宅建置，武则天时改名重云寺，唐玄宗时移置到盐官县（今浙江省海宁市境），北宋真宗大中祥符元年（1008）受赐匾额，名之曰法喜寺。南宋高宗绍兴九年（1139）将旧法喜寺"革为禅林"，"为屋一百五十楹"，使其规模恢宏，成为南方一大禅林。此后法喜寺香火旺盛，写经事业相应发达，使用之藏经纸精致典雅。然而，经元、明、清三代鼎革，加以火灾、兵灾不断，法喜寺屡遭破坏，虽然庙宇尚可修葺，但是所藏经卷损失几尽，难以挽回。于是，与金粟山藏经纸遭遇相同命运，法喜寺藏经纸也成为罕见纸品。

关于法喜寺藏经纸的品质，张燕昌在所著《金粟笺说》中"徐绍曾《法喜寺重请藏经碑记》"条后写有案语：

> 法喜寺藏经流传绝少，惟背纸曾见几番。光洁如玉，与金粟无异。③

张燕昌不仅将法喜寺藏经纸与金粟山藏经纸相提并论，赞扬二者品质"无异"，而且称这种藏经纸已经"流传绝少"，他自己也只是"曾见几番"而已。在同书同条之下，张燕昌又加案语道：

> 吾邑藏经有金粟、法喜两种，今寺中散佚殆尽。收藏家间得尺幅，亦颇宝贵。其经文向来不甚重，今并经文亦难得矣。……金粟、法喜造纸大小相同，度以宋三司布帛尺，尺高一尺七寸有奇，长三尺

---

① 徐用仪编《海盐县志》卷7《寺观》记载，金粟寺在该县西南三十六华里金粟山下，法喜寺在该县西南三十华里处。（蔚文书院光绪三年版，第36、38页）如今，二寺均在旧址附近重建，金粟寺在今海盐县澉浦镇茶院村的金粟山侧，法喜寺位于同县通元集镇上，其间相距约7公里。

② 徐用仪编：《海盐县志》卷7《寺观》法喜寺条，第38—40页。

③ 张燕昌：《金粟笺说》，见《墨法集要（及其他五种）》，《丛书集成初编》本，中华书局1985年版，第4—5页。

三寸，质料用茧纸，兼硬黄法也。①

这条案语虽然哀叹金粟山藏经纸与法喜寺藏经纸"散佚殆尽"，但是却将这两种藏经纸的形制规格讲述得清清楚楚。可见张燕昌确曾见过法喜寺藏经纸，甚至可能还收藏有此种文物。②

如今距张燕昌的《金粟笺说》脱稿已经二百余年，③ 距徐珂的《清稗类钞》初版恰好一百年。④ 这一二百年间，金粟山藏经纸在海内外时或有所公布，⑤ 法喜寺藏经纸却罕所闻见，⑥ 相比之下后者更为弥足珍贵。因此，保存在新加坡国立大学中文图书馆的这件法喜寺藏经纸真可谓凤毛麟角。

不过，正如徐珂所言，由于藏经纸的名贵，遂使仿造者泛起，市肆街坊间或出现赝品以居奇。只是由于工艺繁复，因此除宫廷特意仿制者外，⑦ 其余"仿造者且不佳"，多数赝品是可以识别的。如今反复观察这

① 中华书局版《金粟笺说》，第5页。此条所记之法喜寺藏经纸与金粟山藏经纸在规格与原料上相同的情况，不免令人将二纸往同源的方向猜测。

② 徐珂称："海盐法喜寺藏经流传绝少，惟曾有背纸几番，为张芑堂所藏。"（徐珂：《清稗类钞》第9册《鉴赏类四》"张芑堂藏法喜寺藏经纸"条，第4520页）徐珂晚于张燕昌约一个世纪，他记载的张燕昌藏"有背纸几番"显系引述他人传言。不过，从张燕昌对此类文物竟能十分了解的情况推测，徐珂听到的传言并不一定就是讹传。或许是由于法喜寺藏经纸为极其珍贵的文物，因此张燕昌不肯坦言有所收藏。

③ 据沈枌惪为《金粟笺说》所写的跋语可知，该书脱稿于辛丑年，岁在乾隆四十六年。张燕昌：《金粟笺说》，光绪十五年许增刻本，第16页。

④ 《清稗类钞》初版发表于1917年，见《清稗类钞》"前言"，第4页。

⑤ 在海外，如美国纽约大都会艺术博物馆典藏一件名为《杂阿含经卷第二十五》的藏品。在国内，如安徽博物馆典藏一件名为《金粟山大藏阿毗达摩法蕴足论卷第一》的藏品。据该馆公布，此卷"共由15张经纸粘接而成"，"每纸长60厘米，幅幅纸心钤盖'金粟山藏经纸'小红文长方印，并绘朱丝栏行界"。（参见 http://www. ahm. cn/cangpindetail95123，128. jsp，2017年11月23日）这件文物应是金粟山藏经纸的样板。又如，上海博物馆典藏一件名为《明祝允明草书前后赤壁赋》（卷后有黄省曾、文徵明等跋语）的藏品，其上共有19处横抑"金粟山藏经纸"钤印。该藏品先由上海古籍书店于1979年印行，后由上海书画社于2002年出版，遗憾的是后者竟将其上所抑"金粟山藏经纸"钤印悉数涂没。上海博物馆的这件藏品应验了徐珂所说的"明代名流书画悉用藏经笺全幅"以及"纸背每幅有小红印"等语。

⑥ 上海工美拍卖有限公司举办之2004春季艺术品拍卖会于当年5月8日拍卖一幅周之勉绘水墨纸本《双喜图》，在说明中声称"本幅用纸为'法喜转轮藏经'纸"（参见 http://auction. artron. net/paimai-art26171067/，2017年11月23日）。倘若如是，则颇为珍贵。

⑦ 刘仁庆指出，清代官方造有仿金粟山藏经纸，"这也是乾隆时期官纸局仿制的宋代名纸。不惜工本，精工细作，每张纸心均经检查，合格者盖上'乾隆年仿金粟山藏经纸'朱红印记，专供宫内抄写佛经之用"。（刘仁庆：《中国书画纸》，中国水利水电出版社2007年版，第117页）

李凭自选集 LI PING ZIXUANJI

一典藏于新加坡国立大学的纸张，确如张燕昌描述的那般"光洁如玉"，历经岁月沧桑，但是品质依旧非凡。而且，该幅页面虽因长期对折相贴而略受墨色沾染，但其上字迹色泽靓丽，极少漫漶现象，表明这片纸张的受墨效果颇佳。种种迹象，都令人相信其为纸中珍品。虽然如此，尤需加以慎审的考证，方能鉴定其确系当年法喜寺藏经纸文物真品。

好在，如同金粟山藏经纸的"纸背每幅有小红印"那样，法喜寺藏经纸也有此类钤印，这就为科学鉴证这件文物确立了可靠的标志。关于法喜寺藏经纸上应有的钤印，前引《金粟笺说》"徐绍曾《法喜寺重请藏经碑记》"条下有所介绍：

> 鲍以文廷博知不足斋藏，元文宗御书，刻"永怀"二字。墨帖卷子藏经纸，引首上有楷书方印，曰"法喜大藏"。陆咸仲以诚藏，明朱西邨题，陈墨山画木芙蓉诗。藏经笺有楷书长方朱印，作两行，曰"法喜转轮大藏"。①

在这条记载之后，张燕昌加案语道：

> 钤印有三：一曰"法喜大藏"，作一行；又作两行；一曰"法喜转轮藏经"，作两行。陆贯夫曰："法喜转轮藏经"亦有圆印者。②

综合上述两段记载可知，法喜寺藏经纸上的钤印约有五种：张燕昌所述三种，陆贯夫所述一种，③ 陆以诚藏品所抑一种。此外，鲍廷博藏品所抑

---

① 中华书局版《金粟笺说》，第4-5页。

② 中华书局版《金粟笺说》，第5页。徐珂在《清稗类钞》第9册《鉴赏类四》张芑堂藏法喜寺藏经纸条中也有相应记载，所云为同一主题，却比张燕昌少记一种"法喜大藏作两行者"的钤印。徐珂生活的年代晚张燕昌约一个世纪，所记内容应系间接转抄，因此文字既有承续张燕昌所说者，又有讹误夹杂其间。这也从一个侧面表明，法喜寺藏经纸在民国初期的民间已经罕见了。幸而，其中关于法喜转轮藏经钤印作两行的情况，在张燕昌与徐珂二人的记述中是一致的，而本文的注意点也专在于此一种钤印，所以二人所述虽在其他方面有所差异，但并不影响本文的论旨。

③ 《篆刻年历1051—1911》1746年项下第32则陆绍曾（实夫）条记载，陆绍曾是吴县（位于江苏省苏州市辖县，今已撤销）籍文物鉴赏家，所以有机会见到法喜寺藏经纸上钤印的形状"亦有圆印者"。陆绍曾字贯夫，该条记载作"实夫"，应是排印之误。

"法喜大藏"，记作"楷书方印"，或许同于张燕昌所述的刻作两行之"法喜大藏"者。尤其可贵的是，张燕昌不仅对法喜寺藏经纸上的钤印形制作了文字记载，而且将其所见的三种图形一一绘制公布了。现将许增刻本《金粟笺说》中的绘图复制如右（图2）。①

张燕昌的治学态度十分严谨，他所绘法喜寺藏经纸上钤印的状貌应是亲眼所见，② 可以作为征信。今以"序言"笺纸上所抑钤印之形制与张燕昌所绘之图加以对比，恰好与其中第三图完全吻合：所刻六字相同，均为楷书，排列顺序一致，而且外廓边栏都作文武双线。③ 尤其值得注意的是，"序言"笺纸上的钤印横抑在中央，符合纸坊惯例。据此可鉴，"序言"笺纸之上的钤印，正是张燕昌所云"法喜转轮藏经作两行"者无疑。

图2　法喜寺藏经纸三种钤印图

最后需要交代抑压藏经纸钤印的一个细节。由于用途不同，藏经纸上的钤印分作朱、墨两种颜色。对此，张燕昌在《金粟笺说》"吴槎客赠余藏经套"条后加案语道：

藏经用印有朱、墨二种。朱印用于造纸时，如金粟山、秀州精岩寺诸印。当时设局营造，专为写经，故每幅钤记。至句当及舍墨二

---

① 许增刻本《金粟笺说》，第4页。

② 张燕昌在《金粟笺说》的首段中写道："燕昌生长海滨，爱金粟山水之胜，春秋佳日扁舟访赤乌遗迹。欲探藏经阁，则片纸无存。间于里中获见散帙，亟为编录，其他若法喜及秀州精岩、智觉，宜兴善权诸藏，勘与金粟互证者，并印记摹之。"（中华书局版《金粟笺说》，第1页）又，在列数法喜寺藏经纸上诸钤印时，张燕昌虽然将陆绍曾所述情况加入案语，却未贸然绘其图形，或许就是未得目睹之故。根据这些情况，可信上述三枚钤印的图形属于张燕昌亲眼所见。

③ 中华书局版《金粟笺说》第5页也描摹了上述三枚钤印，却将原本边框为双线的第一、第三两印均简化为单线边框，这类疏忽会贻误鉴定者的判断。

印，又秀州智觉大藏印，乃写经成后记也。①

由此可知，藏经纸上不仅每幅抑压钤印，而且印色分为朱、墨两种，朱色钤印于纸坊产品始成随即抑上，墨色钤印则为写经完毕所抑。② 此虽属于后人不甚经意的细节，却是鉴证这类纸品真伪的关键。如今观察盖在"序言"笺纸上的这枚钤印，它横抑在纸张对折处的中央，与正文的"二十有"三个字呈现重叠状态（图3）。细细分辨，可以发现钤印的朱色字样及边框均被压在墨色正文字样的下面。这分明表示，该枚钤印在"序言"书写之前就已存在，实为原笺纸具有。

图3 "序言"笺纸上所抑钤印

至此，可以欣喜地确信，这件笺纸绝非赝品，实为法喜寺藏经纸无疑，它如同吉光片羽一般。还值得可喜的是，张燕昌在《金粟笺说》中描述的刻作两行之"法喜转轮藏经"印章，得到了实物钤记的确凿印证，则这枚钤印如同雪泥鸿爪，成为此后鉴证同类文物之标志。

---

① 中华书局版《金粟笺说》，第7页。
② 这条案语中列举的"金粟山""秀州精岩寺""句当""舍墨""秀州智觉大藏"诸印，在《金粟笺说》中均有记录与图形，见于中华书局版《金粟笺说》的第4、7页，恕不一一赘述。法喜寺所用诸钤印虽未写入上条案语，但也应同此例。

至于当初那位据有这一名贵纸张而且在上面书写"序言"者，当然绝非常人。

二、顾鼎臣行楷"序言"

藏经纸在宋代原本是江南名刹写经所用，降至明代名流书画亦用此类纸张，故而用法喜寺藏经纸为抄本《史记》书写"序言"者必是要人，反之也可见这位要人对抄本《史记》的重视。现将"序言"全文抄录并标点如下，以便鉴证：

> 此书相传为元人所抄，或又谓姜立纲笔。余反复展视，自岩讫尾十数万言，无一讹字，无一落字，无一补缀字。其字字点画波磔，皆以子昂为宗；至小变处更见铢两悉称，如构凌云台——衡剂而成者：其为姜书无疑。此近代藏书家所罕有。岁乙未偶得之于庶吉士赵大洲馆中，共计二十有四本。吾子孙直当以法器珍藏。
>
> 嘉靖丁酉二月鼎臣记

这篇"序言"以简洁的语言表述，以流畅的行楷写成。全文布置分列九行，正文八行 132 字，单款一行 9 字，合计 141 个字。其中第六行之"所"字大伤左半部，但经与第一行之"所"字对照后可获认定；其余第一行之"传"字及第九行之"藏""家""罕"三字虽然略有损伤，但是无碍于辨认。"序言"的落款署名为"鼎臣"。紧靠署名的左侧，端正地盖着一枚印章。该钤印呈正方形，印记干净清晰，为朱文篆体阳刻"九和"字样（图4）。此二字表明，"序言"的撰文者与书写者都应该是明朝嘉靖间名臣、书法家顾鼎臣，因为"九和"正是顾鼎臣之字。

在《明史》卷 193 中列有《顾鼎臣传》，兹将该传之中与本文论证相关的内容抄录

图4　鼎臣与"九和"之印

142

如下：

> 顾鼎臣，字九和，昆山人。弘治十八年进士第一，授修撰。正德初，再迁左谕德。嘉靖初，直经筵。进讲范竣《心箴》，敷陈剀切。帝悦，乃自为注释，而鼎臣特受眷。累官詹事……拜礼部右侍郎。帝好长生术，内殿设斋醮。鼎臣进《步虚词》七章，且列上坛中应行事。帝优诏褒答，悉从之。词臣以青词结主知由鼎臣倡也。改吏部左侍郎，掌詹事府。十三年……寻进礼部尚书，仍掌府事。……十七年八月，以本官兼文渊阁大学士，入参机务。寻加少保、太子太傅、进武英殿。……十九年十月卒官，年六十八。赠太保，谥文康。①

按照上述记载，顾鼎臣卒于嘉靖十九年（1540），享年 68 虚岁，可知他生于明宪宗成化九年（1473）。顾鼎臣于孝宗弘治十八年（1505）考中进士第一，随即按例进入翰林院任修撰；在武宗正德初迁左谕德，至世宗嘉靖初累官为詹事。詹事是詹事府的主官，詹事府以辅导太子为职责，左谕德为府中主要属官。② 此后顾鼎臣平步青云，拜礼部右侍郎，改吏部左侍郎，进位礼部尚书，最终于嘉靖中入阁为宰辅大臣。顾鼎臣以文墨发迹而出身状元，借"青词结主知"而久在朝中任职，是典型的封建官僚。他一生的多数时间处在翰墨之间，因此练就了娴熟的文笔和典雅的书法，成为有明一代行书大家。

"序言"的落款时间是"嘉靖丁酉二月"，岁在嘉靖十六年，则顾鼎臣书写此文之时年龄为 65 虚岁，此时他的文笔与书法均已达到巅峰状态。阅读这篇"序言"的内容，其遣词规范而言简意赅，与顾鼎臣的官场素养相合；语气老到而居高临下，与顾鼎臣的年纪及身份相称；时空清晰而合乎逻辑，与顾鼎臣所处的历史背景相符；文中涉及的人物关系，与顾鼎臣的社会地位也都相应。"序言"所述毫无矛盾或破绽，他人难以作伪，可信是顾鼎臣撰文之原稿。观赏这篇"序言"的书法，以行楷写就，篇幅布局规范整洁，运笔利落而毫不拖沓，字体清晰而雅致大方，其谨严的

---

① 《明史》卷 193《顾鼎臣传》，中华书局 2011 年版。
② 据《明史》卷 73《职官志二》"詹事府"条记载，詹事府主官为詹事，其下属官设有左谕德一人。詹事执掌统领府、坊、局之政事，入侍太子及番直讲经是它的首要职责。

风格与长期在朝廷处置公文的顾鼎臣之身份相符。文章虽然短小，书法却甚讲究，可信是顾鼎臣书写之笔体。

当代学者王卫平等主编《苏州文献丛书》第 2 辑，收有蔡斌点校的《顾鼎臣集》。① 该集根据《四库存目丛书》影印之明朝崇祯十三年（1640）至弘光元年（1645）昆山顾氏桂云堂刊本整理排印，文字点校和前言解说均甚精确，为现今研究与引用之良册。然而，在该集之中并未收辑顾鼎臣为抄本《史记》所写的"序言"。另外，在《四库禁毁书丛刊》的集部中辑有《顾文康公续稿》六卷，系依据明朝崇祯十六年底本影印，其中也没有这篇"序言"。②

《顾鼎臣集》之原本是顾家后人辑录的，顾家后人理应知道顾鼎臣为抄本《史记》所写的"序言"，何以在今存诸本中不见这篇"序言"呢？原因或属两可之间：其一，原本确有该文，但已缺失；其二，原本未曾收辑该文。关于其一，正如蔡斌指出的那样，现存之《顾鼎臣集》已非足本。③ 尤其值得注意的是，在《顾鼎臣集》第一部分《顾文康公文草》中，虽然目录下列有卷五《序》，但是正文中并无该卷的相应文字，这些文字看来都丢失了。④ 而抄本《史记》之"序言"倘若被《顾鼎臣集》收辑，按理应当归入其卷五《序》之中。关于其二，顾鼎臣在"序言"中称抄本《史记》得自赵大洲手，又推断该本系姜立纲抄写而成，并且认定"此近代藏书家所罕有"，还谆谆嘱咐"吾子孙直当以法器珍藏"。由此揣测，或许顾家后人为了避免该抄本招致觊觎，抑或引起权属纠葛，故而未将这篇"序言"收辑于《顾鼎臣集》之中。究系何因，虽然已难考证清楚，但是不必因为未见于《顾鼎臣集》而怀疑"序言"的真实性。

顾鼎臣的书法久负盛名，可惜如今存世的真品并不多见。幸而台北故宫博物院收有一件顾鼎臣写的尺牍，已经辑入该院印行之《故宫历代法书全集》。这件尺牍上虽然未见钤印，但既为故宫藏品，来路自然可信。此藏品亦为纸本行书，规格为纵 22.4 厘米，横 36 厘米。正文及落款满幅，共 11 行，整一百个字。其中，正文 7 行，每行 9 到 11 字；上款 3

---

① 《顾鼎臣集·杨循吉集》，蔡斌点校，上海古籍出版社 2013 年版。
② 《顾文康公续稿》，《四库禁毁书丛刊》集部第 59 册，北京出版社 2000 年版。该本除目录的排列上略有讹误外，内容与蔡斌先生点校的《顾鼎臣集》之《顾文康公续稿》雷同。
③ 《顾鼎臣集·杨循吉集》，"前言"，第 16－17 页。
④ 《顾鼎臣集·杨循吉集》，第 18 页。

行，下款4行（图5）。① 这样的篇幅，正可以与抄本《史记》之"序言"参照印证。

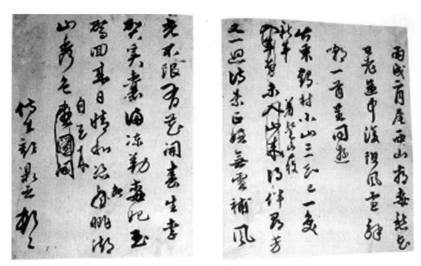

图5　台北故宫博物院收藏之顾鼎臣尺牍

　　台北"故宫"典藏的这件书法作品的内容，是题名为《解嘲》的一首七言律诗，副标题作《出东鹤村小山》。② 由尺牍的上款可知，顾鼎臣书写此诗的时间是"丙戌二月尾"，岁在明世宗嘉靖五年。当时顾鼎臣年龄为54虚岁，正值壮年，诗文风格与书法字体已臻完美。嘉靖五年属世宗继位初期，此时的嘉靖皇帝正抱有改革前朝正德皇帝在后期所施弊政的意志，尚在壮年的顾鼎臣也对朝政的改观抱有企望，《解嘲》就是在这样的背景下写成的。《解嘲》诗中咏叹了顾鼎臣于早春携诸友郊游赏梅而遇雪时的心情，借以抒发期望朝政改革之春潮到来的愿望。因为是展示于友好的作品，所以并不刻意掩饰心态，从其中"风光不限有花开"和"来

---

　　① 台北故宫博物院编辑委员会编：《故宫历代法书全集》卷29（明册7）《名人尺牍》（第1册）之《顾鼎臣》，台北故宫博物院1997年版，图版第34－35页。
　　② 台北故宫博物院编辑委员会编：《故宫历代法书全集》卷29（明册7）《传略·解说·释文》之"顾鼎臣尺牍"条，文字第150页。兹将该藏品的全文抄录并标点如下："丙戌二月尾，西山看梅，愁花已老，途中复阻风雪，《解嘲》一首呈同游。《出东鹤村小山》，三知己一笑：新年未着登山屐，得伴寻芳又一回。诗景正嫌无雪补，风光不限有花开。春生李贺奚囊满，冻勒梅妃玉驾回。来日晴和姿游眺，湖山秀色自天来。侍生顾鼎臣顿首。"

日晴和姿游眺"等句不难体会出顾鼎臣对前景充满热忱。在尺牍的百字之中竟然有四处修改，可见顾鼎臣提笔之初并未反复斟酌文字，全文仅凭腹稿一挥而就。[①] 这正表明，顾鼎臣书写此诗时的心情是激扬的，所以这件以行草写就的书法显得颇为挥洒。

《解嘲》书帖问世11年后，顾鼎臣为抄本《史记》书写下"序言"，此时的明世宗已无当年改革的心气，顾鼎臣虽然身居朝廷高位，却已进入老年，早已磨却锐气，没了激扬情绪。与顾鼎臣的身份和心境相衬，"序言"的行文郑重，遣词简洁，语气肯定而口吻不疑。在短短百余字中，包含着三层意思：其一，交代抄本《史记》的来历，因此属于题记或跋语的体裁，只是因为被后代裱糊在抄本《史记》的书首，所以被当作"序言"看待了。其二，判断该本的品质，因此致力于考辨抄写者。其三，指示家人要高度珍视这部作品。其宗旨则落实在第三点上，希望自家子孙善为守牢这部"法器"。就宗旨而言，这篇所谓的"序言"，其实是顾鼎臣告示家人的一封书札。由于目的是告示家人，并非旨在以文会友，因此字体写得清晰易辨，点画不求华丽飞扬，整幅书法显得端庄谨严。

《解嘲》与"序言"两幅作品的书写时间相隔11年之久，写作的宗旨与心情不同。因此，虽然二者均为行书，但是前者洒脱而偏草，后者则拘谨而偏楷。这两幅作品的风格有别，然而却气息相通，它们都整体布局协调，字体间架舒展，均呈现为从容运笔的态势，表达出神韵上的共性。这些特点无不符合顾鼎臣的品性，因而两件作品可以放在一起加以类比赏析。可喜的是，在这两幅仅仅百字左右的作品中，竟都写有"二""月""尾""中""复""一""小""未""无""有""自""鼎"等12个字，它们为对比顾鼎臣的前后书法提供了极佳的例证。如今看来，虽然这12个字的姿态前后有所演变，但是各自的间架结构，特别是笔顺的转承衔接和笔锋的走向趋势，都能体现前后一贯的脉动。

尤其值得指出的是，在"序言"之中出现了四个"无"字行书。第一个"无"字，端正而毫不省略笔画，近乎楷体；第二个"无"字和第三个"无"字，则逐渐偏向草书，并且依次程度增加；到第四个"无"

---

① 这首七律后来被收入《顾鼎臣集·杨循吉集》（第221页），但是标题、时间与内容作了修改，特别是最后一句"湖山秀色自天来"被改成"余花剩雪两徘徊"，表明顾鼎臣对此诗曾重新斟酌过。

字，几乎就是草书了。真是妙不可言，在同一幅作品之中书写同一个字，竟然能够将从行楷到行草的变化表现得如此活灵活现，非顾鼎臣这样的书法大家难以达到如此非凡的造诣。更为甚者，倘若将《解嘲》书帖中的"无"字插入"序言"第一个"无"字和第二个"无"字中间，竟能形成一排自然过渡的"无"字序列，而丝毫没有突兀之感（图6）。[①]

| 序1 | 解 | 序2 | 序3 | 序4 |

图6　五个"无"字的排比

通过"序言"与《解嘲》比照，特别是通过五个"无"字的排比，可以肯定二者皆出于一手，必定是顾鼎臣的书法无疑。顾鼎臣不仅政治地位崇高，而且是明朝中叶极负盛名的书法大家，他既擅长草书，又善写行书，可惜存世真品不多，而"序言"竟能保留他晚年百余字的行书，实在难得。这篇"序言"不但是书法界的瑰宝，而且为鉴证顾鼎臣的其他作品以及研究明代书法史提供了实证。何况，承载这件顾鼎臣墨宝的是如今罕见的法喜寺藏经纸，两相映衬，珍贵的文物价值尤为凸显。不止如此，这件珍贵的文物也成为鉴定抄本《史记》书写者的可信保障。

三、姜立纲楷体正文

顾鼎臣书写的序言，虽然文字精练，却是鉴定抄本《史记》的时代以及抄写者的关键，为抄本《史记》之文物价值的判断提供了可靠的依据。关于抄本《史记》的来源，顾鼎臣在"序言"中开门见山地写道，"相传为元人所抄，或又谓姜立纲笔"，这表明在顾鼎臣之前人们对此抱有两种说法。不过，顾鼎臣否定了前一种说法，而认定此书的抄写者是明朝人姜立纲。此后，整理过此抄本的蒋振玉女士在所撰《新嘉坡大学中

---

①　出自"序言"的"无"字标以"序"字，"序"字之后的数字表示该字在"序言"中出现的顺序；出自《解嘲》的"无"字标以"解"字。

文图书目录》（中册）之中将其标识为“明抄本”,① 新加坡国立大学中文图书馆造册时也随而登记此书为“明抄本”，都应该是依据顾鼎臣的判断。倘若此抄本是元人所抄，应属善本无疑。不过，承认其为姜立纲所书，虽然时代属于明朝，但是文物价值也珍贵无比，因为姜立纲是公认的书法巨擘。

《明史》没有为姜立纲立传，他的事迹见于《明实录》卷 139《孝宗》弘治十一年七月辛酉条中：

> 内阁书办、太仆寺少卿姜立纲卒。立纲字廷宪，浙江瑞安人，七岁以能书命为翰林院秀才。天顺七年，授中书舍人，内阁制敕房办事。成化二十一年，升吏部郎中。弘治四年，升太仆寺少卿，并仍旧办事。至是卒。立纲书法为一时所重，而小楷尤精，凡进御诸书及大制诏多其手录。其卒，得赐祭葬，亦特恩也。②

由这段记载知，姜立纲于童年进入翰林院，此后长期在内阁制敕房办事，甚至升任太仆寺少卿之后依旧要在内阁制敕房办事，一直到他去世为止。姜立纲始终在内阁制敕房办事的原因，显然是“凡进御诸书及大制诏多其手录”。换而言之，姜立纲在年少时以善为书法入朝成为抄手，年长之后升为抄手之首，几乎毕生都是御用的抄手。皇家之所以要用姜立纲为抄手，是因为他的“小楷尤精”。

姜立纲的书法在明朝当代就已广为传颂。明人韩昂撰有《图绘宝鉴续编》1 卷，记载明洪武至正德年间杰出的书画家，其中就有姜立纲。该书高度赞扬姜立纲：“能文善书，字画楷正，人得片纸，争以为法。”③ 此句言简意赅，一语道出姜立纲书法的特点，那就是“字画楷正”。由于“楷正”，姜立纲的书法便于学习，因此能在民间获得广泛声誉。

降至清朝，姜立纲的书法依旧受到盛赞。清人孙岳颁等编撰《御定

---

① 蒋振玉：《新嘉坡大学中文图书目录》（中册）《历史科学类》中国通史正史条，新加坡马来亚大学出版社 1965 年出版，第 158 页。

② 黄彰健校勘：《明实录附校勘记及附录》之六《明孝宗实录》卷 139《孝宗》弘治十一年七月辛酉条，台北“中研院”历史语言研究所 1984 年版，第 6044－6045 页。

③ 韩昂：《图绘宝鉴续编》“姜立纲”条，《文津阁四库全书》子部艺术类第 817 册，商务印书馆 2006 年版，第 190 页下栏。

书画谱》，其体例是选引往代诸家观点而略变语言，以此集中品评画家及其作品，在文化界具有权威地位。该书卷 41《书家传》中立有"姜立纲"条，赞扬其楷书："善楷书，清劲方正，中书科写制诰皆宗之。"[①] 此句强调朝廷文书以姜立纲楷书为宗法的原因是"方正"。同时，该条还引《名山藏》的评论生动地描述道：

> 立纲书体自成一家，宫殿碑额多出其笔。日本国门高十三丈，遣使求匾。立纲为书之。其国人每自夸曰："此中国惠我至宝也！"尝临湖舍，作"皆春"二字。适有操舟过其前，冲涛骇浪，遂成风波行舟之势。法书行于天下，称曰"姜字"。[②]

"姜字"不仅书写在朝廷内外的宫殿碑额上，而且高悬于日本国门之巅。由上述可见，明清数百年间，姜立纲楷书的影响不仅久长而且广泛。

可惜的是姜立纲与顾鼎臣这两位明代著名的书法家未曾共事。姜立纲去世于弘治十一年夏。如前已述，顾鼎臣于弘治十八年考中进士第一，此后才在朝廷任职，而此时姜立纲已经去世七年。不过，关于"姜字"的影响，顾鼎臣自然早已深知。何况，正如《明实录》所述"凡进御诸书及大制诰多其手录"，明代朝廷中理应不乏姜立纲抄写的翰墨，[③] 宫廷内外还有众多书写着"姜字"的碑额，长期在朝廷中枢任文职事务的顾鼎臣肯定会有不少观摩"姜字"的机会。作为颇有造诣的书法大家，顾鼎臣定能谙熟"姜字"的特点。所以，无论从对书法的理解还是从与时代接近的角度来看，顾鼎臣都是无与伦比的鉴赏"姜字"之行家。

然而，顾鼎臣并没有贸然发声表态，他于嘉靖十四年获得抄本《史记》，经过两年的"反复展视"，直到嘉靖十六年才为它写下"序言"。不

---

① 孙岳颁等：《御定书画谱》，《文津阁四库全书》子部艺术类第 823 册，第 363 页上栏。此句之末称引自《书史会要》，实为明末朱谋垔所撰《续书史会要》，其中文字虽然有异，但是意思未变。（《文津阁四库全书》子部艺术类第 819 册，第 261 页上栏）

② 孙岳颁等：《御定书画谱》，《文津阁四库全书》子部艺术类第 823 册，第 363 页上栏至下栏。此句之末称引自明末何乔远著《名山藏》。《名山藏》现有商传等点校本（福建人民出版社 2010 年版）。

③ 如，姜立纲曾参与誊录《明宪宗实录》事务。黄彰健校勘《明实录附校勘记及附录》之五《明宪宗实录》书后《修纂官》中"誊录"条下列有"奉政大夫吏部郎中臣姜立纲"（第4172 页）。

断仔细辨识之后，顾鼎臣认定"其为姜书无疑"。他的考察是审慎的，结论是认真而决断的。正如上节所述，顾鼎臣写下的这篇文字，虽然被视作抄本《史记》的"序言"，其实原本只是一封对于子孙后代有所交代的家书。面对自己的亲人，顾鼎臣的言论没有浮夸的必要，更不至于作虚假的鉴定以贻误子孙。顾鼎臣在信中强调的"此近代藏书家所罕有"和"吾子孙直当以法器珍藏"等语看似夸张，实则皆为肺腑之言。

顾鼎臣在"序言"中为"姜立纲笔"所写的评语仅仅 41 个字："其字字点画波碟，皆以子昂为宗；至小变处更见铢两悉称，如构凌云台——衡剂而成者：其为姜书无疑。"评语虽然简短，却含意深刻，从书法技艺与流派归宗两个方面作出了明确的判断。

首先，关于书法技艺。通过对抄本《史记》字体的具体考察，顾鼎臣发现其笔画的转承"铢两悉称"，间架的搭建"衡剂而成"，竟给予了"如构凌云台"的评价。凌云台又写作陵云台，是三国时代曹魏文帝下令构筑的高台。①顾鼎臣以营造凌云台的建筑工程作为比喻，来形容姜立纲书写技艺的运用，如此以大喻小的做法看似过于夸张，其实并不过分。《世说新语》卷下之上《巧艺》第 21 "陵云台"条下记载：

> 陵云台楼观精巧，先称平众木轻重，然后造构，乃无锱铢相负揭。台虽高峻，常随风摇动，而终无倾倒之理。魏明帝登台，惧其势危，别以大材扶持之，楼即颓坏。论者谓轻重力偏故也。②

原来，营造凌云台的匠人巧妙地利用了力学原理，使建筑用料搭配合适而相辅相成，形成"无锱铢相负揭"的效果，所以凌云台虽然高峻，却"无倾倒之理"。细味这段记载可知，顾鼎臣的着眼，专在于强调工程建筑与字体书写二者的关键技巧都是平衡相称。如今端详抄本中的书法，笔画紧凑呼应，间架收放自如，整体匀称安稳。就结构方面而言，抄本字体的书写技艺与凌云台的构建法式之间，确实具有异曲同工之妙。顾鼎臣的比喻真是恰到好处，他将抄本的书法技艺推崇到难相比拟的独步状态，用

---

① 《三国志》卷 2《魏书二·文帝纪》黄初二年是岁筑陵云台条。

② 〔南朝宋〕刘义庆著，〔南朝梁〕刘孝标注、余嘉锡笺疏：《世说新语笺疏》，中华书局 1983 年版，第 715 页。

意则落实在"其为姜书无疑"的结论之上。

其次，关于流派归宗。顾鼎臣抓住"点画波磔"这个识别字形的关键，运用归类比附的方法追溯抄本《史记》字体的流派渊源，从而认定其"以子昂为宗"。子昂是元代书法巨匠赵孟頫，子昂为其字。《元史》中列有《赵孟頫传》，该传极力称颂赵孟頫的书法为"篆、籀、分、隶、真、行、草书无不冠绝古今，遂以书名天下"。[①] 赵孟頫的书法在中国艺术史上占据着崇高的地位，对于后世书法的发展具有深远的影响。他书写的楷体，由于笔路清晰到位，因此横平竖直方正，撇捺舒展稳当。如今端详抄本《史记》，字形端庄严谨，体度相安合理，从起笔经运笔到收笔毫不含糊，确实具有"皆以子昂为宗"的风格。顾鼎臣所言不假，但语气似乎绝对了，因为以子昂为宗者并非只有姜立纲一人，何况姜立纲的书法造诣亦非仅仅守成而已。不过，顾鼎臣在这里强调归宗的目的，并不在于厘清书法的流派，而是着意于指出，姜立纲在前辈赵孟頫的基础上达到了旁人难以企及的顶端。换而言之，顾鼎臣的用意就在于确认，像抄本《史记》这样艺术精湛的楷书作品，只能是姜立纲所写，绝非他人所为。

顾鼎臣对于抄本《史记》的鉴定符合书法理论，在专业上具有权威性。虽然"相传为元人所抄"的说法遭到否定，然而该抄本的文物价值丝毫不会因此逊色，因为姜立纲的楷书影响极大，而其传世之作却又罕见。清代以后，坊间渐有伪作赝品出现，致使鱼龙混杂，其书法原作真迹则难觅难辨。作为故宫珍品的《三希堂法帖》中收有一幅姜立纲书写的《与镇邦书帖》，[②] 系镌刻之碑帖，然其篇幅数量难与抄本《史记》相比。古往今来，几无书法名家能够留下三千多页五十万余字的亲笔书写文字。抄写如此洋洋大观的作品，需要逾年不懈的坚持。如今观赏这部抄本，从整体上看，行距和字距严于法度，篇幅整齐划一；从字体上看，横竖稳固，撇捺舒展，点拐安妥，锋颖端庄：明清两代一贯夸奖其"楷正"是十分恰当的。

从笔者初次访问新加坡国立大学中文图书馆至今已历整整两载，其间曾反复观摩这部姜立纲抄本《史记》，屡屡惊叹其自崭迄尾竟无一点一划

---

① 《元史》卷172《赵孟頫传》，中华书局2011年版。

② 《三希堂法帖》第28册《明·姜立纲·与镇邦书帖》，中国致公出版社1989年版，第1972页。

的马虎，这样的专注精神着实令人肃然起敬。在中国传统文人之中，严谨治学者并不乏见，这往往是从童年起就养成的作风。姜立纲七岁时因"能书"而跻身于翰林院，此后虽然官至太仆寺少卿，但是他的毕生精力几乎全都倾注在书法上。天赋加上专注，使姜立纲最终成为有明一代书宗。而其抄本《史记》中每一个字的形体都规整安稳，浸透着深厚的功力，正是他专注精神的明证。现在以抄本《史记》中的"帝"字为例，依次从《五帝本纪》（第 1 册）、《封禅书》（第 6 册）、《三王世家》（第12 册）、《季布栾布列传》（第 19 册）和《太史公自序》（第 24 册）中抽取一个加以考察。这五个"帝"字虽然出现在不同的卷次，却像抑压印章一般雷同。从"帝"字形态的稳固性来看，抄本的书法已经达到炉火纯青的地步，它应该是姜立纲晚年的作品（图 7）。

图 7　出现在不同卷次的五个"帝"字

作为楷书的样板，"姜字"被人们"争以为法"实属当之无愧，不过也难免因便于常人临摹而招致非议。明人谢肇淛在《五杂组》卷 7《人部三》中便激烈地抨击道：

> 今国家诰敕及宫殿匾额皆用笔法极端楷者书之，谓之中书格，但取其庄严典重耳，其实俗恶不可耐也。洪武初，詹孟举以此技鸣，南京宫殿省寺之署多出其手。近代有姜立纲者，法度严整过之，一时声称籍甚，然亦时俗之所赏，胥史之模范耳。自后官二殿中书者，皆习姜体，而不及愈甚。昔程邈作书，以便贱隶，谓之隶书。今中书字体，谓之胥书可也。詹孟举书虽俗，而端重道逯，盖亦渊源于欧、虞而稍变之，非姜立纲可望也。①

谢肇淛以"俗恶不可耐"等语相贬，虽然带着情绪，但是具有一定的代

---

① 〔明〕谢肇淛：《五杂组》，上海书店出版社 2001 年版，第 129－130 页。

表性。① 不过，值得注重的是，这番话倒是讲清了明代朝廷用以书写文书的所谓中书格体制。中书格又被称为馆阁体，是明朝官场通用的楷书文字，它与当时占据文坛的馆阁体文章相辅相成，结合构成明朝官样文书体系的主流，却也因此而受到文坛的抵触。擅长中书格的佼佼者，明朝初都南京之际有詹希元（孟举为字）"以此技鸣"，明朝立都北京之后则是姜立纲"声称籍甚"。由于朝廷的抄手皆以二人的书法为榜样，因此被谢肇淛讽刺为"胥史之模范"。

谢肇淛虽然贬斥"胥书"为"时俗之所赏"，却一语中的，道出了其中的真谛。中华传统文字的书写形态从来就是朝着通俗实用和艺术欣赏两个不同方向伸展的。楷书工整规矩，易于模仿，尤其能体现通俗的特点，所以最能满足行政体系的应用和广大社会的需要。从这个角度看来，"俗"非但不"恶"，反而是楷书的优点。在高度集权的明代中叶，朝廷之所以推重中书格，并非仅仅为了欣赏，主要目的就在于推动公文写作的规范化，以此追求文书的精确无误，从而适应日趋繁杂的行政体系之需要。所以，正如谢肇淛所云，国家诰敕等重要文书"皆用笔法极端楷者书之"，就是因为统治集团深明个中道理。而恰逢此际，受到谢肇淛贬斥的"姜字"适时而生，成为"胥史之模范"。

明朝以后，楷书继续以循规蹈矩的风格而展现出广泛的实用性，因此成为科举与日常手写中最常使用的字体，它不仅在维持汉字的传承方面发挥着重要作用，而且被改造成为最适合于雕版的字体。于是，随着印刷业的勃兴，典范楷书经过匠体的加工成型，演变成为印刷体的正字宋体。由于正字宋体方正规范，利于程式化，如今已发展成为中文电子文本中使用频率最高的字体。宋体得名，虽源出于宋代，然而其成熟却在明朝正德、嘉靖年间，因此又被称作明体。姜立纲幸逢其运，成为推动明体发展的殿军。

简而言之，从楷书的发展历程与印刷正字宋体的源流来看，享誉明代中叶的"姜字"都处于关键的时段。可见姜立纲招致的异议并不公允，他理应在书法史上占有崇高的地位。幸存于今的旧抄本《史记》，字字珠玑，行行朗玉，页页精雕细作，正是"姜字"造诣的丰碑明证。

---

① 例如，《御定书画谱》对此就毫不避讳，也客观地引述了批评的意见，其卷41《书家传》姜立纲条就引王世贞《艺苑卮言》称，姜立纲的楷体"可谓工致，而不免俗累"。

不过，话又要说回来，顾鼎臣的"序言"仅仅百余字，文章简洁到难以减字的程度，为何偏偏要点出似乎不相干的"相传为元人所抄"七个字呢？笔者以为，既然是抄本，就必有被照抄的母本，否则从何抄起？顾鼎臣在"序言"中声称"余反复展视，自峕讫尾十数万言，无一讹字，无一落字，无一补缀字"，表明他不但仔细阅读了，甚至利用其他抄本校对过，否则怎能确认没有讹字、落字和补缀字？顾鼎臣用以校对的他本，虽然不一定是姜立纲抄过的母本，但必定与该母本出自相同的系统，否则就不能落实没有讹字、落字和补缀字的判断。看来"相传为元人所抄"之语其实并非空穴来风。何况，顾鼎臣专门强调"其字字点画波磔，皆以子昂为宗"，姜立纲何以能够做到处处追随元人赵孟𫖯呢？此语或许也在暗示抄本《史记》的母本与元人抄本相关，甚至径为元人抄本。

明代朝野都重视正史的印制事业，先有"嘉靖三刻"本问世，后有南京国子监本和北京国子监本出版。由此推测，在嘉靖之前，朝廷理应典藏着较多明朝之前的宋、元各类《史记》读本。以姜立纲的特殊身份，自然有获见其中较早之抄本的机会。顾鼎臣获得抄本《史记》之时，姜立纲已经去世 37 年，对于姜立纲据以抄写的母本之源头难以详悉，然而他久在朝廷，难免会嗅闻到蛛丝马迹。他将"相传为元人所抄"的传言记录下来，未免没有启示后人作种种猜想的用心。

大致而言，《史记》诸本的发展经历了写本、抄本、刻本和新式标点本的过程。在 2014 年出版的中华书局修订本《史记》之"修订凡例"中，详列了此次点校所用的底本、通校本、参校本、古钞本以及 1959 年出版的中华书局原点校本，合计共 23 种，它们分属于上述四类读本。[①]然而，姜立纲抄本不但不同于那些写本和抄本，而且更有异于那些刻本和新式标点本，因为新版中华书局修订本所列的那些读本均为注解本，尤其以集解本居多，而姜立纲抄本则是非注解本，可见它属于诸本《史记》系统中的另类。这类非注解本通称作白文本。

可以猜想，姜立纲抄本只是白文本《史记》中已见的一种，但是它不是孤立的。因为它既然是抄本，则必有母本，母本之上又应该有母本，在母本之母本之上定有更远的祖本。从今人未见到的祖本传承到今人已见到的姜立纲抄本，以及今人未知的顾鼎臣用以核对姜立纲抄本的他本，它

---

① 《史记》，中华书局 2014 年版，"修订凡例"。

们组成了不同于现行诸本的另类系统。因此，姜立纲抄本为人们开启了一扇学术研究的门洞，它的价值并不局限在书法研究上，还体现在文献校勘上，体现在古籍版本学上。

作为另类，姜立纲抄本与诸本的差异，不仅在于有无注解之上，还在于行款与卷次编排上。诸本中的集解本是《史记》家族中的一大系统，版式有每页 9 行、10 行、12 行以及 14 行不等；姜立纲抄本则近乎大字本，为每页 8 行。诸本中的写本，每行的字数并非固定；姜立纲抄本则固定为每行 20 字。由于姜立纲抄本的开本宽大，因此行距与字距阔绰，便于书写和誊录。又因为姜立纲抄本的行数与字数固定，所以便于精确地核查错讹。顾鼎臣敢于面对子孙声称抄本"自崶迄尾十数万言，无一讹字，无一落字，无一补缀字"，不仅因为他曾"反复展视"正文，更由于固定的行款利于高效而迅速地核查错讹。

还与诸本不同的是，姜立纲抄本的各卷不列卷数，其排列顺序与诸本虽然大同，但是篇章有异。例如，姜立纲抄本《孝景本纪》之下短缺《孝武本纪》，而径与《三代世表》衔接；又如，姜立纲抄本之十表仅抄各自的序言，而不录表格内容，致使《汉兴以来将相名臣年表》不见痕迹；还如，姜立纲抄本将《曹叔世家》从《管蔡世家》中析出，单列在《管蔡世家》与《陈杞世家》之间。至于篇名，姜立纲抄本也与诸本略有差异，如诸本卷 9《吕太后本纪》在姜立纲抄本作《吕后本纪》。由此可见，姜立纲抄本不可能是从诸本中转录出来的，而是自有其形成的途径。

更有甚者，姜立纲抄本的文字与诸本不乏差异。吾友赖长杨偶读过该抄本数页之后，随即指出它与中华书局标点本的不同。现将他的手机短信全文抄录如下：

> 我可以初步断定，新加坡这个本是个有价值的本子，至少是中华本所据校勘诸本之外的一个本子。以下是一个例证。《宋微子世家》行四："周西伯昌之修德灭阢阢国惧。"中华本只有一个阢字，新（加坡）本有两个阢字。中华本无校勘。新（加坡）本多一阢字，文意顺，史意确，胜中华本。中华本未出校记，故可据此初断新加坡本为一新本。①

---

① 2016 年 10 月 20 日 14 点 20 分短信。

虽然赖长杨谦称此为“初断”，但是这一发现具有豹窥一斑的意义。中华书局1959年版与2014年版的《史记》都是在诸本的基础上校勘而成的，而上述情况均不见于此两版的校记。① 可见，仅在《宋微子世家》中的这一个字上，姜立纲抄本已与诸本有了不同。

2014年版中华书局修订本《史记》影印了日本东京国立博物馆藏唐钞本《史记·河渠书》残卷，该残卷正文的末句是“作河渠”三字。② 与此唐钞本不同，姜立纲抄本的相应处则作“作河渠书”四字③。此外，姜立纲抄本中还出现不少异体字，如诸本卷38《宋微子世家》之“微”字，在姜立纲本中作“微”字（图8）。这也是不同于诸本之处。

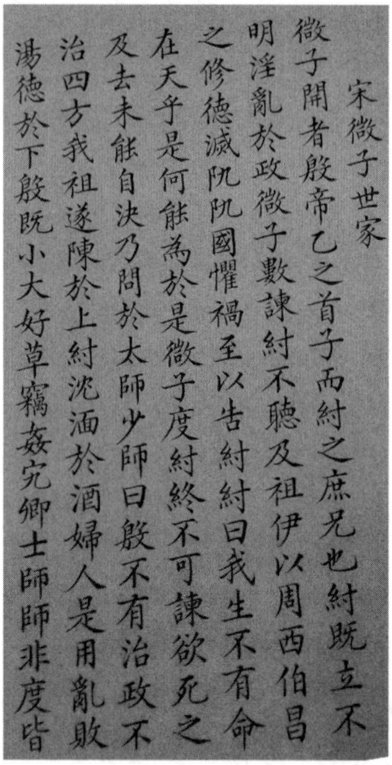
宋微子世家
微子開者殷帝乙之首子而紂之庶兄也紂既立不
明淫亂於政微子數諫紂不聽及祖伊以周西伯昌
之修德滅阢國懼禍至以告紂紂曰我生不有命
在天乎是何能為於是微子度紂終不可諫欲死之
及去未能自決乃問於太師少師曰殷不有治政不
治四方我祖遂陳於上紂沈湎於酒婦人是用亂敗
湯德於下殷既小大好草竊姦宄卿士師師非度皆

图8 《宋微子世家》（姜立纲本）

① 《史记》卷38《宋微子世家》，中华书局1959年版，第1607、1608页；2014年修订本，第1943、1944、1972页。

② 中华书局2014年修订本《史记》第1册之图1。

③ 姜立纲抄本《史记》第6册。关于此处，中华书局两版本也不同于唐抄本，其卷29《河渠书》之相应处作“作河渠书”，但是并未为此出校。见1959年点校本第1415页、2014年修订本第1706页。

要之，姜立纲抄本向人们展现了种种特别的迹象，这些迹象令人费解，却表明该抄本绝不是删除以往印本或写本中的注解而抄录成的读本，它的生成与诸本无关，属于久已自成系统的另类抄本行列。而且，由于珍藏已久，它确实是一部未曾参与过历次校勘活动的"新本"。

这部抄本《史记》曾经耗费姜立纲逾年的心血，他必定十分珍视，舍不得轻易撒手。可是，姜立纲去世之后该抄本并未保存在姜家，而是如下文所述出现在庶吉士赵大洲馆中，因此笔者揣度这部抄本应该是姜立纲在内阁制敕房"办事"期间陆续抄成的。岂料姜立纲于弘治十一年在原籍病故，再也未能回到朝廷，于是该本成为内府抄本而被庶吉士们相沿观摩。[①] 这样的猜想是否得当，有待探讨验证，更祈方家不吝赐教。

四、经千印楼至星岛

顾鼎臣在"序言"中称，抄本《史记》于"岁乙未偶得之于庶吉士赵大洲馆中"。此句之中的一个"馆"字透露了该本初期存放的一个场所。《明史》卷70《选举志二》记载：

> 庶吉士之选，自洪武乙丑，择进士为之，不专属于翰林也。永乐二年既授一甲三人曾棨、周述、周孟简等官，复命于第二甲择文学优等杨相等五十人，及善书者汤流等十人，俱为翰林院庶吉士。庶吉士遂专属翰林矣。复命学士解缙等选才资英敏者，就学文渊阁。缙等选修撰棨，编修述、孟简，庶吉士相等共二十八人，以应二十八宿之数。庶吉士周忱自陈少年愿学。帝喜而俞之，增忱为二十九人。司礼监月给笔墨纸，光禄给朝暮馔，礼部月给膏烛钞，人三锭，工部择近第宅居之。帝时至馆召试，五日一休沐。……其后每科所选，多寡无定额。[②]

据此条史料记载可知，顾鼎臣"序言"中所说的"馆"即指明朝廷供养

---

① 瑞安市地方志编纂委员会编：《瑞安市志（下）》卷33《人物》姜立纲条记载，"后因回家守制，哀伤过度，不幸去世"。（中华书局2003年版，第1597页）

② 《明史》卷70《选举志二》，中华书局标点本2011年版。

庶吉士的处所（类于清代的庶常馆）。具体而言，所谓"庶吉士赵大洲馆"就是赵大洲就职的处所。从文中所述选择文学优等和善书者俱为庶吉士可知，庶吉士不但应注重文学，而且以研习书法为要务。"姜字"既然为"中书科写制诰皆宗之"，因此姜立纲亲笔抄写的《史记》在赵大洲馆中出现就不奇怪了。

赵大洲名贞吉，以大洲为号。① 《明史》卷 193《赵贞吉传》记载：

> 赵贞吉，字孟静，内江人。六岁，日诵书一卷，及长，以博洽名，最善王守仁学。举嘉靖十四年进士，选庶吉士，授编修。②

顾鼎臣获得姜立纲抄本的时间为"岁乙未"，正当赵贞吉考取进士并被选为庶吉士的嘉靖十四年。赵贞吉来自内江（今属四川省），他得见姜立纲抄本的时间自然在入选庶吉士之后，由此可知该抄本在赵贞吉处存留的时间不过数月，随后便遭顾鼎臣"偶得"矣。姜立纲死于孝宗弘治十一年，他与37年之后才考取进士的赵贞吉无从相识。在这37年里，姜立纲抄本是如何流传的，其间经历过几人之手，已难细知了。不过可以肯定，它并未传出朝廷，只是先后在姜立纲曾长期"办事"的内阁制敕房与庶吉士之间辗转。

顾鼎臣"偶得"姜立纲抄本之时，已经官居礼部尚书兼掌詹事府事，权势显赫尊贵，所以此后该抄本久未易手，只是发生过从朝廷到顾家的转移。对于转移的内情已难知晓，但其时间必在顾鼎臣书写"序言"的嘉靖十六年二月之间，因为"序言"中有"吾子孙直当以法器珍藏"的谆谆嘱咐。顾家为昆山（今属江苏省苏州市）名门，六朝以降一直是江东土著望族，顾氏后裔近代仍旧是苏南大姓缙绅，素有传统文化底蕴，所以姜立纲抄本得以在顾家妥为典藏。如今该抄本二十四册依然齐全，各册均品相佳好，与其流传过程中易手较少相关，为此尤其应该感谢顾家数百年来的典藏之功。当然，随着时间的推移，顾鼎臣"勿仅目为书籍已也"

---

① 胡直《少保赵文肃公真吉传》记载："赵文肃公讳贞吉，蜀之内江人，字孟静，号大洲。"该传辑于〔明〕焦竑编：《国朝献征录》卷 17，《四库全书存目丛书》史部第 100 册，台北庄严文化事业有限公司 1996 年版，第 638 页上栏。

② 《明史》卷 193《赵贞吉传》。

的训词渐渐淡化，所以在《史记》抄本前几卷内文的字里行间出现了红色句读标点，这表明它曾被后人"目为书籍"而研读过。① 这些句读都点得轻微秀气，也可见读此书者的爱护之情。

星移斗转，顾鼎臣这支世家终于衰颓，顾家珍藏若干代的姜立纲抄本也便移徙其他门户。于是，在该抄本各册之首页出现了"千印楼"和"印庐所藏精品"字样的钤印，表明它的下任主人是岭南文化名人何秀峰。关于何秀峰，《篆刻年历 1051—1911》中"1898 年"项下 112 则之"何秀峰（印庐）"记载：

> 一九七〇年卒。广东中山人。亦名念劬，号印庐、冰盦。斋堂为千印楼。广东水师提督何榆庭之子。壮岁游食京沪，暇日辄留连书肆，获睹前贤印谱，爱不释手，遂尽其力之所及，购归研读。年三十许，始学治印，而苦无师承。偶遇王福庵、易大厂诸老辈。时相过从，乃渐有所悟。尝购藏名家印凡千许，因颜其所居曰"千印楼"。存世有《印庐印存》《印庐藏印》《冰盦劫余印存》。②

何秀峰中青年时有幸结识王福庵、易大厂诸前辈江南印章篆刻家，研习成为印章篆刻家和收藏家，于是自号印庐，并名其斋堂为千印楼。何秀峰的藏书也颇丰赡，典藏中不乏珍本，并特意为其书册治"千印楼"和"印庐所藏精品"字样印章。在姜立纲抄本各册首页上，同时抑有"千印楼"和"印庐所藏精品"两枚钤印，可见何秀峰对它十分珍视（图9）。

上段引文称，何秀峰"壮岁游食京沪，暇日辄留连书肆"。此处所谓京沪，应泛指江南的南京与上海之间。文中虽然专述何秀峰"购归"印谱的举动，但不排除他同时有买回图书的机会，这就为推测抄本《史记》从顾家转移到何家的时间和途径提供了一条大致的线索。倘若如是，按照何秀峰的年龄与经历估计，抄本《史记》从江南到岭南的这次转移大约发生在二十世纪的三四十年代。壮岁以后的何秀峰，由于原籍在香山（今广东省中山市），因此主要在香山及其毗邻的澳门之间居留活动。于

---

① 姜立纲抄本进入顾家之前为内府抄本，离开顾家之后被何秀峰视作"精品"典藏，推测前后经手者都不大可能在此书上标记红点。

② 黄尝铭编：《篆刻年历 1051—1911》，第 864 页。

是，姜立纲抄本又有了转移星岛的契机。

图9 首册首页上"千印楼"和"印庐所藏精品"钤印及放大图

在这部抄本的各册之首页与若干内文之中，还抑有一枚蓝色椭圆形钤印。其字样分作两圈：外圈上行为英文大写的"UNIVERSITY OF MALAYA LIBRARY"，下行为英文大写的"SINGAPORE"，表明这部抄本一度属于位于新加坡的马来亚大学图书馆；内圈简写作 12 SEP 1955，这是它被清点登记之后入库典藏的时间（图10）。[①]

---

① 姜立纲抄本《史记》，第6册。

图 10　《封禅书》盖有蓝色的椭圆形钤印

　　二十世纪中叶，马来亚大学成立中文系，并因此建置中文图书室。该图书室搜求图书的工作不久即获得斐然成就，原因是在港澳迅速购入了大量中文图书，包含不少珍本、善本以及众多线装古籍，姜立纲抄本就在其中。这批宝贵汉籍为后来新加坡国立大学图书馆成立中文图书馆奠定了扎实的基础。[①] 对此，曾任马来亚大学图书馆负责人的恩奈斯特·克拉克（Ernest Clark）在 1954 年为《马来亚大学中文图书目录》（上册）作"序"之时回顾道：

　　　　马来亚大学于 1953 年成立中文系，自此时始，即从事汉籍之蒐求。赖李光前及故叶祖意二先生鼎力赞襄，本图书馆基本汉籍书藏得以充实，迄今为止，已逾十三万册，蔚为马来亚汉学研究之中心。本书目之告成，历时仅十二月，编校缮录，终始其事者，则为中文图书室之蒋振玉女士。中文系代主任贺光中君亦时予指导，而蒋女士对本书目之编辑，勤劳尤著。余忝主馆政，则欣然为述其由来如此。[②]

这段文字将中文图书室的创建经过以及它与中文系的关系交代得十分清楚。其中所述人物，李光前与叶祖意是新加坡文化界与商业界大亨，为襄

---

　　① 李凭：《新加坡访史籍》，载《史学集刊》2016 年第 3 期。

　　② Jiang Zhen yu, ed., *Catalogue of the Chinese Collection of the University of Malaya Library*, *vol. 1*, Singapore：The University of Malaya Press, 1956, p. 1.

助购书资金的金主。蒋振玉时任该图书室的负责人，是图书采购与编目的具体执行者，后来成为新加坡国立大学中文图书馆的馆长。

如同各家大学的图书机构一样，中文图书室之发展必然受到大学变迁的影响。关于这方面的情况，在蒋振玉于 1965 年为《新嘉坡大学中文图书目录》（中册）所写的"序"中有所透露：

> 曩岁癸巳，撰录《马来亚大学中文图书馆目录》（上册），既梓行矣。比年续编史地、社会科学二类。寄港付印，邮筒往复，迁延时日，今岁始得问世。而学校已易名，斯编是以改称《新嘉坡大学中文图书馆目录》（中册）。①

癸巳为公元 1953 年，这是该目录上册从编撰到付梓的年份。嗣后，蒋振玉随即着手续编目录之中册（史地、社会科学二类）。然而，由于在异地香港付印，直到 1965 年中册才得以问世，距离上册的出版时间竟然相隔九年之久。在此期间，马来亚大学的新加坡校区与若干文化教育机构于 1962 年整合成为新加坡国立大学。由中文系创建的图书室也演变成为新建大学之图书馆属下的中文图书馆。不过，名称虽改，藏书的实体未变。

《史记》抄本并未著录在目录的上册中，而是著录在中册内，这是因为如蒋振玉的"序"中所述，其史地、社会科学二类按照编辑体例归入中册。对此，蒋振玉的"序"中有明确的说明：

> （本中册目录）所录以癸巳为断。癸巳以后所得，及故许氏绍南所赠，尚在整理中。补阙拾遗，有待异日。

由此得知，姜立纲抄本虽然著录在目录的中册，却是 1953 年之前入藏中文图书室之书。蒋振玉的"序"还透露，中文图书室中汉籍的来源有受赠与采购两条渠道。但如"序"中言及的许绍南那样的大宗赠送，都是癸巳以后的事情，而且另有目录。② 对此，蒋振玉在"序"中也有说明：

---

① 蒋振玉：《新嘉坡大学中文图书目录》（中册），"序"。
② 蒋振玉：《许绍南先生赠书目录》，新加坡马来亚大学出版社 1966 年版。

李凭自选集 LI PING ZIXUANJI

溯自壬辰大学创建中文系，为图书馆蒐藏中文图书之始。余即负采访典守编录之责。十余年来，日积月累，收藏之富已甲东南亚。

壬辰为1952年，是年创建中文系的说法似乎与上文克拉克所谓于1953年成立中文系说法抵牾。其实不然，1952年应该是中文系筹备的阶段，而1953年则是宣告正式成立之时。中文图书室的建设，尤其图书采购工作，是中文系筹备事务中的要务，所以蒋振玉所谓"为图书馆蒐藏中文图书之始"也就是中文系筹备之初，两者时间应相吻合。那么，包括姜立纲抄本在内的一大批盖有蓝色钤印的中文图书最初来到星岛的时间正是1952年。

笔者参观新加坡国立大学中文图书馆期间，就该馆藏书的来源问题采访过李金生馆长。承蒙告知，在该校中文系以及中文图书室组建伊始，就从澳大利亚国家图书馆延聘贺光中任教，并派员到粤、港、澳等地具体采办中文图书。此说与克拉克和蒋振玉所写两"序"所述正相吻合。从时间的搭界上看，在姜立纲抄本的两任典藏者何秀峰与蒋振玉之间似不存在复杂的转手过程，后者直接从前者处购得包括该本在内的一批汉籍应属可信。至于移交书册的数量以及相应过程等细节，则因何秀峰已于1970年去世，如今无从访知矣。

克拉克宣告马来亚大学中文图书馆的藏品"迄今为止已逾十三万册，蔚为马来亚汉学研究之中心"，蒋振玉宣称新加坡国立大学中文图书馆"收藏之富已甲东南亚"，这些都是毫不虚夸的自信豪言。由于经营者高瞻远瞩的眼光和采办者深厚的文化素养，使得这家图书馆不仅具有丰富的汉籍典藏，而且不乏宝贵的善本珍品。由于历史的契机，书法巨擘姜立纲手抄的《史记》与星岛喜结良缘。

要之，从明朝中叶至今，姜立纲抄本转辗北京、江南、岭南、星岛，历经赵贞吉、顾鼎臣、何秀峰、蒋振玉众家之手而最终典藏于新加坡国立大学中文图书馆。它的迁徙经历为我们绘出了一条中华传统文化传播的轨迹。现将姜立纲抄本的迁徙过程归纳罗列如下：

1. 1498年之前，完成和保存于京师朝廷之内阁制敕房；
2. 1498年至1535年，从内阁制敕房流传到庶常馆；
3. 1535年，赵大洲在庶常馆观摩；
4. 1535年至1537年，从庶常馆转移至顾鼎臣家中；

5. 1537 年至 20 世纪三四十年代，顾鼎臣后代典藏；

6. 20 世纪三四十年代至 1952 年，何秀峰典藏；

7. 1952 年至 1962 年，马来亚大学中文系图书室典藏；

8. 1962 年至今，新加坡国立大学中文图书馆典藏。

结　语

新加坡国立大学中文图书馆典藏一部完善的抄本《史记》，该抄本经历五百余年转辗流传，不仅依旧保持完好品相，而且文物与学术价值不断叠加，成为中华传统文化在海外幸存之瑰宝。

首先，该抄本之"序言"的载体是纸中极品海盐法喜寺藏经纸，这页笺纸如吉光片羽一般，为研究宋代以降的手工造纸工艺提供了典型样品。在该笺纸的中央对折处，横抑着一枚外廓为双线边栏的长方形朱文阳刻楷体钤印，呈现"法喜转轮藏经"两排六字，是为鉴定同类纸品的标志。

其次，该抄本"序言"的撰文与书写者是明朝中叶颇负盛名的书法大家顾鼎臣。他是弘治十八年状元，嘉靖十七年入阁为相，政治与文化地位均甚崇高。但是现今存世的顾鼎臣书法真品乏见，因此这篇以行楷写成的"序言"不仅是弥足珍贵的文物，而且是研究顾鼎臣晚年书法以及印章的样品，也是增补《顾鼎臣文集》的文献。

复次，该抄本的抄写者为明朝弘治年间内阁书办、太仆寺少卿姜立纲，他是享誉海内外的书法巨擘，毕生从事和主管抄写包括诏书在内的朝廷重要文件。姜立纲的书法真迹极为罕见，在星岛居然典藏他的五十余万字楷书，实为中国古代书法艺术瑰宝的奇迹再现。这部抄本的纸张质地上佳，装帧版式本本规范，抄写体例页页规整，书法楷正，印证了顾鼎臣在"序言"中的高度评价，是中国古代书籍史上优秀的抄本模范。由于姜立纲是弘扬中书格书法的殿军人物，对于中国手写文字的规范与印刷文字的发展作出了不可磨灭的贡献，因此这部书法作品具有划时代的标识性意义。而且，姜立纲抄本的行款、体例以及正文内容均独特于他本，是有别于《史记》诸本系统的另类，可以作为校勘现行《史记》文字的重要参考。

最后，通过对数枚钤印的稽考，清晰地勾勒出姜立纲抄本的流传过程。它辗转南北，又远渡重洋，最终被妥善地保存在沐浴中华传统文化的星岛。它的经历在中外文化交流史上具有典型意义。

要之，这部抄本不仅是中华传统书法楷体上的样板，而且为人们打开了一扇学术宝库之门，呈现了它在文书学、文献学、中外文化交流史乃至手工造纸业研究等方面的重要意义。对于姜立纲抄本《史记》学术意义的深入发掘，又返回来愈加凸显出它在文物及艺术上的尊贵品位。新加坡国立大学中文图书馆典藏的这件抄本《史记》，富含文物与学术双重价值。作为中华传统文化的象征，它是闪耀在"一带一路"这条中外文化交融航程途中的晶莹明珠。

附记：作者考察新加坡所藏历史文献的活动受到澳门大学研究委员会科研基金项目 "The Investigation and Research on the Overseas Editions of the Twenty-Four Histories and the Establishment of a Data base of the Twenty-Four Histories at the University of Macau"（MYRG2014 – 00066 – FSS）的资助。作者率硕士研究生朱晓玲、冯炜垚访问新加坡国立大学中文图书馆之际，受到李金生馆长的热情接待和支持。此后，书画家申凡曾就书法问题赐教，赖长杨、牛润珍诸教授曾就版本等问题赐教，戴卫红副研究员陪同笔者实地考察了海盐县金粟寺和法喜寺，博士候选人姜霄协助笔者查阅了文献，硕士研究生张世钰帮助笔者购得台湾版图书。以上种种受惠，使本研究得以顺利完成。本文属于该项科学考察的阶段性学术报告，成为2016年12月由中国社会科学杂志社《历史研究》编辑部与福建师范大学社会历史学院主办的第十届历史学前沿论坛参会论文，此后刊于《历史研究》2017年第6期。

《北史》中的宗族与北朝历史系统

《北史》共计100卷，不仅涵盖北魏、西魏、东魏、北周、北齐和隋朝，而且在《序纪》中追述拓跋先世，在《僭伪附庸》中记载十六国后期诸国以及江陵后梁政权。它囊括淝水之战到隋末动乱之间二百余年恢宏景象，将其框定于有机联系该时代诸政权的历史系统中，便于后世学者宏观揭示这个战乱频仍时代的曲折轨迹，微观探索其间种种现象的规律。不过，《北史》是在记述十六国至隋朝之间诸政权的各类断代史著之基础上编撰而成的再生作品，而且在李大师和李延寿父子相继的编撰过程中注入了各自的主题思想，由此引发学界不断地议论。虽然历代对《北史》的看法褒贬不一，但是反复的批评未能泯灭这部史学巨著，反而彰显了它的特色，从而突出了它表述的时代在中国历史上应有的重要地位。

一、循北朝历史系统以深化认识

北朝一词是在特定的政治局面下出现的，并不见于西晋以前的正史中，淝水之战后南北对峙之势形成，才成为南方朝廷指代北方政权的称谓。例如，北魏孝明帝朝与梁武帝朝相持之际，魏朝遣兼殿中侍御史鹿悆出使彭城，以劝降梁朝豫章郡王萧综，为此鹿悆受到萧综属下的质询。《魏书》卷79《鹿悆传》有这样的记载，"综军主范勖、景俊、司马杨暐等竞问北朝士马多少"。此处所谓北朝是在南北互以对方为僭伪的情况下采用的称谓，它既作为南方指代北魏的名称，也得到北魏的认可。又如，后梁宣帝萧詧打算归附西魏之际，旧臣柳霞不肯随从，因此作出解释，《周书》卷42《柳霞传》记载柳霞之语道，"今襄阳既入北朝，臣若陪随变跸，进则无益尘露，退则有亏先旨"。① 其中所谓北朝指代西魏而言。要之，以北朝指代北方某个政权，是便于南北两方都能接受的得体称谓。

这类包含北朝一词的例句在相应时代的正史中并不多见，然而生活在

---

① 《周书》，中华书局1971年版。

唐朝的史家李延寿却没有漏过如此细节。在编撰《北史》的《鹿㤞传》和《柳霞传》时，李延寿虽然浓缩了原来文献的文字，却保留着北朝称谓。① 李延寿这样做，并非出于无意。《北史》卷100《序传》记载李延寿向朝廷呈献《北史》和《南史》时所上表文中曰：

> 然北朝自魏以还，南朝从宋以降，运行迭变，时俗污隆，代有载笔，人多好事，考之篇目，史牒不少，互陈闻见，同异甚多。

在表文中李延寿将所谓北朝从单独指代北方某政权的称谓扩展成为总括"自魏以还"北方诸政权的名词。不仅如此，他还在表文中接着界定了"自魏以还"的范围：

> 起魏登国元年，尽隋义宁二年，凡三代二百四十四年，② 兼自东魏天平元年，尽齐隆化二年，又四十四年行事，总编为本纪十二卷、列传八十八卷，谓之《北史》。

从此北朝一词不仅单指北方某个政权，它的性质发生根本变化，从具体的称谓升华成概括一个庞大时代的术语，涵盖淝水之战到隋末动乱之间诸政权所占据的广阔时空。③ 通过这样的界定，李延寿将北魏、西魏、东魏、北周、北齐、隋朝等北方众多政权视为有机相连的整体，框定在一个被称为北朝的范畴之中，建立起北朝历史系统，进而编撰成《北史》。

李延寿框定的北朝历史系统对于此后的历史著述影响甚大，北朝一词也因此发展成为历史学中显见的学术用语（但在现代历史学中一般不再包含十六国后期诸政权以及隋朝）。与此同时，李延寿还将南方的宋、齐、梁、陈四朝框定为南朝的范畴，建立起南朝历史系统，进而编撰成《南史》。南方宋、齐、梁、陈四朝是连贯的，脉络十分清晰。相对而言，框定北朝范畴的难度较大，难处在于需要确定北魏以后出现的东、西两个

---

① 《北史》卷46《鹿㤞传》、卷70《柳霞传》，中华书局1974年版（以下除非特别标注，所引《北史》皆为此版本）。

② 《北史》卷100《校勘记》〔五十六〕指出实为233年。

③ 关于北朝的概念，在拙文《南朝、北朝与南北朝——兼论中国古代史学科术语的时空界定问题》之中有更详细的阐述。

分支的主次问题。不过我们从李延寿表文中所云"兼自东魏天平元年，尽齐隆化二年"之语不难看出，在框定北朝范畴之际，李延寿也已厘清北朝历史系统发展的主线，那就是从北魏经西魏至北周而降及隋朝，至于东魏到北齐的演变历程则被视为北朝历史系统中兼出的旁支。

继李延寿之后，司马光将北朝纷繁的历史整理成编年体例，归并入所著的《资治通鉴》。在司马光采集的众多北朝资料中，《北史》最为重要，为此他感叹道：

> 今因修南北朝通鉴方得细观。乃知李延寿之书，亦近世之佳史也。虽于襫祥谈嘲小事无所不载，然叙事简径，比于南北正史，无烦冗芜秽之辞。①

"襫祥谈嘲小事无所不载"之语透露，司马光详细阅读过李延寿之书；又从"比于南北正史"等句可以体会到，在裁定《资治通鉴》的文本时他参照了李延寿框定的北朝历史系统。更值得注意的是，北魏分裂之后出现了分别以长安与邺城为都城的两个政权，《资治通鉴》中将长安政权径直称作魏，而将邺城政权称作东魏。② 这就分明表示，司马光也将邺城政权视为兼出的旁支了。如此书写准则，显然接受了李延寿既定的北朝历史系统之主线的观念。

后来胡三省为《资治通鉴》作注时言简意赅地点明了北朝历史发展的真谛：

> 自苻坚淮、淝之败，至是十有四年矣，关、河之间，戎狄之长，更兴迭仆，晋人视之，漠然不关乎其心。拓跋珪兴而南、北之形定矣。南、北之形既定，卒之南为北所并。呜呼！自隋以后，名称扬于时者，代北之子孙十居六七矣，氏族之辨，果何益哉！③

---

① 〔北宋〕司马光：《传家集》卷63《贻刘道原》，见《文津阁四库全书》第1098册，商务印书馆2006年版，第90页。

② 《资治通鉴》中这样的称谓始自卷156《梁纪》中大通六年十月条。该条称，"魏宇文泰进军攻潼关……东魏行台薛脩义等渡河据杨氏壁"，此条之后的文字皆依从此例。

③ 《资治通鉴》卷108《晋纪》太元二十一年七月条胡三省注。

胡三省的议论同样明确地将淝水之战至隋末动乱之间的历史阶段作为自成体系的整体对待。这个整体的上下限与北朝的起始时间一致，所云范畴无疑就是北朝历史系统。胡三省的注释，一方面注入了现实中痛失家国的悲情；另一方面又冷静地概括了北朝历史系统发展的趋势，揭示出北朝社会的主要矛盾。从中不难悟出如下道理：自北魏建国后，以拓跋部为首的北方各族纷纷登上政治舞台，占据中原社会的主导地位，于是民族矛盾成为驱动北魏演化至隋朝的动力，民族融合成为北朝历史的主流。

正是在李延寿、司马光、胡三省等史家整理北朝历史的基础上，现代史家陈寅恪撰成经典著作《隋唐制度渊源略论稿》，探寻出参与影响隋唐制度的三大文化渊源。他在该著《叙论》中概括表述：

> 隋唐之制度虽极广博纷复，然究析其因素，不出三源：一曰（北）魏、（北）齐，二曰梁、陈，三曰（西）魏、周。[①]

在陈寅恪强调的影响隋唐制度的三个因素中，第一个因素北魏至北齐之源和第三个因素西魏至北周之源正是包含在北朝历史系统之中互相关联的文化流派。以此为前提，陈寅恪具体论证了北朝境内各地域的文化因素在不同时期发挥的影响，其中令他尤其关注的是保存在河西地区之传统文化东输现象，及其与北魏至北齐文化之源的关系。他指出：

> 又西晋永嘉之乱，中原魏晋以降之文化转移保存于凉州一隅，至北魏取凉州，而河西文化遂输入于魏，其后北魏孝文、宣武两代所制定之典章制度遂深受其影响，故此（北）魏、（北）齐之源其中亦有河西之一支派，斯则前人所未深措意，而今日不可不详论者也。[②]

河西文化东输现象确实是北朝历史系统中值得特别关注之处，不过"前人所未深措意"的判断未必尽然。李延寿就曾特意在《北史》之末附上《序传》，细致描述自家宗族在永嘉之乱以后最初迁往河西然后东徙中原的历程。将这段李氏宗族的经历加以抽象化，便是陈寅恪论述的北魏、北

---

① 陈寅恪：《隋唐制度渊源略论稿》，中华书局 1963 年版，第 1 页。
② 《隋唐制度渊源略论稿》，第 2 页。

齐典章制度之源的河西文化流派辗转传播的路径。

河西文化输入北魏之后，其孑遗继续影响河西附近地域，进而与六镇鲜卑风俗混合，成为关陇地区特色文化，是为影响隋唐制度之第二个因素，即西魏至北周文化之源头。对此陈寅恪在《隋唐制度渊源略论稿》二《礼仪》中指出：

> 又北魏之取凉州……似河西文化当亦随之而衰歇。但其邻近地域若关陇之区，既承继姚秦之文化，复享受北魏长期之治安，其士族家世相传之学术，必未尽沦废，故西北一隅偏塞之区，值周隋两朝开创之际，终有苏氏父子及牛辛之贤者，以其旧学，出佐兴王，卒能再传而成杨隋一代之制，以传之有唐，颇与北魏河西学者及南朝旧族俱以其乡土家世之学术助长北魏之文化，凝铸混合，而成高齐一代之制度，为北朝最美备之结果以传于隋唐者，甚相类也。①

在这段论述中，陈寅恪将隋唐制度之第三源与第一源相提并论，认为此两源"甚相类也"。然而就在同书的《叙论》中他却写道：

> 所谓（西）魏、北周之源者，凡西魏、北周之创作有异于山东及江左之旧制，或阴为六镇鲜卑之野俗，或远承魏、（西）晋之遗风，若就地域言之，乃关陇区内保存之旧时汉族文化，以适应鲜卑六镇势力之环境，而产生之混合品。所有旧史中关陇之新创设及依托周官诸制度均属此类，其影响及于隋唐制度者，实较微末。故在三源之中，此（西）魏、周之源远不如其他二源之重要。然后世史家以隋唐继承（西）魏、周之遗业，遂不能辨析名实真伪，往往于李唐之法制误认为（西）魏、周之遗物。②

对于西魏至北周之源的重要性之判断，陈寅恪均以北魏至北齐之源作为参照对象，然而在两番论述之中，或认为"甚相类"，或认为"远不如"，竟然差别颇大。且不管陈寅恪为何就同一现象作出差别颇大的两种判断，

---

① 《隋唐制度渊源略论稿》，第41-42页。
② 《隋唐制度渊源略论稿》，第2页。

有一点却是在两番论述中相一致的，那就是在估价西魏至北周之"遗业"时，都没有将它作为北朝发展至唐朝的主线看待。对此可以用陈寅恪特意强调的"后世史家以隋唐继承（西）魏、周之遗业，遂不能辨析名实真伪"之语为证。而且他还具体批评司马光道：

> 隋志明言（牛）弘等之修五礼悉以东齐仪注为准，乃最扼要之语，而温公不采及之，似尚未能通解有隋一代礼制之大源，殊可惜也。①

陈寅恪的论断与李延寿和司马光等以西魏至北周作为北朝至唐朝之间传承之主线的见解似乎大相径庭。

其实不然，李延寿、司马光等认定的北朝历史系统之主线并不错误，因为他们是站在政治发展的立场，具体地讲就是朝代更替的角度，并非站在文化演变的立场，而陈寅恪强调的是通过制度变化去看待文化影响，因此他在《隋唐制度渊源略论稿》中明确使用了"北朝文化传统"而非政治传统或者历史传统等概念。② 文化演变与政治发展虽然都属于历史学范畴，但是二者的演变规律和发展速度是不相一致的，不可能同步进化。所以，对二者演变过程中的主线之判断不相一致是不足为奇的。其实，体会陈寅恪的思想，并无否定"以隋唐继承（西）魏、周之遗业"的政治前提之意，他只是强调不要囿于政治发展的表象去同步"辨析名实"，而应透过政治表象探索文化演变自身的规律。何况，也正是在"以隋唐继承（西）魏、周之遗业"的政治前提下，陈寅恪厘清了北魏至隋唐的制度演变脉络，才能够入木三分地认清分裂的北朝何以能逐步趋向统一的深层原因，从而反过来解释何以隋唐会继承西魏、周之遗业而非与东魏、北齐相衔接的政治传统现象。陈寅恪的理论深刻影响了现代史学对北朝历史系统的总体认识，但是他的认识绝非凭空而得，而是站在李延寿等前人铺垫的基础上升华而成。

上述关于北朝学术史的回顾虽然极为粗略，但是已经能够显示李延寿运用北朝的概念框定淝水之战至隋末动乱之间的时空范围，以及进而编撰

---

① 《隋唐制度渊源略论稿·礼仪》，第15页。
② 《隋唐制度渊源略论稿·礼仪》，第41页。

成《北史》的重要意义。这样的工作看似简单的剪辑，却是认识上的高度凝炼。正是由于李延寿的先鞭之功，将北魏至隋朝间诸多政权有机地联系成为一个整体，才便于排除割裂的、片面的观念，才利于揭示中华帝国从分裂走向统一的曲折轨迹。此后，历代史家沿着《北史》展示的途径继续深入考察，使得北朝历史系统中社会政治的演变以及文化脉络的发展逐渐清晰，进而认识到北朝在中国历史上应该占有的重要地位。

不过，对北朝历史系统认识的深化是漫长的过程，《北史》在史学史上的地位也是在研究北朝历史系统的过程中逐渐显现出来的。学术界对《北史》的评价经历了由表及里的漫长过程。

二、尘埃落定方能显示统一轨迹

由于《北史》与《南史》同出李延寿之手，学界常将两书合称南北史，放在一起评论，单论《北史》者居少数，好在这种情况不会影响观点的判断。

李延寿编撰南北史历时 16 年，于唐朝显庆四年（659）脱稿。李延寿在《序传》中称，二书先经令狐德棻"详正"，然后"遍咨宰相"，最后才呈上唐高宗，以见其慎重的程度。① 宋代王溥在《唐会要·修前代史》中特意提到唐高宗为南北史写了《序》，可惜这篇《序》早已不存。② 二书得到唐朝廷的认可是无疑的，然而在学界却一直议论纷纭。

唐代史家刘知几在《史通·六家第一》中指出：

> 皇家显庆中，符玺郎陇西李延寿抄撮近代诸史，南起自宋，终于陈，北始自魏，卒于隋，合一百八十篇，号曰"南北史"。其君臣流例，纪传群分，皆以类相从，各附于本国。凡此诸作，皆《史记》之流也。③

① 《北史》卷100《序传》。
② 王溥：《唐会要》卷63，中华书局1985年版，第1092页。元人马端临称"《序》今阙"（《文献通考》卷192《经籍考》，中华书局1986年版，第5582页）。
③ 〔唐〕刘知几撰，〔清〕浦起龙释：《史通》，上海古籍出版社1978年版，第19页。

就"纪传群分"的编辑体例而言，刘知几将"南北史"归入《史记》之流是不错的。然而，他将李延寿的编撰工作形容为"抄撮近代诸史"，言语之中微露不屑。而且，在接着的总结之语中他还批评道，模仿《史记》的体例"可谓劳而无功，述者所宜深诫也"。

宋代史家的评价反差颇大。上节引述过司马光的看法，认为南北史"叙事简径"而优于南北正史。所谓南北正史包括《宋书》《南齐书》《梁书》《陈书》《魏书》《北齐书》《周书》《隋书》八书。他接着又写道：

> 窃谓陈寿之后，唯延寿可以亚之也。渠亦当时见众人所作五代史不快意，故别自私著此书也。但恨延寿不作志，使数代制度沿革皆没不见。①

司马光不仅将南北史置于南北正史之上，而且将李延寿与《三国志》作者陈寿相匹，可见二书在司马光心中的崇高地位。欧阳修等编撰的《新唐书》卷102中列有《李延寿传》，称赞南北史"颇有条理"，"删落酿辞过本书远甚"，而且还写道"时人见年少位下，不甚称其书"。② 且不论李延寿上书时是否年少，这段话的语气明显透露出欧阳修对于人们不重视李延寿的态度感到不平。与上述赞扬相反，朱熹对南北史却极为不满，竟以嘲笑的口吻抨击二书为"一部好笑底小说"。③ 朱熹所云其实就是司马光所谓"禨祥谈嘲小事"的翻版，并不属于新观点。即便如此，朱熹也还承认该书中具有"《通鉴》所取者"。

对《北史》奋力抨击者当数明朝学者冯梦祯。冯梦祯任南京国子监司业时主持刊印了南监本《北史》，并为该版写了《重刻〈北史〉跋》。他批评《北史》"几至不成文理"，竟以"点金成铁"之语挖苦李延寿。④清代学者王鸣盛也认为李延寿的编撰工作一无是处，他指责道：

① 《传家集》，第580页。

② 《新唐书》，中华书局标点本2011年版。

③ 〔宋〕黎靖德编，王星贤点校：《朱子语类》卷134，中华书局1986年版，第3205页。

④ 〔明〕冯梦祯：《重刻〈北史〉跋》，明朝南京国子监刻本，现庋藏于中山大学图书馆，第1页。

南北史增改无多。而其所以自表异者，则有两法：一曰删削，二曰迁移。夫合八史以成二史，不患其不备，惟患其太繁，故延寿一意删削，每立一传，不论其事之有无关系、应存应去，总之极力刊除，使所存无几，以见其功。然使删削虽多，仍其位置，则面目犹未换也。于是，大加迁移，分合颠倒，割裁搭配，使之尽易其故处，观者耳目一新，以此显其更革之验，试一一核实而考之，删削、迁移者皆不当，功安在乎？其书聊可附八书以行，幸得无废足矣！①

历代的议论众说纷纭，以上诸家是有代表性的。种种评价，似以司马光的褒贬最为公允，其他史家的批评则各有偏颇。尽管如此，南北史却越来越受到重视，原因恰恰在于它是"抄撮近代诸史"而成的。李延寿对此毫不讳言，他在《序传》中讲：

至于魏、齐、周、隋、宋、齐、梁、陈正史，并手自写，本纪依司马迁体，以次连缀之。又从此八代正史外，更勘杂史于正史所无者一千余卷皆以编入。其烦冗者，即削去之。始末修撰，凡十六载。

正是靠着十六年不懈的"照抄"功夫保存下许多珍贵史料，这些史料在宋朝以后日益显现出重要的价值。《四库全书总目》卷46《史部·正史类二·北史》写得明白：

然自宋以后，《魏书》《北齐书》《周书》皆残阙不全，惟此书仅《麦铁杖传》有阙文，《荀济传》脱去数行，其余皆卷帙整齐，始末完具。征北朝之故实者，终以是书为依据。故虽八书具列，而二史仍并行焉。②

由于《魏书》等残缺不全，《北史》成了修补诸书和鉴定故实的依据，这正是南北史能与八书持久并行的关键原因。

---

① 〔清〕王鸣盛：《十七史商榷》卷53《新唐书》过誉南北史条，中华书局1985年版，第479－480页。

② 〔清〕永瑢等：《四库全书总目》，中华书局1965年版，第410页。

更加可贵的是，《北史》的内容并非仅仅取自正史，还从其他文献中汲取了大量史料。然而这些来自杂史的资料，并不被传统史家看好，司马光称之为"譏祥谈嘲小事"，朱熹斥之为"好笑底小说"。司马光曾是高踞朝廷的政治家，朱熹则是儒学巨擘，他们看待历史的眼光自然不同，尤其注重朝政大事与文物典章。不过《北史》对于"小事"与"小说"能够无所不载，恰恰反映了北朝社会的特征。从北朝发展到唐朝前期，高雅文化已经被寒素浸润，世俗读物乃至胡风歌舞日益登临庙堂。形成这般社会状态，在于北朝以降门阀士族垄断文化的局面逐渐被打破的缘故。因此，所谓"小事"或"小说"云云，正好是北朝社会面貌的生动反映。李延寿对此必定深有感悟，才会尤其注重于斯。这恰恰表明了李延寿历史观念的先进之处，因为从社会史的角度看，这些"小事"与"小说"中饱含着丰富的学术营养。

对于《北史》的评论，无论褒奖还是贬斥，大多具体落实在李延寿的改写工作是否必要和是否得当上面。《北史》既然是连缀诸书而成的，在文字上就必然要删削和迁移，唯其如此才能使原本分述的北朝史书连贯成为一体。不过，由于看待人物与事件的角度不同，处理文字的方式有异，难免造成行文的差异，因此才表现出诸多删削不当，甚至产生失误，这些问题已经被学界一一揭示，无须刻意回护。然而辩证地判断，李延寿改写的《北史》还不至于降低至"点金成铁"的废料，就连全盘抹杀它的王鸣盛也不得不承认，经删削和迁移之后，居然能令"观者耳目一新"。

被李延寿删除的内容，主要是八书本纪中的诏令与册文；被李延寿削减的内容则是八书列传中的奏议、文章以及间或引用的敕文。这些与政治制度密切相关的文字大多烦冗而且格式化。被李延寿迁移的内容，则多数符合刘知几指出的"以类相从"的原则，不能算作王鸣盛批评的"皆不当"云云。此外，李延寿还对一些战争的场面与过程加以浓缩，或者概括言之。经过这样加工，在内容上显得明快，可以减少读者的乏味之感。其实李延寿的删削和迁移工作是符合他编撰《北史》的主题思想的，并非仅仅为了取悦于世俗社会，这在下文中还要论述。

与古代学者屡屡抓住删削不当问题而全盘否定《北史》的倾向不同，在现代学者的评论中肯定《北史》的观点逐渐居多。众多专家运用现代史学史理论与传统考据学相结合的方法，围绕《北史》的指导思想、编辑体例、篇章结构、文字内容、删削得失等方面发表了数十种见解独到的论文和著作。特别是，史学家高敏先生站在客观对待前人著述的立场上多年潜心研究，在南北史的文字校对和内容比勘方面取得了总结性的成就，为准确利用文献从事研究铺平了道路。高敏先生的考证成果近年汇拢在所著的《南北史考索》之中。①

二十世纪八十年代以后，在唯物史观指导下，跳出专注于编撰问题的框框，史学界对南北史作出了全面的评价，其中较早的专著是瞿林东先生撰写的《〈南史〉和〈北史〉》。他摆脱既往拘泥于细节的窠臼，注重《北史》与《南史》之间有机的联系，认识到李延寿虽然将南北朝分别撰述，但是在心目中是把南北看作统一整体的，从而发掘出二书共同包含的追求全国统一的思想倾向。② 这就从理论上给南北史以高度的评价，肯定了二书在史学史上的重要地位。

从南北朝的对立发展到隋唐的统一是渐进的过程，其间既有南、北的对立，又有东、西的对峙。北方的形势尤其多变，处于反复分合的状态，因为北朝是承续十六国分裂局面形成的。结束十六国分裂的北魏王朝是鲜卑族拓跋部建立的，而这个王朝最初也是偏踞一隅的割据政权。淝水之战以后，北魏才脱颖而出，成为黄河流域政治舞台的主角；到其第三代太武帝朝，以武力征服十六国后期诸政权的方式实现北方版图的统一；到其第六代孝文帝朝，通过迁都洛阳和汉化改制，实现汉族与北方少数民族的大融合，从而在中原巩固了政治集权地位。与此同时，北魏一直面临着与南方对立的局面，北魏诸帝多次发动征伐战争，力图建立统治全国的局面。但是，宏大的统一目标未及实现，北魏自身却分裂成为东、西二魏。不久，东魏与西魏分别被北齐与北周取代，北方再度陷入战乱不断的泥潭。此后，原本实力薄弱的北周通过政治、经济与军事的全面改革而振兴，不但吞并了北齐，而且确立了北方对南方的绝对压制态势。最终，取代北周的隋朝派遣八路大军渡江南下，势如破竹地败灭陈朝，实现统一全国的目标。要之，北朝的形势，无论南北还是东西，分是社会政治的表象，合是历史发展的趋势。

反映这样的历史形势，应该是南北史的共同任务。将二书对比而言，

---

① 高敏：《南北史考索》，天津古籍出版社 2010 年版。

② 瞿林东：《〈南史〉和〈北史〉》，人民出版社 1987 年版，第 54、62 页。

《南史》侧重反映宋、齐、梁、陈连贯发展和并入北朝的经历；《北史》则不仅要反映南北统一的进程，而且要反映南北统一之前的东西统一的进程，此外还要反映更早的北魏结束十六国分裂的进程，这就更需要全局的观念和恢宏的气度。的确，就全面系统地表述北朝历史系统的统一进程而言，只有《北史》做到了，在此之前的南北正史都只是反映这一进程的侧面或者局部。作出如此重大的贡献，客观上是因为李大师与李延寿父子得天独厚，其家具有北朝的背景，其身处于北朝之后的隋唐，因此才能全面回溯北朝历史。在他们之前的史家则因受到时代的局限而难以达到如此境界。

复杂的政治发展规律和社会演变方向，并非当世之人能够洞悉，史家的难处就在囿于自身的历史环境。北朝历史从北魏开国初就有史家着手整理。《魏书》卷35《崔浩传》记载：

> 初，太祖诏尚书郎邓渊著《国记》十余卷，编年次事，体例未成。逮于太宗，废而不述。神麚二年，诏集诸文人撰录国书，浩及弟览、高谠、邓颖、晁继、范亨、黄辅等共参著作，叙成《国书》三十卷。

邓渊的《国记》记录至北魏第二代太宗明元帝朝之前，因体例未成实为起居注而已，所以神麚二年（429）崔浩等士人受命继续撰写国史，并名之曰《国书》。《国书》成稿后将被铭刻于石，树立于通衢大道侧。然而，由于《国书》如实揭示拓跋部早期原始习俗，激怒了拓跋统治者，崔浩因此被害，殃及崔氏宗族和姻亲，《国书》也遭毁损，这就是令人闻之惊悚的国史之狱。① 此后北朝史学长期萎靡不振。直到北齐建立，魏收才总结北魏与东魏的史实，撰成《魏书》。魏收站在他所处的时代回顾历史，因此能将北魏平城时代的辉煌和洛阳时代的盛况展现出来，从而充分反映北魏社会从民族共处趋向民族融合的过程。不过，还是因为历史背景的局限，魏收不可能预见北周统一北方和隋朝统一全国的历史必然性。

历史有其自身规律，不会依从当朝统治者的意志发展，也非当世史家能够精确感悟。必须等待历史风暴刮起的尘埃最终落定，方能寻得历史演

---

① 周一良：《关于崔浩国史之狱》，载《中华文史论丛》1980 年第 4 期。

绎的轨迹。《北史》的作者身处南北朝之后隋唐一统的空前盛世，所以能够客观全面地返观南北朝历史的脉络。

《北史》虽然署名为李延寿一人编撰，其实是李延寿继承父亲李大师的遗志完成的。对此，李延寿在《序传》中写得很清楚：

> 大师少有著述之志，常以宋、齐、梁、陈、魏、齐、周、隋南北分隔，南书谓北为"索虏"，北书指南为"岛夷"。又各以其本国周悉，书别国并不能备，亦往往失实。常欲改正，将拟《吴越春秋》，编年以备南北。

李大师不仅抱有编撰《北史》的意愿，而且反对"分隔"的书写方式，进而为确立《北史》反映统一的主题思想着了先鞭。

李大师生活于隋末唐初动荡之际，曾在隋炀帝朝除授信都司户书佐。由于李大师"独守清戒，无所营求"，十年之后才迁任渤海郡主簿。其时反隋义军窦建德称雄河北，建立夏政权，李大师被召为尚书礼部侍郎。唐武德三年（620），李大师受遣出使关中，为窦建德联络李渊。可是，嗣后窦建德又助王世充抗击李渊，因此连累李大师被李渊拘留。待窦建德被平灭后，李大师竟遭徙配西会州（今甘肃省靖远县）。然而，不幸之中却又有幸，李大师受到当时镇守凉州的杨恭仁礼遇，使他得到"恣意披览"恭仁家藏群书的机会。武德九年李大师遇赦，他赶紧"俶装东归"，"编缉前所修书"。可惜两年后李大师就辞世了，因此"所撰未毕，以为没齿之恨焉"。[①] 李大师一生饱经战乱而屡受颠沛，所以渴望安定，将反映统一作为主题思想注入史著是很自然的。作为儿子的李延寿也切实贯彻了李大师的主题思想，其举措就是分别框定北朝和南朝的架构，以确立北朝和南朝的历史系统，及具体改正"南书谓北为'索虏'，北书指南为'岛夷'"的"失实"。不仅如此，他还认真地将李大师反对"分隔"的主题思想写入《序传》。

李大师虽然含恨而终，但是他的意愿被李延寿继承下来。唐朝贞观之初李延寿曾在中书侍郎颜师古及给事中孔颖达手下整理文献，贞观五年（631）以内忧去职，服丧期满后一度从官蜀中。贞观十五年，李延寿在

---

① 《北史》卷100《序传》。

京师补得东宫典膳丞、崇贤馆学士的职位，后来转任御史台主簿，迁符玺郎，兼修国史。① 由于父亲在政治上跌宕坎坷，李延寿在仕途上难以扶摇直上，但是凭借他在文案方面孜孜不倦的辛劳，也不断获得缓步迁转的机会，这在客观上为他完成父亲的未竟事业提供了有利的条件。

李大师与李延寿，前者经历了隋末动荡不安的割据局面，体会过分裂的痛苦，后者安享到唐初安定和谐的政治环境，感受到统一的幸运，他们分别从反面与正面理解到统一的重大意义。因此父亲会提出反对"分隔"的观念，儿子能够贯彻父亲的意愿。关于南北朝的历史，在李延寿之前已经有了八书，但是这些著作都局限于以一个王朝为撰述对象。李延寿将《宋书》《南齐书》《梁书》《陈书》统编成《南史》，于是南方四朝合成一个整体；又将《魏书》《北齐书》《周书》《隋书》统编成《北史》，于是北方四朝合为一个整体。在此基础上将《南史》和《北史》联合看待，于是南北朝虽分而犹合。值得注意的是，《南史》与《北史》虽然可以合称为南北史，但是其重心在北而不在南。这样的意识，不仅体现在《北史》比《南史》的内容更加丰富，而且还在于李延寿的笔触能够让读者感悟到《北史》反映的北朝历史是整个南北朝历史发展的主导。

还要说明的是，后人通常将南北史置于二十四史的纵向系统看待，它们属于断代史；然而，从其涵盖整个南北朝的发展历程考察，二书都具有通史的性质。尤其是《北史》，如果不站在汉族的立场看待，而是转换一个角度，站在拓跋部的立场看待，它简直就是一部体例完备的拓跋通史。

拓跋部以大兴安岭渔猎时代为开端，历盛乐时代、平城时代而发达，经洛阳时代进入高潮，至东、西两魏分裂而衰灭，到隋朝便融于中华民族大家庭中。拓跋部的汉化过程，既是北方各族大融合过程的主导，也是北朝政治大一统的主导。因此，刻画出拓跋部兴衰的轨迹，也就突显了北朝发展的主线。然而，主导如此恢宏过程的部族，最初却居处最为偏远落后的地方，所以记录它的兴衰事迹难免会遭受困难与挫折，通过邓渊、崔浩、魏收和李延寿相继付出心血乃至身家性命，陆续撰写出相应的史著，才最终合编成为《北史》一书。必须承认，北朝历经曲折而走向统一的规律原本就客观存在，而且已经在其他正史及文献中有所反映，不过，那只是局部的或侧面的记载，经过全面系统的整合，才最终理清历史发展脉

① 《北史》卷100《序传》；《新唐书》卷102《李延寿传》。

络，显示出民族融合趋势，体现了统一方向。李大师能够洞察统一趋势，李延寿能够体现统一走向，说明只有生活在大一统的唐代才能够冷静地回顾历史进程。体现统一的趋向无疑是《北史》重大的贡献，它是站在前人肩膀上取得的成果，也为后世史家发现北朝时代的价值铺垫了基础。

不过，历史的现象是复杂多元的，史家的观念也各有差异。父与子处于不同的时代，看待问题的重点会有区别，出身乱世的父亲尤其关注社会统一，身处治世的儿子心中还具有更为关切的历史现象，这也很自然。

三、门阀士族虽败，宗族组织犹存

虽然历史著作的表述对象是已经逝去的社会，但是它会或多或少受到编撰者所处时代的影响甚至制约。谢保成先生所著《隋唐五代史学》之中列有专门章节，将南北史的编撰事业置于李延寿所处的唐初政治背景下考察，认为二书的主题思想在于"适应着太宗晚年和高宗初年最高统治集团内部关系调整的需要"[1]，进而指出，与李大师的主题思想有所不同，统一不是李延寿关注的问题。为此，他解释道：

> 李延寿改变李大师的初衷，固然是一种遗憾。但是，统一南北的问题，在李大师的一生，可以说是时代的中心议题，而到李延寿时已不再是什么问题了，何必一定要把上辈人的议题强加到李延寿身上呢？[2]

的确，李延寿生活的时代，隋朝早已将南北统一，唐朝也安定了数十年，统一并非当时社会迫切追求之目标，谢保成先生的解释是合理的。由于李延寿与父亲李大师身处于不同的时代，思想观念自然会有差异，落实到编撰南北史上就会抱着不同的主题思想，而不同的主题思想则会影响体例的制定。

事实正是如此，最初李大师确立的是仿照《吴越春秋》的编年体，而李延寿实际运用的却是纪传体。为此谢保成先生分析道：

---

① 谢保成：《隋唐五代史学》第 3 章第 2 节，商务印书馆 2007 年版，第 92 页。
② 《隋唐五代史学》，第 85 页。

编年史，以时间先后编次，对于分裂的各政权，虽然有谁为"正统"的问题，但其叙事必须打破政权界限，"同年同事"，易于发挥统一的历史思想。纪传史，以人物为中心，即以一个个的帝王为中心，实际上是以政权为中心。同时并存的政权，只能分别叙述，难以贯彻统一的历史思想。①

相比而言，编年体比纪传体更能体现统一观念，而李延寿却采用后者而非前者，谢保成先生的解释具有说服力。

　　李延寿所处的初唐时代与他表述的北朝历史系统之间，既有割不断的联系又相互存在差异，这是历史著作中普遍存在的现实与历史之间的对立统一关系。历史著作的作者都要面临自身所处环境与其表述对象在时代上的差异与联系问题，这是历史著作与纪实文学的根本区别。历史是广泛而深远的，它呈现为多种多样的现象，反映着复杂演变的规律。可是，由于受到文字的限制，历史著作难以面面俱到地描述所有历史现象，无法充分地显示所有历史规律，只能呈现历史规律的若干方面或者某个方面；即使能够呈现历史规律的多个方面，其中也必然有主有次。又因为受到作者自身所处时代的局限，历史著作的作者自然会较多地关注历史现象的某些方面或者历史规律的某个方面。那些受到较多关注的历史现象和历史规律，就会成为历史著述者的主题思想，并且影响其编辑体例的确定。

　　那么，李延寿编写《北史》的主题思想是什么呢？结合唐初的政治形势，谢保成先生认为在于突出门阀士族。他指出：

　　　　李延寿修撰南、北二史之初，正是关陇贵族得势之际。李延寿的先祖，在北魏、北齐时是陇西世家大族，隋末唐初家道没落，入唐以后地位完全丧失。但关陇贵族在朝中得势，其本人又受到信用。……在关陇贵族势力取得对寒族官僚势力第一个回合的胜利之后，更需要突出门阀士族的地位。因此，李延寿就自然而然地改变了其父"编年以备南北"的遗志，选择了纪传体这一形式。②

---

① 《隋唐五代史学》，第83页。
② 《隋唐五代史学》，第84页。

简而言之，由于以长孙无忌为首的关陇贵族受到朝廷的倚重，"需要突出门阀士族的地位"，出身陇西的李延寿最终改变其父确定的体例，选择了纪传体的编撰形式。

纪传体是司马迁创立的体例，刘知几指出南、北二史"皆《史记》之流也"，已经注意到二书对司马迁的继承。纪传体发展到极致的地步，就形成家传体例。所谓家传，就是按照家族世系编次列传的意思，这正是李延寿用以编撰《北史》的体例。《四库全书总目》卷46史部二·正史类二·北史一百卷解释道：

> 考延寿之叙次《列传》，先以魏宗室诸王，次以魏臣，又次以齐宗室，及齐臣，下逮周、隋，莫不皆然。凡以勒一朝始末，限断分明。乃独于一二高门，自乱其例，深所未安。至于杨素父子，有关隋室兴亡，以其系出宏农，遂附见魏臣《杨敷传》后。又魏收及魏长贤诸人，本非父子兄弟，以其同为魏姓，遂合为一卷，尤为舛迕。观延寿《叙例》，凡累代相承者皆谓之家传。岂知家传之体不当施于国史哉。①

上述对于家传体例的解释是准确的。不过，四库馆臣激烈反对李延寿采用这种体例，所以接着就声称：

> 惟其以姓为类，分卷无法。《南史》以王、谢分支，《北史》亦以崔、卢系派。故家世族，一例连书。览其姓名，则同为父子；稽其朝代，则各有君臣。参错混淆，殆难辨别。

究其深为不满的根本原因，在于家传体例是为"故家世族"服务的。

李延寿的用心的确如此，因为还能提出两条理由作为佐证。其一，北魏最著名的汉族大臣崔浩和李冲的传记，在《魏书》中单独列于第35卷和第53卷；但是在《北史》中它们被收入第21卷和第100卷，分别附于崔宏和李暠名下。《魏书》那样做突显了个人，《北史》这样做则意在光宗耀祖。其二，如上节所述，在编撰《北史》时被李延寿删除的内容，

---

① 〔清〕永瑢等：《四库全书总目》，第409页。

主要是八书本纪中的诏令与册文；被李延寿削减的内容，则是八书列传中的奏议或敕文。这些文字大多与各国政令密切相关，删除或削减后会有损对政治制度的理解，却毫不影响对"故家世族"的彰显。

家传被四库馆臣斥为"不当施于国史"，这类国史是指为某个政权编撰的史书，对此家传可能不适合，然而这样的体例恰恰适合于框定诸多分裂政权的北朝历史系统，因为许多"故家世族"的世系是跨越两个甚至多个政权的。而且，家传体例并不始于南北史，陈仲安先生在《北史》中华书局版的《出版说明》中写道：

> 南北史的一个显著特点是突出门阀士族的地位。它用家传形式，按世系而不按时代先后编次列传，一姓一族的人物，集中在一起，因此开卷就使人感到世家大族的特殊地位。这种编纂方法并不开始于李延寿。刘宋时，何法盛著《晋中兴书》，就有《琅邪王录》《陈郡谢录》等篇名，就是将东晋大族王、谢两家的人物集中为传。北齐魏收著《魏书》，也是参用家传形式。
>
> 但《魏书》对大族中的重要人物还是抽出来单独立传，南北史则凡是子孙都附于父祖传下，因此家传的特征更为突出。这不仅是方法问题，而是南北朝时期社会现实的反映。[1]

将突出家传的特征看成南北朝时期社会现实的反映，实为一语中的之论断。

陈仲安先生还解释道：

> 唐朝初年编纂梁、陈、北齐、周、隋五代史，对"朝廷贵臣，必父祖有传"，也是要把新贵和旧门阀联系起来，从而恢复旧门阀的政治地位。出身陇西大族的李延寿就是在这种时代背景下写成南北史的，他之所以要采用家传形式来编次列传，实际上就是为门阀士族的复辟迷梦制造舆论。[2]

---

[1] 《出版说明》，《北史》，中华书局 1974 年版。
[2] 《出版说明》，《北史》，中华书局 1974 年版。

家传体例在唐朝初期具有现实意义，那就是将新贵族和旧门阀结合起来，以夯实统治根基。这样的论断是准确的，只是"为门阀士族的复辟迷梦制造舆论"这句话却颇具有二十世纪六七十年代的风格，那应该是陈仲安先生迫于当时严峻批判传统文化的气氛之下不得不如此写作而已。所以，在新版的《出版说明》中，就删去了"他之所以要采用家传形式来编次列传，实际上就是为门阀士族的复辟迷梦制造舆论"等字。① 然而，这句话的风格虽然不妥，主旨却非不当，因为恰恰道明了李延寿编撰《北史》的主题思想，那就是突出门阀士族。

但是，李延寿向《北史》注入突出门阀士族的主题思想，并不意味他摒弃了李大师追求统一的主题思想，因为二者都是北朝历史系统中突出的现象，并不存在非此即彼的冲突，它们能够融入同一作品中形成复合型的主题。换言之，若从审视主题思想的角度出发，由于《北史》包含的内容广博，它的指归可以是双重的，甚至多义的。何况，父子两人的主题思想其实是相得益彰的，因为运用家传体例利于打破前后左右各王朝之间的界限，从而将北朝清晰地显示为一个统一的整体。不仅如此，由于家传体例拉紧了北朝旧门与唐朝新贵的关系，也便于向人们提示北朝与唐朝的有机联系。

不过，令人遗憾的是，当李延寿接手编撰南北史之际，社会的统一已经实现，李大师的主题思想不再是时代的主旋律了；更加令人遗憾的是，当李延寿花了十六年时间写完南北史之时，政治形势又发生深刻变化，寒族官僚战胜关陇贵族，随着长孙无忌被杀，门阀士族陡然失势，李延寿要表达的主题思想竟然也过时了。结果正如谢保成先生指出的那样，李延寿向唐高宗呈上南北史时，其表文的"撰述宗旨变得笼统、模糊"。② 噫！作品不能应时，正是史家常常面临的冷酷现实。

历史著作从来都是令人遗憾的产品，因为它总是赶不上形势的变化；但是历史著作总有不遗憾之处，它会留下令人久久珍视的精神财富。社会的统一虽然不再是唐朝讨论的主题，却永远是中华民族团结和谐的保障；门阀士族虽然成为历史陈物，作为其基础的宗族组织却未曾消逝。由于李延寿采用家传体例，他撰写的纪传几乎都以宗族的形式出现，而且那时的

---

① 《出版说明》，《北史》，中华书局2011年版。
② 谢保成：《隋唐五代史学》，第84页。

宗族普遍具有迁徙移植的记载，因此《北史》就包含着突显北朝历史系统中众多经历颠沛磨炼却仍顽强发展的宗族之作用。虽然那些不屈不挠地求取生存发展的宗族都化作了历史记载，但是作为社会组织的骨干形式，宗族一直伴随着中华民族而发展至今。

宗族的源头可以追溯到原始社会末期的父系家长制大家庭。父系家长制大家庭经过春秋战国和秦汉时代的漫长历程，逐步发展成封建的宗族组织。古代汉族的社会结构就是由众多大大小小的宗族组织结合形成的。宗族之下有家族，家族由若干个家庭组成。从家庭到家族，主要以血缘为纽带来维系。从家族到宗族的发展，虽然生育能力依旧是基本的因素，但是经济利益、政治地位、道德与文化传统等因素会渐次掺入。这是因为在封建社会里，宗族往往要承担起组织生产、抵御外敌、联络社会和扩大影响的责任，在战乱时期更是如此。宗族愈是发展，非生育的因素就会愈多地掺入。在宗族内部，虽然血缘关系是不可缺少的维系纽带，但是以亲疏、长幼以及婚姻为区分的标志只是表象，以贵贱为等级划分的宗法礼制才是宗族成员受到约束的根本准则。宗族发展到相当程度之后，就会以物资交换、官宦提携、师友相从等经济、政治与文化的关系与其他宗族相勾连，在外部结成盘根错节的社会关系。种种复杂的社会关系将众多大大小小的宗族联络起来，就形成族群乃至民族。

由于汉民族以农业生产为主业，从家庭、家族到宗族都被吸附在一定范围的土地上。到秦汉时代，整个汉民族就都依托于黄河中下游的广袤区域内。其中，具有经济实力和武装势力而能左右一定地域范围的宗族称为强宗豪右，延续多世而盘根错节的宗族称为世家大族，在朝廷及地方占据相当政治地位的宗族称为士族，富有社会影响与文化传统的宗族称为门阀。在统一时代，作为汉民族的子民，不同姓氏的大小宗族相互交错地生活与生产，能够形成彼此牵制和协调的格局，起到安定社会和发展民族的作用。然而，一旦遇到强大的异族攻击，致使代表民族利益的政权崩溃，原本稳定的宗族分布格局就被彻底打破，广大民众不得不背井离乡而四散奔溃。西晋末年八王之乱以后的形势就是如此。

八王之乱招致匈奴、鲜卑、羯、氐、羌等五胡南下，打破了黄河中下游的安定，致使汉族为主导的帝国大厦崩溃，于是社会动荡不安，割据政权林立中原，这个历史阶段史称十六国时代。在五胡骑兵的冲击下，不断发生以汉族为主的大规模移民运动。汉族移民从中原向周边迁徙，人们南渡长江，北出河套，东抵辽河，甚至往西穿越河西走廊，远达西域。激烈的战乱破坏了社会的安定，却不易撕裂民众的血缘，难以打破旧有的宗族关系，于是依靠血缘胶结起来的宗族就成为移民赖以庇护的社会组织。在战乱接连不断的形势下，移民运动接踵出现，犹如大海的波涛一浪接着一浪，此时的各支宗族好比是海中扁舟，承载着共济的民众而随波逐流。在汉族移民浪潮波及的地区，那些自然条件适宜的地点就成为移民扁舟停泊的港湾，逐渐发展成新的人口聚集地。

在新的人口聚集地，宗族尤其能显示有力的凝聚作用。这是因为血缘虽然是人类之间最亲近的关系，但是相对脆弱，作为社会细胞的五口之家难以长久地单线承续下去；而在家族和宗族之内，则捆绑着若干个家庭，血脉同时断裂的或然率较小，所以不仅能不断延续，而且会相应发展。换言之，在社会结构中，相对稳固的是家族与宗族。当社会陷入长期战乱时，由于宗族组织的规模较大，因此比家族组织更能应对动乱的局面。尤其在被迫脱离原有土地之际，宗族能够承担起领导迁徙的职能，并且在新的土地上组织生产和安顿生息，以利分蘖成更加旺盛的宗族。这样，新的聚居地点就陆续被开垦成农耕区域。在新的农耕区域上，利用集体的辛勤劳作，营造生存、繁衍的良好环境。于是，不少宗族在当地发展成新的强宗豪右，甚至新的世家大族。

与汉族移民向周边奔溃的方向相反，原先游牧于周边草原的少数民族则涌向中原。南匈奴率先沿黄土高原南下建立汉国，继而羯族与氐族相继兴起，先后建立后赵与前秦政权。前秦逐个消灭割据势力，将整个北方归辖于一统，然而却在淝水之战中败于东晋，继而分崩离析。于是，黄河流域陷入十六国后期诸政权与新兴的北魏王朝争霸的局面。各族割据政权为了巩固统治而纷纷掠夺劳力与物资，在中原大地掀起更大的移民浪潮。不过，此次移民浪潮呈现出较前不同的规律，被迁徙的民众虽然仍以汉族为主，但也不乏各类少数民族；民众不再从中原往周边扩散，而是向各割据政权的都城集中。由于北魏王朝最为强劲，因此移民浪潮的最大流向趋向其国都平城。特别是在后燕、北燕和北凉相继败灭于北魏之后，原居河北平原、辽河谷地和河西走廊的大批汉族民众被强行迁徙到平城，形成北朝历史系统中三次规模巨大的移民高潮。三大移民高潮过后，平城人口迅速超过百万，成为北方最大的都市。北魏的经济随之繁荣起来，经济繁荣促进民生安定，安定局面促进民族融合，于是太和年间掀起著名的汉化改制和迁都运动。随着国都南移，数十万人口浩浩荡荡地从平城来到洛阳。经过二百余年的大轮回之后，众多汉族移民的后裔返回中原故土，分蘖到异乡他国的宗族又移植回来了。此时的人口都是新生代的，但是其姓氏不变，籍贯依旧。

北魏之后，北方出现东西分裂的局面，于是又掀起大规模的人口迁徙浪潮。其特点是，往西向长安靠拢，往东在邺城集中。但与此前相比，迁徙的路程较短，范围较小。此后，北方还曾经历三次大的战乱，先是北齐与北周之间拉锯式战争，后有隋朝大举征伐高丽，随之是此起彼伏的农民起义。这些战乱虽然也都引起汹涌的移民浪潮，然而历时稍短，可以视为此前大轮回式移民的余波。随着余波消退，大唐盛世的序幕徐徐拉开。

综上所述，北朝历史系统最显著的特点，就是整个社会此起彼伏地掀起历时弥久的移民浪潮，其间广布着众多随波沉浮的宗族。大量民众不断以宗族为单元而迁徙，又以宗族为单元重新开辟家园，这些迁徙的宗族成为《北史》记载的主要内容。其中许多典型的宗族被李延寿运用家传体例突显出来。这些宗族得以生存与发展，取决于它们面临的外因和自身具备的内因。外因就是本节所述的西晋以降特别是北朝历史系统下不断大移民的客观形势，内因则是下节要表述的宗族在农耕、武备、政治、道德以及文化方面的作为。

四、经历流离颠沛，得以生存发展

历观《北史》中记载的北方宗族，普遍具有迁徙经历，限于篇幅只能列举河北李氏、崔氏与陇西李氏三支宗族作为代表。这三支宗族迁徙的距离或近或远，为时或短或长，各自的经历均具有个性；但是，它们都曾在流离中谋求生存，在颠沛中顽强发展，从它们的迁徙实践之中能够提炼出共性。分析其中共性，就能归纳北朝历史系统中宗族发展的普遍规律。由于三例之中有两家都姓李，为了不致混淆，按照各自迁徙的区域特色分别称作河北李氏和陇西李氏。

第一例：河北李氏宗族

仕于北魏太武帝朝至文成帝朝的李灵是平棘县人，其孙李显甫率领宗族迁徙到邻近的殷州。《北史》卷33《李灵传附李显甫传》记载：

集诸李数千家于殷州西山，开李鱼川方五六十里居之。显甫为其宗主。

平棘县是赵郡治所，① 位于今河北省赵县赵州镇。殷州治所在广阿县，位于今河北省隆尧县隆尧镇，② 此处所谓西山应位于隆尧镇西。据此推断，平棘县与殷州西山相距不超过 100 公里。相对而言，李氏宗族的迁徙是短距离的位移。西山之下这片土地被取名为李鱼川，表明那里是繁衍李氏宗族的宜农宜渔之风水宝地。

到李显甫之子李元忠这一辈，李氏宗族在李鱼川一带已有很大影响。《北史》卷33《李显甫传附李元忠传》记载：

（北魏）孝庄时，盗贼蜂起，清河有五百人西戍，还经南赵郡，以路梗，共投元忠，奉绢千余匹。元忠唯受一匹，杀五牛以食之，遣奴为导，曰："若逢贼，但道李元忠遣。"如言，贼皆舍避。

由李元忠俨然一副地方霸主的架势来看，仅仅经过两代的经营，李氏宗族就已成为新居地的强宗豪右了。

当局势发生激烈变化时，李元忠便利用宗族势力从事政治投机。《李元忠传》接着记载：

会齐神武（高欢）东出，元忠便乘露车载素筝浊酒以奉迎。神武闻其酒客，未即见之。元忠下车独坐，酌酒擘脯食之，谓门者曰："本言公招延俊杰，今闻国士到门，不能吐哺辍洗，其人可知。还吾刺，勿复通也。"门者以告，神武遽见之。引入，觞再行，元忠车上取筝鼓之，长歌慷慨。……元忠进纵横之策，深见嘉纳。……时殷州刺史尔朱羽生阻兵据州，元忠聚众与大军禽斩之。神武即令行殷州事。累迁太常卿、殷州大中正。

---

① 施和金：《北齐地理志》卷1《河北地区（上）》之五赵州赵郡平棘县条，中华书局2008年版，第80页。

② 《北齐地理志》卷1《河北地区（上）》之五赵州南赵郡广阿县条，第86-87页。

李元忠的政治投机能够获得成功，不仅因为善于适时钻营，更在于有强大的宗族可以凭借。依赖宗族势力，不但李元忠个人成为支持高欢集团勃兴的重要人物，李元忠的同宗子侄辈也纷纷沾光，不少人显赫于东魏、北齐乃至隋朝。因此，在《北史》卷 33 之末"史臣论"曰：

> 各能克广门业，道风不殒，余庆之美，岂非此之谓乎！

　　就是这样，植根殷州的李氏宗族，通过扩大社会影响而发展成为强宗豪右，再借政治势力而上升为世家大族。这是北朝宗族之中一个成功移植他乡而获得充分发展的典型。
　　第二例：崔氏宗族
　　清河郡武城县的崔氏宗族是著名的世家大族，其成员崔宏曾经出仕后燕。北魏攻灭后燕，崔宏被魏军追获，随后被道武帝召到身边，任黄门侍郎。不久，道武帝将数十万后燕遗民强行迁徙至平城，其中就有崔宏之家。《北史》卷 21《崔宏传》记载了崔宏到达平城之后的情况：

> 迁吏部尚书，时命有司制官爵，撰朝仪，协音乐，定律令，申科禁，宏总而裁之，以为永式。及置八部大人，以拟八坐，宏通署三十六曹，如令、仆统事。深被信任，势倾朝廷。

崔宏位高权重，其宗族在平城迅速植根和兴旺成为必然。
　　崔宏之子崔浩，于道武帝朝起家，历仕明元帝朝和太武帝朝，皆获隆恩厚宠。《北史》卷 21 之末"史臣论"曰：

> （崔）浩才艺通博，究览天文，政事筹策，时莫之二，此其所以自比于子房焉。属明元为政之秋，太武经营之日，言听计从，宁廓区夏，遇既深矣，勤亦茂哉。

崔浩的才华与贡献确实堪比汉初刘邦的谋臣张良，但可惜居高位却不善收敛，终因编撰《国书》触犯禁忌而酿成祸难，不但自身被杀，甚至连累本家几乎灭族。幸有远亲崔宽相助，《北史》卷 21《崔宏传附崔宽传》记载：

> 初，（崔）宽通款见浩，浩与相齿次，厚存接之。及浩诛，以远
> 来疏族，独得不坐。遂家于武城，居司空（崔）林旧墟。以一子继
> 浩，与浩弟览妻封氏相奉如亲。

由于崔宽的移花接木，方使崔氏旧墟香火复燃。

崔宏父子经历约五百公里迁徙，从河北来到异族统治中心，受到重用而势倾朝廷，崔氏宗族因此成为北魏前期国都的显要门阀。然而，平城崔氏仅存两代就遭遇灭门之灾，是为先成功而后挫折的宗族例证。

第三例：陇西李氏宗族

李延寿以《北史·序传》的整卷篇幅给予自家宗族以详尽的记录，此外在《旧唐书》卷73《李延寿传》和《新唐书》卷102《李延寿传》等文献中也有相应的记载。《旧唐书》称李氏"本陇西著姓，世居相州"，《新唐书》只言李氏"世居相州"，而不言其出自"陇西著姓"。这些或繁或约的记载给后人留下了猜想的空间，不过对照各书而言，"陇西著姓"的时代已经接近北朝当世，而且自此以下的人物履历清晰可征，应属切实可信。

由前引《序传》得知，有名曰李柔者，仕西晋为相国从事中郎及北地太守。西晋末年战乱风起云涌，李柔从子李卓率领宗族投奔前凉国，李柔之子李弇跟随来到陇西姑臧。李弇历任前凉骁骑左监、天水太守，封安西亭侯，为李氏修成陇西著姓奠定基业。据此基业，李弇之孙李暠活动于敦煌、酒泉之间，创建起西凉国。不过，西凉国仅传两代三主就败灭于北凉国。国破家难之后，李暠之孙李宝流徙伊吾（今新疆维吾尔自治区哈密市境），臣于柔然。随后，李宝召集遗众二千，试图复兴祖业。时隔不久，北凉被北魏败灭，他趁机率众自伊吾南归敦煌。在修缮城府的同时，李宝又向北魏奉表归诚，因此被授予沙州牧、敦煌公等职爵，受命"仍镇敦煌"。李宝的长子李承也被赐爵姑臧侯。从李弇到李承，李氏经历六代发展成显赫宗族，号为"陇西著姓"真乃实至名归。

然而，李氏规复西凉祖业的宏图不久就遭破灭。太平真君五年（444），李宝抵北魏国都晋谒太武帝，遂被留在平城，拜为外都大官。于是，李氏宗族从河西移植到平城，李宝成为平城李氏的始祖。李氏宗族很能适应新的环境，又在平城发展起来。李宝生有六子，大多在文成帝以后诸朝就任要职。尤其是少子李冲，后来深得文明太后恩宠，担任中书令等

官位。李氏宗族也因此增光添彩，《序传》中的《李冲传》称：

> 冲家素清贫，于是室富。而谦以自牧，积而能散，近自姻族，逮
> 于乡间，莫不分及。虚己接物，垂念羁寒，衰旧沦屈由之跻叙者，亦
> 以多矣，时以此称之。

太和十八年（494）孝文帝将北魏国都迁往洛阳，李冲被孝文帝委以营构之任，担当起洛阳新都的规划者。作为新的国都，洛阳不仅恢复昔日繁荣景象，而且取代长安成为天下中心。李氏宗族趁着北魏政权南迁的大好形势荣耀地返回中原，在李冲权势的庇荫下，李家"显贵门族，荣益六姻，兄弟子侄，皆有官爵"，成为在异族国都兴旺的汉族新贵。

李冲去世后，李氏尚能维持不衰的局面。李冲之侄李韶在宣武帝朝参定朝仪律令，到孝明帝朝官至礼部尚书。李韶三弟李虔，在孝文帝朝与宣武帝朝历任刺史，在孝庄帝朝官至骠骑大将军。李虔第四子李晓博涉经史，然而生逢北魏末世，命运遂多乖蹇。

北魏南迁之后一度呈现昌盛景象，但是繁荣的洛阳成为贵族腐败的温床，促使新的民族矛盾和文化冲突纠结起来，终于酿成六镇暴乱。北魏武泰元年（528）契胡首领尔朱荣乘乱攻入洛阳，随后在附近的河阴（今河南省孟津县境）肆意屠戮鲜卑王公与汉族官僚。李晓的三位兄长都死于河阴之变，李晓携诸子侄侥幸脱逃。北魏在内耗与外争中分裂成东、西两魏，李晓随从东魏朝廷来到邺城，此后投奔母舅崔陵，寓居其清河的乡宅。[1] 清河郡在北魏时属于相州管辖，《旧唐书》与《新唐书》皆云李氏"世居相州"，所指应该是这个时期的李氏宗族，其始祖则为李晓。

李晓次子李超在北齐官至晋州别驾。不幸的是，李超到任不久，晋州就遭北周大军围攻。寻而城破，[2] 李超被俘。李超无意与新朝合作，情愿归还乡里。隋朝取代周朝后，李超被召补洛州主簿，但因反应消极而左降为隆州录事参军。李超视官场蔑如，称疾返归乡里，以琴书自娱。此后，朝廷还曾除授李超清江令、洛阳令等职，李超则屡以疾病为由辞返归家，

---

① 《北史》卷100《序传》。

② 晋州治所在白马城，位于今山西省临汾市东北。施和金：《北齐地理志》卷2《河北地区（下）》三七晋州平阳郡平阳县条，第229－231页。

最终病故于洛阳永康里宅。① 李超是一位品德正派而不谋权势的士人，这对于子孙的品性能带来正面影响，但他们的仕途则不一定顺利。李超的长子就是李延寿的父亲李大师。

李氏宗族于西晋末年离开中原，辗转于河西的姑臧、酒泉、敦煌以及西域的伊吾，发展成为陇西著姓；李氏宗族在北魏太武帝朝东迁平城，在孝文帝朝南迁洛阳，此后又随东魏迁往邺城，寄居于清河崔氏，成为世居相州的名门；其间颠沛数千公里而流离半个中国。至北齐、北周以至隋朝，李氏宗族依旧不得安定，但是迁徙范围显著缩小。直到李延寿这一辈，适逢盛唐天下太平，李氏宗族得以安居中原。经过将近三个半世纪的辗转迁徙，李氏宗族竟能屡经沉浮而不灭，真可谓战乱频仍中顽强发展的典型。

两家李氏和一家崔氏是所处时空截然不同的三件案例。三家宗族的经历看似不同，却包含着共性，它们都曾在艰辛的迁徙与开发中创基立业，也都借助武功或政治提升社会地位，还都经培养道德与涵养文化以绵延影响。以下逐次分析之。

其一，在艰辛的迁徙与开发中创基立业。

三家宗族的迁徙距离，近者百公里内，中者约五百公里，远者数千公里开外，无论远近都经历过许多艰难。《北史》卷21《崔宏传》中对崔家途经恒山的情景略有记载：

> 还次恒岭，帝亲登山顶，抚慰新人，适遇宏扶老母登岭，赐以牛米。因诏诸徙人不能自进者，给以车牛。

这段扶母登岭的记载，原本是为了表彰崔宏的孝心和道武帝的礼贤，但也因此透露出此次旅途的险阻。崔宏离开河北时已经任职黄门侍郎，在迁徙途中尚且会陷入窘困之状，不难推想一般宗族成员在旅途中的辛苦。

崔氏宗族徙居平城之后，虽有位居高官的崔宏佑庇，但人生地疏也不免陷入拮据状态。崔浩在自撰的《食经序》中叙述道：

> 昔遭丧乱，饥馑仍臻，馔蔬糊口，不能具其物用，十余年间，不

① 《北史》卷100《序传·李超传》。

复备设。先姚虑久废忘，后生无所知见，而少不习书，乃占授为九篇。……亲没之后，遇国龙兴之会，平暴除乱，拓定四方。余备位台铉，与参大谋，赏获丰厚，牛羊盖泽，赀累巨万，衣则重锦，食则粱肉。远惟平生，思季路负米之时，不可复得。[①]

文中崔浩自诉"遇国龙兴之会，平暴除乱，拓定四方"，此述虽为概言北魏初期征战的举动，也未尝不是自诩"与参大谋"的功劳和对"赏获丰厚"的得意。不过，他也有所自警，想到当初自家曾有过"饥馑仍臻"的惨状。这个所谓"昔遭丧乱"的阶段，正是崔氏宗族迁往平城之初，那时崔浩之母尚健在。然而写《食经序》之时已在"亲没之后"，因此崔浩深为感慨。从而想到，崔家从仅得以"馐蔬糊口"的窘况转变为拥有"牛羊盖泽，赀累巨万"的富足产业，虽然得益于朝廷的丰厚赏赐，但也离不开谨慎的行事和辛勤的操持，所以决不可以忘却当初，因为创业实在是不容易的。

河北李氏迁徙距离较近，且仍在华北平原，途中不会像崔氏那样艰难。不过，李氏开辟新家园也非易事。赵郡平棘位于太行山东麓冲积平原，殷州西山为丘陵坡地，其间环境变化不小。李氏宗族必须披荆斩棘，方能辟出良田清塘，付出的辛劳必然巨大。

陇西李氏经历千里跋涉，肯定饱尝艰辛，重建家园亦必劳苦。只是最初在河西创业的经历不见具体描述，好在其再创相州家业的事迹略有撰述，也有表明创业不易的意义。《序传·李晓传》具体描述，李晓获得崔陵所赠良田三十顷，"遂筑室居焉"。李晓投奔舅氏而寄人篱下，其生活与精神压力可想而知。虽有良田资助，也须组织族人筑室架屋，还要经年辛勤耕耘，方能再次植稳宗族根基。

要之，三支宗族无疑都曾有过困苦迁徙与艰辛创业的经历。

其二，借助武功或政治以提升社会地位。

为了保护农耕收获和保卫新建居所，必须建立武备，河北李氏是这方面的代表。《北史》卷33《李元忠传》不但称赞李元忠一向"骑射不废"，而且刻意描绘了他的弹射之功：

---

① 《北史》卷21《崔宏传附崔浩传》。

性甚工弹，弹桐叶常出一孔，掷枣栗而弹之十中七八。尝从文襄（高洋）入谒魏帝，有枭鸣殿上。文襄命元忠弹之，问得几丸而落。对曰："一丸奉至尊威灵，一丸承大将军意气，两丸足矣！"如其言而落之。

李元忠出色的弹射之功具有强劲的震慑威力，这是他最初号召宗族起事和后来炫耀于朝廷的资本。

在《北史》的记载中，李元忠是成功组织和利用宗族武装的范例。李元忠凭借宗族武装，在激烈的战乱中保护了宗族居地，在动荡的政局中投靠了兴起于北边六镇的高欢，襄助高氏集团创立起北齐政权，自己也因此获得崇高的官位。当然，李元忠之所以能够成功，客观上也由于兴起于北边六镇的高欢集团需要李元忠这样的宗族势力给予支持。《李元忠传》记载：

每宴席论旧事，元忠曰："昔日建义，轰轰大乐，比来寂寥无人问，更欲觅建义处。"神武（高欢）抚掌笑曰："此人逼我起兵。"赐白马一匹。元忠戏曰："若不与侍中，当更觅建义处。"神武曰："建义不虑无，止畏如此老翁不可遇耳。"元忠曰："止为此翁难遇，所以不去。"因将神武须大笑。神武悉其雅意，深重之。……征拜侍中。

两人追忆旧事的调侃，恰到好处地表明高欢与李元忠之间在政治上相互利用的关系，这是河北李氏宗族能够与北齐王朝俱荣的根本原因。

与河北李氏相比，陇西李氏经历了起伏不定的政治沉浮。最初前往河西的李弇，只是依附于从兄李卓的青年，后来受到前凉国主张骏器重，《序传·李弇传》记载：

弇本名良，妻姓梁氏。张骏谓弇曰："卿名良，妻又姓梁，令子孙何以目其舅氏？昔耿弇以弱年立功，启中兴之业，吾方赖卿，有同耿氏。"乃使名弇。

张骏希望李弇仿效东汉名将耿弇，说明李弇一定具有不凡的武略功底。事实证明，正是依仗武略，李弇建立起适应新环境和繁衍宗族的基业，李弇之孙李暠进而将家族发展成陇西著姓，而且创建起西凉国。

正当陇西李氏蒸蒸日上之际，岂料形势逆转，西凉国败灭于北凉国。不久，北凉国的灭亡给了李暠之孙李宝复国兴家的机会，然而北魏却迫使李氏脱离旧的根基，将其移植平城。幸亏李冲适逢北魏盛世，得以施展政治宏图，令李氏宗族再次发达。又岂料河阴之变终使李氏宗族一蹶不振，东魏、北齐之时不得不依附于清河崔陵，勉强维持"世居相州"的状态。此后李氏子孙祸福不时，宗族跌宕起伏，又与北周及隋唐间的动乱局面密切相关。

如前已述，与两支李氏宗族不同，崔氏是依靠谨慎从政而平步青云的。《北史》卷21《崔宏传》记载：

> 约俭自居，不营产业，家徒四壁，出无车乘，朝晡步上。母年七十，供养无重膳。帝闻益重之，厚加馈赐，时人亦或讥其过约，而宏居之愈甚。

细细品味"帝闻益重之"等语，让人隐约感到其实崔宏未必深被朝廷信任。对此《魏书》卷24《崔玄伯传》中也有文字大体相同的记载，但在"（道武）帝闻益重之"之下多出"尝使人密察"五字。这五字其实至关重要，因为它透露出像崔宏这样位高权重的汉族士人尚且处于北魏朝廷严密监视之下的信息，表明拓跋氏高层统治者对归诚的汉族士人并不完全信任。

投身政治是迅速提升宗族地位的机会，但也包含巨大风险。崔宏一贯谨小慎微，总算平安通过种种密察而获得道武帝的尊重。其子崔浩仕途顺利，竟然忘记自己写下的"思季路负米之时"，不幸惹下国史之狱。崔浩惨遭杀戮的根本原因在于，此际北魏社会中民族冲突尚处在方兴未艾的阶段，民族关系十分敏感，他却行事忘乎所以，不慎牵动了这条敏感的神经。

要之，借助政治以发展，是迅速提升宗族社会地位的捷径，但也难免因政局变化受到制约乃至挫折。欲令宗族绵延久长，根本在于涵养文化。

其三，培养道德与涵养文化以绵延影响。

培养道德与涵养文化属于精神层面的提升，与经济实力、武功本领、政治韬略乃至生育能力等因素相比，对宗族的发展更具有持久效应。

《李元忠传》记载：

> 初，元忠以母多患，专心医药，遂善方技。性仁恕，无贵贱皆为救疗。家素富，在乡多有出贷求利，元忠焚契免责，乡人甚敬之。

李元忠焚契免责事件令人联想到战国时代冯谖为孟尝君"烧券市义"的典故，[①] 表明他仗义疏财的作风并非与生俱来，而是刻意效仿古代君子的义举。对德行的如此追求，无疑是在与族人共同创业中培养起来的。

高尚的德行能够受到族人的尊敬，也会影响后代，《北史》卷33《李元忠传附法行传》记载：

> （李元忠女）曰法行，幼好道，截指自誓不嫁，遂为尼。……齐亡后，遭时大俭，施糜粥于路。异母弟宗侃与族人孝衡争地相毁，尼曰："我有地，二家欲得者，任来取之，何为轻致忿讼？"宗侃等惭，遂让为闲田。

法行的义举或许有佛教思想的影响，不过也与其父的品性相承不悖。

河北李氏的道德与文化呈现为随宗族的发展而逐步提升的态势。《李显甫传》称赞李显甫豪侠知名，却只字不提其文化程度，应是这方面乏善可陈。李元忠与其父趣向已有差异，能"粗览书史及阴阳术数"，不过依旧不脱尚武风格。他在母丧之时虽然悲痛哭泣，却肆意饮酒，还曰"礼岂为我"，[②] 流露出他与传统礼仪的隔膜。

可是李元忠的豪侠性格和尚武精神并未遗传给儿子李搔。李搔不尚骑射，却酷爱艺术。《李元忠传附李搔传》记载：

> 搔字德沈，少聪敏，有才艺。曾采诸声，别造一器，号曰八弦，时人称有思理。武定末，自丞相记室除河内太守。居数载，流人尽

---

① 《战国策》（上）卷11《齐策四》"齐人有冯谖者"条。参见〔西汉〕刘向集录，〔南宋〕姚宏、鲍彪注《战国策》，上海古籍出版社2015年版，第228页。

② 《北史》卷33《李灵传附李元忠传》。

复。代至，将还都，父老号泣，追送二百余里，生为立碑。终于仪
曹郎。

李搔年少时别有情趣，与父亲的杀伐气势迥然不同。后来他成长为文治良
吏，于东魏武定年间（543—550）出任河内太守，受到当地父老的爱戴。
仅仅相隔两代，就能培养出娴于文艺的人才和治理一方的官员，可见文化
对于士族门风的转变之效。

不同于河北李氏，植根平城的崔氏一直是恪守礼教的宗族，平时表现
为奉行节俭而力行孝道。如前所述，崔宏在"约俭自居"的同时能够做
到对母亲"供养无重膳"，然而此类举动却会受到朝廷密察，那是因为拓
跋氏高层统治者最初对汉族礼教尚不理解。但崔氏这样的名门一直以为只
有自己才占据着道德与文化的高地，因此最注重文物礼教和文化制度。所
以崔宏坚持论道"古人制作之体及往代废兴之由"，通过不懈的努力终于
获得道武帝的赏识。不过，崔宏并未依靠投机去争取政治地位，《北史》
卷21《崔宏传》称赞他"未尝謇谔忤旨"，但是"亦不谄谀苟容"，表现
了孤傲清高的品格。身在异族朝廷不得不察言观色，崔宏能做到不"苟
容"实在不易了。

至于崔宏之子崔浩，也是学问卓识而秉性正直的士人，他为编撰
《国书》献出了生命，是值得同情和惋惜的，不管其写作动机是否为了炫
耀文采，但毕竟表现了求真的高尚史德。《北史》卷21《崔宏传附崔浩
传》记载，"浩能为雅说"，"留心于制度科律及经术之言"。崔浩曾积极
为拓跋政权陈说"秦、汉变弊之迹"，促使其尽快适应汉族地区新的形
势。同时，他还努力将传统文化灌输给皇帝，将海内外人才推荐给朝廷，
推动北魏沿着汉化的方向发展。为此《崔浩传》总结道，"至于礼乐宪
章，皆归宗于浩"。崔浩在文化上的贡献显著超越前辈，只是拓跋统治者
并不明白失去他对于北魏是多么惨重的损失。隋唐制度渊源之第一文化因
素为北魏、北齐之源，清河崔氏是背负这方面文化的主要宗族，其代表人
物正是崔宏、崔浩父子。

陇西李氏宗族的漫长发展经历，也是不断磨砺品德和提高素养的过
程。精神境界的提升使该宗族涌现出许多杰出人物，此处只能略举几位。

陇西李氏先祖李弇展现了武将形象，但到他的孙子李暠这一辈就转向
文武兼修了。《序传·李暠传》称，李暠"遗腹而诞，祖母梁氏，亲加抚

育"，既"通涉经史，尤长文义"，又"颇习武艺，诵孙、吴兵法"。李暠能够发迹，与他文武兼修的风格密切相关。这样的风格被其孙李宝继承下来，进而培养出豁达的品格和团结的观念。《序传·李宝传》称，李宝"沈雅有度量，骁勇善抚接"，"倾身礼接，甚得其心，众皆为之用"。豁达的品格和团结的观念是比物质财富更加宝贵的德性，当宗族蒙难之际就能转化成巨大的能量，从而使宗族的境况化险为夷。后来李宝能使陇西李氏复兴绝非偶然。

有鉴于此，李宝少子李冲尤其注重宗族的和谐，《序传·李冲传》记载：

> 冲家素清贫，于是室富。而谦以自牧，积而能散，近自姻族，逮于乡间，莫不分及。虚己接物，垂念羁寒，衰旧沦屈由之跻叙者，亦以多矣，时以此称之。

李冲富贵以后犹能垂念羁寒，这对于和谐宗族具有促进作用。更进一步，李冲还以传统礼教推动北魏制度改革，为整个社会的进步作出卓越贡献。他抓住太和年间力行改革的机遇而推波助澜，积极向拓跋统治者介绍汉族文明的精华，并以汉魏典章作蓝本为北魏制礼作乐，孕育成适合少数民族政权的汉化制度，如对基层行政影响极大的三长制就是李冲提出来的。不仅如此，李冲还是孝文帝迁都事业的积极襄助者，这项壮举使凝聚平城的中华文明转而传回到中原。陈寅恪先生论述的隋唐制度渊源之河西文化流派，就是由陇西李氏为首的众多宗族背负在肩，于太武帝朝输往平城，再经孝文帝迁都而传送中原的。通过这条途径，永嘉之乱以后幸存于西部的汉族传统文明，经李冲为代表的士人之手在东部发扬光大了。

家道兴旺时理应凭借文化为社会作贡献，家道衰落时更当放宽眼界而坚持文化修炼。李晓率宗族寄居崔氏宅地后，他没有钻营政治，而是一意训勖子弟，《序传·李晓传》记载：

> 时豪右子弟，悉多骄恣，请托暴乱，州郡不能禁止。晓训勖子弟，咸以学行见称，时论以此多之。晓自河阴家祸之后，属王途未夷，无复宦情，备在名级而已。及迁都之后，因退私门，外兄范阳卢

叔彪劝令出仕，前后数四，确然不从。

李氏宗族蛰伏期间，门风发生了根本变化，从政治发家转变为文化治家，这样的变化发轫于李冲，实现于李晓。

以文化治家能够熏陶出高尚的品德，这是有益于宗族复兴和长远发展的举措。宗族成员在蒙难之际的杰出表现更会给后辈留下深刻的印象，从而发挥榜样作用。为此，李延寿在《序传·李超传》中对祖父李超在晋州被北周军队围困时的高尚举动作了生动描写：

> 及周师围晋州，外无救援，行台左丞侯子钦内图离贰，欲与仲举（李超之字）谋，惮其严正，将言而止者数四。仲举揣知其情，乃谓之曰："城危累卵，伏赖于公，今之所言，想无他事，欲言而还中止也？"子钦曰："告急官军，永无消息，势之危急，旦夕不谋，意欲不坐受夷戮，归命有道，于公何如？"仲举正色曰："仆于高氏恩德未深，公于皇家没齿非答。臣子之义，固有常道，何至今日，翻及此言！"子钦惧泄，夜投周军。

侯子钦见李超秉性忠义且执意抗敌，只好狼狈地夜奔周军。旋而晋州终被攻破，李超成为周军俘虏。不过，李超的坚贞反而获得敌方敬重，他便利用机会劝说敌将对残败之城施以德泽，以图保全受难之民。《李超传》接着记载：

> 周将梁士彦素闻仲举名，引与言其及其事。……仲举乃曰："今者官军远来，方申吊伐，当先德泽，远示威怀，明至圣之情，弘招纳之略，令所至之所，归诚有地，所谓王者之师，征而不战也。"士彦深以为然，益相知重。

李超被围之际不失高风亮节，兵败之后没有考虑个人安危与名声，竟能顾全大局，曲意保全残破之城，实在难能可贵。高尚的情操是教育后代的楷模，利于培养以宗族为豪的情感，进而弘扬成优良门风。李氏屡经迁徙困苦，却总能抱定坚韧不拔的意志，精诚凝聚和发展宗族，就是因为注重精神修养。

要之，通过培养道德情操与提炼文化素养，利于优化宗族传统习俗。两家李氏和崔氏的优良门风不仅被载入史册，甚至在当世就受到赞颂。赵郡李荣曾赞叹陇西李氏道："此家风范，海内所称，今始见之，真吾师也。"① 赵郡李氏一向自视门第高贵，陇西李氏得到李荣赞誉是很荣幸的。

综上所述，在战乱背景下迁徙的宗族，首先要开垦农田，营造休养生息的环境；其次需凭借武备以立足地方，利用政治机遇以谋求提升社会地位；最后应培养道德以树立社会形象，增进文化素养以绵延社会影响：只有如此，才能在新的地区植根和发展。这样的规律虽然仅仅归纳自三家宗族，但是其经历都在各自的时间与空间范畴内具有典型意义，因此归纳其中共性具有普遍意义。在北朝历史系统中有无数支宗族离乡背井，奔波与奋斗，他们的迁徙区域大多与上述三家宗族不同，但是发展规律是符合从三家宗族的经历中提炼出来之共性的。不管朝代如何更替，不管处境顺逆，各家宗族都会依赖血脉为维系纽带，在经济与政治方面努力经营，又凭借道德与文化形成坚强有力的凝聚作用，以维护其和谐与发展。

无疑，陇西李氏是北朝历史系统中最具典型的宗族。在《序传》中，西晋以后有其名者共 121 位，从李弇到李延寿，毫不中断地繁衍了11 代。李氏宗族从黄河下游跋涉到河西走廊的尽头，又从西域东来平城，再从雁北南下中原，先后衍生出陇西李氏、相州李氏，形成绵延不断的运动轨迹，不仅与西晋以后的十六国北朝相始终，而且隋唐之后还在繁衍。它的发展脉络打破了前后错综或左右对立的各个政权之间的界限，这支屡经颠沛而顽强发展的宗族以生动的实践昭示了社会必定统一的趋势，揭示出中华文明生生不息的原因。李延寿的文字虽然朴实无

① 《北史》卷100《序传》。

华，却充满了热爱亲人、热爱故乡的深情，这正是《序传》能让读者深切感受到的。

五、凸显宗族才是《北史》的独到价值

《北史》是编辑相关断代史著撰成的再生作品，历代对它褒贬参半，评论集中点在于史料处理和家传体例是否得当，褒扬最多处是追求统一。历史现象是多变的，编撰过程是漫长的，因此历史著作会融入参与编撰者的多重主题思想。《北史》是李大师与李延寿父子积数十年接力编撰而成的史学巨著，由于两代人的历史背景不同，对于历史现象关注的重点有所区别，追求的目标就有差异，各自为该书注入的主题思想难相一致，这是《北史》问世后受到莫衷一是评论的潜在原因。李大师身处隋末大动乱时代，内心追求安定的政治局面，因此将统一确定为《北史》的主题思想。李延寿将淝水之战至隋朝动乱之间出现的各政权视为有机联系的整体，框定为北朝的历史系统，这样的框定便于揭示中华社会从分裂逐步走向统一的曲折轨迹，体现了唐初结束战乱的政治目标，也为后世探索中华民族融合的规律奠定基础，从而客观地确立了北朝的历史地位。

李延寿虽然没有违背父亲的宗旨，却将父亲设定的编年体例改变为家传体例，以便在《北史》中融入颂扬门阀士族的主题思想。这是因为统一已经实现有年，而且李延寿尤其关注在初唐得势的陇西世家。幸而北朝历史系统是宽广的，包含的内容是宏富的，所以并不影响两代人的主题思想并存于《北史》。不料《北史》问世之时，门阀士族衰落而庶族官僚骤然兴起，李延寿的主题思想也过时了。然而，作为门阀士族基础的宗族依旧遍存于中华大地，并与中华社会相适应而绵延流长。由于运用家传的体例编撰《北史》，生动展现了众多在颠沛流离之中顽强发展的宗族，凸显了以汉族为主体的各族人民面临战乱动荡局面而能凭借宗族为纽带得以传承不息的现象，后世的读者不但能清晰感悟到北朝历史传统的时代特征，而且便于从大量的例证中考察宗族发展的规律，进而发现宗族组织在延续中华民族血缘和发展中华民族文化上至关重要的意义。

在战乱状态下，面对复杂的民族关系，基层的个体家庭乃至家族都是

十分脆弱的，高踞上层的朝廷也是不断更替的，然而处于中层的宗族却能坚持生存和发展。不少宗族能屡经曲折而久不断绝，更有文化世家不断繁衍十余代乃至几十代，例如李延寿的宗族，又如传续至今七十余代的曲阜孔氏。当然，多数宗族的命运总是沉浮不定的。就像编织绳索的纤维，纤维再长亦有断裂之时。然而，由纤维编织的绳索却与单根的纤维不同，它经不断的编织而能漫长地延展下去，并且越经外力捆拧，反而愈加牢固。中华民族由无数个大大小小的宗族组成，就像用众多纤维编织成的绳索，越是压抑就越是团结。所以，尽管各个宗族的命运有长有短，但是中华民族的整体却繁衍不断，中华文明必定长存不衰。中华民族及其传统文化虽久经磨难而能弥坚持久，与其社会之中宗族组织发挥着坚固凝聚的力量和接力相续的作用密切相关。

由此看来，以姓为类而将众多家传熔于一炉的编撰体例，恰恰是符合客观规律的方式。不过，普遍展现宗族与特别凸显陇西世家大族之间是有区别的：前者反映共性，是表述北朝历史系统而产生的客观效果；后者体现个性，是李延寿刻意追求的主题思想。好在北朝历史系统是宏富的，二者可以相容在《北史》一体之中。具体地讲，采用家传体例以广泛表述众多宗族，客观上体现了作者卓越的史识；在书尾特设《序传》以整卷篇幅弘扬陇西李氏，则出于作者的主观意图。不仅如此，最初李大师追求统一的主题思想也未被排斥在外。客观史实与主题思想相得益彰，既彰显《北史》永葆的价值，又映衬李氏优良的家学文风。

李延寿的思想传统却又敏锐，文笔简洁而且到位，蕴含着家学厚实的素养。自从汉族中央集权统治被战乱摧毁之后，由朝廷掌管的文化设施和学校便屡遭劫掠，原本由太学博士承传典章与文化的官学途径中断，代之而行的是在宗族内世代传承文化的形式，因此提倡家学成为社会流行的现象。在这样的背景下，家学随从宗族的迁徙而播撒于广泛地区，从而推动文化的普遍交流与融合。那么，陇西李氏的家学是什么呢？简而言之，它既是政治学，也是社会学，最终是历史学。首先是政治学，其营养汲取于从李暠到李宝的施政体会和从李冲到李韶的参政经验，这些生动的体会和具体的经验能够令人养成辨析宏观发展趋势的能力；其次是社会学，陇西李氏先辈的亲身体验以及耳闻目睹的其他宗族的实践活动，潜移默化地熏染着李氏子弟的感性认识，从丰富的感性认识中能够提炼出具有前瞻性的理性认识；最终是历史学，完成史著的重任应时地降落到李延寿的肩上，他运用卓越的史识将包含自家在内的众多宗族的运动轨迹从前人积累的文献中提炼出来，粘连成线，铺展成面，删节成体，归纳成书，得以流传于世。从政治学经社会学发展到历史学，这就是陇西李氏的家学，其理性认识的结晶便是《北史》，同时还有《南史》。

　　附记：本文为《历史研究》编辑部与江西师范大学合办的第九届历史学前沿论坛论文，刊于《中国社会科学》2016 年第 5 期，辑于拙著《北朝论稿》，原有副标题《兼论中华文明长存不衰的历史原因》。

《北史》再评价

　　《北史》是在北魏、北齐、北周、隋诸史基础上编撰成的一部纪传体史著,记载了晋末至隋末二百三十三年的历史。它全面表述了这一时期的中国从分裂走向统一的曲折过程,深刻反映了中华民族从林立分散趋向融合统一的发展方向,重点凸显了战乱时期中华血脉与文化经由众多宗族的传承而得以绵延不绝的社会现象。然而,尽管《北史》成书之后即受到统治者的赞赏,后来又与它的姊妹作《南史》一起入列中华传统二十四史之中,但与此相伴随的,却是自刘知几开始的历代史学家的褒贬毁誉。为了深刻理解《北史》作者的心路历程,笔者拟在瞿林东、高敏等学者研究成果的基础上[①],从汉魏至唐初这一长时段历史视角观察,对《北史》的价值再作探讨。

一、囊括恢宏曲折的历史

　　秦汉相继,历四百余年构筑成统一的封建集权国家,进而在中原形成以长安—洛阳为轴心的汉族文化覆盖区。这一区域的文明程度远远高于周边地区,不仅是汉王朝赖以矗立的基础,而且是当时整个中华文明的代表。但到了东汉末年,中原陷入军阀混战之中,引起汉族人口大量流动和少数民族频繁迁徙,这成为魏晋南北朝时期的主要社会现象。

　　大批汉族民众奔向周边地区主要发生在三国两晋时期,形成了前后相继的两波浪潮。第一波是以长安—洛阳为中心,向东到邺城,向南抵襄樊,向西往陇右,向北达太原。第二波是在第一波的基础上更大范围的扩散:其一,从邺城出发,或沿太行山东麓北上,向辽西转移;或向东南,经泗、淮而抵达江南。其二,从襄樊出发,或向西入西蜀;或沿汉水东下武昌,再沿长江到达三吴。其三,从陇右进入河西走廊,停滞于武威、张

---

　　① 瞿林东:《〈南史〉和〈北史〉》,人民教育出版社1988年版;高敏:《南北史考索》,天津古籍出版社2010年版。

掖、酒泉、敦煌。其四,从太原北上,来到平城乃至盛乐。伴随人口的迁徙,中原文明散播到周边地区,凝聚为新的文明区域,在这些文明区域的基础上,特别是长江流域,建立起若干以汉族为主体的地方政权。

与中原的汉族民众向周边大量迁徙的情况相反,原先游牧于周边的少数民族则不断地涌向黄河流域,建立诸多以少数民族为主干的政权。其中,鲜卑各部表现尤其活跃,影响最大的是拓跋部。淝水之战后,拓跋部于登国元年(386)建立起北魏政权,天兴元年(398)建都于平城(今山西省大同市)。北魏初期,从北方各地往平城迁徙人口约一百五十余万,使得大同盆地的民族构成日趋复杂,既有来自草原的众多游牧部族,也有以汉族为主的农耕民族。出身世家大族的崔浩、高允等向拓跋统治者介绍汉族传统文明的精华,并以汉魏典章作蓝本,为北魏王朝制礼作乐,建立起一整套汉化的制度,引领平城政权走上汉化的发展轨道。同时,经过不断东征西伐,太延五年(439),北魏统一北方,结束了黄河流域的动乱割据局面。于是,汉末以降,从长安、洛阳播散到北方周边各地的文明,又从周边各地聚拢起来,与平城正在孕育的汉化制度融汇到一起。不过,参与这场文明融汇的虽然是以汉族文明为主体,但已不同于传统的汉族文明,因为当年播散到周边地区的汉族文明,都已不同程度地融合了所在地区的各民族的文明。各种文明的融合一直延续到北魏文明太后、孝文帝统治时期,为他们在太和年间(477—499)推行改制运动奠定了基础。

太和改制,是包括上层建筑、经济基础、思想意识形态在内的一场大规模汉化运动,是北魏建国以来拓跋部汉化运动的总结,也是其他各族汉化运动的总结。从本质上说,它也是汉末以降中国北方广阔范围内大多数民族和地区参与的弘扬中华文明的运动。太和改制的内容虽然以汉族文化为主导,但却远不限于秦汉时代的传统内容,而是包含了众多少数民族创造的珣丽文化,因此能将黄河流域的民族融合与文化交流推向高潮。正是在这样的背景下,孝文帝率领数十万各族军民于太和十八年(494)来到中原,定都于洛阳。

北魏迁都洛阳,使凝聚于平城的中华文明转而沉淀在洛阳。洛阳不仅恢复了昔日繁荣的景象,而且取代长安成为中华的中心。非但如此,源自中原而在长江流域发扬的典章制度与学术文化,也随着南北士人的交往而互传,从而形成南北文化不断地交流融汇的生动态势。于是,在平城升华的文明得到再次升华。北魏的洛阳时代奠定了中华社会继续向前发展的方向，成为中国历史由魏晋南北朝的分裂动乱时代向隋唐的统一兴盛时代过渡的关键时刻。①

然而，迁都洛阳后，由于北魏国策南倾，冷落了旧都平城及其附近的北镇地区，导致经济、社会发展的不平衡。当它与新的民族矛盾、文化冲突纠缠在一起时，最终激化为六镇起义及随后的一系列暴动，使得移民浪潮再度狂飙。这次移民浪潮的方向主要是南奔与西迁。西迁移民的上层与以宇文部为首的关中豪右纠结成关陇集团，成为后来建立周、隋新政权的中坚力量。

由北魏分裂而成的东魏、西魏，在内耗与外争中分别被北齐和北周取代。与晋末大分裂的本质不同在于，这次社会动荡是对经过升华而形成的文明的咀嚼与消化，是建立更加稳固统一政权的前奏。东魏—北齐承袭了北魏洛阳时代建立起来的礼、乐、政、刑等典章制度和学术文化；西魏—北周则熔胡、汉习俗为一炉，创立了适应当时社会结构的府兵制度。建德六年（577），北周攻灭北齐，统一北方。北周与北齐的制度和文化结合起来，奠定了隋唐文明的基础。

总之，汉族的外迁与草原民族的内徙，引起了汹涌澎湃的民族融合和文化交流运动，既丰富了中华民族的物质生活与精神生活，也为古老的秦汉传统文明注入了新鲜活力。而纵观民族融合与文明发展的主要时段，正是在淝水之战后的十六国北魏直到统一南北之前的隋朝，其间包括北魏、东魏、西魏、北齐、北周、隋朝等六个北方政权，因此被统称为北朝。由于北朝是中国历史中承上启下的时代，其纷繁的历史主要是通过以《北史》为主的诸多史书反映出来。其中，《北史》记载的年代上起北魏登国元年（386），下止隋朝义宁二年（618），实际篇幅还包含与北魏前三朝并列的十六国后期诸国，以及作为西魏、北周附庸的江陵萧詧政权，可以说，囊括了整个北朝历史且有余。

二、显示北朝的时代特征

《北史》的编撰者是唐朝史家李延寿。他同时还编撰了《南史》，两

---

① 李凭：《魏晋南北朝时期的移民运动与中华文明的整体升华》，载《学习与探索》2007年第1期。

书合称为《南北史》。《南北史》于唐高宗显庆四年（659）脱稿，随即呈递朝廷。元人马端临在《文献通考·经籍考》"《南史》八十卷《北史》八十卷"条下引《崇文总目》曰："唐高宗善其书，自为之《序》。《序》今阙。"虽然唐高宗为《南北史》写的《序》今已不存，但这两部姊妹之作得到朝廷的认可是无疑的。不过，此后学者的看法却是褒贬参半。

《新唐书·李延寿传》对《北史》的评价较高："其书颇有条理，删落酿辞，过本书远甚。"所谓"其书"，正是《南北史》；所谓"本书"，则指李延寿据以编撰《南北史》的《宋书》《南齐书》《梁书》《陈书》《魏书》《北齐书》《周书》《隋书》八书。司马光在其《传家集》中评价道："知李延寿之书亦近世之佳史也。虽于禨祥谈嘲小事无所不载，然叙事简径，比于南北正史，无烦冗芜秽之辞。窃谓陈寿之后，唯延寿可以亚之也。渠亦当时见众人所作五代史不快意，故别自私著此书也。"① 司马光也指出了《北史》的不足之处，如"数代制度沿革皆没不见"，却将李延寿与《三国志》的作者陈寿相匹。

刘知几给予《南北史》的评价平平。他在《史通·内篇·六家第一》中指出："皇家显庆中，符玺郎陇西李延寿抄撮近代诸史，南起自宋，终于陈，北始自魏，卒于隋，合一百八十篇，号曰《南北史》。其君臣流别，纪传群分，皆以类相从，各附于本国。凡此诸作，皆《史记》之流也。"将《北史》《南史》归入《史记》之流是不错的，然而在接下来的总结中，却认为模仿《史记》的体例"可谓劳而无功，述者所宜深诫也"；此外，还将李延寿的编撰工作形容为"抄撮近代诸史"，言语之中微露不屑。

对《南北史》极度不满的是朱熹："《南北史》除了《通鉴》所取者，其余只是一部好笑底小说。"② 不过，朱熹所谓"好笑底小说"，其实就是上引司马光所云"禨祥谈嘲小事"，并非新的观点。继此之后，明朝万历年间的冯梦祯在为南监本《北史》所写的《重刻〈北史〉跋》中也

---

① 〔宋〕司马光：《传家集·贻刘道原》，收入《四库全书》（上海古籍出版社 1987 年版），第 1904 册，第 580 页。

② 〔宋〕朱熹：《朱子语类·历代一》，收入《文津阁四库全书》（商务印书馆 2006 年版），第 703 册，第 578 页。

大言道："其用心非不勤，而参对本史，或事辞整备处谬见删改，几至不成文理，即谓之点金成铁手可也。"① 所谓"本史"，是指《魏书》《北齐书》《周书》《隋书》等书。他认为《北史》对"本史"的删改"不成文理"，竟以"点金成铁"等言语挖苦李延寿。

同样由于删改"本史"的问题，清代学者王鸣盛对《北史》持全面否定的态度："《南北史》增改无多。而其所以自表异者，则有两法：一曰删削，二曰迁移。夫合八史以成二史，不患其不备，惟患其太繁，故延寿一意删削，每立一传，不论其事之有无关系、应存应去，总之极力刊除，使所存无几，以见其功。然使删削虽多，仍其位置，则面目犹未换也。于是，大加迁移，分合颠倒，割裁搭配，使之尽易其故处，观者耳目一新，以此显其更革之验，试一一核实而考之，删削、迁移者皆不当，功安在乎？"针对所谓删削与迁移的"不当"，王鸣盛严厉地批评《南北史》"疵病百出，不可胜言"。虽然他也看到了《南北史》流传甚为广泛的社会效果，但认为那只是"人情乐简，故得传世"。②

在上述种种评价之中，纠结的中心在于它是"抄撮近代诸史"而成的。所谓"抄撮近代诸史"，就是在八书的基础上加以编辑，其中许多篇章甚至径直抄录自八书。对此，李延寿是毫不讳言的，他在《北史·序传》中称："至于魏、齐、周、隋、宋、齐、梁、陈正史，并手自写，本纪依司马迁体，以次连缀之。"然而，也正是这种"抄撮"工作，在宋朝以后显出重要的价值。为此，《四库全书总目·史部二·正史类二》"北史一百卷"条下写得十分明白："然自宋以后，《魏书》《北齐书》《周书》皆残缺不全，惟此书仅《麦铁杖传》有阙文，《荀济传》脱去数行，其余皆卷帙整齐，始末完具。征北朝之故实者，终以是书为依据。故虽八书具列，而二史仍并行焉。"由此可见，《北史》《南史》在史料学方面极有意义。这是"八书具列，而二史仍并行"的根本原因，并非如王鸣盛所云，仅仅因为"人情乐简"。

评价《北史》，需要从长时段的历史视角来观察，需要了解《北史》

---

① 〔明〕冯梦祯：《重刻〈北史〉跋》（明朝南京国子监刻本，藏于中山大学图书馆），第1页。

② 〔清〕王鸣盛：《十七史商榷·〈新唐书〉过誉南北史》，收入《丛书集成初编》（中华书局1985年版），第3522册，第479－480页。

作者的心路历程，更需要立足于三方面判断得失。

其一，编辑得当与否。这是自古以来被学术界评论最多的方面。《北史》既然是连缀诸书而成，在文字上必然要删削、压缩和改写，这样才可以使原本分述的北朝史书连成一体。然而，由于看待人物与事件的角度不同，处理文字的方式有异，难免造成行文差异，因而显现删削不当之处，甚至产生失误，这些问题已经被学术界一一揭示，无须刻意回护。但是，李延寿删削《魏书》《北齐书》《周书》《隋书》的烦冗和增补史料之功是不容抹杀的。被李延寿删削的内容，主要是这些书"本纪"中的诏令与册文，"列传"中的奏议、文章、诗赋以及间或引用的敕文。此外，李延寿还对一些战争场面与过程的记载，或加以浓缩，或概括言之。经过如此加工，在文字上更加简练，因此能适应"人情乐简"的世俗社会。另外，《北史》的内容除了取自正史，还从其他文献中汲取了大量史料，"勘杂史于正史所无者一千余卷，皆以编入"①。虽然这些来自杂史的数据，并不被传统史家看好，司马光称之为"禨祥谈嘲小事"，朱熹斥之为"好笑底小说"，然而，从现代史料学的角度看，却具有丰富的学术营养。

司马光曾是高踞朝廷的政治家，朱熹则是儒学巨擘，他们看待历史，尤其注重朝政大事以及文物典章，与政治地位较低的李延寿相比，眼光自然不同。然而，《北史》对于"小事"与"小说"能够"无所不载"，恰恰反映了北朝社会的特征。因为从北朝发展到唐朝前期，高雅文化已经浸润寒素，世俗小说乃至胡风歌舞日益登临庙堂。产生这般社会状况的原因，在于北朝以降世家大族垄断文化的局面逐渐被打破。所以，"禨祥谈嘲"云云，恰恰是对北朝社会的生动反映。李延寿对此必定深有感悟，才会注重"鸠聚遗逸，以广异闻"。这恰恰反映了李延寿历史观念之先进。

其二，大一统观念。南北朝时期，既有南、北分治，又有东、西分裂，最终走向大一统。"分"是当时社会政治的表象，"合"是历史发展的方向。在分的表象之下，涌动着激烈的民族矛盾，而民族矛盾又是那个时代的主要矛盾。为了免遭战火，百姓渴望统一；为了实现政治权力的最大化，统治者也追求统一。于是，才会往合的方向发展。

①〔唐〕李延寿：《北史·序传》。

在南北朝时期，民族矛盾的发展经历了冲突、共处、融合三个阶段。只有进入民族融合的第三阶段，真正的统一才有可能出现。然而，这样的规律并非事先能够预见，必须等待历史风暴刮起的尘埃最终落定之后方能寻得。李延寿适逢其时。他身处南北朝之后隋唐一统的空前盛世，因此能够客观全面地反观南北朝历史的脉络。

关于南北朝的历史，在李延寿完成之前已经有了《宋书》《南齐书》《梁书》《陈书》和《魏书》《北齐书》《周书》《隋书》，但都局限于以一个朝代为撰述对象。李延寿将前四书统编为《南史》，于是南方四朝成为一个整体；又将后四书合编为《北史》，于是北方四朝成为一个整体。在此基础上，再将《南史》八十卷和《北史》一百卷联合看待，于是南北朝虽分而犹合。值得注意的是，《南史》与《北史》虽然可以合称为《南北史》，但是其重心在北不在南。这样的意识不仅体现在《北史》比《南史》的卷数更多，更重要之处在于，李延寿能让读者感受到《北史》反映的北朝历史是整个南北朝历史发展的主线。

后人通常将《北史》作为断代史，置于二十四史的纵向系统看待，然而从涵盖整个北朝的发展历程来看，《北史》又具有通史的性质。该书以鲜卑族拓跋部在大兴安岭渔猎时代为开端，至东、西两魏分裂而衰灭，到隋朝完全融化于中华民族大家庭，这正是北朝政治的大一统过程，也正是北朝各族大融合的过程。由于主导这一恢宏过程的是鲜卑族拓跋部，因此，刻画出拓跋部兴衰的轨迹，也就反映了北朝发展的主线。但拓跋部的兴衰轨迹原本被分散记载于各书之中，正是经过李延寿的删削与归纳，才使它们编辑成一体，合而为《北史》。这样看来，李延寿的编撰工作，绝非简单地在前人基础上的拼凑，而是悉心地厘清历史发展脉络的结果。凸显大一统观念，进而凸显民族大融合，这正是李延寿超越前人的历史贡献。

其三，按照家族世系编次列传。按照家族世系编次《北史》列传，是李延寿受到学术界诟病的重点方面，尤以四库馆臣的评语为代表。《四库全书总目·史部·正史类二》指出："观延寿《叙例》，凡累代相承者皆谓之家传。岂知家传之体不当施于国史哉？"所谓家传，就是按照家族世系编次列传的意思，四库馆臣对此激烈反对、表达不满，声称："惟其以姓为类，分卷无法。《南史》以王、谢分支，《北史》亦以崔、卢系派。故家世族，一例连书。览其姓名，则同为父子；稽其朝代，则各有君臣。

参错混淆，殆难辨别。"① 之所以会产生这些不满，是由四库馆臣极力维护以封建王朝为传统断限的史学观念所导致的。

不过，李延寿的"以姓为类"也未见得不正确，因为这样恰恰符合南北朝的历史状态。血缘虽是人类之间最亲近的关系，但容易断裂，所以平均五口组成的家庭难以单线条地延续下去。政治权势和经济利益是变化无常的，所以国家机器也不可能长治久安，于是就不断地出现朝代的更替。然而，与处于高层的朝廷和处于基层的家庭相比，处于中间的家族和宗族的结合能力相对牢固，不仅能不断地延续，而且还会相应地发展。换而言之，在社会结构中，相对稳固的是家族与宗族。尤其是当社会陷入长期战争之际，宗族又比家族更能应对动乱的局面。在魏晋南北朝时期的历次大移民运动中，许多移民都以宗族为单位迁徙，从而在新的地区生存繁衍，就是明证。

南北朝时期，不管朝代如何更替，许多宗族能从北魏一直延续到隋朝，屡经曲折而不断绝。其原因在于，除依靠血脉作为维系的纽带外，还凭借文化作为传承的通道。由于战乱频仍，原本由太学博士传承典章与文化的官学途径中断了，代之而行的是在宗族或家族内世代传承文化的形式。这样，汉族传统的典章制度与学术文化就主要掌握在若干大家族手中，从而形成魏晋南北朝时期所特有的家学现象。一些有名的士族，如出身河北世家的崔浩、高允等就利用掌握典章制度与学术文化的特权，先后出仕魏朝，占据上层建筑与思想意识形态，以此达到世代冠冕仕进的目的。另有一些宗族，如李延寿的祖先，就承载着中原的文化，迁徙到边远的地区，成为所谓地方著姓。《北史》中的家传，反映的正是这种通过家族与宗族的结构以延续血缘和发展文化的史实。由于中华民族由无数大大小小的宗族所组成，因此久经磨难而能弥坚长存。李延寿将众多家传熔于一炉的"以姓为类"之撰写体例，恰恰是符合历史规律的。②

三、父子两代的心血结晶

《北史》的编撰者历来署名李延寿，其实是李延寿与他的父亲两代人

---

① 〔清〕永瑢等：《四库全书总目·史部·正史类二》北史一百卷条，第 409 页。
② 李凭：《〈北史〉中的宗族与北朝历史系统》，载《中国社会科学》2016 年第 5 期。

心血的结晶。关于李延寿的家世，《北史·序传》《旧唐书·李延寿传》《新唐书·李延寿传》都有记载。

李延寿的祖父李超，字仲举，曾任北齐襄城王大司马参军事、修武县令。北齐末年，李超任晋州别驾时，晋州受北周大军围攻。时任行台左丞的侯子钦意欲降敌，遭到李超的坚决反对，侯子钦遂自己乘夜投奔周军。晋州城破，李超被逼降周。北齐灭亡后，李超获补秋官宾部上士，他却情愿滞留家中。隋朝开皇中，李超被召补洛州主簿，然因反应消极而被降为隆州录事参军，李超遂称疾返归乡里，以琴书自娱。此后，朝廷还先后除授李超冀州清江令、洛阳令等职，李超则屡次以疾为由而归家。李超享年六十三岁，寿终于洛阳永康里宅。

李超的长子就是李延寿的父亲李大师，字君威，出生于北周天和五年（570），二十岁时应召补任冀州主簿，后以资调补左翊卫率，寻除冀州司户参军。隋炀帝朝改州为郡，李大师得除信都司户书佐。由于他独守清戒，无所营求，十年后才迁任渤海郡主簿。时窦建德建立夏政权，李大师被召为尚书礼部侍郎。武德三年（620），李大师受遣出使关中，联络李渊，但嗣后窦建德又助王世充抗击李渊，李大师遂被拘留。窦建德平灭后，李大师被徙配西会州。在此期间，他受到时镇凉州的杨恭仁的礼遇。杨恭仁家中富藏书籍，李大师得以恣意披览，从而激发起著述的理想。他常以宋、齐、梁、陈、齐、周、隋各朝南北分隔，史事记载往往失实，意欲拟《吴越春秋》撰写一部编年体史书，以完备南北朝的历史。可惜，直到武德九年（626）李大师才遇赦东归，两年后，即贞观二年（628），就怀着遗憾去世了。李大师"所撰未毕，以为没齿之恨"①，去世时年五十九岁。

李延寿是李大师的第四子，字遐龄，生卒年不详。由于父、祖两代政治遭遇坎坷，李延寿的仕途自然不佳；虽然生逢唐太宗盛世，却久未获施展抱负的机会。贞观之初，李延寿在中书侍郎颜师古、给事中孔颖达手下整理文献，其间有条件阅读到皇家图书馆的书籍，开阔了学术视野，也锻炼了编辑能力。贞观十五年（641），李延寿受诏参与修撰《五代史志》《晋书》，后来又编撰成《太宗政典》三十卷。他之所以编撰《南北史》，

① 《北史》卷100《序传》。

与父亲李大师有关，"思欲追终先志"①，完成父亲未竟的事业。在李大师所积累的数据和搭建的框架基础上，他利用业余时间昼夜抄录齐、梁、陈五代旧事；又凭借参与修撰《五代史志》《晋书》的机会，遍得披览魏、齐、周、隋、宋、齐、梁、陈正史以及今已失传的魏澹《魏书》、王劭《齐志》等书，并手自抄写，以次连缀之，最终成就了浩繁的《北史》《南史》巨著。

虽然李延寿是在李大师的基础上完成事业的，但他并未局限于父亲设计的编年体框架，而是仿照司马迁的《史记》，按纪传体的体例撰成新著。无疑，纪传体比编年体更能突出反映南北朝时期门阀世族兴旺的社会特点。这一作为，正反映了李延寿强烈的家族意识；这一意识，又与其绵远的家族背景密切相关。

《旧唐书·李延寿传》称，李氏"本陇西著姓，世居相州"。《北史·序传》称，曹魏时有名李雍者，历仕济北、东莞二郡太守。西晋末年，李雍之子李弇随从兄李卓率宗族投奔前凉国主张寔。后来，李弇历任天水太守、卫将军，封安西亭侯，为李家修成"陇西著姓"奠定了基础。据此基业，李弇之孙李暠创建了西凉国。不过，西凉国仅传两代三世就灭于北凉。李暠第六子李翻之子李宝遂逃奔伊吾，臣于柔然。

北魏灭北凉后，李宝自伊吾南归敦煌，被北魏授予都督西垂诸军事、领护西戎校尉、沙州牧等职。太平真君五年（444），北魏拜李宝为外都大官，将他留在平城。李宝成为平城李家的始祖。李宝长子李承，在文成帝朝任荥阳太守。李承第三子李虔，在孝文帝朝为太子中舍人，在宣武朝历任燕州刺史、兖州刺史，在孝庄帝朝官至骠骑大将军、开府仪同三司。李虔第四子李晓，在孝庄帝永安初任轻车将军、尚书左右主客郎、中散大夫、前将军、太中大夫等职，孝静帝天平初迁至清河。《旧唐书》《新唐书》所云李氏"世居相州"应自李晓始，他的次子李超就是李延寿的祖父。

从李雍算起，传到李延寿，这支李氏家族不间断地繁衍了十代，不仅与魏晋南北朝的历史相始终，而且在隋唐之后还有所发展。这是一个屡经迁徙的家族，从中原到陇西，又从陇西到平城，再从平城回到中原，脉络清晰而连贯。推而广之，从李延寿家族的迁徙轨迹，大抵可见陇西李氏宗

---

① 《北史》卷100《序传》。

族的变迁踪影。再推而广之，不难想象当时有多少个宗族也像陇西李氏那样在背井离乡地奔波，其间的区别只是迁徙的路线不同而已。李延寿在撰述史书中刻意凸显家传的编撰体例，与其颠沛流离的身世密切相关。

四、文献版本日臻完善

《北史》是在众多前人成果的基础之上编撰成的再造品，又是历经众家之手校勘而日臻完善的史学文献。从李延寿向唐朝廷呈递初稿至今，《北史》已被刊印成各类版本，共二十余种，以下略述其要者。

现存《北史》的祖本，是北宋朝廷组织校勘和监印的，称为"宋监本"。北宋灭亡后书板流失，南宋虽曾广泛搜寻，但是难以求全复原。目前存世有两部宋本，分别收藏在中国国家图书馆和日本嘉静堂文库，但均为残本，其出版情况不明。南宋灭亡后，朝廷所藏书板被西湖书院接收。元朝大德十年（1306），信州路儒学组织力量加以校刻刊印，所印版本习称为"元大德本"。元大德本书板于元末归于集庆路儒学，经递修递补而刊印为"集庆路本"。

元朝灭亡之后，西湖书院的书板被运至明朝南京国子监刊印，所印版本习称为"南监本"。南监本《北史》是经过校勘的。时任南京国子监司业的冯梦祯在《刻〈北史〉跋》中称，在他接手刊印工作之时，《北史》已经刊刻约四分之一。但他依然不放心，遂于万历二十一年（1593）组织国子监祭酒以下的司业、监丞、博士、助教、学正、学录、典簿、典籍以及监生等共计六十八人对该书作了历时半年的"杂校"，然后才将其付印出版。

万历二十六年（1598），明朝北京国子监又以南监本为底本重新付梓，刊印成北监本。明朝末年，私家藏书事业振兴。北监本虽然刊刻精美，但文字舛误颇多，藏书家毛晋对此极为不满，于是以所搜集到的宋元诸本作底本，于崇祯年间组织力量进行校勘和仿刻。毛晋的藏书楼和刻书工场名为汲古阁，故称该刻本为"汲古阁本"。汲古阁本校勘精心，版式美观，所以广为流传。不过，明人刻书存在擅自篡改的问题，张元济曾感慨道："明人刻书，每喜窜易。遇旧本不可解者，即臆改之，使其文从字顺。然以言行文则可，以言读书则不可。"①

清朝初期，南监本、北监本、汲古阁本《北史》都曾递修。乾隆四年（1739），朝廷责成杭世骏、齐召南等于武英殿刊印"二十一史"。该版后被称为"武英殿本"，或者径直简称为"殿本"。殿本《北史》以北监本为底本，以南监本、汲古阁本作本校，以南北朝八书作参校，于乾隆十一年（1746）刻成。武英殿本《北史》附有考证，加上印制精美的缘故，成为广泛流传的本子，在清朝至民国初期曾被反复影印、翻刻。民国后期，上海中华书局据殿本铅印的"四部备要"丛书较为畅行，《北史》列在该丛书的史部。

乾隆三十七年（1772），清廷开设四库全书馆，委任纪昀等百余学者编纂《四库全书》。作为正史之一，殿本《北史》被编纂入"史部"，并相应勘正了一些讹误。此外，清朝后期，曾国藩组织五书局合刻二十四史，其中《北史》由金陵书局负责。金陵书局以汲古阁本为底本，组织力量校勘，于同治十一年（1872）印行。该版被称为金陵书局本《北史》。

民国中期，张元济有感于正史的版本繁多，印制质量参差，内文颇多讹误，于是花费十八年时间，集历代存世诸本整理和校勘成一套二十四史丛书。因其择优选取涵芬楼收集之不同时代诸本为底本和校本，故被称为百衲本。其中，《北史》以元大德本为工作底本，以南监本、北监本、殿本、汲古阁本为本校，以南北朝八书为参校。书成之后，视为历代《北史》诸本之集大成者。令人十分遗憾的是，张元济为此而撰写之《校勘记》底本竟然遗失。

新中国成立后，由中华书局出面组织，以张政烺为首的数十位著名学者参与，于1958年启动二十四史点校项目。其中，《北史》由陈仲安整理点校。陈仲安用百衲本为底本，以南监本、武英殿本作通校，以北监本、汲古阁本作参校，甚至还查对过北京图书馆所藏之宋朝残本，全面吸收了各家版本所长。他还以八书和《通志》《通典》《资治通鉴》《太平御览》等作为校勘文字的参照，借鉴钱大昕、张元济、张森楷、王鸣盛、张熷、洪颐煊、李慈铭等学者的研究成果，从而完成了精审周详的中华书

---

① 张元济：《校史随笔·〈北齐书〉·因刊误而愈误》（商务印书馆1990年版），第50页上栏－51页上栏。

局本《北史》，为学术界贡献了能够一致引用的典范之作。同时，陈仲安还为中华书局版《北史》标以准确的现代标点符号，为非文史专业的读者提供了很大的便利。

除了国内整理校勘的《北史》，海外学术界最值得一提的是日本汉学家源伊信对《北史》的整理与校勘工作。源伊信是日本德川幕府大和国郡山藩藩主。他用南监本《北史》为底本，引八书与《南史》等大量文献参校，以工整的朱、蓝、墨三色小楷加以校勘及句读。该项工作自明和元年（1764）起，到八年（1771）止（据校勘记录，曾中辍二年）。源伊信所作句读准确，校勘细致，其考辨颇具说服力，解决了诸多后人未能发现或者发现而未解决的问题。[①] 源伊信为《北史》作校勘，距今已经两个半世纪，但与近现代诸家校勘相比，见解依旧清新独到。

要之，经过历代中外学者的不懈整理和校勘，《北史》的版本日臻完善，因而愈加显现其珍贵的文献价值。

附记：作者此前发表过题为《〈北史〉中的宗族与北朝历史系统》的文章。事后感到，文中既有意未述透之缺，亦有意未表尽之憾。因此又努力做一些弥补缺憾的工作，于是有了此文。此次索性将这两篇文章同列于本书，以互补为姊妹篇。本文曾忝为中华民族文化促进会出版的《今注本二十四史》中的《今注本〈北史〉》的《前言》，后应《南国学术》编辑部之邀刊于《南国学术》2019 年第 3 期。感谢该刊田卫平主编提出的宝贵的修改建议。

---

① 李凭、梁玲华：《源伊信校勘南监本〈北史〉考》，载《历史研究》2014 年第 3 期。

从朱希祖调查六朝陵墓到卞孝萱主编
《六朝丛书》

我对六朝学没有研究，但是一直关心着江苏朋友们的六朝学事业。江苏是我的故乡，多年来由于学习与工作的关系，我与江苏省六朝史研究会结下了厚重的感情，与从事六朝学的老、中、青学者结下了深厚的友谊。我多次参加过江苏省六朝史研究会组织的学术研讨会，每次都在心中存留下深刻的印象。如今老朋友胡阿祥会长和《南京晓庄学院学报》的胡晓明博士又邀请我参加此次"六朝历史与南京记忆"国际学术研讨会，使我想起许多往事，特别是思念和蔼可亲的老会长卞孝萱先生，所以写了这篇小文，以追思为六朝学作出贡献的朱希祖父子等先辈，追念于 2009 年驾鹤仙逝的卞孝萱先生。文中所述若有疏漏不当之处，尚祈方家指教。

一

隋朝以后用六朝概括此前三百六十余年动荡的历史阶段，但是在范畴的界定上则有广义和狭义的概念之分。

广义的六朝概念，包括曹魏、两晋、宋、齐、梁、陈诸朝，泛指整个魏晋南北朝历史时期。传统正史就是按照广义的六朝概念编定的，因此《吴书》与《魏书》《蜀书》被合编成为《三国志》，西晋与东晋的史事被合编成为《晋书》，而《资治通鉴》也是按照广义的六朝概念排列卷次以及确定卷名的。

狭义的六朝概念，包括东吴、东晋、宋、齐、梁、陈诸朝，专指立都于建康（吴称建业）的江东诸朝代。唐朝肃宗时，史家许嵩编撰的《建康实录》问世，[①] 该书凸显了江东六朝共有的地域特点，综述了魏晋南北朝时期以建康为中心的长江流域及其以南地区的历史状貌，成为早期运用

---

① 谢秉洪：《〈建康实录〉作者与成书年代新论》，载《南京师大学报（社会科学版）》2004 年第 5 期。

狭义六朝概念的代表。继《建康实录》之后，宋代学者张敦颐编撰了《六朝事迹编类》，李焘编撰了《六朝通鉴博议》。① 这两部著述都以"六朝"冠名，前者专述江东六朝，后者则站在江东六朝的立场加以纵论。然而，狭义的六朝并未在传统表述中成为主流。

不过，广义的六朝虽然在传统表述中占据主流地位，但是概念相对含混，而且忽视了十六国北朝，难以涵盖整个汉唐之间的历史，所以渐渐被相对明确地称为"魏晋南北朝"。魏晋南北朝的概念如今已被普遍接受，成为涵盖整个汉末到隋初之间历史的专有名词，于是狭义的六朝概念越来越为学术界采用。

除广义的六朝与狭义的六朝之外，还有所谓"北六朝"的概念，那是建立在北方的曹魏、西晋、北魏、北齐、北周以及隋朝的合称。由于这个概念比较牵强，如今很少使用了。不过，北六朝是相对于江东六朝而言的，所以也在一定意义上表明人们对于狭义六朝概念的认可。

后世学者按照各自的习惯使用广义或狭义的六朝概念，并无不便亦无争执，长期以来人们没有感觉到非有厘清的必要。这里只是想说明，与广义的概念相比，狭义的概念在时间和空间上更便于界定。正是基于这个缘故，狭义的六朝概念，而非广义的六朝学概念才成为六朝学形成的端倪。更为重要的是，由于以南京地区为中心的考古学的崛起，凸显了江东六朝的历史地位，从而促使狭义的六朝概念成为被现代学术界运用的主流，进而推动六朝学的开拓。

需要说明的是，以六朝作为局部地区的局部时段之称谓，虽然符合传统上以朝代界定时代的观念，但是作为现代学科中的名词，却在时空的界定上难以严密。其明显的缺陷是，在东吴和东晋之间存在着建都于洛阳的西晋统治长江以南之三十七年，依据朝代体系，这三十七年理应被排除在六朝之外而归为西晋，不过这样一来，六朝在时间上就不连贯了。然而，东吴与东晋之间，在文化方面具有千丝万缕的联系，由于西晋在时间与空间上的横亘，而人为地将二者割裂开来，在研究上就会不够系统化，在表述上也会不够完整。例如，江南地区西晋之际的墓葬如果被生硬地从六朝墓葬系统中剥离出去，就会影响对于从东吴到东晋之间墓葬型制演变规律

---

① 王能伟点校：《六朝事迹编类》，胡阿祥、童岭点校：《六朝通鉴博议》，南京稀见文献丛刊之一种，南京出版社合订本 2007 年版。

的探索。所以，虽然按照传统的朝代观念可以用六朝作为江东相应时代的称谓，但是作为学科名词而言，就应该给予科学的时间和空间的定义。陋见以为，作为六朝的定义，在空间上，应该涵盖以建康为中心的长江流域及其以南广大地区；在时间上，则并不一定要清清楚楚地将东吴与东晋之间的三十七年切割出来，而应毫不间断地将东吴政权建立的公元 222 年至陈灭于隋的 589 年之间的历史过程作整体性的看待。简而言之，就是将以建康为中心的江南自 222 年至 589 年的历史过程定义为六朝。当然，这样的定义是否妥当，有待于专家们的科学鉴定。

要之，随着科学研究的深入与细化，六朝的概念便自然而然地倾向于狭义，并且在狭义概念的基础上被界定为学科名词，而六朝学也随之发展。

二

朱希祖父子对于六朝陵墓的全面调查，是作为现代科学的六朝学之发轫举动。

朱希祖先生是民国时期中国历史学界的泰斗，曾发起成立中国史学会。他的代表作《中国史学通论》[①] 久享盛名，是中国现代教育史上最早的史学史讲义，是采用了当时崭新的历史学观念编撰而成的。同样，朱希祖先生也将崭新的观念、方法与技术运用于考古学。中国现代考古学兴起于 19 世纪末，那是从传统考据转向科学考证的时代。到 20 世纪初期，考古事业在文物丰赡的长江下游发展起来。作为最典型的文物，江东六朝帝王陵寝以及世家大墓自然成为江南田野调查的重点，必然受到历史学家朱希祖先生的高度重视。

1934 年，朱希祖先生受聘为中央大学历史系主任，同年任南京古物保管委员会主任。在江南从事教育活动期间，朱希祖先生利用课余精力对散布于苏南的江宁、句容、丹阳与皖南的当涂等地的六朝陵墓作普遍性勘察，并加以测量和摄影。接着，他将田野调查的收获与相应的文献资料对照，进行系统的辨识和考据，从而完成了关于江南六朝陵墓的科学调查。

---

① 朱希祖：《中国史学通论》，商务印书馆 2015 年版。

最后，他将调查成果撰写成学术著述，题名为《六朝陵墓调查报告》。①

《六朝陵墓调查报告》是中国现代考古学早期阶段的标杆性作品，它的问世使六朝文物成为中国考古学上耀眼的亮点。这部经典提醒人们，正是六朝时代，华夏的都城迁徙到建康，从此江东的地位在中国历史上凸显出来。对于这部80年前的名著，已经有许多前贤给予具体而细致的评价，我无意再三赘述。在此想要强调的是，朱希祖先生的这部经典中运用的六朝概念是狭义的，而非广义的。进而言之，正是由于朱希祖先生的调查报告，狭义的六朝概念升华成学科术语，成为科学地界定相应时代的符号。从这个意义上讲，朱希祖先生为六朝学的形成着了先鞭。

在朱希祖先生的六朝陵墓调查中，他的长子朱偰先生发挥了重要的助理作用。朱希祖先生在《六朝陵墓调查报告》之《说略》中写道：

> 综计十四次之中，私人调查，占九次，与公家共行调查，占四次，末次则重复不计。而余长子偰因摄影之故，于江宁所属诸陵墓，或一二至，或三四至，其用力较余更勤。②

同书同篇中又称：

> 至于摄影，则十之七八皆余长子偰为之，其他若滕君固、黄君文弼、罗君香林，亦各有之，皆注明姓名于上，地图则亦余长子偰所绘。③

参加六朝陵墓调查的，除朱氏父子之外，还有滕固先生、黄文弼先生、罗香林先生，他们后来都成为享誉学界的考古学家、历史学家，而在当时的调查中则以朱偰的活动最为积极。不仅如此，在附属于调查报告的七篇文章中，有一篇题目是《六朝陵墓总说》，实为对六朝陵墓调查活动轨迹的概述，这篇文章正是朱偰撰写的。

随后，朱偰先生编撰了《金陵古迹名胜影集》。在该书之《序》的

---

① 朱希祖等：《六朝陵墓调查报告》，岳麓书社2010年版。
② 《六朝陵墓调查报告》，第110页。
③ 《六朝陵墓调查报告》，第112页。

〔注一〕中，他写了一段自述：

> 近中央古物保管委员会有《六朝陵墓调查报告》出版，然不过
> "因人成事"者，其中调查，半由于家大人及余私人工作，其中图
> 版，三分之二以上由余所摄，新加入之十三陵墓，无一非余预先发明
> 而导往者。①

这番话语印证了朱希祖先生的说法。朱偰先生运用测量技术与摄影手段，
不仅编撰了《金陵古迹名胜影集》，还接着运用考古学的理论搭建起学术
框架，编写成《金陵古迹图考》和《建康兰陵六朝陵墓图考》。② 朱偰先
生的三部著作是扎实的文献与科学的考古相结合之产物，正如李天石先生
高度赞扬的那样：

> 朱偰在对南京的六朝古迹进行系统调查的基础上，出版了《金
> 陵古迹图考》《金陵古迹名胜影集》《建康兰陵六朝陵墓考》三部著
> 作，从而奠定了其在解放前六朝都城史研究上不可动摇的地位。朱偰
> 的这三部作品，是采用近代科学方法研究六朝历史的开端者。③

《金陵古迹图考》虽然纵贯上古至近代，但以六朝为重点，其中第四
章《六朝城郭宫阙遗址》、第五章《六朝陵墓》④、第六章《南朝四百八
十寺》专门论述六朝；而《建康兰陵六朝陵墓考》全书则均属六朝内容。
在此值得注意的是，与他的父亲一样，朱偰笔下的六朝也是狭义的，但其
内容则不仅仅限于陵墓。换言之，朱偰拓宽了父亲引领的调查事业，实际
上他著述的对象涵盖了南京及其附近地区的主要地上遗迹。

　　不幸的是，由于形势逼迫，朱希祖父子的调查与研究不得不中辍，朱

---

① 朱偰：《金陵古迹名胜影集》，中华书局 2015 年版。

② 朱偰：《金陵古迹图考》，中华书局 2015 年版。朱偰：《建康兰陵六朝陵墓图考》，中华
书局 2015 年版。

③ 李天石：《建国六十年来江苏省的六朝史研究回顾与展望》，载《南京晓庄学院学报》
2010 年第 1 期。

④ 此第五章《六朝陵墓》即是《六朝陵墓调查报告》中的《六朝陵墓总说》，由此可见朱
偰对于他父亲开创的六朝考古事业的热心参与、继承和发扬。

家于 1938 年随中央大学西迁到重庆。不久，日本军国主义的铁蹄践踏了
南京古城，江南的文化遗址和文物受到日本强盗的疯狂破坏和掠夺。遗憾
的是，朱希祖先生未能盼到日寇投降后返归南京，于 1944 年 7 月因肺气
肿病发而辞世于重庆。幸而朱希祖先生留下了《六朝陵墓调查报告》，作
为研究六朝文明的宝贵材料影响至今，成为现代追记、考证和修缮古迹的
重要依据。

三

20 世纪 40 年代末，朱偰先生怀抱热忱的学术期望回到南京。他积极
投身于六朝的考古事业，尤其关注六朝陵墓附属石刻的考察。通过类比研
究，朱偰先生指出，位于丹阳的齐、梁陵墓之附属石刻文物是六朝文化的
重要遗存，在中国古代雕塑史上占有重要地位。[①] 同时，作为研究专家，
朱偰先生清楚地认识到修复和保护古迹的重大意义，[②] 努力为保护南京城
墙而呼吁。60 年代末朱偰先生去世，南京地区的文博与考古学者继承其
事业，并未中辍六朝考古的发掘和整理工作。所以，改革开放之后，六朝
考古随即呈现欣欣向荣的局面，不仅发现和发掘了大量的墓葬，整理出许
多珍贵的文物，而且更加重要的是，在考古实践中锻炼成一支高素质的科
学考古队伍，涌现出一批著名的考古学家。此后六朝考古也从以地面调查
为主转向以科学发掘与系统研究为重。

在大量考古实践的基础上，考古学家们陆续归纳出一系列关于六朝考
古的规律性理论成果，不断在全国学术界展示六朝考古的光彩。1979 年
在西安召开中国考古学会第一次年会，罗宗真先生率先在会上发表了
《六朝陵墓埋葬制度综述》。[③] 1980 年在武汉召开中国考古学会第二次年
会，蒋赞初先生发表了《关于长江下游六朝墓葬的分期和断代问题》。[④]
1981 年在杭州召开中国考古学会第三次年会，罗宗真先生在会上发表了
《江苏东吴青瓷工艺的成就》，蒋赞初先生发表了《长江中游六朝墓葬的

---

① 朱偰：《丹阳六朝陵墓的石刻》，载《文物》1956 年第 3 期。

② 朱偰：《修复南京六朝陵墓古迹中重要的发现》，载《文物》1957 年第 3 期。

③ 《中国考古学会第一次年会论文集》，文物出版社 1980 年版，第 358－366 页。此前，罗宗
真先生还于 1979 年在《南京博物院集刊》第一集上发表了《六朝陵墓及其石刻》，第 79－98 页。

④ 《中国考古学会第二次年会论文集》，文物出版社 1982 年版，第 196－205 页。

分期和断代——附论出土的青瓷器》。^① 1985 年在北京召开了中国考古学会第五次年会，蒋赞初、李晓晖、贺中香三位先生合作发表了《六朝武昌城初探》，罗宗真先生发表了《江苏六朝城市的考古探索》。^② 在总结既往学术成就的基础上，罗宗真先生在中山大学指导岭南考古时撰写成专著《六朝考古》，^③ 不仅归纳出六朝考古的科学规律，也为此后的考古工作指明了方向。

上述在全国各地学术论坛上的一系列讲学，引起了国内外学术界对于六朝的高度关注，从而推动了考古学与历史学的合流。与考古学界相应，国内历史学界在六朝的研究上也取得诸多显著成就，其中代表性的论文，在文化史方面是周一良先生的《论梁武帝及其时代》，^④ 在经济史方面是唐长孺先生的《三至六世纪江南大土地所有制的发展》，^⑤ 在政治史方面是业师田余庆先生的《释"王与马共天下"》^⑥。这些历史学经典论文的发表使得学术界大受鼓舞，一致认识到在六朝的研究领域内将会大有作为。考古学与历史学的一系列论著组合成为探索六朝轨迹的合力，夯实了六朝学的基础。上述深厚的学术积淀为六朝学的拓展创造了良好前提。

四

改革开放的大好形势为六朝研究的拓展提供了契机。本地学者为主体，外地学者来协助，使得更多的学者联手推动着六朝研究事业。1984年 11 月中国魏晋南北朝史学会从唐史学会独立出来，意味着学术界对于汉末至隋初这段历史即广义的六朝高度重视。

受到中国魏晋南北朝史学会成立的鼓舞，经过一整年的酝酿，江苏省

① 《中国考古学会第三次年会论文集》，文物出版社 1984 年版，第 128 – 134 页、第 140 – 147 页。

② 《中国考古学会第五次年会论文集》，文物出版社 1988 年版，第 98 – 105 页、第 106 – 114 页。

③ 罗宗真：《六朝考古》，中山大学人类学系 1985 年刊印，16 开铅印本，南京大学出版社 1994 年版。

④ 周一良：《论梁武帝及其时代》，见《中华学术论文集》，中华书局 1981 年版，第 123 – 154 页。

⑤ 唐长孺：《三至六世纪江南大土地所有制的发展》，上海人民出版社 1957 年版。

⑥ 田余庆：《释"王与马共天下"》，载《中国史研究》1979 年第 3 期。

六朝史研究会于 1985 年 11 月建立。江苏省六朝史研究会的研究领域，虽然在时间的纵轴上限于六朝，但是其意义延伸至如今；虽然在领域的横轴上仅标以"史"字，但是突破了历史的范畴，还拓展到文、哲、经、地诸多方面。因此江苏省六朝史研究会的建立，标志着六朝学发展成为综合性的学科。

先后当选为江苏省六朝史研究会会长的是卞孝萱先生、许辉先生、邱敏先生、胡阿祥先生，这是出色的组合与传承团队。在他们的集体领导下，六朝学取得了优异的成就。

在这里，让我们一起缅怀令人景仰的卞孝萱先生。卞孝萱先生是文史兼长的学问巨擘，他心胸开阔，尊重同道，奖掖后进。20 世纪 50 至 70 年代，卞孝萱先生在中国社会科学院近代史研究所从事研究工作，曾经协助范文澜先生修订《中国通史简编》，[①] 以及为章士钊先生校勘《柳文指要》[②]，体现了深厚的文史功力。

《中国通史简编》与翦伯赞先生主编的《中国史纲要》[③]、郭沫若先生主编的《中国史稿》[④] 是改革开放之前主要的三部中国通史，其中《中国通史简编》尤具文采。对于此书的修订，卞孝萱先生倾注了大量的心血，使之更为增色。

"文革"结束后，卞孝萱先生一度回到故乡扬州师范学院（今扬州大学的前身）任教。1981 年至 1984 年，卞孝萱先生在北京任中国民主建国会宣传部部长。我就是在 1981 年有幸拜识卞孝萱先生的，他是我的硕士学位论文答辩会的主席，为我的学术研究指点过迷津。卞孝萱先生在北京期间，我还曾有幸两次拜见他。因为是江苏同乡，我在接受卞孝萱先生教诲的同时，也从他的谈吐中深深感受到他对于江南的眷恋之情。果然，卞孝萱先生于 1984 年受聘到南京大学中文系任教。此时适逢以南京为中心的六朝研究事业兴起之际，于是天降大任，卞孝萱先生于次年的年底担当了江苏省六朝史研究会的重任。

---

① 范文澜主编：《中国通史简编》2 册，新华书店 1941—1942 年版；《中国通史简编》（修订本）1—3 编，人民出版社 1964—1965 年版；《中国通史》1—7 册，人民出版社 1978 年版。

② 章士钊主编：《柳文指要》，中华书局 1971 年版。

③ 翦伯赞主编：《中国史纲要》1—4 册，人民出版社 1963—1965 年陆续出版，1979 年再版。

④ 郭沫若主编：《中国史稿》1—3 册，人民出版社 1976—1979 年陆续出版；第 4—7 册改署名为《中国史稿》编写组，仍由人民出版社于 1982—1987 年陆续出版。

卞孝萱先生既有江苏文化的深厚底蕴，又有远瞩全国的广阔视野，因此与省内外的文化界与教育界具有密切的联系。在卞孝萱先生的带领下，江苏省六朝史研究会一开始就跃上葱茏之境，既能够突破省界的樊篱，又善于结合历史与考古，于是体现综合学问的六朝学蓬蓬勃勃地开展起来。此后，在继任会长的许辉先生、邱敏先生、胡阿祥先生的率领下，六朝学日益兴旺。可以毫不过分地讲，江苏省六朝史研究会的活动成就在中国魏晋南北史学界是名列前茅的。

自从江苏六朝史研究会建立之后，几乎每年都主办或者合办年会以及相关的学术研讨会。其中我密切关注过的，属于文化方面的有 1998 年 9 月在南京召开的"六朝文化国际学术研讨会"、2001 年 10 月在南京召开的"《六朝文化》出版座谈会"；属于军事方面的有 1990 年 9 月在江西庐山白鹿洞书院召开的"六朝军事与战争学术研讨会"；属于区域社会方面的有 2004 年 10 月在江苏淮阴师范学院召开的"江淮地域与六朝历史学术研讨会"；属于经济方面的有 1986 年 8 月在武汉大学召开的"三—九世纪长江中游社会经济研讨会"、1987 年 11 月在江苏省常州市召开的"长江下游三—九世纪社会经济研讨会"、1991 年 11 月在南京师范大学召开的"长江流域社会经济发展学术讨论会"、2005 年 11 月在南京师范大学和南京晓庄学院召开的"江苏省六朝史研究会成立 20 周年纪念暨六朝社会经济学术研讨会"。由于配合当时形势的需要，属于经济方面的研讨会最多。

我虽然生活在外省，由于工作的关系，上述会议大多亲历，而且深深地为江苏省六朝史研究会的活跃感动。2005 年我南下岭南工作，此后参加江苏省六朝史研究会的会议就少了，不过听说江苏省六朝史研究会的学术活动一直蓬勃地开展着。作为外省的旁观者，我的体会是：由于积极开展学术活动，江苏省六朝史研究会的影响远远超出了本省的局限；也由于积极开展学术活动，六朝学的涵盖面大大拓展，超越了考古学和历史学的局限，发展成为包含文化、军事、社会、政治、经济、宗教、科技、艺术等诸多学科的综合学问。

五

江苏省六朝史研究会成立之后，在各科专家的共同努力下，六朝学获得纵深发展和横向开拓的良好机遇，发展成为具有广阔前景的综合性学科。尤其是研究会召集的大量学术会议，带动了一批研究团体和学术机构的建立，成功组织和推动了多部大型丛书的出版，凝聚着诸多专家和培养出大批人才。为此，李天石先生曾发表《60 年来六朝史研究的回顾与展望》① 和《建国六十年来江苏省的六朝史研究回顾与展望》，前者的考察范畴着眼于广义的六朝，后者的考察范畴注重于狭义的六朝。两篇宏论对于相关的研究成就，特别是历年发表的著作和论文，作出全面详尽的综述，并且指明了今后发展的趋向。笔者不再赘述，只是依据他的综述略表自己的体会而已。

其一，研究团体和学术机构的建立。

在江苏省六朝史研究会的带动下，诸多研究团体和学术机构建立起来。2001 年 8 月，南京六朝文化研究会成立，陈安吉先生与石尚群先生先后担任会长。2000 年 12 月，南京师范大学成立六朝历史文化研究所，李天石先生任所长。如今该研究所已经发展成为实力雄厚的学术团队。朱希祖先生曾经担任系主任的南京大学历史系（现在扩建为历史学院）也建有六朝研究室，非常可喜的是，该研究室即将于本次会议之后扩建为南京大学六朝研究所，由胡阿祥先生任所长，张学锋先生任副所长。扬州大学是卞孝萱先生执教过的学府，经过王永平先生的长期执着努力，已经成为享有盛誉的六朝学基地。

《南京晓庄学院学报》是江苏省高等院校中最热心于六朝学的学术期刊。该刊于 2004 年正式开设"六朝研究"专栏，并由胡阿祥先生主持至今。"六朝研究"专栏已经坚持了 13 年，刊登过近 200 篇质量上乘的六朝学论文。这个专栏密切联系着海内外一大批跻身学术界前列的专家，将他们组合成为与编辑部相互支持的作者群体，在推动六朝学的兴盛方面发挥了台柱的支撑作用。反过来，由于六朝学的兴盛，也大力提升了"六朝研究"专栏的学术地位，使之发展成为高层次的学术名栏。与此相应，《南京晓庄学院学报》的影响也突破了省界，成为海内外学术界，尤其是中国魏晋南北朝学界瞩目的学术平台。

江苏省六朝史研究会成立三年之后，南京出版社于 1988 年建成，六

---

① 李天石：《60 年来六朝史研究的回顾与展望》，载《南京师大学报（社会科学版）》2010 年第 4 期。

朝学成为该社选题的重点。现任出版社社长的卢海鸣博士，初时曾任编辑部负责人，他既是资深编审又是六朝史专家。① 由于卢海鸣博士的积极努力，南京出版社与江苏省六朝史研究会协力出版了诸多六朝学著作。此外，江苏古籍出版社（现名为凤凰出版社）、南京大学出版社、上海古籍出版社和文物出版社也出版过不少六朝历史与考古的著述。

2014 年 8 月，建立于南京的六朝博物馆正式向社会开放，聘请胡阿祥教授担任馆长。在这座由世界著名的贝氏建筑事务所设计的经典建筑里，陈列着闻名遐迩的釉下彩羽人纹盘口壶和青瓷莲花尊等珍贵文物，展示出六朝时代绚丽的风采。六朝博物馆必将成为六朝学特别是六朝考古和文博事业与广大群众密切联系的纽带，为在海内外扩大六朝学的影响作出难以估量的贡献。

以上所述为六朝学之学习、研究、发表论文、出版著述和展示文物的众多平台，通过这些平台大批学术成果纷纷问世。

其二，多部大型丛书出版。

在江苏省六朝史研究会的积极倡导下，会员们潜心研究，扎实编撰，发表了数以百计的高质量论文，出版了几十部精湛的专著。继众多单部专著之后，江苏省六朝史研究会组织专家学者，整合规划成为《六朝丛书》。这套丛书由卞孝萱先生担任主编并撰写总序，《六朝丛书》最初计划出版 80 册著述，体现了江苏省六朝史研究会和卞孝萱先生的气度。由于人力物力的限制，致使后来计划锐减，然而恢宏的开拓精神可嘉。《六朝丛书》先后交付南京出版社、南京大学出版社出版，从 1992 年到 1994年陆续出版了《六朝思想史》《六朝人生哲学》《六朝园林》《南朝史精语》《南史札记》《六朝考古》等。② 这套丛书的规模虽然后来缩减，却令学术界的观念一新，它将六朝学的范畴全面地拓展开来，使之成为名副

---

① 下文述及的卞孝萱先生主编的《六朝丛书》中的《六朝都城》，就是卢海鸣先生撰写的。卢海鸣先生还曾与胡阿祥先生、李天石先生合作撰写成《南京通史》（六朝卷），南京出版社 2009 年版。

② 这部丛书的作者情况与出版时间：孙述圻《六朝思想史》，卞敏《六朝人生哲学》，吴功正《六朝园林》，〔宋〕洪迈撰、邱敏点校《南朝史精语》，〔清〕李慈铭撰、王重民辑、巩本栋点校《南史札记》，以上均由南京出版社于 1992 年出版；罗宗真《六朝考古》，由南京大学出版社于 1994 年出版。李天石在《建国六十年来江苏省的六朝史研究回顾与展望》中对各册著述均做了评价。

其实的综合性学科。

在《六朝丛书》的影响下，多部大型丛书相继推出。2002年起南京六朝文化研究会与南京出版社合作，陆续推出《六朝文化丛书》，这套丛书的第一辑包括都城、民俗、文化概论、史学、经学与玄学、科技、文学、艺术、宗教、文物等十部著作，由陈安吉先生任主编。① 接着，在江苏省六朝史研究会胡阿祥会长和南京出版社卢海鸣编审的积极策划下，2008年起南京出版社又组织专家编著《六朝文化丛书》第二辑，这套丛书包括政治、经济、军事、制度、政区、教育、民族、家族、交流、论著等十部，由肖泽民先生任主编。② 同时，我还高兴地看到，与南京毗邻的常州市也十分重视六朝研究，专门成立了常州市齐梁文化研究课题组，将常州境外的学者与本地学者结合起来，在薛锋先生和储佩成先生的主持下，编撰成《齐梁文化研究丛书》。该丛书共计八册，③ 由上海古籍出版社于2015年8月一并出版，这套丛书使得六朝学在六朝文明的重要地区常州结出了丰硕成果。此外值得提及的是，卞孝萱先生还曾接受黑龙江教育出版社的邀请，担任《六朝文学丛书》主编，这是与江苏省外的专家学者联合研究的结晶。④ 诸部大型丛书的问世，体现了六朝学的综合性特

---

① 这套丛书已经出版齐全，含有：卢海鸣《六朝都城》，2002年出版；张承宗《六朝民俗》，2002年出版；许辉、李天石主编《六朝文化概论》，2003年出版；吴功正、许伯卿《六朝文学》，2003年出版；邱敏《六朝史学》，2003年出版；田汉云《六朝经学与玄学》，2003年出版；周瀚光、戴洪才《六朝科技》，2003年出版；林树中《六朝艺术》，2004年出版；许抗生、赵建功、田永胜《六朝宗教》，2004年出版；罗宗真、王志高《六朝文物》，2004年出版。李天石在《建国六十年来江苏省的六朝史研究回顾与展望》中对各册著述均做了评价。

② 这套丛书中已经出版的有：胡阿祥《六朝政区》，2008年出版；王永平《六朝家族》，2008年出版；陈长琦《六朝政治》，2010年出版；陈明光、邱敏《六朝经济》，2010年出版；张承宗《六朝妇女》，2012年出版。

③ 这套丛书包含庄辉明《南朝齐梁史》，龚斌《南兰陵萧氏家族文化史稿》，薛锋、储佩成《南兰陵萧氏人物评传》，刘志伟、史国良、李永祥《齐梁萧氏文化概论》，曹旭、陈路、李维立《齐梁萧氏诗文选注》，张敏《南兰陵萧氏著作综录》，薛锋、储佩成《齐梁故里与文化论集》，薛锋、储佩成《常州齐梁文化遗存（修订本）》等8册，虽然内容均限于齐朝与梁朝，但是显然都属于六朝的范畴。

④ 黑龙江教育出版社出版的《六朝文学丛书》的作者大多为省外专家，含有8部：范子烨《〈世说新语〉研究》，1998年出版；赵以武《阴铿与近体诗》，1998年出版；丁福林《东晋南朝的谢氏文学集团》，1998年出版；王琳《六朝辞赋史》，1998年出版；王云路《六朝诗歌语词研究》，1999年出版；罗国威《敦煌本〈昭明文选〉研究》，1999年出版；程章灿《世族与六朝文学》，1998年出版；刘跃进、范子烨《六朝作家年谱辑要》，1999年出版。

点，将六朝学的发展推向高潮，也让大批人才脱颖而出。

其三，凝聚诸多专家和培养大批人才。

2005 年 11 月，由南京师范大学社会发展学院主办、南京晓庄学院协办的"江苏省六朝史研究会成立 20 周年纪念暨六朝社会经济学术研讨会"召开。我至今清楚地记得当时的场景，在南京师范大学草坪上合影时，江苏省六朝史研究会的发起人许辉先生、孟昭庚先生、蒋赞初先生、罗宗真先生、何荣昌先生、刘希为先生、梁白泉先生悉数光临。卞孝萱先生兴奋地称呼他们为"七老"。"七老"代表了苏南、苏北六朝文化界与教育界各个方面的专家，成为六朝学最初的核心阵营。

江苏省六朝史研究会初建之时，"七老"正值中年，20 年后开会之时，他们已到老年，而六朝学凝聚之效果也已经赫然辉煌。如今，作为"七老"学生的第二代学人，均已成为在大江南北各领风骚的"诸侯"；而且，作为"七老"学生之学生的第三代学人，一大批毕业于江苏省内外乃至海外高校的博士、硕士也茁壮成长起来。令人欣喜地看到，一支高素质的六朝学队伍传承不断，而六朝学也因此广泛传播，有着更加灿烂宽广的前景。

需要强调的是，虽然六朝史研究会被冠以"江苏"之称，但是六朝学者的研究并未局限于江苏，他们一贯密切关注省外的历史学成果和考古发现，努力从中汲取丰富的养分。例如，20 世纪末六朝考古方面最重要的成就为长沙走马楼吴简的发现，[①] 陈明光先生和邱敏先生在 21 世纪初合著的《六朝经济》第一章《六朝的农业经济》之中就多处征引了走马楼吴简的资料，由此可见江苏省六朝学者的学术敏锐和睿智。

六

1935 年《六朝陵墓调查报告》问世，至今已经过去八十余年了；1985 年江苏省六朝史研究会建立，至今已经过去三十余年了。六朝学迎来了更加欣欣向荣的发展形势。

2013 年，中央提出"一带一路"的恢宏构思，使古代的陆上丝绸之路与海上丝绸之路再现光彩，推动了现代的跨国经济合作和中外文化交

---

① 李凭：《1998 年简牍整理与研究述评》，载《中国史研究动态》1999 年第 10 期。

流。六朝文明自古以来就是在这两条丝绸之路上流通物资的主要供给者。隋唐大运河开通之后，六朝积淀的物质文明与精神文明就被源源不断地输送到洛阳、长安，再经陆上丝绸之路运往西域。与陆上丝绸之路相比，海上丝绸之路与六朝文明的关系更加密切。六朝后期，陈霸先从珠江流域勃兴，发展到长江下游而立国。陈朝的兴起，加强了江南与岭南的联系，不但为六朝文明注入新鲜的养分，而且使其面向开阔的南海。随后，海上丝绸之路日益开拓，由此航行，可以北上高句丽，东往东瀛，南抵广州，再从广州继续沿海岸向西南方行进，穿越马六甲海峡，可以进入印度洋，进而抵达中东和非洲。唐、宋、元、明、清历代正是遵循六朝的航程，向着愈行愈宽广的海洋进发的。由此看来，六朝文明不仅是构成中华文明的重要组成部分，而且还通过陆上、海上丝绸之路连通着域外世界。

后人不仅应该珍惜这份历史遗产，而且更要让其优秀文化继续发扬光大，这正是前人开拓六朝学的意义所在，也是后人研究六朝学的前景所在。

附记：本文是笔者于 2017 年 3 月 12 日在江苏省六朝史研究会与南京晓庄学院联合主办的"六朝历史与南京记忆"国际学术研讨会上的演讲，此后发表在《南京晓庄学院学报》2017 年第 3 期，原有副标题《六朝学的发轫与拓展》。

《齐梁文化研究丛书》总序

一

中华文明多元一体,江南文明历史悠久,亦为其重要源头之一。考古成果不断表明,早在十几万年前,江南就是古人类的生存之地,这里旧石器时代遗址分布密集,遗物丰富多样;早在七千年以前,江南就有耜耕农业和采用榫卯技术之干栏式建筑,生产水平处在同时代亚洲乃至世界的领先地位;早在五千年以前,当华夏先民纷纷渡过横亘在野蛮与文明之间的界河之际,江南已经是屹立在界河彼岸的东方明珠。

经过夏、商、周三代的经营,华夏文化逐渐在黄河中下游占据主导地位。不过,当华夏文明盛行的时候,江南文明依旧保持强劲的活力,令中原不能不予以尊重。司马迁在《史记》卷31《吴太伯世家》篇末写道:"余读《春秋》古文,乃知中国之虞与荆蛮、勾吴兄弟也。"这里说到的勾吴,就是春秋之际立足江南的古吴国。能够被文明发达的华夏视为平等的兄弟,原因就在于勾吴也有相当发达的文明。司马迁在上引世家中还热情赞扬一位江南贤达,为"闳览博物君子也!"这位贤达名曰季札,是勾吴的开国者太伯之后裔。季札曾经游历华夏诸国,与显赫一时的齐国晏婴、郑国子产、晋国叔向等政治家平等对话,他的言论受到高度重视,他对各国政治的分析后来竟然都成现实。

司马迁对季札"闳览博物"的评价绝非虚夸。《春秋·左氏传》鲁襄公二十九年(公元前544)条记载,季札受聘于鲁国,获得观赏周乐的高规格礼遇。季札一一欣赏周乐的篇章之后,不禁由衷赞叹"观止矣"。①从此"观止"一词流传千古。在当时,鲁国并非强国,却是文化大国,周乐则是鲁国保存的至高礼乐。因此,鲁国能请季札观赏周乐,表明季札的文化素养早已蜚声华夏。季札能够贴切地品评周乐诸章,说明他的确见识高雅广博。值得注意的是,季札在叹为观止的同时,还谦逊地表示

---

① 《十三经注疏》卷10《春秋左传正义》,中华书局影印本1980年版。

"若有他乐，吾不敢请已"。季札的赞语既表明了他对周乐敬仰的态度，也表现出虚心学习中原传统文化的精神。季札的后人正是发扬了这种谦逊精神，方能不断进取，从而融合华夏文明，促使江南文明历久弥新而长盛不衰。

季札在《史记》中被称为"延陵季子"，因为他的封邑在延陵。延陵的环境培育出一位阅览博物的君子，反映当地文化底蕴丰厚；也因为季札高雅广博而虚心进取，延陵才长久地广为人心向往，才被誉为古吴文化的中心和江南文明的发祥地。此后，延陵又有毗陵、毗坛、晋陵、南兰陵等名称，延续至今即常州市也。这里地处中吴，左携长江，右揽太湖，物宝天华，人杰地灵，乃是江南文化引以为豪的响亮名片。

二

南兰陵之得名，皆因西晋末年兰陵人萧整率族迁居晋陵。《南齐书》卷一《高帝纪上》记载：

> 侍中（萧）彪免官居东海兰陵县中都乡中都里（今山东省兰陵县）。晋元康元年，分东海为兰陵郡。中朝乱，淮阴令（萧）整字公齐，过江居晋陵武进县之东城里（今江苏省常州市西北孟河镇万绥街道和南兰陵街道）。寓居江左者，皆侨置本土，加以南名，于是为南兰陵人也。[①]

由此可知，南兰陵侨置于晋陵，也即季札受封之延陵。

萧整率族南迁是当时北方汉族人民大规模南迁潮流中的一小支。西晋末年，中原战乱频仍，先有八王之乱，后有五胡入华，中小战争更是接连不断。动荡不安的政局和连绵不断的战争，势如汹涌的波涛刷洗了华夏文明的发祥之地。昔日的良田美畴被无情的铁蹄践踏，汉族王朝的版图被林立的少数民族邦国瓜分。长期的战乱使中原人口锐减，幸存的士族与民众纷纷流徙他乡。在徙民之中，以逃亡江南者居多。江南民众素有包容之心，江南士族亦具和谐之意。虽然北来士族与江南土著之间在政治权力与

---

① 《南齐书》，中华书局点校本 2011 年版。

经济利益上常有摩擦，但是总的趋势是共处相安的。正是在这样的形势之下，东晋和宋、齐、梁、陈等王朝相继建立起来。

随着大批士族与民众的南下，包括三代、秦汉、魏晋的礼、乐、政、刑等典章和文物在内的华夏文明被带到江南。而江南则显示了季札虚心学习外来文化的传统，充分地接纳和充足地吸收着华夏文明的精华。于是，秦汉时期一度沉寂的勾吴文化被激活了，经过与华夏文明的融合，而升华成为新型的江南文明。换而言之，新型江南文明之形成，既有内因又有外因，内因是江南固有的悠久文明，外因是中原徙民带来的华夏文明。新型江南文明既然形成于南朝时代，在此不妨称之为"南朝文明"。无疑，南朝文明的中心仍旧在季札旧封邑，亦即中吴南兰陵。

萧整族人被接纳到南兰陵定居，真是得天独厚。南兰陵的肥田沃土养育了中原徙民，南兰陵的广博文化滋润了萧整族人。萧整族人在这块风水宝地繁衍生息，被浓郁的南朝文明熏陶出优秀的后代，从南兰陵竟走出了几十位文化巨匠和两位开国君主。这两位开国君主是齐高帝萧道成与梁武帝萧衍。萧道成与萧衍能够开辟帝业，均经历过一番波折。然而，看似偶然的历史结果，其实决定于必然的文化背景。两位萧氏子孙建立帝业的背景，就是萧整族人在南兰陵扎稳的根基。萧道成与萧衍，以南兰陵为根基，开创了辉煌灿烂的齐梁文化，这既可以看成中原徙民适应江南新环境的样板，也能够视为江南以博大胸怀包容徙民与其文化的典范，更应该说是华夏文明与江南文明熔炼而成的结晶。

正是这样，中原人民与江南人民并肩携手，同耕共织，建设成一派大好河山。自晋室南渡以后，宋、齐、梁、陈列朝相继，江南面貌发生日新月异的变化。而其鼎盛时期就在齐、梁二朝，正如《南齐书》卷五三《良政·序》所载：

> 永明之世，十许年中，百姓无鸡鸣犬吠之警，都邑之盛，士女富逸，歌声舞节，祛服华妆，桃花绿水之间，秋月春风之下，盖以百数。

齐朝统治时期，人民安居，和谐富裕，促使社会文明进步。延至梁朝统治时期，江南出现文化大发展的景象。《梁书》卷三《武帝纪下》史臣赞曰：

兴文学，修郊祀，治五礼，定六律。四聪既达，万机斯理，治定功成，远安迩肃。加以天祥地瑞，无绝岁时。征赋所及之乡，文轨傍通之地，南超万里，西拓五千。其中瑰财重宝，千夫百族，莫不充牣王府，蹶角阙庭。三四十年，斯为盛矣。自魏、晋以降，未或有焉。①

史官所言虽属歌功颂德，但也表明，与北方相比，江南的文明景象毫不逊色。真可谓，文化之兴尤在萧氏齐梁，都邑之盛突显江南兰陵。

三

中华文明长流不息，尤我齐梁文化始终熠熠发光，震古烁今。如今，季札遗风尚存，齐梁风流再现。常州市党政领导十分重视齐梁文化的传承弘扬，专门成立齐梁文化研究课题组已历多年，成果斐然不断，遂令学界瞩目。在众多科研机构和高等院校专家学者大力支持下，常州市齐梁文化研究课题组于 2009 年成功主办"中国常州·齐梁文化研讨会"，在海内外产生巨大影响。会后，将与会七十多位专家提交的论文编辑成书，由南京大学出版社出版；随后，又编著《常州齐梁文化遗存》大作。真是令人喜出望外。

现在常州市《齐梁文化研究丛书》编委会与课题组再接再厉，又将《齐梁文化研究丛书》交付上海古籍出版社出版。这不仅是常州市全面深入研究齐梁文化的丰硕成果，也是海内外探索南朝文明的崭新成就。感谢常州市《齐梁文化研究丛书》编委会对我的信赖，首先将其中各书的提纲与内容梗概寄示，随后又将书稿交我审读。作为吴地后裔，我既觉得荣幸，又深感不安，唯恐辜负江南父老的殷勤嘱托。

《齐梁文化研究丛书》共计八册。

其一为庄辉明教授著的《南朝齐梁史》。是著立论新颖，发前人所未发，将齐、梁两朝近八十年历史合并撰述，以论证二者共同奠定江南在中国历史上突出地位的过程，以阐明二者相辅相成方能高踞南朝文明之巅的因果，以肯定二者之文化成就为隋唐制度之重要源泉。是著可兼为本丛书

① 《梁书》，中华书局点校本 2011 年版。

之总纲。

其二为龚斌教授著的《南兰陵萧氏家族文化史稿》。是著将南兰陵萧氏视为一支息息相关之文化大族，专论其在经学、玄学、文学、史学、美学、宗教、艺术等文化方面的贡献，进而评论该家族文化之兴起、发展、隆盛、衰败的过程与意义，填补了研究南兰陵萧氏家族文化上的空白。

其三为陈蒲清、王晓卫、丁福林、李华年、杨旭辉、奚彤云等专家合著的《南兰陵萧氏人物评传》。是著分别对齐梁文坛众萧氏人物之事迹与文学成就给予评述，单独成篇，合而成著，蔚为壮观地展示一个文化大族的历史贡献。

其四为刘志伟教授著的《齐梁萧氏文化概论》。是著围绕齐梁萧氏中的关键人物之文化活动与文学研究做系统的分析评价，以展示这支文化大族的发展历程与辉煌成就，从而填补国内相关研究的空白。

其五为曹旭教授著的《齐梁萧氏诗文选注》。是著精选三十三位齐梁文人三百余篇作品加以注释和笺说。所选诗文均系源自原始文献之佳作，所写注释均为独力研究成果，所作笺说不仅纪实而且探索心灵感应，以此让读者感受此期诗文之美学价值。

其六为张敏编审著的《南兰陵萧氏著综录》。是著以人物系书目，全面梳理南兰陵氏的著作。其功力在于详列各家著作在文献中的著录及存佚状态，并通过校订而对作者、卷数、内容等项在诸文献中的记载差异进行辨析，此外还对版本以及后人的整理工作加以介绍，为翔实完备的工具书。

其七为常州齐梁文化研究课题组薛锋、储佩成方家主编的《齐梁故里与文化论集》。是著在 2009 年《中国常州·齐梁文化研讨会》论文集之基础上精选而成，经修订而编为两辑。第一辑编入常州市齐梁文化研究课题组的长篇调查报告《南兰陵桑梓本乡，武进王业所基——齐梁故里考》等论文，均为关于南兰陵萧氏故里的考据文章；第二辑编入二十位专家研究齐梁文化的文章，是当代学者相关研究的最新成果的重点展示。

其八为常州市齐梁文化研究课题组薛锋、储佩成方家主编的《常州齐梁文化遗存》（修订本）。是著依常州及武进地区现存的物质文化遗存、非物质文化遗存、传说故事与轶事掌故划分为三大部分加以著录。而后还载有两项附录：一是建康和京畿具有代表性的物质遗存照片及台湾省收藏的几帧齐梁文化遗存照片；二是近三十年来国内外出版的一百四十余部相关著作之内容一栏表。全书汇集大量珍贵文物图片和文献资料，颇具文化价值和美学意义，为研究齐梁文化和常州历史文化的重要工具书。是著系常州市齐梁文化研究课题组多年通力合作的辛勤积累，为常州人民作了重大贡献。

上述八部著作构成了一套完善的丛书，其间贯穿着常州市《齐梁文化研究丛书》编委会高瞻远瞩的宗旨，那就是立足南兰陵，着手齐梁文化；置身江南传统，放眼中华文明。在这样的宗旨指导之下，就能高屋建瓴地把握丛书的全局，曲径通幽地展示各书的章节。既做到了选题角度新颖，又能涉及广泛内容；既开创出新的领域，又填补了学科空白；而且考据鞭辟入里，论证深刻精到，文字畅达而富有说服力。

这套丛书所以编著得出色，因为具有三方面的良好因素：其一，常州市《齐梁文化研究丛书》编委会与课题组在市委、市政府的高度重视和大力支持下，怀抱亲乡爱家的热情，本着高度负责的精神，终年累月地奔走呼吁，长期不懈地辛劳努力，终于成就正果。其二，作者都是学界名流，或者扬名中外，或者著作等身；既有年高德劭的资深大家，也有近年崛起的新锐：这就必然能编撰出这套学术水准高而又可读性强的精品丛书。其三，上海古籍出版社是享誉中外的专业出版机构，不但为文稿的完善尽心尽力，而且为丛书的装帧设计锦上添花。

我高兴地看到，常州市《齐梁文化研究丛书》编委会与课题组发扬季札的谦逊进取精神，将常州境外的学者与本地学者密切结合，以协作研究地方文化和从事著述的方式，不仅能使科研成果质量确有保障，而且可以推动本地文化的研究更上一层楼，进而将地方历史文化的影响弘扬至全国乃至世界。常州齐梁文化研究课题组的经验，值得学习与借鉴。

《齐梁文化研究丛书》即将出版，可喜可贺！常州市《齐梁文化研究丛书》编委会嘱我写序，因为是故乡邻县之大事，虽然诚惶诚恐，却不敢推辞。我深信，延陵后裔阅览博物，必能发皇古义，作出令人叹为观止的成就，因此向读者呈献以上文字。

附记：《齐梁文化研究丛书》由上海古籍出版社于 2015 年出版。

魏晋南北朝学术研究的阵地

　　"魏晋史研究"专栏是《许昌学院学报》的常设栏目，在"文化大革命"以后创办的众多学术期刊中，它是较早设立的定向性学术专栏。经过二十年不懈的努力经营，"魏晋史研究"专栏已经成为魏晋南北朝学术研究的重要阵地，它因坚持学术品位而受到国内外史学界的重视，因连续稳定的特点而产生了良好的社会效益，从而成为《许昌学院学报》的标志性栏目。

　　位于中原大地的许昌，是块具有丰厚文化积淀的历史沃土。一千八百年前的许昌，是三国时期曹操政权的政治、经济和文化中心；今日的许昌，是三国文化与文物的集萃地，是闻名中外的历史文化名城。三国及以后的两晋南北朝是政治动荡的时代，但也是思想活跃的时代。这个时代并不仅仅是从秦汉大帝国向隋唐盛世过渡的所谓承上启下的阶段，而且是经历了文化大交流、民族大融合、经济多样化发展的创新的时代，是确立中华特色的多民族发展历史走向的辉煌的时代。因此，在《许昌学院学报》设立"魏晋史研究"专栏，不仅适应了发掘许昌地方文化与文物的需要，而且为弘扬魏晋南北朝时期的传统文化作出了贡献。

　　《许昌学院学报》的"魏晋史研究"专栏，虽然标题为"魏晋"，但是在时限上并不仅限于曹魏与两晋，其刊载的范围包括研究整个魏晋南北朝时期四百年历史的各个方面的丰富内容。"魏晋史研究"专栏以繁荣学术文化，促进史学研究为宗旨，发表了大量关于该时期政治、经济、文化、军事、民族、阶级、家族、社会生活各领域学术研究的优秀成果。从1985年创刊至今，"魏晋史研究"专栏已经发表学术论文217篇，其中有不少论文被《新华文摘》《人大报刊复印资料》《高等学校文科学术文摘》《中国史研究动态》《中国历史学年鉴》等摘编或转载。尤其是2002年，正当《许昌学院学报》创刊20周年之际，在"魏晋史研究"专栏发表的12篇文章中，《中国史研究动态》摘编了8篇，摘编率达到2/3。中国社会科学院历史所主办的《中国史研究动态》在1990年的第10期对"魏晋史研究"专栏做了专题介绍，《中国人文社科学报学会通讯》也曾做过专题报道，《中国魏晋南北朝史研究通讯》则在第 6 期和第 17 期两次全文刊登了该栏目上发表过的学术综述。1987 年，著名历史学家唐长孺先生以长达 200 余言的题词，给予"魏晋史研究"专栏以热情鼓励；1994 年，"魏晋史研究"专栏获河南省期刊"优秀栏目"奖；2002 年，91 岁高龄的历史学家何兹全先生欣然参加纪念《许昌学院学报》创刊 20 周年的笔谈，对"魏晋史研究"专栏的建设与发展寄予殷切的期望；曾任中国魏晋南北史学会会长的朱大渭教授和周伟洲教授都给该栏目以关心和帮助；日本学者关尾史郎、韩国学者池培善等教授都有力作在该专栏发表。

作为学术期刊的重点栏目，《许昌学院学报》的"魏晋史研究"专栏受到专家学者的爱护和支持，高敏、郑佩欣、简修炜、许辉、朱绍侯、柳春藩、方北辰、庄辉明等教授，都先后在该栏目发表研究论文，他们的文章都是很有分量的学术成果。"魏晋史研究"专栏既敬重名家，也重视新人，一大批青年学者在该栏目发表了颇具新意的论述，从而与该栏目结下了不解之缘。

《许昌学院学报》的"魏晋史研究"专栏一向坚持双百方针，鼓励学术论争。施光明先生在《许昌学院学报》1985 年第 2 期的"魏晋史研究"专栏上发表了《释曹魏屯田制中的"分田之术"》，指出曹操屯田令中所云枣祗提出的"分田之术"乃是将土地以份地形式分授农民屯垦的授田之法。文章发表后，曾被其他刊物复印全文和摘登观点，并且引起了争鸣。在同年的《许昌学院学报》第 4 期"魏晋史研究"专栏上，周国林先生发表了《"分田之术"是授田之法吗?》，提出了不同的观点，认为"分田之术"是一种征收地租的方式。双方在"魏晋史研究"专栏上各抒己见，就此专题展开了讨论。讨论延续到《许昌学院学报》1988 年的第 1 期，长达 3 年之久。他们争论的虽然是一个很具体的问题，但却推动了相关课题的研究，也扩大了"魏晋史研究"专栏在学术界的影响。

《许昌学院学报》的"魏晋史研究"专栏与中国魏晋南北朝史学会一直保持着密切的联系，该学报的主编和专栏的主持人孟聚先生和他的同事都是魏晋南北朝史学领域中术业有专攻的研究人员，孟聚先生还担任着中国魏晋南北朝史学会的理事。这样，"魏晋史研究"专栏就成了沟通《许昌学院学报》和中国魏晋南北朝史学会的桥梁，联系编辑与专家的纽带。于是，中国魏晋南北朝史学会成为《许昌学院学报》学术品位的重要保障，《许昌学院学报》则成为中国魏晋南北朝史学会会员发表研究成果的一方园地，二者互相影响与促进，共同为学术繁荣作出贡献。

据《许昌学院学报》的负责人介绍，近来又为它的重点栏目"魏晋史研究"专栏制订了新的发展方案，决心向着更高的台阶攀登。我们深信，"魏晋史研究"专栏必定会为推动魏晋南北朝史学术事业的发展作出新的贡献。

附记：本文原刊于《光明日报》2004 年 11 月 25 日版。后作为许昌学院魏晋史研究所主编的《魏晋南北朝史研究》系列丛书的《总序》，题为《魏晋南北朝学界发布研究成果的专门阵地》。该丛书由河南人民出版社于 2013 年出版。

大珠小珠落玉盘

我对《学术研究》杂志一向心仪，并不仅仅由于它是南国学术期刊界的一面旗帜，还因为它长期恪守学术道德与科学准则，所以令我敬重。最近，《学术研究》的主办单位广东省社会科学界联合会要举办成立五十周年的庆典，于是《学术研究》编辑部遴选了一批以往刊载的重要文章，将它们汇编成丛书，以此作为纪念。我听说此事，深表赞成。因此，当编辑部嘱托我为该丛书之三《史学探骊》写序时，我便欣然从命了。然而，看到杨向艳编辑送来的样稿后，我却为自己的不慎允诺而后悔不迭。因为《史学探骊》中收录的文章都是在学术界享有盛誉的前辈宗师的成果，而我则年资低浅，实在自惭形秽，没有资格作序，只能谈点读后感想而已。

如今衡量学术期刊的等第，有所谓核心与非核心的分野，有所谓 A 类、B 类和 C 类的区别。其标准是格式化的，追求的目标是转载率和各项影响因子。但是，我倒以为，决定学术期刊高下的最重要因素，应该是支撑它的作者群体；衡量学术期刊优劣的最主要标准，应该是所刊载文章的质量。当然，按照现行的等第，《学术研究》无疑是归入核心期刊之中的 A 类者；而从作者群体和文章质量的角度考察，《学术研究》则属于更上乘者。因为就辑录自《学术研究》的《史学探骊》而言，其中的文章便篇篇精彩，它们大多是前辈宗师的代表性作品。

刊登这些前辈文章的期号，早自 1958 年《学术研究》初名《理论与实践》时的第 2 期，收载了秦牧先生的《释龟蛇》；晚至 2000 年的第 10 期，收载了戚其章先生的《丘逢甲离台内渡考》。这些文章所属的学科，主要是中国历史学，也有的是考古学。其研究对象，远从梁钊韬先生论"曙石器问题"之争起，近到金应熙先生解析 1922 年香港海员大罢工止。数量虽仅 24 篇，时代却涵盖了各主要的断代，上起先秦，中经汉唐宋明清，下至近现代。其门类则涉及诸重要的分科，包括政治史、经济史、思想史、文化史、中外关系史、史学理论以及地方文献等专门学科。无论是历史学还是考古学方面的文章，几无应景之作，大多为作者本专业的研究成果。它们表达了深邃的学术思想，体现了发表之际的高标准学术水平，反映了所属的专门学科在当时达到的成就。

《史学探骊》辑录了不少长文，按发表的期号顺序计，有《论"曙石器问题"争论的学术背景与中国猿人及其文化的性质问题》（梁钊韬）、《中国思想史上的"天人合一"问题》（刘节）、《关于1922年香港海员罢工的几个问题》（金应熙）、《二十世纪初孙中山和资产阶级改良派的斗争》（陈锡祺）、《关于中国近代史研究的若干问题》（胡绳）、《张曲江集万历癸丑本之攘功斗争及集本文字与残余石刻之会勘》（岑仲勉）、《桂林石刻〈元祐党籍〉》（陈乐素）、《史学与史家——史学新论之二》（田昌五）、《丘逢甲离台内渡考》（戚其章）等，这些文章都在万字以上；又如《宋代吉金书籍述评》（容庚）、《论明代里甲法和均徭法的关系》（梁方仲）、《中国历史上对石油天然气的认识利用及其与西方的关系》（戴裔煊），因为篇幅很长，均分作两期刊载。这些长文大作，都运用缜密的思维，经过细致的解析和透彻的论证，从而得出令人信服的结论，迄今仍旧是学术界引论的依据。《史学探骊》中更多的是数千字的中短篇论文，如《释龟蛇》（秦牧）、《〈柳如是传〉缘起》（陈寅恪）、《中山君謤考略》（饶宗颐）、《清代幕府制的变迁》（郑天挺）、《战国中山国史札记》（顾颉刚）、《关于中外关系史研究的几点看法》（朱杰勤）、《从农民斗争到资本主义萌芽看中国封建社会的弹性》（傅衣凌）、《屈大均与〈广东新语〉》（来新夏）、《清代区域社会经济史研究概况》（韦庆远）、《论中国近代社会的畸形发展》（李时岳）、《浅议司隶校尉初设之谜》（朱绍侯）等，这些文章考据具体而论理深远，或者以小见大，启迪心智，指引人们深入探微；或者高屋建瓴，发现内在的联系，指示事件发展的规律。在《史学探骊》中，字数最少的文章是张岱年先生的《理学的历史意义》，虽然仅为一叶，却将理学的精髓显现清晰，那就是，"理学家吸取了佛学和道家的一些思想资料，但其基本精神是回到孔孟，为孔孟的伦理学说提供了本体论的基础"。要而言之，《史学探骊》辑录的24篇论文，无论长短，都是值得诵读回味的华章。真如大珠小珠落入玉盘，而承载这些珍珠的玉盘就是《学术研究》杂志。

前辈的生平与成就，已经为学术界众所咸知，不烦一一赘述，也不敢妄作点评，请读者自己品茗《史学探骊》这本论文集。

不过，值得注意的是，前辈宗师全都出生于十九世纪末叶至二十世纪初期。岑仲勉先生为最早出生者，生年是1885年；十九世纪九十年代出生的是陈寅恪、顾颉刚、容庚、郑天挺四位先生；多数前辈是二十世纪二十年代之前出生的，依时间顺序排列为刘节、陈乐素、戴裔煊、梁方仲、张岱年、傅衣凌、陈锡祺、朱杰勤、梁钊韬、饶宗颐、胡绳、金应熙、秦牧、来新夏、戚其章、田昌五和朱绍侯诸位先生；而韦庆远和李时岳两位先生出生年代最晚，生于 1928 年。到 1958 年之际，他们中的年长者已近耄耋，早就享誉中外；年轻者已入而立之年，时值风华正茂，也具有累累的学术硕果。而《学术研究》恰于此年创刊，真乃适逢其时而得天独厚。编辑部紧抓机遇，密切联系诸位前辈，在以后的数十年间陆续获得他们的有力支持。通过发表前辈宗师的佳作，《学术研究》将更多优秀的学者吸引在周围，从而营造起浓厚的学术氛围。这样，既为学术的发展推波助澜，也为自身树立起追求真理的社会形象。

又值得注意的是，分检这批文章，不难发现它们发表的时间多数属于二十世纪的六十年代前期和八十年代两个时段。其中，六十年代前期的文章为 6 篇，占全部选文的四分之一；八十年代的文章为 12 篇，占全部选文的二分之一。这一现象的出现并非偶然，因为在中国历史学的发展过程中，这两个时段均具有继往开来的意义。从十九世纪末到二十世纪五十年代末，中国历史学经历了由传统史学经近代史学而向马克思主义史学发展的曲折历程。到二十世纪六十年代前期，马克思主义史学完全占据了史学研究的指导地位。此时的中国历史学界，接受并且运用历史唯物主义和辩证法，以崭新的思想看待历史事件和历史人物，以崭新的观念审视以往的历史研究，于是，一批优秀的科研成果应时发表。二十世纪六十年代后期到七十年代后期，中国的历史学界经历了较大的波折，笼罩于影射史学的阴影之下。二十世纪八十年代，中国进入改革开放的时代，科学的春天随之来临。经过锤炼的中国历史学界，不仅坚持马克思主义的指导，而且吸收和扬弃了诸多海内外学术流派的思想和成果，使得自身日益成熟发达，于是又有大批优秀的科研成果应时问世。《史学探骊》中的文章数量，恰好以二十世纪六十年代前期和八十年代两个时段居多，这并非巧合，更非有意而为，而是对于时代特征的客观印证。阅读《史学探骊》，不仅可以重温前辈宗师的佳作，而且能够豹窥一斑地察觉中国历史学上两次重大转折的痕迹，这正是这本论文集的意义所在。

还值得注意的是，如今适逢提倡学术的大好时代，而《学术研究》恰好已过知天命之年。《学术研究》深刻地理解自己肩负的历史使命，它已经成熟而且稳健，所以并不满足于仅仅继承传统的优秀作风，而是更为追求将其精神发扬光大。与此相应，新一代的学问大家也在陆续地脱颖而出。因此，更多的璀璨明珠正在纷纷落入《学术研究》的玉盘之中。

《史学探骊》即将付梓，我有幸先读，以为快事，故而写下上述感想。

庚寅立冬于华南雨静苑

附言：《史学探骊：史学研究的现代转型与开新》由商务印书馆于2011年出版。

第三部分

典籍作舟共济编

完备而独特的线装丛书

应澳门大学图书馆副馆长王国强博士的邀约，笔者于 2016 年 10 月 30 日前往澳门大学伍宜孙图书馆观摩了该馆庋置的古籍，得见一套清朝同治八年（1869）至光绪四年（1878）五省官书局合刻本二十四史，以下简称"局刻本"。随后笔者仔细考察了这套丛书，兹介绍如下。该丛书为足本二十四史，共计 626 册，依序线装，每册封面及封底内均衬有黄蘖纸，书根印有书名、册数和篇目，行款为每半页 12 行，每行 25 字，小字双行 37 字，品相完好无损，卷册完备。令笔者惊喜不已，久久不忍释手。此前笔者曾经考察过海上丝绸之路上沐浴着中华传统文化的几个城市中局刻本的收藏情况，兹介绍如下。

一、局刻本的学术地位

二十四史是中国古代历朝正史的集合，是纪传体史书的代表。对于它的形成，《四库全书总目·正史类》有下列评述：

> 正史之名，见于《隋志》。至宋而定著十有七。明刊监版，合宋、辽、金、元四史为二十有一。皇上钦定《明史》，又诏增《旧唐书》，为二十有三。近搜罗四库，薛居正《旧五代史》得裒集成编。钦禀睿裁，与欧阳修书并列，共为二十有四。今并从官本校录。凡未经宸断者，则悉不滥登。盖正史体尊，义与经配，非悬诸令典，莫敢私增。所由与稗官野记异也。①

不过上引的这段话只是部分表述了二十四史形成的脉络，"定著"十七史之前的情况未予说明。

二十四史的第一部是由司马迁撰写的《史记》，成书于汉武帝征和二

---

① 〔清〕永瑢等：《四库全书总目》卷 45《史部一》，中华书局 1965 年版，第 397 页。

年（前91），是我国第一部通史，记载了自黄帝时期至汉武帝元狩元年（前122）共三千多年的史事。东汉时期，班固等人沿用《史记》的体例，编纂了《汉书》。它的记事上续《史记》，成为记载西汉历史的断代史。此后朝廷又于东观设馆编修国史，记载东汉光武帝至灵帝时期的历史，所修的史书称为《东观汉记》。由于上述三部史书的内容是连贯相续的，因此有了"三史"之说，① 这套丛书便发轫于此。唐朝时《东观汉记》失传，范晔《后汉书》所述为东汉一朝史事，便以《后汉书》取代《东观汉记》，列为三史之一。

东汉以后，又陆续出现了一批各自反映某一时段的正史，因此，在唐代就有了十史的说法。这十史包括陈寿《三国志》、房玄龄《晋书》、沈约《宋书》、萧子显《南齐书》、姚思廉《梁书》、姚思廉《陈书》、魏收《魏书》、李百药《北齐书》、令狐德棻《周书》、魏征《隋书》。同时，人们又将三史和十史合称为十三史，于是，列朝正史形成连续而系统的规模。②

降至宋代，在十三史的基础上，又加入了李延寿的《南史》与《北史》、欧阳修的《新唐书》与《新五代史》，形成十七史。③ 宋元时期朝廷与民间曾多次对十七史进行校刻，可见这套正史不仅为官方所提倡，也得到了社会的广泛认同。④

---

① 钱大昕指出："三史谓《史记》《汉书》及《东观（汉）记》也。《三国志·吕蒙传》注引《江表传》：权谓蒙曰：孤统军以来，省三史、诸家兵书，大有益。又《孙峻传》注引《吴书留赞》：好读兵书及三史。《晋书·傅休奕志》：撰《三史故事》，评断得失。《隋书·经籍志》有《三史略》二十九卷，吴太子太傅张温撰。皆指此。自唐以来，《东观（汉）记》失传，乃以范蔚宗书当三史之一。"《十驾斋养新录》卷六，上海书店1983年版，第119页。

② 钱大昕指出："《宋史·艺文志》文史类有吴武陵《十三代史驳议》十二卷、目录类有宗谏《注十三代史目》十卷、商仲茂《十三代史目》一卷（晁氏《读书志》作殷仲茂，盖《宋史》避讳，改殷为商）、类事类有《十三代史选》三十卷。吴武陵，唐人，盖唐时以《史记》、前后《汉书》《三国志》《晋史》《宋书》《南齐书》《梁书》《陈书》《魏书》《北齐书》《周书》《隋书》，为十三代史也。又类事类有《十史事语》十卷、《十史事类》十二卷、李安上《十史类要》十卷。自三国至隋，十代之史，马、班、范不在其数。"《十驾斋养新录》卷六，第119页。

③ 钱大昕指出："宋人于十三史之外，加以南、北史及唐、五代，于是有十七史之名。《宋史·艺文志》史抄类有《十七史赞》《名贤十七史确论》一百四卷。类事类有王令《十七史蒙求》十六卷。"《十驾斋养新录》卷六，第119-120页。

④ 主要有北宋淳化五年（994）至嘉祐七年（1062）由国子监校刻的宋监本十七史、南宋绍兴十四年（1144）四川转运使井宪孟命人在眉山校刻的"眉山七史"、元朝大德年间九路儒学校刻的元大德本与元末集庆路儒学校刻的集庆路本等。

明朝建立后，将宋元所刻的十七史旧板修补重印，又增加了《宋史》《辽史》《金史》《元史》四部正史，合计形成二十一史。① 明代主要的正史版本，除官刻的南京国子监本与北京国子监本二十一史外，还有明末藏书家毛晋组织校刻的汲古阁本十七史。汲古阁本选择宋元诸本为底本，校勘精心，版式美观，质量较监本更优。

清朝入关之初便下令纂修明史，但直到雍正元年（1723）才完成《明史稿》。② 次年张廷玉受诏为总裁，在《明史稿》的基础上加以修订改编，于雍正十三年（1735）最终定稿，修成《明史》。乾隆四年（1739），《明史》由武英殿镂版刊行。

随后，武英殿于乾隆四年至乾隆十二年间（1739 — 1747）陆续刊行二十一史，与此前刻成的《明史》合为二十二史，接着又增刻〔后晋〕刘昫《旧唐书》，成为第二十三部正史。乾隆三十八年（1773），朝廷开设四库全书馆，委任纪昀等百余名学者编纂四库全书。馆臣除了修订殿本《明史》与二十一史，又从《永乐大典》等书中辑出〔宋〕薛居正的《旧五代史》，经乾隆钦定，将以上二十四部史著明确定名为二十四史，归入四库全书史部的正史类。随着文渊阁四库全书于乾隆四十六年（1781）成书，二十四史之名见著于最权威的史册。

不久，武英殿于乾隆四十九年（1784）刊成《旧五代史》，后世将此书与之前陆续刊行的二十三史并称为武英殿本二十四史，简称为"殿本"。③ 殿本二十四史刊刻工整，印制精美，且由皇帝钦定，因此成为流传较广的版本。但是，由于殿本二十四史原系各部正史陆续刊刻，并非统

---

① 钱大昕指出："《日知录》：嘉靖初，南京国子监祭酒张邦奇等请校刻史书，欲差官购索民间古本，部议恐滋烦扰，上命将监中十七史旧板考对修补，仍取广东《宋史》板付监。辽、金二史无板者，购求善本翻刻。十一年七月成。……至万历中，北监又刻十三经、二十一史，其版视南稍工，然校勘不精，讹舛弥甚，且有不知而妄改者。……廿一史则开雕于万历廿四年，至卅四年竣事。"《十驾斋养新录》卷六，第 120 页。

② 清朝于顺治初设立明史馆，但未正式开展修纂工作。后于康熙初重开史馆，以徐元文为监修，于康熙中完成初稿。随后又诏令续修，张玉书、王鸿绪等先后为总裁官。雍正元年（1723）由王鸿绪晋呈《明史稿》。

③ 关于四库全书本二十四史和武英殿本二十四史的成书过程，请参见黄永年《古籍版本学》第八章《清刻本》，江苏教育出版社 2005 年版，第 159 – 160 页；王盈甫《〈二十四史〉汇刊本述略》，载《文史知识》1988 年第 5 期，第 118 – 124 页；李伟国、尹小林《重审〈文渊阁四库全书〉中"二十四史"之价值》，载《学术月刊》2013 年第 1 期，第 143 – 148 页。

一规划，因此版本并不一致，此后诸家书坊翻印版本难免参差不齐。① 此外，还存在校勘粗疏、讹脱严重等问题，使它受到了许多批评。②

清朝同治、光绪年间，由于对殿本质量不满意，加之太平天国运动后"各省书板自经兵燹，残毁者十之八九……各处藏书荡焉无存"③，遂由五省官书局合作刊刻了一部二十四史，世称五省官书局合刻本，简称"局刻本"。关于局刻本的缘起，李鸿章在同治八年五月二十日（1869 年 6 月 29 日）的奏折中称：

> 现在浙江、江宁、苏州、湖北四省公议，合刻二十四史，照汲古阁十七史板式、行数、字数，较各家所刻者为精密。拟即分认校刊，选派朴学员绅，悉心核对，添募工匠，陆续付梓。一切经费，酌提本省闲款动用，勿使稍有糜费。俟各书刻成之日，颁发各学、书院，并准穷乡寒儒、书肆贾人，随时刷印，以广流传。④

江宁书局即金陵书局，前身为曾国藩于同治二年（1863）在安庆设立的书局，次年九月书局迁往金陵后改称金陵书局，这是我国第一所官办书局，此后各省督抚纷纷效仿，兴建官办书局，大量刻印儒家经典。各书局成立之初并无统一规划，直到校刻二十四史才开始合作。

上述李鸿章奏折中所说的浙江、江宁（金陵）、苏州（江苏）、湖北四书局之外，后来又加入了淮南（扬州）书局，由五家书局合刻此部二十四史。具体分工为：江苏书局校刻辽、金、元三史，浙江书局校刻新、旧《唐书》和《宋史》，湖北崇文书局校刻新、旧《五代史》和《明史》，淮南书局校刻《隋书》，剩余《史记》等十四史则由金陵书局校刻。局本二十四史大部采用汲古阁本十七史为底本，其余七史则依据其他版本，其中《旧唐书》以江都岑氏惧盈斋本为底本；《旧五代史》《宋史》

---

① 见清末岭南陈氏葄古堂翻刻本、图书集成局的活字排印本、同文书局和武林竹简斋的石印本等版本。

② 张元济在《影印百衲本二十四史序》中便指出殿本有检稽之略、修订之歧、纂辑之疏、删窜之误等缺点。参见张元济《影印百衲本二十四史序》，见《百衲本二十四史·史记》，商务印书馆 1936 年版，第 1—2 页。

③ 曾国藩：《曾国藩全集·书信 10》，岳麓书社 1994 年版，第 7502 页。

④ 李鸿章：《设局刊书折》，见《李鸿章全集 3》，安徽教育出版社 2008 年版，第 450 页。

《明史》以武英殿本为底本；《辽史》《金史》《元史》以道光年间武英殿重修本为底本。

除了择优选取底本外，各大书局还聘请了一批知名的学者从事编校工作，如金陵书局的张文虎、戴望、唐仁寿，浙江书局的谭献、黄以周等，皆为当时著名的经史学家，因此局刻本二十四史校勘精当，质量胜过殿本，一经出版便受到各阶层的欢迎，不仅如李鸿章预期的"俟各书刻成之日，颁发各学、书院，并准穷乡寒儒、书肆贾人，随时刷印"，而且"一时京朝大官，索局刊史者纷起，盖以其校刊之精突过殿本也"①。

局刻本二十四史是继四库本和殿本之后的又一重要版本系统，它由五家地方官书局通力合作，统筹规划版式和卷册规模而独立印制，首次以成套丛书的形式面向广大社会，并配有相应书柜（图1），② 堪称印刷史上前所未有之壮举，代表着清朝雕版印刷的最高水平。正是在五局合刻本的基础上，民国时期有了张元济百衲本、新中国成立以后有了中华书局校点本。

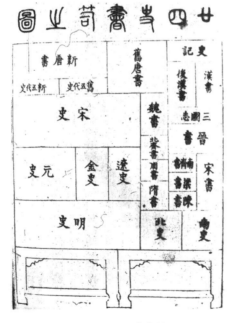

图1　二十四史书笥

①　柳诒徵：《国学书局本末》，见《江苏省立国学图书馆第三年刊》1930 年 11 月，第 5 页。
②　黄永年、贾二强撰集：《清代版本图录（五）》，浙江人民出版社 1997 年版，第 25 页。

从《史记》到《明史》，二十四史上起传说中的黄帝时期（约公元前2550），下迄明朝崇祯十七年（1644），共计3213卷，约4000万字。它反映的是整个中国古代史的悠久历程，与此相应，它的形成也经历了漫长的1800余年，无疑是中国乃至世界历史上编纂过程最久的一套丛书，成为中华文明毫不间断的文字见证。二十四史的版本繁多，而局刻本则在其中发挥了继往开来的关键作用，它具有无与伦比的学术价值，至今值得珍视。

二、澳、港、新、吉的仅存刻本

虽然局刻本二十四史为图书馆界所熟知，但是，完备无缺的刻本在粤港澳大湾区以及东南亚却不多见。笔者走访了在文化上具有代表意义的澳门特别行政区、香港特别行政区、新加坡共和国以及马来西亚联邦首都吉隆坡等地的多所公共图书馆和大学图书馆，对局刻本二十四史的收藏情况做了实地考察和网络检索，具体情况如表1所示。

表1 澳、港、新、吉庋置局刻本情况

地名	图书馆	收藏情况
澳门	澳门大学①	足本一套
	澳门科技大学	无
	澳门何东图书馆	无
	澳门中央图书馆	无
香港	香港大学	《宋书》16册、《南史》12册、《北史》20册、《元史》40册
	香港中文大学	《汉书》16册、《后汉书》16册、《梁书》6册、《明史》80册
	香港浸会大学	《明史》卷119—123
	香港树仁大学	无
	香港理工大学	无
	香港科技大学	无
	香港教育学院②	无
	香港城市大学	无

① 简称"澳大"。
② 现名为"香港教育大学"。

地名	图书馆	收藏情况
新加坡	新加坡国家图书馆	无
	新加坡国立大学	《史记》12 册、《汉书》24 册、《晋书》24 册、《宋书》16 册、《南齐书》6 册、《梁书》6 册、《魏书》20 册、《北齐书》4 册、《周书》6 册、《北史》24 册、《旧唐书》48 册、《旧五代史》16 册、《宋史》100 册、《辽史》12 册、《金史》20 册、《元史》40 册、《明史》80 册
	南洋理工大学	无
吉隆坡	马来西亚国家图书馆	无
	马来亚大学	无
	马来西亚国立大学	无

上表收录的 18 家图书馆中，除澳门大学以外，只有 4 家收藏有局刻本二十四史，但多为零种。这 4 家之中，收藏最多的是新加坡国立大学图书馆，但并不完备，缺少《三国志》《后汉书》《陈书》《隋书》《南史》《唐书》《五代史》等 7 部。则澳门大学这一套局刻本是上述诸地唯一的足本。

三、澳大、华师①的熠熠双星

国内省级或重点院校图书馆大多藏有局刻本二十四史，但不少藏品均有残缺。笔者对与港澳临近的广州做了重点调查，因其在岭南地区具有代表意义。调查范围包括广东省立中山图书馆（简称"中山图书馆"）、广州市图书馆、广东省科技图书馆、广东省社会科学院图书馆等公共图书馆和学术机构图书馆，以及中山大学、华南师范大学、暨南大学、华南理工大学、华南农业大学等高校的图书馆，其中只有中山图书馆、中山大学图

---

① 华南师范大学简称"华师"。

书馆、华南师范大学图书馆和暨南大学图书馆庋置局刻本二十四史。

通过核对各图书馆的藏书发现：中山图书馆虽然藏有一套局刻本二十四史，但其中《史记》和《三国志》两部均以其他版本补配而成。中山大学图书馆藏有两套局刻本二十四史，但均有残缺，其中一套仅有 6 部，且多为残本；另一套较完整，但其中《魏书》《金史》《元史》《明史》均有少量缺卷。暨南大学收藏的局刻本数量最多，共计 4 套，但均非足本。其中最全的一套缺《元史》；第二套缺《史记》《五代史》《元史》和《明史》等 4 部；第三套缺《史记》《宋书》《北齐书》《周书》《五代史》《旧五代史》《辽史》《元史》《明史》等 9 部；剩余一套仅存《汉书》《后汉书》《三国志》《晋书》《魏书》《北史》《唐书》《旧唐书》等 8 部；此外还有残卷若干和一部足本《北史》。相比而言，华南师范大学图书馆的收藏情况良好，共有两套局刻本二十四史，其中一套缺少《后汉书》及《辽史》；另一套为足本，是宣纸所印的初印本，开本宏阔，印制精美，尤为珍贵。① 上述庋置情况可参见表 2 和表 3，因暨南大学收藏情况比较复杂，所以单独列表。

表 2　中山图书馆、中山大学图书馆、华南师范大学图书馆庋置局刻本情况

书名	中山图书馆	中山大学图书馆		华南师范大学图书馆	
		局刻本 1	局刻本 2	局刻本 1	局刻本 2
史记	无	16 册	无	16 册	16 册
汉书	22 册	22 册	无	16 册	18 册
后汉书	18 册	18 册	无	16 册	无
三国志	无	10 册	无	8 册	8 册
晋书	28 册	26 册	8 册（存卷 1—49）	20 册	16 册
宋书	20 册	20 册	11 册（存卷 1—73）	16 册	16 册

① 局刻本二十四史初印本为宣纸本，此后又有连史纸本、官堆纸本、毛边纸本、南扣纸本等，详情可参见黄永年、贾二强撰集《清代版本图录（五）》，浙江人民出版社 1997 年版，第 33 页；张秀民著，韩琦增订《中国印刷史》，浙江古籍出版社 2006 年版，第 401－402 页。

续表

书名	中山图书馆	中山大学图书馆		华南师范大学图书馆	
		局刻本 1	局刻本 2	局刻本 1	局刻本 2
南齐书	10 册	6 册	无	6 册	6 册
梁书	7 册	6 册	无	4 册	4 册
陈书	5 册	4 册	无	4 册	4 册
魏书	26 册	24 册（缺卷 83—90）	无	20 册	16 册
北齐书	6 册	4 册	无	6 册	6 册
周书	8 册	6 册	无	4 册	4 册
隋书	21 册	14 册	无	12 册	12 册
南史	12 册	14 册	7 册（存卷 27—48，55—80）	12 册	12 册
北史	22 册	24 册	16 册（存卷 1—15，34—100）	20 册	16 册
旧唐书	50 册	40 册	无	40 册	40 册
唐书	41 册	48 册	无	40 册	40 册
旧五代史	20 册	16 册	无	16 册	16 册
五代史	8 册	8 册	无	8 册	8 册
宋史	100 册	99 册	无	100 册	100 册
辽史	16 册	12 册	无	12 册	无
金史	24 册	20 册（缺卷 66—80）	无	24 册	20 册
元史	40 册	39 册（缺卷 196—204）	35 册（缺卷 1—8，114—120，132—144）	48 册	40 册
明史	78 册	79 册（缺卷 207—219，239—243）	80 册	80 册	80 册

表3 暨南大学图书馆庋置局刻本情况

书名	收藏情况			
史记	16册（1部）	15册（存1—122卷）	14册（存卷1—84，95—112，123—130）	
汉书	16册（4部）	7册（存卷55—91，98—100）	15册（缺卷8—14）	8册（存卷1—31）
后汉书	16册（4部）	12册（缺卷32—60）	13册（存卷1—85）	14册（缺续汉书）
三国志	8册（3部）	6册（1部）	7册（存卷1—60）	4册（存卷25—65）
晋书	20册（3部）	16册（1部）		
宋书	16册（2部）			
南齐书	6册（2部）	4册（1部）	5册（存卷1—47）	
梁书	4册（2部）	6册（1部）		
陈书	4册（2部）	2册（1部）		
魏书	20册（2部）	10册（2部）	5册（存卷1—30）	
北齐书	4册（1部）	6册（1部）		
周书	6册（2部）			
隋书	12册（2部）	16册（1部）	12册（存卷1—11，24—36，42—57）	
南史	12册（2部）	16册（1部）	6册（存卷41—80）	
北史	20册（5部）	10册（存卷46—100）		
旧唐书	40册（3部）	37册（1部）		
唐书	40册（2部）	39册（1部）	25册（1部）	39册（缺卷42—47）	22册（缺卷4—70）
旧五代史	16册（2部）			
五代史	8册（1部）	6册（存卷24—74）		
宋史	100册（1部）	79册（1部）	97册（1部）	85册（存卷1—97，138—223，228—453）

书名	收藏情况			
辽史	12 册（2 部）			
金史	16 册（1 部）	20 册（2 部）	19 册（缺卷 1—4）	15 册（缺卷 20—28）
元史	无			
明史	80 册（1 部）	77 册（缺卷 1—8，124—128，256—258）	63 册（存卷 1—186，259—332）	36 册（存卷 1—154）

由此可见，华南师范大学图书馆藏本和澳门大学图书馆藏本应该是粤港澳大湾区的熠熠双星，二者相映成辉。

四、与众不同的分册装帧

进一步对比各家图书馆的藏书可知，局刻本二十四史有多种不同的分册装帧方式，以《汉书》为例，中山图书馆和中山大学图书馆的藏本均为 22 册，华南师范大学图书馆的藏本有 16 册和 18 册的区别，暨南大学图书馆所藏的四部足本均为 16 册。由于每部书的册数不同，导致局刻本二十四史的总册数各不相同，国家图书馆就有 540 册、548 册和 592 册等三种藏本。[①] 在网络上对局刻本二十四史进行检索，还可以查到 495 册、536 册、570 册、600 册、638 册、662 册等组合方式。现将东京大学法学部藏本、北京德宝国际拍卖公司 2011 年拍卖本（简称"德宝拍卖本"）和天津国际拍卖公司于 2013 年 1 月拍卖的党晴梵藏本的具体册数列表如下（表4），以与澳门大学图书馆庋置局刻本作对比研究。

---

① 数据来自国家图书馆馆藏目录，其中 548 册本有残缺及掺配。

表4　四种局刻本册数对比一览

书名	东京大学法学部藏本①	德宝拍卖本②	党晴梵藏本③	澳门大学图书馆藏本
史记	20	28	16	16
汉书	16	16	16	24
后汉书	16	22	16	20
三国志	8	8	8	12
晋书	20	20	20	26
宋书	26	16	16	20
南齐书	10	8	6	8
梁书	10	6	6	8
陈书	6	4	4	4
魏书	32	20	20	24
北齐书	8	4	4	6
周书	4	4	4	8
隋书	16	12	12	16
南史	20	16	12	16
北史	32	24	20	24
旧唐书	48	40	40	50
唐书	50	40	40	50
旧五代史	16	16	16	16
五代史	8	8	8	8

① 数据来自李青《日本东京大学中国法制史资料藏书》，见张中秋主编《法律史学科发展国际学术研讨会文集2006》，中国政法大学出版社2006年版，第430页。

② 数据来自北京德宝国际拍卖有限公司2011年春季拍卖会拍品信息。

③ 数据来自2013年天津国际拍卖公司古籍善本迎春拍卖专场拍品信息。

续表

书名	东京大学 法学部藏本	德宝拍卖本	党晴梵藏本	澳门大学 图书馆藏本
宋史	120	100	100	100
辽史	12	12	12	14
金史	20	24	20	24
元史	40	42	40	52
明史	80	80	80	80
总计	638	570	536	626

此外，结合表1、表2、表3中的数据与网络检索的结果，可知《汉书》有18册本、22册本、26册本；《后汉书》有14册本、18册本；《三国志》有6册本、10册本、12册本；《晋书》有16册本、24册本、28册本；《宋书》有20册本、32册本；《梁书》有7册本、8册本；《陈书》有2册本、5册本、8册本；《魏书》有10册本、16册本、26册本；《北齐书》有6册本、12册本；《周书》有5册本、6册本、8册本；《隋书》有14册本、21册本；《南史》有14册本；《北史》有16册本、22册本；《旧唐书》有50册本；《唐书》有25册本、39册本、41册本、48册本；《旧五代史》有20册本；《五代史》有10册本；《宋书》有99册本；《辽史》有16册本；《金史》有16册本；《元史》有48册本；《明史》有78册本；等等。①

对所有数据进行横向比对，可以发现，澳门大学图书馆收藏的这部局刻本二十四史中，《汉书》《后汉书》《魏书》《辽史》《元史》等五部史书的册数均与上述版本不同，分别为24册、20册、24册、14册、52册，这就使得澳门大学图书馆庋置局刻本与其他现存足本在总册数上都不相同，可见它是现存的足本二十四史中一种独特的分册装帧版本，在文献学和版本学上具有重要的学术价值，值得进行深入考察。为此，特将这套局刻本二十四史的详细信息列表如下（表5），以备对比研究。

---

① 网络检索数据来自上海鸿海商品拍卖有限公司2009年春季拍卖会拍品信息《黄山毛氏藏书一百二十四种》、孔夫子旧书网、华夏收藏网等。

表 5　澳门大学图书馆庋置局刻本版式信息一览

书名	牌记	册数	卷数	板框		版心	书口	鱼尾		备注
				长×宽（厘米）	单/双边			数量	图案	
史记	光绪四年冬日金陵书局印行	16	130	20.7×15	左右双边	每卷首尾二页版心镌"汲古阁"及"毛氏正本"，其余则镌"史记"及卷次，下镌页次	白口	单	黑	每卷末镌"金陵书局仿汲古阁本刊"
汉书	同治八年九月金陵书局刊	24	120	20.7×15	左右双边	每卷首尾二页版心镌"汲古阁"及"毛氏正本"，其余则镌"汉书"及卷次，下镌页次	白口	单	黑	每卷末镌"金陵书局仿汲古阁本刊"
后汉书	同治八年九月金陵书局校刊	20	130（含《续汉书》30卷）	21.5×15	左右双边	每卷首尾二页版心镌"汲古阁"及"毛氏正本"，其余则镌"后汉"及卷次，下镌页次	白口	单	黑	每卷末镌"金陵书局仿汲古阁本刊"

书名	牌记	册数	卷数	板框		版心	书口	鱼尾		备注
				长×宽（厘米）	单/双边			数量	图案	
三国志	同治九年正月金陵书局印行	12	65	21.5×15	左右双边	每卷首尾二页版心镌"汲古阁"及"毛氏正本",其余则镌"三国"及卷次,下镌页次	白口	单	黑	每卷末镌"金陵书局仿汲古阁本刊"
晋书	同治十年十一月金陵书局印行	26	133（含《音义》3卷）	21×15	左右双边	每卷首尾二页版心镌"汲古阁"及"毛氏正本",其余则镌"晋书"及卷次,下镌页次	白口	单	黑	每卷末局仿汲古阁本刊"
宋书	同治十一年冬十月金陵书局印行	20	100	21.5×15	左右双边	每卷首尾二页版心镌"汲古阁"及"毛氏正本",其余则镌"宋书"及卷次,下镌页次	白口	单	黑	每卷末镌"金陵书局仿汲古阁本刊"

续表

书名	牌记	册数	卷数	板框		版心	书口	鱼尾		备注
				长×宽（厘米）	单/双边			数量	图案	
南齐书	同治十三年冬金陵书局印行	8	59	21.5×15	左右双边	每卷首尾二页版心镌"汲古阁"及"毛氏正本"，其余则镌"南齐书"及卷次、下镌页次	白口	单	黑	每卷末镌"金陵书局仿汲古阁本刊"
梁书	同治十三年冬金陵书局印行	8	56	21.5×15	左右双边	每卷首尾二页版心镌"汲古阁"及"毛氏正本"，其余则镌"梁书"及卷次、下镌页次	白口	单	黑	每卷末镌"金陵书局仿汲古阁本刊"
陈书	同治十一年冬十月金陵书局印行	4	36	21.5×15	左右双边	每卷首尾二页版心镌"汲古阁"及"毛氏正本"，其余则镌"陈书"及卷次、下镌页次	白口	单	黑	每卷末镌"金陵书局仿汲古阁本刊"

续表

| 书名 | 牌记 | 册数 | 卷数 | 板框 | | 版心 | 书口 | 鱼尾 | | 备注 |
				长×宽（厘米）	单/双边			数量	图案	
魏书	同治十一年冬十月金陵书局印行	24	114	21.2×15	左右双边	每卷首尾二页版心镌"汲古阁"及"毛氏正本"，其余则镌"魏书"及卷次，下镌页次	白口	单	黑	每卷末镌"金陵书局仿汲古阁书刊"
北齐书	同治十三年冬金陵书局印行	6	50	21.5×15	左右双边	每卷首尾二页版心镌"汲古阁"及"毛氏正本"，其余则镌"北齐书"及卷次，下镌页次	白口	单	黑	每卷末镌"金陵书局仿汲古阁书刊"
周书	同治十三年冬金陵书局印行	8	50	21×15	左右双边	每卷首尾二页版心镌"汲古阁"及"毛氏正本"，其余则镌"周书"及卷次，下镌页次	白口	单	黑	每卷末镌"金陵书局仿汲古阁书刊"

续表

| 书名 | 牌记 | 册数 | 卷数 | 板框 | | 版心 | 书口 | 鱼尾 | | 备注 |
				长×宽（厘米）	单/双边			数量	图案	
隋书	同治辛未四月淮南书局刊成	16	85	21×15	左右双边	每卷首页版心镌"汲古阁"及"毛氏正本"，其余则镌"隋书"及卷次，下镌页次	白口	单	黑	每卷末镌"扬州书局仿汲古阁本刊"
南史	同治十一年冬十月金陵书局印行	16	80	21.5×14.5	左右双边	每卷首尾二页版心镌"汲古阁"及"毛氏正本"，其余则镌"南史"及卷次，下镌页次	白口	单	黑	每卷末镌"金陵书局仿汲古阁本刊"
北史	同治十一年冬十月金陵书局印行	24	100	21.5×15	左右双边	每卷首尾二页版心镌"汲古阁"及"毛氏正本"，其余则镌"北史"及卷次，下镌页次	白口	单	黑	每卷末镌"金陵书局仿汲古阁本刊"

续表

书名	牌记	册数	卷数	板框		版心	书口	鱼尾		备注
				长×宽（厘米）	单/双边			数量	图案	
旧唐书	同治十一年四月浙江书局刊	50	214	21×15	左右双边	版心镌"旧唐书"及卷次、下镌页次	白口	单	黑	无
唐书	同治十二年二月浙江书局校刊	50	225	21×15	左右双边	版心镌"唐书"及卷次、下镌页次	白口	单	黑	无
旧五代史	同治十一年湖北崇文书局重雕	16	150	20.5×15	四周双边	版心象鼻处镌"旧五代史"，鱼尾下镌卷名，再下镌页次	花口	单	黑	无
五代史	同治十一年湖北崇文书局重雕	8	74	20.5×15	四周双边	版心象鼻处镌"五代史"卷次，每卷首尾页卷首下镌"汲古阁"及"毛氏正本"，其余则镌卷名，再下镌页次	花口	单	黑	无

续表

书名	牌记	册数	卷数	板框		版心	书口	鱼尾		备注
				长×宽（厘米）	单/双边			数量	图案	
宋史	光绪元年浙江书局孟瞰校刊	100	496	21×15	左右双边	版心镌"宋史"及卷次、下镌页次	白口	单	黑	无
辽史	同治癸酉九月江苏书局刊版	14	115	21×15	左右双边	版心镌"辽史"及卷次、下镌页次	白口	单	黑	无
金史	同治甲戌三月江苏书局刊版	24	135	21.5×15	左右双边	版心镌"金史"及卷次、下镌页次	白口	单	黑	无
元史	同治甲戌七月江苏书局刊版	52	210	21×15	左右双边	版心镌"元史"及卷次、下镌页次	白口	单	黑	无
明史	光绪三年湖北崇文书局开雕	80	332	21×15	四周双边	版心象鼻处镌"明史"，鱼尾下镌卷次、卷名，再下镌页次	花口	单	黑	无

从表 5 不难看出，澳门大学图书馆庋置的这套局刻本二十四史是一套版式考究、装帧完善的丛书。然而，因为这套丛书系由不同书局分别刊出，且前后历时十年，所以版式虽然大同，也颇有小异。因此，这份表格可以作为进一步探究这套丛书形成过程的资料和相应出版技术发展规律的参考样本。

余　语

更加令人惊喜的是，除了版本上的独特性外，在澳门大学图书馆庋置的这套局刻本二十四史中还发现了民国时期著名书画家邓芬的墨宝 23 处和钤印 6 枚 14 处，以及圈点 30 余页，这就更加凸显了这套书的学术价值和文物价值。对此，笔者将在《书画家邓芬的钤印和墨迹——澳门大学庋置五省官书局合刻本二十四史考察（中）》中详细阐述。

附记：本文作者为李凭、姜霄。刊于《学术研究》2018 年第 1 期，原有副标题《澳门大学庋置五省官书局合刻本二十四史考察（上）》。姜霄，时为澳门大学历史系博士研究生，现为中山大学历史学系专职特聘副研究员。

书画家邓芬的钤印和墨迹

澳门大学图书馆庋置一套清朝同治八年（1869）至光绪四年（1878）五省官书局合刻本二十四史（以下简称"局刻本"），共计 626 册。它卷帙完备，装帧独特，是粤港澳大湾区现存的两套足本之一。[①] 更令人惊喜的是，在这套局刻本中还发现了朱色钤印 6 枚 14 处、墨迹 23 处 26 条（批注 19 条，题签 7 条），以及圈点 32 页、补佚 51 页。本文旨在证明，这些遗迹均属书画家邓芬所为。

邓芬的生平见于郑春霆撰写的《从心先生传略》，为免读者翻检之劳，现节录如下：

> 邓芬（1894—1964），字诵先，号昙殊，又号从心先生、二不居士、老檀、寒翁、泳人。别署尤多，曰水明楼、还佩楼、阿赖耶室、守艺堂、藕丝孔居、观世音琴斋、梦觉斋、阿毗庵，随在移易，不泥一时。南海人也，生清光绪二十年甲午（1894），少师事董一夔起庚，张世恩泽农，习绘事，于袁寒云在师友之间，胸怀高澹，自诩不凡。尝就中大附中教席，时其母舅金曾澄为中大校长也。李研山长广州市立美专任内，聘为主任教授，栽成弥众。又曾任粤东财政厅秘书，以天生傲骨，又岂甘长为五斗米折腰哉，卒薄之而去。……芬为人容止甚都，巧词令，狂傲落拓。于画最工仕女人物，丰神卓绝，无与伦比。所作罗汉，法相庄严，世罕其俦。花鸟在白阳复堂之间，得其神髓。山水鱼虫走兽，则间作而已。又以三笔雀著，三笔者，极言其简，而神情韵味，自然流露楮笔间，非尽三笔也。旅沪既久，所与游者皆大江南北名士……芬书法宗米海岳，尤得力于《方圆庵记》，恣肆秀拔，极跌宕萧爽之致。工诗，才调纵横，超轶而远尘俗。三绝

---

① 李凭、姜霄：《完备而独特的线装丛书——澳门大学庋置五省官书局合刻本二十四史考察（上）》，载《学术研究》2017 年第 1 期。

萃于一身，真旷代之奇才也。①

由这段记载可知，邓芬不仅以绘人物、花鸟称著画坛，而且书法颇佳，擅长诗文，是诗、书、画"三绝萃于一身"的"旷代之奇才"。他曾被张大千推崇为"现代岭南唯一国画家"②，亦被张发奎誉为"一代宗师"③，近年朱浩云在《美术报》发表文章称他为"20世纪艺坛多面手"④。其书画作品至今依旧蜚声海内外，在香港苏富比拍卖公司于2017年秋季举行的拍卖会上，邓芬的国画《春风白马访琼楼》与唐伯虎、文徵明、张大千、李可染、吴冠中、徐悲鸿、傅抱石等人的作品同列，拍出了巨额。⑤

这套局刻本中出现的数处钤印和繁多墨迹倘若被证明均属邓芬所为，则不仅可以作为鉴定邓芬书画作品的参照物，而且也提升了这套局刻本的文物价值。以下对这些钤印与墨迹一一考察。

一、名章与闲章相映

在这套局刻本中一共出现六枚不同的朱色钤印，其详细信息如表1所示。

269

---

① 郑春霆：《从心先生传略》，见邓芬艺术基金会主编《南海邓芬艺术全集》，澳门基金会2015年版，第48页。此文最初收录于邓芬弟子陈丙光为纪念邓芬而在澳大利亚出版的《昙殊居士书画集》中，该画集1976年由澳洲均和有限公司出版。

② 陈继春：《邓芬的生平和艺术》，见朱万章、郭燕冰主编《广东"国画研究会"研究》，岭南美术出版社2010年版，第127页。

③ 刘季编录：《南海邓芬艺术年表》，见邓芬艺术基金会主编《南海邓芬艺术全集》，澳门基金会2015年版，第356页。

④ 朱浩云：《20世纪艺坛多面手邓芬》，载《美术报》2015年9月5日第14版。

⑤ 参见腾讯新闻http://new.qq.com/cmsn/20171009021918。

表 1　钤印信息表

序号	钤印	印文	款式	位置
1		邓芬	朱文方形名章	《后汉书》第 1 册封底内题签末尾
2		邓芬	朱文杂形名章	《史记》第 2 册首页《秦始皇本纪第六》第 1、2 行下方
				《后汉书》书名页题签落款处
				《后汉书》第 1 卷《光武帝纪第一上》第 1 行下方
				《三国志》书名页题签落款处
				《晋书》书名页题签落款处
3		泳人	白文椭圆形名章	《史记》第 12 册卷 77《魏公子列传第十七》末页题签落款处
				《史记》第 12 册末页 "金陵书局仿及古阁本刊" 下方
				《史记》第 13 册末页 "金陵书局仿及古阁本刊" 下方
				《明史》末册第 1 页第 1 行下方
				《明史》末册书后所附宣纸上题签落款处
4		藕丝孔居	朱文方形闲章	《史记》书名页左下角
5		心太平居	白文方形闲章	《后汉书》第 1 册末页题签落款处

续表

序号	钤印	印文	款式	位置
6		从心得来	白文方形闲章	《史记》正文第 1 页《史记集解序》标题上方

　　以上六枚钤印形态各异，除第五枚"心太平居"为大篆外，其余皆为小篆。

　　1. 朱文方形名章"邓芬"

　　此枚钤印在这套局刻本中仅出现一次，位于《后汉书》第 1 册封底内题签末尾处。《邓芬百年艺术回顾》① 收有邓芬的国画作品《梅花》（1923）（图1）②、《斜阳古道图》（1957）③、《水仙》（1957）④ 三幅，其题词落款处均盖有同样的钤印。⑤ 可见此枚钤印确为邓芬的名章所抑。

　　2. 朱文杂形名章"邓芬"

　　此枚钤印在这套局刻本中一共出现五次。在邓芬的画作中也有较多使用此枚钤印之例，如《骏马》（1946）⑥、《枫叶荻花秋瑟瑟》（1947）（图2）⑦、《祝寿图》（1947）⑧、《双鹂》（1949）（图 3）⑨、《对镜簪花》（1949）⑩、《抱琴侍女》（1951）⑪、《布袋和尚》（1954）⑫ 等，钤印所抑

---

①　江连浩总监：《邓芬百年艺术回顾》，澳门市政厅 1997 年版。

②　《邓芬百年艺术回顾》图版 2。

③　《邓芬百年艺术回顾》图版 40。

④　《邓芬百年艺术回顾》图版 47。

⑤　其中《梅花》绘于 1923 年，但题词系 1959 年补，《斜阳古道图》和《水仙》则绘于 1957 年。

⑥　广东小雅斋拍卖有限公司 2015 春季艺术品拍卖会，见 http://auction. artron. net/paimai-art5070270642/。

⑦　《邓芬百年艺术回顾》图版 24。

⑧　广州华艺国际拍卖有限公司 2008 年夏季拍卖会，见 http://auction. artron. net/paimai-art53840751/。

⑨　《邓芬百年艺术回顾》图版 26。

⑩　中国嘉德国际拍卖有限公司香港 2014 秋季拍卖会，见 http://auction. artron. net/paimai-art5057430326/。

⑪　《邓芬百年艺术回顾》图版 32。

⑫　《邓芬百年艺术回顾》图版 31。

位置皆为题词落款处。通过网络检索，发现此枚钤印还出现在一部曾为邓芬所藏的清抄本《太仓稊米集》卷末跋语的落款处。① 此外，张大千曾为邓芬绘制一幅《高士图》，此图于 1951 年被邓芬加以题词后转赠给一位友人，在落款处亦抑此枚钤印。② 由上述绘画作品的创作年份可知，这枚钤印为邓芬在 1946 年至 1954 年期间常用之印。

图 1　《梅花》

① 西泠印社拍卖有限公司 2015 春季拍卖会，见 http://auction. artron. net/paimai-art5074560472/。

② 画作落款为"昙殊学长兄博教，大千弟张爱"。邓芬题词为"辛卯夏日，以此奉呈仙洲吾兄严先生雅存，昙殊芬识在藕丝孔居"，见上海恒利拍卖有限公司 2015 春季艺术品拍卖会，http://auction. artron. net/paimai-art5073190543/。严先洲是澳门爱国人士，其生平不详。

图2 《枫叶荻花秋瑟瑟》

图3 《双鹇》

3. 白文椭圆形名章"泳人"

此枚钤印在这部局刻本中一共出现五次。钤印的文字"泳人"是邓芬的别号。该名章应刻于1945年之后，此时日寇虽然已经投降，但是广州沦陷期间的屈辱景况成为人们心中久久挥之不去的阴影。邓芬于是请人刻下此枚名章，以喻自身不幸落水的窘迫状态。①除这套局刻本外，在邓芬的诗集《水明楼忆事》第11首《丙戌九月初三》（1946）（图4）②的标题下方亦盖有此枚钤印。该诗描述的"顾我八年沦贱日，未曾魂魄梦归来"，正是邓芬沦为"泳人"时心境的写照。由此可证该枚名章确属邓芬。

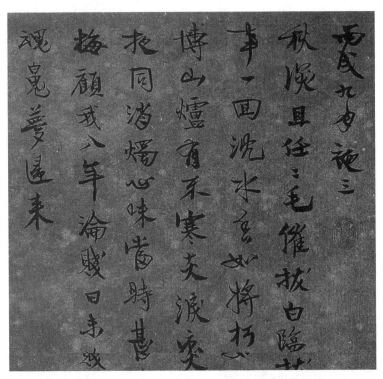

图4 《丙戌九月初三》

4．朱文方形闲章"藕丝孔居"

此枚钤印出现在局刻本全书的首页，即二十四史之首《史记》的书名页，抑于该页的左下角处。邓芬的书画作品中也屡见此钤印，如《枫叶荻花秋瑟瑟》（1947）（图2）、楷书七言联"鸳鸯独宿何曾惯，鹦鹉前

① 李烈声：《我所知道的邓芬先生》，见《南海邓芬艺术全集》，第435页。
② 《邓芬百年艺术回顾》图版9。

头不敢言"（1948）①、《双鹂》（1949）（图3）、《柳荫垂钓图》（1950）
（图5）②、《顾影自怜》（1950）③、《玫瑰白头》（1950）（图6）④、《浣女
图》（1952）⑤、《东方朔》（1953）⑥、行书对屏（1953）（图7）⑦、《弥
勒》（1957）⑧、《祝寿图》（1957）⑨、《达摩渡江》（1957）⑩ 等。此钤印
在上述作品中的位置大体相同，在绘画作品中均位于画面的左下角，在行
书对屏中抑于右扇的左下角，在楷书七言联中则抑于上联右侧的中下部。

《南海邓芬艺术年表》记载：

　　1940年，（邓芬）辗转居停于妈阁隐秀园、卢煊仲的卢家花园竹
厅、李氏兄弟民雨民欣之亦缘阁、吴伟佳彝斋及沈仲强于荷兰园之霜
杰楼画室……1941年，移居澳门清平直街"寄闲俱乐部"，并命名其
作画小厅为"藕丝孔居"。⑪

据此记载可知，1940年至1941年期间，邓芬曾在澳门辗转移居多地，其
画室也随之屡有变化，最后的居所是位于清平直街的寄闲俱乐部，该处的

————————

　　① 广东崇正拍卖有限公司2014年秋季拍卖会，见 http：//auction. artron. net/paimai-art5064070537/。

　　② 《邓芬百年艺术回顾》图版27。

　　③ 香港苏富比拍卖有限公司2015年秋季拍卖会，见 http：//auction. artron. net/paimai-art0050041307/。

　　④ 中国嘉德香港2016年秋季拍卖会，见 http：//auction. artron. net/paimai-art5094940107/。

　　⑤ 广州华艺国际拍卖有限公司2011冬季艺术品拍卖会（原广州嘉德），见 http：//auction. artron. net/paimai-art5012480178/。

　　⑥ 敦煌拍卖有限公司2012年首届大型艺术品拍卖会，见 http：//auction. artron. net/paimai-art5023400035/。

　　⑦ 广东精诚所至艺术品拍卖有限公司2016秋季拍卖会，见 http：//auction. artron. net/paimai-art5096950136/。

　　⑧ 广州华艺国际拍卖有限公司2010冬季拍卖会，见 http：//auction. artron. net/paimai-art71780422/。

　　⑨ 广州华艺国际拍卖有限公司2005广州夏季拍卖会，见 http：//auction. artron. net/paimai-art32530528/。

　　⑩ 香港苏富比拍卖有限公司2001秋季拍卖会，见 http：//auction. artron. net/paimaiart16150148/。

　　⑪ 刘季编录：《南海邓芬艺术年表》，见邓芬艺术基金会主编《南海邓芬艺术全集》，澳门基金会2015年版，第345－346页。

画室名曰"藕丝孔居"。关于藕丝孔居的由来，陈继春在《邓芬的生平和艺术》一文中曾转引澳门画家黄蕴玉的记述，称：

> 名画人邓芬（昙殊）自辟画室于寄闲公司后，彷其居曰"藕丝孔居"，有以此名称之意为疑者，则实取义于梵语，含避兵之意，而富有禅意者也。①

可知这枚闲章正是邓芬的一枚斋号章。

图5 《柳荫垂钓图》

图6 《玫瑰白头》

---

① 参见陈继春《邓芬的生平和艺术》，见朱万章、郭燕冰主编《广东"国画研究会"研究》，岭南美术出版社 2010 年版，第 131 页。

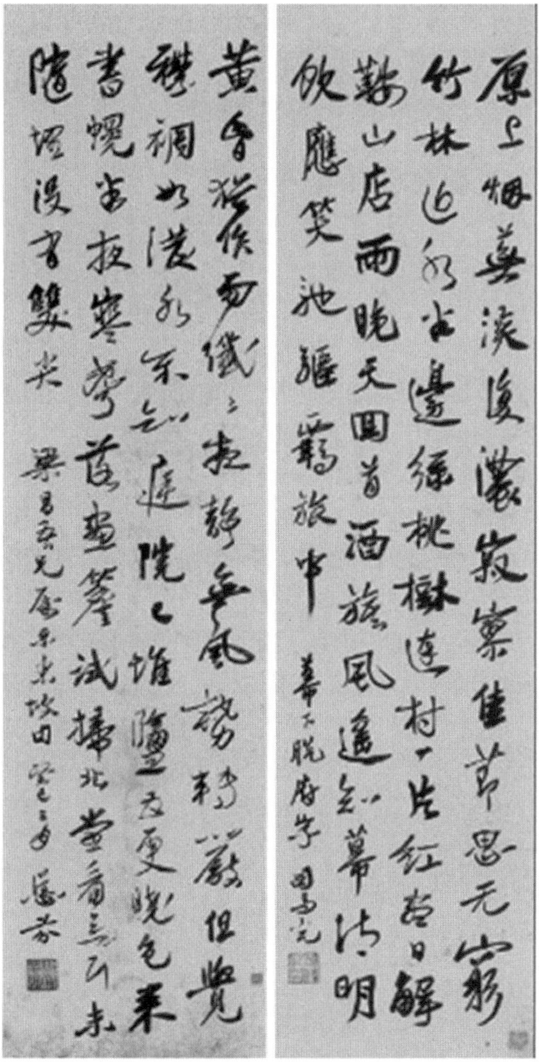

图 7　行书对屏

5. 白文方形闲章"心太平居"

　　此枚钤印抑于《后汉书》第 1 册末页题签的落款处。在邓芬自制的印谱《还佩楼私印存影》中辑有此枚钤印，并附说明道"红寿山无钮张作斋刻"。① 张作斋即印章篆刻名家张祥凝，号作斋居士，曾为张大千、黄宾虹、高剑父等治印多枚。② 张祥凝与邓芬是至交好友，曾一同组建天池画社，邓芬的许多藏章出自张祥凝手。但是，在《邓芬百年艺术回顾》《南海邓芬艺术全集》中收录的百余件邓芬作品内，不见使用此章之例，可知这是邓芬藏印中一枚罕见的闲章。

6. 白文方形闲章"从心得来"

此枚钤印抑于《史记》正文第1页《史记集解序》标题上方的空白处，在这套局刻本中仅出现一次。"从心"是邓芬较为常用的别号，此枚印章也是张祥凝所刻，并收录于邓芬《还佩楼私印存影》中，其下注"祥凝刻石见赆小狮钮"。③ 邓芬的书画作品中未见此枚钤印。不过，香港佳士得公司在2012年秋季拍卖过一幅书法对联，在上联的右下角抑有此枚钤印。该对联的上款为"崑殊居士雅属"，下款为"八十五翁樊山樊增祥书"。④ "崑殊居士"也是邓芬的别号，表明此幅对联系樊增祥赠予邓芬，则此钤印应为邓芬的鉴藏章。

归纳上述信息，可以确定澳门大学庋置局刻本中显现之六枚朱色钤印无一例属于他人，均为邓芬所抑。但遗憾的是，除可知"心太平居"和"从心得来"二印为张祥凝所刻外，其余四枚的刻章者已难考得。笔者有幸联系到远在加拿大的邓芬外孙刘季先生，盼刘先生能提供线索，但刘先生收藏的邓芬印谱中无此四印。不过，他推断这些印章应该刻于抗日战争胜利之后，可能出自冯康侯、张祥凝、简琴斋和罗叔重等名家之手。现将他的电子邮件抄录如下：

> 其他四枚在我存之印谱（和平前邓氏亲制）中没有记录，因"泳人"是和平后才用的，可能此等印章是和平后刻制的。刻章者可

---

① 邓芬：《还佩楼私印存影》，见《南海邓芬艺术全集》，澳门基金会2015年版，第270页。

② 周斌编著：《中国近现代书法家辞典》，浙江人民出版社2009年版，第388页。

③ 邓芬：《还佩楼私印存影》，见《南海邓芬艺术全集》，澳门基金会2015年版，第267页。

④ 联文为"蜡屐来时托兴在山花山鸟，画船归去余情付湖水湖烟"，见http://auction. artron. net/paimai-art5026791448/。樊增祥（1846—1931），近代藏书家、文学家，累官至陕西布政使、江宁布政使、署理两江总督，其生平参见程翔章、程祖灏著《樊增祥年谱》，华中师范大学出版社2017年版。

能是邓氏老友如冯康侯，张祥凝，简琴斋和罗叔重等诸老辈。①

此处"和平"即指日寇投降。冯康侯、张祥凝等人均为岭南篆刻名家，邓芬与他们交往的情形载于《南海邓芬艺术全集》，文中称：

> （邓芬）常与金石书画名家研究切磋，如邓尔雅、张祥凝、李铭柯、易孺、余仲嘉、冯康侯、简经纶、林近及罗叔重等。……邓芬画中所见印拓，概为前述名家所治，琳琅大观，如入名家印林。当中亦有邓氏自刻，规矩紧密，功力非凡。他每能把印章钤在画面合衬的位置，融入寓意，从而提升画面的效果。画幅上的名号或闲文印，更能显示其作画时的心境及年代。②

这段文字提及，邓芬不仅善于刻印，更善于用印，在不同时期和不同心境下使用的印章都各有寓意，如前文考察之"泳人"印即为抗日战争胜利之后寄寓心境所用。

根据《南海邓芬艺术年表》的记载，邓芬于1939年从广州经香港前往澳门避难，因粮荒于1943年返回广州，1945年抗日战争胜利后他再次寓居澳门，直到1959年迁居香港。邓芬在澳门生活的时间长达近20年。③本文列举的使用上述六枚钤印之作品的落款时间均在1946年至1959年间，所以这些钤印应属邓芬再度寓居澳门时以常用的印章所抑。

二、行书与楷书同辉

这套局刻本中，除钤印外，尚有圈点、批注，还有题签、补佚，以下分别列表加以说明并略做考据（表2、表3）。

---

① 刘季先生2017年2月25日电子邮件。
② 邓芬艺术基金会主编：《南海邓芬艺术全集》，澳门基金会2015年版，第258页。
③ 刘季编录：《南海邓芬艺术年表》，第345－346页。

表2　圈点信息表

书名	卷次	卷名	页码	笔色	批注
史记	77	魏公子列传第 17	1－5	朱	有
	86	刺客列传第 26	2－3；5－10	朱	无
	105	扁鹊仓公列传第 45	3	朱	有
	124	游侠列传第 6	1－4	朱	无
	129	货殖列传第 69	1－9	朱	有
旧唐书	53	列传第三李密	1－4；13	墨	有

　　由表 2 可知，这套局刻本中的《史记》和《旧唐书》内有圈点痕迹，分别为朱、墨二色，合计 32 页，均位于列传部分。① 《史记》中的《魏公子列传第 17》《扁鹊仓公列传第 45》《货殖列传第 69》与《旧唐书》中的《列传第三李密》等四篇不仅有圈点，还写有相应的批注，而且批注就在圈点附近，这说明圈点与批注出自同一人之手。除上述四篇列传有批注外，《旧唐书》卷 54《列传第四王世充窦建德》虽无圈点，但有两条眉批。现将所有批注的具体信息列表（表 3）如下。

----

　　① 其中《刺客列传第 26》之第 2－3 页属《豫让传》，第 5－10 页属《荆轲传》；《扁鹊仓公列传第 45》之第 3 页属《扁鹊传》。

表3 批注信息表

书名	卷次	卷名	页码	笔色	位置	内容	钤印
史记	77	魏公子列传第17	5	墨	尾批	赵胜、田文不能比拟，黄歇更不足道也。毛遂、冯谖鸡鸣狗盗之客，救其命成其功而已。侯嬴、朱亥博徒卖浆之辈，能保其名，全其信义，此无忌之诚实而有礼所致者也，非齐、楚、赵三君所可及之矣。千古爱士之名真不虚哉！己丑四月妈阁藕丝居晬读。盗符负魏罪难辞，博得侯生死报之。礼士未忘骄赵胜，田文黄歇愧何时。从心感此因题。（图8）	泳人
	105	扁鹊仓公列传第45	3	墨	夹批	讳人不独能医病，且能医心之好恶也。时医之谓欤！	无
	129	货殖列传第69	1	墨	夹批	己丑四月朔日，偶检及此页，乃知至治之极，与今之所谓人民解放同一辙。可见古之治平之道，亦何妨行之今世?①	无
			2	墨	眉批	今之世生产过剩之国往往将货物投之浊流，是亦别有用心也②	无
			4	墨	地脚处	然则任侠行不佳乃不佳之名词矣	无

① 此句针对《货殖列传》第一句所引："老子曰：'至治之极……民各甘其食，美其服，安其俗，乐其业。'" 邓芬在此表达了对于人民解放故事业的赞美。

② 此句针对《货殖列传》中的"贵上极则反贱，贱下极则反贵。贵出如粪土，贱取如珠玉。财币欲其行如流水"，邓芬在此强烈批判资本主义的弊端。

续表

书名	卷次	卷名	页码	笔色	位置	内容	钤印
旧唐书	53	列传第三李密	1	墨	眉批	炀帝有知人之明	无
					眉批	杨素胜炀帝多矣	无
					眉批	既知言之不用，而取其下计为上策，此自取败也	无
			2	墨	眉批	既知言之不用，则事必后悔无及，当时何不去之？可免间行人关为所捕者也。卒至邯郸，穿墙而逃未得脱，亦干虑一失也	无
			3	墨	眉批	不甘寂寥之人奢处于乱世之心声也。陈胜、吴广、刘邦鼠辈，子又何异之？成则为王，败则为寇，成事在天，奈何，奈若何？	无
					眉批	近人《沁园春》咏雪词一阕，便是压倒千古①	
					眉批	何必润色仿其词，花言巧语，以欺世之宣传而自欺耶！②	无

① "近人《沁园春》咏雪词一阕"指毛主席的《沁园春·雪》。该词下阕如下："江山如此多娇，引无数英雄竞折腰。惜秦皇汉武，略输文采；唐宗宋祖，稍逊风骚。一代天骄，成吉思汗，只识弯弓射大雕。俱往矣，数风流人物，还看今朝。"在《李密传》中多处引述汉帝与唐宗等古代帝王，邓芬不以为然。因而在此处以"压倒千古"称颂毛主席气吞山河之咏雪词，流露出邓芬对新中国即将成立的欢欣之情。

② 此条针对《李密传》中所引五言诗，该诗曰："金风荡初节，玉露凋晚林。此夕穷涂士，郁陶伤寸心。野平豆覆苗，村荒藜藿深。眺听良多感，徙倚独沾襟。秦俗犹未平，汉道将何冀？萧向刀笔吏，樊哙市井徒。一朝时运会，千古传名益。虚生真可愧。"该诗"郁陶伤寸心""徙倚独沾襟"等所表达的郁闷意境与毛主席词句磅礴的气势适成鲜明的反差对比。通过对比，邓芬表达了对李密颇为不屑的看法。

续表

书名	卷次	卷名	页码	笔色	位置	内容	钤印
旧唐书	53	列传第三李密	4	墨	眉批	密数隋帝十罪，在今日之救国自居者，堪称良苦矣。诚今之良臣，古之民贼也	无
			9	墨	眉批	言之成理，亦大好文章也，惜不及王伯当之真旨。所谓义士立志，不以存亡易心。伯当果能生死以之，以性命相报，可谓不易心也。（图9）	无
			13	墨	眉批	密或能以附杨玄感之心附李渊，当不有杀身之祸	无
					眉批	密纵能如伯当之言，亦必不能逃李渊之忌	无
	54	列传第四王世充窦建德	4	墨	眉批	与陈胜之鱼书狐鸣无以二也	无
					眉批	自为得计，殊不知奸伪卑鄙不能成大事居人上者	无

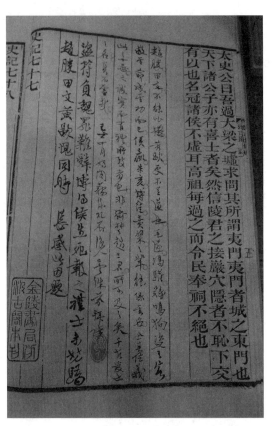

图8 《史记·魏公子列传第17》卷末尾批

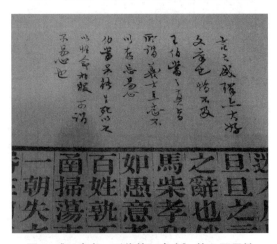

图9 《旧唐书·列传第三李密》第9页眉批

上表所列 19 条批注中，《史记》卷 77《魏公子列传第 17》卷末尾批的落款为"泳人昙殊芬"，并抑有"泳人"钤印，此条批注的书写者显然是邓芬。其余 18 条批注虽无钤印，但署有"从心"之号，且文字都与本表第一条在笔迹、语气上相一致，也应是邓芬书写。

除批注外，这套局刻本中还有 7 条题签，分别见于《汉书》《后汉书》《三国志》《晋书》《明史》，具体信息可见表 4。

表 4　题签信息表

书名	位置	内容	钤印
汉书	第 12 册末页	班孟坚笔亦有独擅变，惜多持私意为文，时令人考释。余特非之	无
后汉书	书名页	己丑春日，并读《前汉书》，拟以孟坚与范晔之笔法较。取其用意如何，经营之指趣。昙殊芬	邓芬（杂形）
	第 1 册末页	此部二十四史一书，原为廖桐史后人出卖在羊城。余因卢达文君贩书店新收到，乃以低价购来，转与何贤兄。时值约可五千强也。己丑四月，芬。（图 10）	心太平居
	第 1 册封底内	范翁之笔调，余谓比之班孟坚有过之无不及。殊不谓一般书呆子，则专以薄今人爱古人为宗旨。可叹！（图 10）	邓芬（方形）
三国志	书名页	己丑四月初四日，藕丝孔居捡读一过。昙殊芬。（图 11）	邓芬（杂形）
晋书	书名页	己丑春三月清明后五日，从心芬读一过	邓芬（杂形）
明史	末册书后所附宣纸第 1 页	四省合刻廿四史一书系同治年至光绪所刊，咸距今六十余岁儿。装成六百二十六册，纸白，字画俱妙，新，亦难得之书。惟检阅《宋史》第四百七十九卷中，列传第二百三十八《世家第二西蜀孟昶传》至第《世家第三吴越钱俶传》，以存藏或为屋漏，雨痕湿败，乃咸断页三十余张，而当钞采补入之文字多有遗忘，故至为可惜也。虽然，以至值不过二千金，未尝不抑价出售矣。比较同文堂影本者，字大倍半。同文堂影殿本故，有训诂义解，以胜此一端乎？ 中华民国三十八年五月，妈阁藕丝孔居泳人昙殊芬识。用呈何贤吾兄一览之。（图 12）	泳人

统计表 3 和表 4 可知，这套局刻本中有批注 19 条、题签 7 条，合计 941 字（不计标点）。上述批注和题签均以行书写就，落款时间或写作 "己丑"，或写作 "中华民国三十八年"，均为公历 1949 年，其地点在邓 芬于澳门最后居所的画室藕丝孔居，与前文考察之六枚钤印的使用时代与 场合一致，可以印证这套局刻本曾被邓芬收藏于澳门，亦可佐证其上所有 墨迹均系邓芬一人所书。

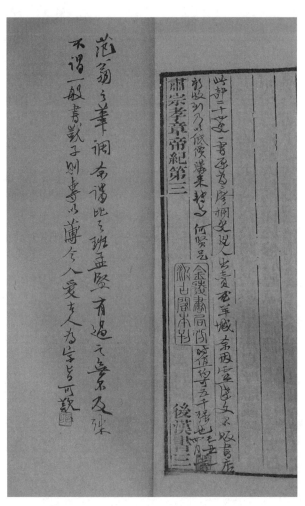

图 10 《后汉书》第 1 册末页及封底内题签

图 11 《三国志》书名页题签

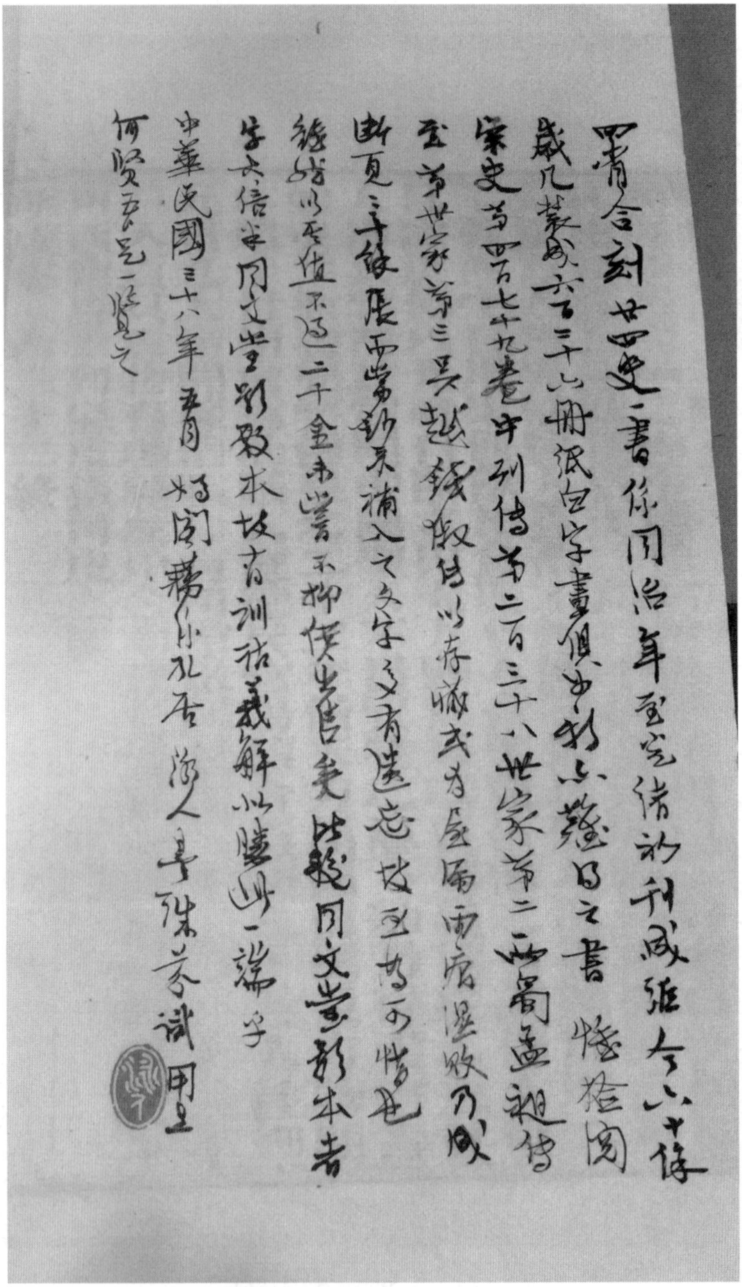

罗令刻廿四史一书你同治年间完备初刊咸派今八十余

载凡蒙藏六百三十册纸白字画俱由新公燕日之书　悚省阁

宋史与四百七十九卷中列传第二百三十八世家第二　西蜀孟郑传

孟昶世家第三吴越钱叔甚以存城武力盖属西府温败乃咸

断夏三钱辰西尝钞录补之文字之有遗忘故区为之惜也

继续以至位不过二十金末尝不抑恨岂若此辙同文堂形本书

生六信岁同文堂别敦本技有训祐义解以膝岬一端子

中华民国三十八年五月　好阁藕小孔香汾人李张荟诚用全

何贤五完一览之

图12　《明史》末册书后所附宣纸第1页题签

本文"前言"中节录的《从心先生传略》中介绍了邓芬书法的流派归宗与书风特征，称"芬书法宗米海岳，尤得力于《方圆庵记》，恣肆秀拔，极跌宕萧爽之致"。米海岳即北宋书法家米芾，他的书法承袭帖学一路，有二王之风，《方圆庵记》是他最著名的行书作品。① 邓芬的行书多见于绘画作品中的题识，不仅具有米芾的神韵，潇洒俊逸，结构古雅，而且转折间多见方笔，自成一家。② 这套局刻本中的批注和题签均为行书小字，与前文所举之画作中的行书对照，屡见间架结构上的相通之处。例如，《枫叶荻花秋瑟瑟》（1947）和《玫瑰白头》（1950）的题识中均有"藕丝孔居"四字，而这套局刻本中亦有两条落款为"藕丝孔居"，虽然这四处"藕丝孔居"的行书，或为略偏楷者，或为略偏草者，但结字的形态与笔锋的走势都高度一致，尤其是在转折时均表现为明显的方笔，故而理应出自一人之手。（图13）经此对照，既可辨明这套局刻本中的行书皆为邓芬真迹，又可见其书法的雅致。

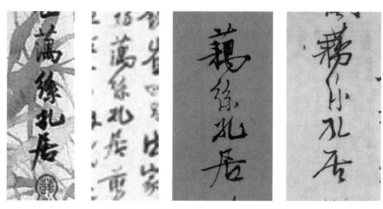

图13 四处"藕丝孔居"的排比③

除行书墨迹外，这套局刻本中还有邓芬所写楷书补佚。邓芬在《明史》末册书后所附之题签中自述，这套局刻本虽卷册完备，但因雨水渗

① 罗勇来：《米芾研究》，文物出版社 2012 年版，第 170 页。

② 关于邓芬书法的特点参见莫家良《邓芬书法略论》，见邓芬艺术基金会主编《南海邓芬艺术全集》，澳门基金会 2015 年版，第 169 页；朱浩云《20 世纪艺坛多面手邓芬》，载《美术报》2015 年 9 月 5 日，第 14 版。

③ 依次为《枫叶荻花秋瑟瑟》《玫瑰白头》《三国志》书名页题签，《明史》末册题签。

漏，遭致断页三十余张，所缺文字由他抄采补入。经笔者核对，邓芬所做补佚实际为 51 页，每页佚文多则百余字，少则两三字，均以楷书补抄。其具体信息列表（表5）如下。

表5　补佚信息表

书名	卷次	卷名	页码
宋史	466	列传第 225 宦者一（图 14）	1－4
	477	列传第 236 叛臣下	9－13
	478	列传第 237 世家一南唐李氏（图 15）	1－12
	479	列传第 238 世家二西蜀孟氏	1－16
	480	列传第 239 世家三吴越钱氏	1－14

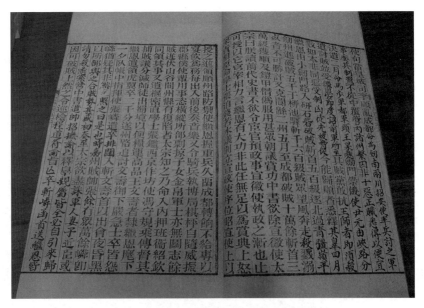

图 14　《宋史·列传第 225 宦者一》补佚

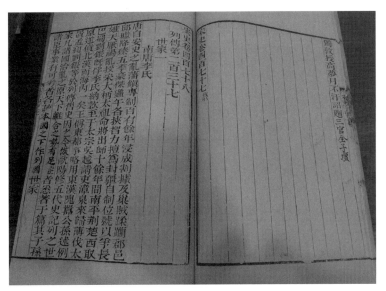

图 15　《宋史·列传第 237 世家一南唐李氏》补佚

细观这套局刻本中的补佚，虽以楷书写就，但与邓芬的行书墨迹风格相同，两者转折间的方笔如出一辙，可以确证为邓芬抄写。

相对而言，目前流传的邓芬作品并不多见，其存世书法更是凤毛麟角。这套局刻本中竟有 23 处 26 条行书批注题签及 51 页楷书补佚，实在令人喜出望外。如此丰富的书法真迹，不仅表明这套局刻本中蕴藏着艺术瑰宝，而且也相应提升了它的文物价值。

三、文物价值与艺术价值叠加

澳门大学庋置局刻本自刊刻至邓芬收藏时已历经 70 余年（邓芬误算为 60 余年），但如邓芬所述，此书"纸白，字画俱妙，新，亦难得之书"；自邓芬阅读至今，此书又历近 70 年，纸张仍然洁白，墨色依旧清晰，全书保持着良好的品相。何况，邓芬在书中留下的钤印和墨迹又组合成诸多书法珍品，为这部局刻本增添了艺术价值。

第一，这部局刻本中的六枚钤印为抗日战争胜利后邓芬寓居澳门时常用的印章所抑，不仅具有相应的文物价值，而且是特定的时代印记。尤其是"心太平居"大篆白文印，虽然见于《还佩楼私印存影》中，但是在邓芬的书画中却罕有使用，因此十分珍贵。细观这六枚钤印，章法或平衡端正，或生动自然；印文字体则优雅古朴，白文饱满且线条老辣，朱文纤细而不显枯槁。它们都甚为美观，又各具姿态，富有艺术价值。如此众多的钤印集合在一部古籍之内，而非单幅的画作之上，它们与邓芬手书的批注、题签相结合，显示出相得益彰的形态。即便部分印文与墨迹或有重叠交合之处，但也清晰可鉴，绝无作伪之嫌，因此可以将这些钤印视为鉴定邓芬作品的标准。

第二，这套局刻本中有行书小字批注和题签 23 处 26 条，均系邓芬于 1949 年写下。邓芬时年五十五周岁，正值书画创作的鼎盛时期。邓芬的书法以行书小字最具功力和特色，目前可见的作品主要有对联、扇面书法和自书文学作品三种形式。其中对联多为大字行书，风格与小字不尽相同。而前文提及之《水明楼忆事》第 11 首《丙戌九月初三》是邓芬最典型的日常行书小字，恰好与这套局刻本中诸条书法写于同一时期，正可以互为比照。不过，《水明楼忆事》是邓芬为怀念侧室杨娟而自制的诗集，册中诗句略显伤怀，因此落笔郑重，运笔规矩偏楷，故而墨迹工整清秀。而这套局刻本中的行书系邓芬阅读过程中率性而书，因此略微偏草，却更能体现邓芬的书法风格。

要之，局刻本中的行书章法布局和谐统一，内容无论长短均能因纸定字，且四周留白，行间透气，显得黑白相映，疏密相称。其中篇幅长者的左下角常能空出几个字的余地，使得书法整体布局虚实相生，甚为美观。即使细节之处也不马虎，能够做到结字搭配得当，笔迹灵动潇洒，起笔转折间所用的方笔保持俊立挺拔，依然体现出邓芬书法的真实水平。加上，诸条文字与六枚钤印搭配得当，相映成趣，构成了绝佳的图案。因此这套局刻本不仅是珍贵的文物，更是研究邓芬书法艺术的样品。

第三，这套局刻本中有 51 页破损，后经邓芬以楷书补佚完好。在《红楼梦》第五十二回《俏平儿情掩虾须镯　勇晴雯病补雀金裘》中，有一则感人的"晴雯补裘"故事。据称，贾宝玉有一件珍贵的"雀金呢"大氅，不慎遭火星烧出一处小洞，后经晴雯巧手补缀，大氅几乎修复如初。此事经过曹雪芹的妙笔渲染，竟使大氅的价值反而较前更胜（若这件大氅确实存在）。① 如同贾宝玉的这件雀金裘，澳门大学庋置的局刻本也略有瑕疵可惜之处，但经补佚之后，缺憾得以挽救。何况，弥补之人是书画家邓芬，所以其价值不减反增。

归纳上述三点可以认识到，优秀艺术作品的形成固然基于创作者的技艺，但更与创作者的文化素养和创作时的思想意境密切相关。对此唐代书法家张怀瓘在《文字论》中提道：

> 文则数言，乃成其意；书则一字，已见其心：可谓简易之道。欲知其妙，初观莫测，久视弥珍。虽书已缄藏，而心追目极，情犹眷眷者，是为妙矣。然须考其法意所由，从心者为上，从眼者为下。②

此段文字阐明了书为心画的道理，优秀的艺术作品能够反映创作者的文化素养，体现创作者的思想意境，而非仅为单纯的炫技之作。对此邓芬是深有体会的，他曾经论述道：

> 惟读书而能文者，研究画学，或能事半功倍，惟通晓理论用笔，亦未必不学习而能之。盖读书之人为画，其表现题材较多而或且深刻。③

邓芬在这段文字中谈论的是画学，其实书法创作的道理也与此相通。正是由于备受传统文化的浸润，邓芬才会练成超群的书法技艺；也正是由于刻意用心地感悟，邓芬才能在艺术领域臻于化境。邓芬对张怀瓘所云"从心者为上，从眼者为下"是深刻理解的，所以他自号"从心"；友人郑春霆先生对邓芬的用意也颇为理解，所以他为追忆邓芬而作的文章题名为"从心先生传略"。读书为了有所感悟，书法因感悟而发挥，在阅读二十四史的过程中，邓芬于不经意间创作出了一幅又一幅书法佳作。这些佳作使得澳门大学庋置的这套局刻本在原有的文物价值上叠加了艺术价值。

---

① 曹雪芹：《红楼梦》第五十二回《俏平儿情掩虾须镯　勇晴雯病补雀金裘》，人民文学出版社 2005 年版，第 703–716 页。

② 张怀瓘：《文字论》，见《文津阁四库全书》子部·艺术类第 823 册，商务印书馆 2006 年版，第 246 页上栏。

③ 刘季辑录：《邓芬书画论》，见《南海邓芬艺术全集》，澳门基金会 2015 年版，第 296 页。

余　语

邓芬出生于广州，活跃于澳门，终老于香港，而这部珍贵的局刻本也如同邓芬的人生经历一样具有辗转过程。邓芬在《后汉书》第 1 册末页写道：

> 此部二十四史一书，原为廖桐史后人出卖在羊城。余因卢达文君贩书店新收到，乃以低价购来，转与何贤兄，时值约可五千强也。己丑四月，芬。

据此可知，此部局刻本先后被廖桐史、卢达文、邓芬、何贤等收藏过。廖桐史是清末广东陆军武备学堂第一期学员，毕业后留校任教，据称粤军将领多出其门下；[①] 卢达文为民国时期岭南著名书商和修书专家，据称他的修书技艺为广州最佳；[②] 何贤是澳门近现代工商实业家，新中国成立后曾任澳门东亚大学校董事会主席。[③] 在历经军政界、文化界、工商界诸要人之手后，这套局刻本二十四史最终落户于澳门大学伍宜孙图书馆，它的辗转过程正是中华传统文化向海外传播的一例典型。

附记：本文作者为李凭、姜霄。刊于《学术研究》2018 年第 3 期，原有副标题《澳门大学庋置五省官书局合刻本二十四史考察（中）》。姜霄，时为澳门大学历史系博士研究生，现为中山大学历史学系专职特聘副研究员。

---

① 许衍董编纂：《广东文征续编》第二册卷 5，广东文征编印委员会 1987 年版，第 75 页。

② 林子雄：《清末民国广州的书店业》，载《羊城晚报》2013 年 11 月 9 日第 B06 版。韦力：《王贵忱可居室：藏研并重，化私为公》，见《上书房行走》，海豚出版社 2017 年版，第 310 页。

③ 马洪武等主编：《中国近现代史名人辞典》，档案出版社 1993 年版，第 301 页。

中华传统文化凝聚的粤澳书缘

　　澳门大学图书馆庋置一套清朝同治八年（1869）至光绪四年（1878）五省官书局合刻本二十四史（以下简称"澳大局刻本"），该刻本不仅卷帙完备，装帧独特，而且书中还留有书画家邓芬的朱色钤印 6 枚 14 处、批注及题签 23 处 26 条，其中有两条题签透露了它的辗转经历。其一：

　　　　此部二十四史一书，原为廖桐史后人出卖在羊城。余因卢达文君贩书店新收到，乃以低价购来，转与何贤兄，时值约可五千强也。己丑四月，芬。①

其二：

　　　　四省②合刻廿四史一书系同治年至光绪所刊，咸距今六十余岁几。装成六百二十六册，纸白，字画俱妙，新，亦难得之书。惟检阅《宋史》第四百七十九卷中，列传第二百三十八《世家第二西蜀孟昶传》至第③《世家第三吴越钱俶传》，以存藏或为屋漏，雨痕湿败，乃咸断页三十余张，而当钞采补入之文字多有遗忘，故至为可惜也。虽然，以至值不过二千金，未尝不抑价出售矣。比较同文堂影本者，字大倍半。同文堂影殿本故，有训诂义解，以胜此一端乎？中华民国三十八年五月，妈阁藕丝孔居泳人昙殊芬识。用呈何贤吾兄一览之。④

由上述可知，澳大局刻本先后被廖桐史、卢达文、邓芬、何贤收藏，又

---

　　① 澳大局刻本《后汉书》，第 1 册末页，金陵书局同治八年版。
　　② 实为五省，指五省官书局，为金陵书局、浙江书局、湖北书局、江苏书局、淮南书局的合称。
　　③ 此处邓芬原文缺"二百三十九"五个字。
　　④ 澳大局刻本《明史》，末册书后所附宣纸第一页，湖北书局光绪三年版。

知，邓芬购得该刻本的时间是己丑年（1949）。

邓芬购入此书的款项为二千金，[①] 他认为其实际价值应超过五千（金），因为这套局刻本不仅部头巨大，而且品相颇佳，如他所说"装成六百二十六册，纸白，字画俱妙，新，亦难得之书"。邓芬虽然得了便宜，但这对他来说仍是不菲的价格。《南海邓芬艺术年表》收录一张邓芬于1948年自订的"藕丝孔居戊子年书画润例"，现抄录如下：

> 佛像、仕女每尺二百元。花卉、翎毛、山水、人物、小景每尺一百五十元。团扇、折扇、便面每面作一尺算。金碧、青绿、净墨、细笔及现成两倍例。命题作画，临摹古本，对景制图，合作及署双题另订。大字榜书二尺外每字五十元，不满尺每字十五元。题额、屏条每张四尺内五十元。扇面每面二十元。五、七言联每对六十元。十言外、楹贴、题图、碑文、寿序、名片另订。先润后墨，星期取件。亲友面订，介绍半例。[②]

售卖字画是邓芬的生活来源，而在上述润例中，即使是他最擅长的佛像、仕女也仅为每尺二百元，由此对比可见，购买澳大局刻本的二千金对邓芬而言并非一笔小的支出。事实上，在那个时代，能购置像局刻本这样的大

---

① 局刻本二十四史印行于1878年，其初印本为宣纸本，此后又有官堆纸本、毛边纸本、南扣纸本等，质量最好的宣纸本定价为白银166两，稍次的官堆纸本为100两。1878年，米价为2.27两/石，100两白银可以购买大米约44石。1935年11月4日，国民政府禁止白银流通，发行法币。1948年，法币因通货膨胀急剧贬值，国民政府遂于1948年8月19日发行金圆券以取代法币，但亦迅速贬值。1949年4月23日，米价已升至金圆券300万/石，一石为160市斤，则每市斤大米售价为18750金圆券。邓芬购书时为1949年，若按照当年4月23日的米价计算，2000元金圆券只能购得大米约0.107市斤，如此价位是不可能买到一套局刻本的，由此猜测，此处所谓"二千金"并非金圆券。广州临近香港，当时商铺多以港币为本位，1949年4月23日港币兑金圆券汇率为1：80000，2000元港币可兑金圆券1.6亿，约可购得大米53.3石，这样的价格与局刻本初版时的价位接近。由此推断，所谓"二千金"应是港币2000元。参见张秀民著，韩琦增订《中国印刷史》，浙江古籍出版社2006年版，第401-402页；周志初《晚清财政经济研究》，齐鲁书社2002年版，第143页；中国人民银行总行参事室编《中华民国货币史资料》第2辑，上海人民出版社1991年版，第663页；肖茂盛《货币文化广东发展研究》，中国书籍出版社2015年版，第132-133页。

② 刘季编：《南海邓芬艺术年表》，见邓芬艺术基金会主编《南海邓芬艺术全集》，澳门基金会2015年版，第350页。

型丛书者，非书香门第即富裕之家。

局刻本二十四史上起传说中的黄帝，下迄明朝末年，共计3213卷，约4000万字，记录了中国古代社会近五千年发展历程和数十个王朝兴衰轨迹，成为中华文明毫不间断的文字见证。它不仅是史料的宝库，更蕴涵着史家的真知灼见与是非标准。近代以前，各类通史和研究性著作甚少，人们了解中国历史和传统文化主要依赖于二十四史的陶冶，这类书籍对于读者思想的成长和素养的形成有着举足轻重的作用。因此，研究这套书的收藏者具有重要意义。下文考察澳大局刻本的四位收藏者。

一、儒将廖桐史家传的五局刻本

在前引题签中，邓芬称"此部二十四史一书，原为廖桐史后人出卖在羊城"，可知澳大局刻本曾是廖桐史家藏书，后被其后人于广州卖出。廖桐史，名昭彝，桐史为字，又字孔训，是广东顺德人。《兴宁人物志》中有《廖桐史传》：

> 早年勤敏好学，治经史，擅诗文。清末，国事日非，乃弃文习武，毕业于广东武备学堂，后执教于黄埔陆军小学多年。二三十年代，广东政要如徐景唐等多出自其门下。民国成立，他先后被任为东莞、增城、开平、兴宁、潮安等县县长；潮梅镇守使公署、广东东区行政公署、广东省会公安局及广东建设厅主任秘书。还担任过潮汕烟酒局、厘金局总办、广东省政府顾问、国民党第八路军总部少将参议等职。①

廖桐史的事迹也见于《广东文征续编》中的《廖孔训传》，可为上段文字的补充：

> 廖孔训，一八七六年生，一九四二年卒。字桐史，以字行，顺德人。雅好翰墨，邃于骈俪文。清末毕业广东陆军武备学堂，留校任教，粤军将领多出其门下。民国初年供职陆军部。旋回粤参与戎幕垂

---

① 兴宁市地方志办公室编：《兴宁人物志》第1-2辑，1996年版，第34页。

二十年。历任广东省建设厅主任秘书，广东省政府顾问。出长增城、兴宁、潮安等县。清廉自守，肃霸安民，迭著政声。抗战军起，粤省沦敌，因蛰陷区，屡却延聘，郁郁以终。遗著有《双清馆书牍》行世。①

廖桐史遗著《双清馆书牍》的内容主要为廖桐史的书札，在廖桐史去世后，由其好友岑学吕整理成集。该集与岑学吕的文集集结为《廖桐史岑学吕尺牍合刻》而一并刊行。② 岑学吕为《双清馆书牍》作序，文中称：

> 廖桐史，邑之扶胥人，弱冠青衿③，才华藉甚。与予同学、同仕、同游，称肝胆交者，垂五十年。曾掌教黄埔军校，东南将领多出其门中。间四为令尹，垂橐④而归。抗日战起，桐史以双目失明，居穗垣，忧愤而卒。遗书托诸友护孤，语至凄楚。⑤

由此序言知，抗战爆发后，廖桐史移居穗垣（即广州），直至去世。《廖桐史岑学吕尺牍合刻》前还附有书画家陈荆鸿所写的序言，陈在序言中亦提及：

> 犹忆二十五载前，廖丈去潮安县长，归筑双清馆广州河南。⑥

此序言落款时间是戊戌秋八月，为 1958 年 9 至 10 月间，其"二十五载

---

① 许衍董编：《广东文征续编》第二册卷 5，广东文征编印委员会 1987 年版，第 75 页。

② 《廖桐史岑学吕尺牍合刻》刊印于 1958 年。岑学吕（1882—1963），广东顺德人，清末毕业于广东武备学堂，1906 年参加同盟会。辛亥革命后任广东都督府秘书、国务院部属秘书、广东省政府秘书长等职，曾短期代理黄慕松的省政府主席职务。晚年隐居香港。

③ 青衿，源自《诗经·郑风》"青青子衿"句，后用以泛指读书人，亦代指科举考试中获得的功名，如康有为在《大同书》中写道："明以来之文臣不为公侯，必待艰难考试乃得青衿。"参见康有为《大同书》，上海古籍出版社 2014 年版，第 9 页。

④ 垂橐，意为垂下空袋，此处喻其身无余财。出于《左传》"昭公元年"条下："伍举知其有备也，请垂橐而入。"参见杨伯峻编著《春秋左传注》（修订本），中华书局 1990 年版，第 1201 页。

⑤ 岑学吕：《〈双清馆书牍〉序》，见《廖桐史岑学吕尺牍合刻》，1958 年版。

⑥ 陈荆鸿：《序》，见《廖桐史岑学吕尺牍合刻》，1958 年。陈荆鸿（1903—1993），广东顺德人，工诗文、善书画，曾任《越华报》《循环日报》社长兼总编辑。

前"应为 1933 年。据《潮州文史资料》记载，廖桐史任潮安县县长的时间为 1932 年 11 月 24 日至 1933 年 12 月 20 日，[①] 表明廖桐史迁居广州的时间是在 1933 年末辞官之后。廖桐史在广州时已经双目失明，其生活十分拮据，这可以从岑学吕所云"垂橐而归""忧愤而卒"以及"遗书讬诸友护孤"等语看出。显然，廖桐史辞官后已失去经济来源，若从生活费中挤出购置一套局刻本二十四史的钱财似难为之，何况廖桐史此时已丧失了阅读能力。按照这样的情况推测，澳大局刻本应该是廖桐史定居广州之前的家藏。

廖桐史早年毕业于广东武备学堂，此事记载于《旧时代的广东历届军事学校概况》中：

> 广东的武备学堂，在 1902 年（壬寅）成立。……武备学堂计共招生两期，所招学生，多属当时文人，如顺德的廖孔训、岑学吕、苏德煌。……武备学堂的第一期毕业生除派往日本留学的以外，其余在本省充当中下级军官。……至 1906 年即光绪三十二年丙午岁，原堂址改为陆军中学堂，……武备第二期学生改为陆军中学生。[②]

由上述可知，广东武备学堂共招生两期，于 1906 年改称陆军中学堂，其第二期学生随之改为陆军中学生。《廖桐史传》和《廖孔训传》均称廖桐史毕业于武备学堂，而非陆军中学堂，可见廖桐史属于 1902 年入学的第一期学生。

上文还称，"武备学堂……所招学生，多属当时文人"，这与《廖孔训传》所云廖桐史"早年勤敏好学，治经史"以及岑学吕所云廖桐史"弱冠青衿，才华藉甚"相应，可见廖桐史在入武备学堂以前就已经受到了良好的传统文化教育，他的经史之学应该是青少年时期养成的。我国最早的历史教科书是柳诒徵于 1902 年编写的《历代史略》。[③] 在此书出版之

---

① 参见政协潮州市委员会文史编辑组编《潮州文史资料》第 13 辑，政协广东省潮州市委员会文教体卫史委员会 1994 年版，第 44 页。

② 龚志鎏：《旧时代的广东历届军事学校概况》，见政协广东省广州市委员会文史资料研究委员会编《广州文史资料》第 3 辑，1961 年版，第 98－99 页。

③ 参见洪桥《我国最早的一本历史教科书——〈历代史略〉》，载《江苏教育》1982 年第 5 期，第 47 页。

前，人们的历史知识主要来自以二十四史为主的传统典籍，廖桐史应不例外。而 1902 年之前读书之家较为流行的二十四史是 1878 年问世的局刻本。根据这些迹象，笔者猜测，廖桐史的这部局刻本应该是其早年所读的家传典籍。

在二十四史的熏陶之下，廖桐史自幼便奠定了良好的史学及文化素养，这在他遗留下来的《双清馆书牍》中屡有反映。例如，在《复广西后补知县刘绅晶鎏》一信中，廖桐史曾大量引证二十四史中的典故，以阐释破除迷信的必要。信中称：

> 九幽变相，载何止于一车；二气良能，德不遗于体物。纵铸夏王之鼎，象岂能穷；即燃温峤之犀，照多未尽。如任其滥叨俎豆，忘窃苾芬，福德与贫贱同科，正直与淫昏并录。深虑鲍车入市，萧囊由是不芳；鱼目登堂，夜光为之失色。此不得不废者一。鬼固求食，神岂无奸。祭必以牛，供张穷于里宰；祀须用马，悉索及于州官。甚者河伯宣淫，年年娶妇；将军不道，岁岁求婚。若不严予制裁，犹喂肉饿虎之谿，肉尽而虎仍恣肆；抱薪火鼠之域，薪尽而鼠无盈厌。此不得不废者二。……昔神念之官，首禁鹿山之祀；宋均赴郡，严祛虞后之袄。前事可师，不敢不勉。如曰鄙言为谬，来旨未通，请搜干宝之神，再申其说，毋令若敖之鬼，长叹馁而。①

在短短二三百字之间，竟有六处出自二十四史的典故，现列表（表 1）如下。

表 1 《复广西后补知县刘绅晶鎏》中的二十四史典故

典故	出处
夏王之鼎	《史记》卷 28《封禅书》：禹收九牧之金，铸九鼎。皆尝亨鬺上帝鬼神。遭圣则兴，鼎迁于夏商。周德衰，宋之社亡，鼎乃沦没，伏而不见

---

① 廖桐史：《双清馆书牍》，见《廖桐史岑学吕尺牍合刻》，1958 年版，第 46 页。

续表

典故	出处
温峤之犀	《晋书》卷67《温峤传》：至牛渚矶，水深不可测，世云其下多怪物，峤遂毁犀角而照之。须臾，见水族覆火，奇形异状，或乘马车著赤衣者。峤其夜梦人谓己曰："与君幽明道别，何意相照也？"意甚恶之。峤先有齿疾，至是拔之，因中风，至镇未旬而卒，时年四十二
鲍车入市	《史记》卷6《秦始皇本纪》：七月丙寅，始皇崩于沙丘平台。丞相斯为上崩在外，恐诸公子及天下有变，乃秘之，不发丧。棺载辒凉车中……会暑，上辒车臭，乃诏从官令车载一石鲍鱼，以乱其臭
河伯宣淫，年年娶妇	《史记》卷126《滑稽列传》：魏文侯时，西门豹为邺令。豹往到邺，会长老，问之民所疾苦。长老曰："苦为河伯娶妇，以故贫。"
神念之官，首禁鹿山之祀	《梁书》卷39《王神念传》：神念性刚正，所更州郡必禁止淫祠。时青、冀州东北有石鹿山临海，先有神庙，妖巫欺惑百姓，远近祈祷，糜费极多。及神念至，便令毁撤，风俗遂改
宋均赴郡，严祛虞后之祆	《后汉书》卷41《宋均传》：浚遒县有唐、后二山，民共祠之，众巫遂取百姓男女以为公姬，岁岁改易，既而不敢嫁娶，前后守令莫敢禁。均乃下书曰："自今以后，为山娶者皆娶巫家，勿扰良民。"于是遂绝

又如，在《与李军长钦甫》一信中，廖桐史也以史为鉴，分析历代兴亡得失，以阐述追求和平的理念：

周承商而治于成康，汉承秦而治于文景，李唐贞观去戊寅受禅凡数十年，赵宋真仁去陈桥受禅亦数十年，非创业为其难而守成为其易也。残杀胜于百年，王仁期于必世，不规规于功利，而功利始大也。我国缔造二十一年矣，扰攘如故，人之嚣然不靖如故，其去秦楚之际者几何，去五胡十六国残唐五季者又几何，创制显庸之大，正德利用厚生之要，古人期诸百年必世而未敢信者，乃欲併其时效，以谋瞬息之功，人材穷于培养，民力索于肆应，拨乱而乱滋，求治而治远，不成不达，此往事之可为痛哭者也。①

信中以西周成康之治、西汉文景之治、李唐贞观之治、北宋真仁之治为例，指出"非创业为其难而守成为其易也"；并且将此时社会之纷乱和人心之嚣然不靖，与秦楚之际、五胡十六国和残唐五季相比，指出如果急于求成，就会使得"人材穷于培养，民力索于肆应"，从而加剧世道之乱。可见廖桐史不仅熟悉二十四史，而且在为官之时努力效法史籍记载的良吏，一直将民生放在心头。

史书中记载的传统文人气节对于廖桐史思想的影响尤为深刻，他曾在广东海门莲花峰上题诗：

> 可奈今人逊古人，
> 辽河斧划太无因。
> 将军误撤渔阳戍，
> 胡骑长驱瀚海尘。
>
> 九牧早应知备塞，
> 六师何故罢乘闉。
> 诸公衮衮称廉简，
> 不及投荒一宋臣。②

诗中的宋臣指文天祥。文天祥曾在莲花峰遥望海上慨叹宋朝将亡，此后屡有文人志士在此题诗明志。廖桐史的题诗落款时间为壬申（1932）秋仲，当时东北沦陷数月。诗中"斧划"之句，系化用宋太祖以大渡河为界将大片国土划归大理国的典故。③ 廖桐史用此典故，意在抨击蒋介石拱手将东北让于日寇的行径，其爱国情怀跃然见于莲花峰上。于此亦可见廖桐史史学知识之宽。

———————

① 《双清馆书牍》，第25页。

② 方烈文主编：《潮阳海门莲花峰》，广东高等教育出版社1998年版，第65页。

③ 斧划之说出自明人杨慎所著《滇载记》，原文为："太祖鉴唐之祸基于南诏，以玉斧画大渡河曰：'此外非吾有也。'由是云南三百年不通中国。"杨慎：《滇载记》，见王云五主编《丛书集成初编》第3142册，商务印书馆1936年版，第7页。

廖桐史不仅热爱祖国，还拥有清正廉洁的高尚品质。《廖孔训传》中称他"清廉自守，肃霸安民"，此句并非虚夸。《廖桐史传》记载：

> 廖桐史于 1928 年春至 1929 年 3 月间担任兴宁县长。……当时兴宁开始兴筑兴田、兴水等公路，以补水运之不足。主持勘测、定线等工作的公路委员兼测量队长刘淦伯突被人在县城曾学堂暗杀，技术员黄山涛亦受枪伤。一时全城震动。廖桐史除厚葬死者、抚慰伤者外，在追悼刘淦伯会上曾宣布悬赏 3000 元银币缉凶法办。后经暗访，查明主谋者为坭陂镇土绅陈××，凶手为宁塘镇流氓潘××。廖随即逮捕两犯，并下令枪毙。此前兴宁治安大队长陈某曾为主谋说情保释，声称愿送礼金数千元。廖桐史予以拒绝。自刘案发生，廖申张正义之后，兴宁封建势力及迷信风水之徒气焰稍敛。其后全县公路便得以顺利兴筑。①

在兴宁县惩凶的事件表明，廖桐史确实为官清廉，疾恶如仇，能够恪尽职守，为民造福，具有二十四史所载传统良吏的作风。

廖桐史辞官到广州后，将他的居所命名为"双清馆"。"双清"出自杜甫《屏迹三首（其二）》。其诗曰：

> 用拙存吾道，
> 幽居近物情。
> 桑麻深雨露，
> 燕雀半生成。
>
> 村鼓时时急，
> 渔舟个个轻。
> 杖藜从白首，
> 心迹喜双清。

此诗为杜甫居住于草堂时所作，清代学者仇兆鳌在《杜诗详注》中称：

---

① 《兴宁人物志》第 1－2 辑，第 34 页。

"心迹"二字，乃三首之眼。公在草堂，地僻可以屏迹，而性懒亦宜于屏迹也。……谢灵运诗："心迹双寂寞。"杨守趾曰："心迹双清，言无尘俗气。"①

后世常以"双清"表明气节清廉，例如，《明史》卷138《周祯传附端复初传》记载：

复初，字以善，溧水人。子贡裔也，从省文，称端氏。……子孝文，翰林待诏；孝思，翰林待书。先后使朝鲜，并著清节，朝鲜人为立"双清馆"云。②

朝鲜人以"清节"赞颂明朝使臣，廖桐史亦取"双清"为自己馆名，正是为了表明自己淡泊名利的心迹。

廖桐史为人清高，但非不通人情，也不免接受馈赠。现将《双清馆书牍》中有关馈赠的情况详列于表2。

表2 《双清馆书牍》答复馈赠书信一览

信件	页码
谢韩少将次军赠金	4
谢国务院秘书岑学吕馈笔	6
复陈湛亭谢馈荔枝	24
与张星楼谢惠白鹤	27
谢周万里馈墨	40
谢王秘书长光海赠金	45
复徐智亭谢馈茶具	55
与张斗桓谢惠白鹅	56
谢蓝碧天惠红嘴绿莺哥	56
与绮云别墅馈雁	57

---

① 《杜诗详注》，中华书局1979年版，第883页。

② 《明史》卷138《周祯传附端复初传》。

信件	页码
谢友人馈雉	58
谢陈季卿馈茶	58
谢馈英石	59
谢第一区行政专员邓铸雄馈蟹	64

廖桐史接受的礼物大多为笔墨、茶果、禽鸟等物，这些均属亲友间的正常来往。只有《谢韩少将次军赠金》和《谢王秘书长光海赠金》二信提到了赠金。

韩次军曾就读于黄埔陆军小学，后从军，因参与十九路军反蒋起义而遭通缉，只得逃往香港。[①] 廖桐史在给他的信中写道：

> 两载春明，三冬垂尽。长安道上，鲜裘已穿；待诏门前，朔饥欲死。三空未已，四顾无徒，教翰远颁，宏施遽被。银山脉动，从香岛移来；金穴泉流，傍燕台涌至。遂令黄雀重振翼于蓬莱，直使枯鱼再扬鳍于溟渤。自兹苏公乞米之贴，可不复书；杜老朝回之衣，毋须再典矣。[②]

信中称"银山脉动，从香岛移来"，"香岛"指香港，可见韩次军所赠的钱款是从香港寄来的。韩次军因参与十九路军反蒋起义失败而逃往香港，十九路军反蒋起义发生于 1933 年，则廖桐史接受韩次军赠金的时间应在 1933 年以后，此时他已辞官，在广州处于"朔饥欲死"的困境中。今虽不知韩次军的赠金为多少，但应属于旧日朋友的救济无疑。

王光海是同盟会会员，1932 年任第二路军总指挥部秘书长，1936 年

---

① 罗以民：《刘庄百年》，山西人民出版社 1998 年版，第 119 页。政协广东省委员会办公厅，广东省政协文化和文史资料委员会编：《广东文史资料精编》（上），中国文史出版社 2008 年版，第 424 页。

② 《双清馆书牍》，第 4 页。

任滇黔绥靖公署办公厅中将主任。① 廖桐史在给他的信中写道：

> 萧然环堵中，破书数尺，乱稞一蓑。正为贫士之吟，遽拜多金之赐。谊溢伦表，望踰分外。桐史时命不偶，老而益迍。十一、十二两女夭折在前，先慈继之，而篦室又见告矣，年未四十，撒手遽行。粥米遗雏，嗷嗷待哺；盐醋凌杂，钱布纷纭，环而责诸望七衰翁。写乞米之贴，墨沈为枯；典在笥之衣，春衫亦尽。②

廖桐史在信中称王光海为王秘书长，王光海任第二路军总指挥部秘书长的时间是 1932 年至 1936 年，再结合信中其他内容，可以断定书写该信的时间乃廖桐史辞官之后。可见王光海的赠金也属于友情接济，并非贿赂。

这两封信措辞相近，其中都提到了乞米和典衣的典故。"乞米"出自苏轼的诗句"忍饥看书泪如洗，至今鲁公余乞米"③；"典衣"出自杜甫的诗句"朝回日日典春衣，每日江头尽醉归"④。廖桐史这样写，表明 1933 年之后他已非常贫困。一位久任地方长官的读书人，卸任之后竟然如此清贫，也可证明他确实是以历代良吏为榜样的清官。正如《廖孔训传》所述，"抗战军起，粤省沦敌，因蛰陷区，（廖）屡却延聘，郁郁以终"，虽然家贫如此，廖桐史却始终拒绝在沦陷区出任伪职，可见正史中传统的气节观念对他的影响之深。

从自幼研习学问到从军从政成为一代儒将，澳大局刻本始终伴随着廖桐史，熏陶着他的思想，使他具备了高尚的道德品质和强烈的爱国情操。廖桐史晚年生活拮据，但是宁可典当衣物，也未将收藏于双清馆的局刻本卖掉，足见他对这套书的珍视。廖桐史去世六七年后，澳大局刻本才被他的后人卖出。

---

① 《东莞市虎门镇志》编纂委员会编：《东莞市虎门镇志》，广东人民出版社 2010 年版，第 816 页。

② 《双清馆书牍》，第 45 页。

③ 〔宋〕苏轼：《次韵米黻二王书跋尾》，见《苏东坡集》（上），商务印书馆 1933 年版，第 306 页。

④ 〔唐〕杜甫：《曲江二首（其二）》，见孙建军，陈彦田主编《全唐诗选注》，线装书局 2002 年版，第 1901 页。

二、书商卢达文修补的线装书册

廖桐史逝世于 1942 年，而邓芬于 1949 年购书时称此书是"卢达文君贩书店新收到"，则廖氏后人卖书的时间为接近 1949 年间。这时正值国民党政府末期，物价飞涨，民不聊生。迫于生计，廖氏后人出卖家传局刻本是可以理解的。这在当时并非特例，林子雄在《清末民国广州的书店业》一文中即提道："民国年间，战争频仍，社会动荡，人心不稳，许多市民将家藏古籍拿来出售，文德路的旧书店每天生意不断。"[1] 此时广州出现了不少旧书店，卢达文的书店是其中较有名者。

中山大学周连宽先生亦曾撰文介绍新中国成立初期广州旧书店的营业情况，文中对卢达文及其书店有简单介绍：

> 广州旧书店的规模远不及上海和北京，但数量却也不少。……十六甫萃古堂卢达文，鉴别能力，为他估所不及，顺德温氏六篆楼藏书，多出于曾氏面城楼，故佳椠颇多，及其流散，十之八九，均经达文之手。余友叶君为达文的主要顾客。……温氏六篆楼藏书流散略尽，其后人所守最后一部书为宋末刻《皇文鉴》，印影元初，已将"皇"字删去。叶君仅以数十元得之，但交萃古重装，竟索费二百元，较书价高出数倍。达文好谈书林琐事，茶余酒后，絮絮不绝。[2]

卢达文是广州著名书商，曾在十六甫经营萃古堂书店。这家书店就是邓芬在题签中提到的"卢达文君贩书店"。

卢达文鉴别古籍的能力超过其他书估，为爱书之人，非一般重利者可比。他开办的萃古堂由来已久，顾颉刚在 1927 年四月初二（5 月 2 日）的日记中就已提到"萃古堂主卢达文来"。[3]萃古堂之名又见于 1935 年 8月 12 日《申报》上的报道，题为《广州市大火警：焚商店住户共二十二家，损失十余万元难民百余》。现节录如下：

---

① 林子雄：《清末民国广州的书店业》，载《羊城晚报》2013 年 11 月 9 日。
② 周连宽：《羊城访书偶记（一）》，载《广东图书馆学刊》1985 年第 4 期，第 8–11 页。
③ 顾颉刚：《顾颉刚全集·顾颉刚日记》卷 2，中华书局 2011 年版，第 43 页。

> 本月七日上午四时许，本市西关十六甫正街，突发生火警。……
> 计被焚店户计有十六甫正街第一门牌上海鞋店；……十二号萃古堂书
> 店……①

由这段报道可知，萃古堂书店位于十六甫正街的十二号。这场火灾虽然殃及萃古堂书店，不过并没有将它彻底焚毁。

后来，王贵忱在《可居丛稿》中也提到了"广州西关萃古堂主人卢达文"，② 他在接受韦力的采访时谈及向卢达文学习修补古籍的经历：

> 王老说，他转业到广州之时，当地有家私营的旧书店，名叫萃古堂，此店的老板叫卢达文，他是广州当地修书手艺最高者。大概从1954年，王老就常到萃古堂去选书，于是就从卢达文那里学会了修书这门手艺。③

王贵忱称卢达文是"广州当地修书手艺最高者"。上引周连宽文中提及，萃古堂重装一部宋版书需要付酬200元。卢达文应是修复古籍的高手，否则不敢定此高价。

本文开头所述，邓芬的题签中称澳大局刻本曾因浸水受损而经过修补，指出书中有断页三十余张。经笔者核对，实际修补处占51页。现检视书叶拼接之处，不仅光洁平整，而且纸张色泽和硬度均与原书一致，几乎做到了修复如初，至今历经近七十年，仍然保持着良好的品相。澳大局刻本一直为廖家所藏，在卖予萃古堂之前未曾经过转手，因此这些修补应该是卢达文所为。这也可以印证卢达文修书技艺之高超（图1）。

邓芬将萃古堂主人称为"卢达文君"，说明邓芬与卢达文是熟识的。卢达文出售澳大局刻本时，告知邓芬此书原为廖桐史所藏，说明两人对廖桐史均甚了解。正是出于彼此的了解，作为商人的卢达文在收到澳大局刻本后并没有以高价出售，而是很痛快地将此书以二千金的低价出售给邓

---

　　① 《广州市大火警：焚商店住户共二十二家，损失十余万元难民百余》，载《申报》1935年8月12日。

　　② 王贵忱：《可居丛稿》（上），广东人民出版社2014年版，第85页。

　　③ 韦力：《王贵忱可居室：藏研并重，化私为公》，见《上书房行走》，海豚出版社2017年版，第310页。

芬。邓芬对此心中暗喜，特意在题签中言明其价值应超过五千（金），这也包含着对卢达文的谢意。如此售书的迹象表明，卢达文是懂得这部书的学术价值的，他为它找到了新的懂其价值的主人，那就是邓芬。

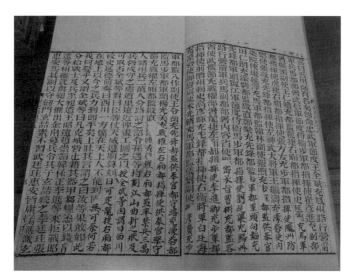

图1　澳大局刻本中修补的书叶

三、书画家邓芬寄托心迹的文字

邓芬是近现代粤港澳地区著名书画家，《中国美术家大辞典》中对邓芬有所介绍：

邓芬（1894—1964），现代书画家。字诵先，号昙殊，别署从心先生，广东南海（今佛山）人。幼年即聪慧异常，诗、文、词过目成诵，书、画、音乐着手即精。山水、仕女、花卉，不拘一格，随手即成，天才横溢，别饶佳趣。张大千称为现代岭南唯一国画家，无与敌手。叶观一所撰《后画中九友歌》，将其与齐白石、黄宾虹、夏敬观，吴湖帆、冯超然、溥心畬、余越园、张大千同列，诗中有云"昙殊风致疑松圆，日视纸墨宵管弦，世人欲杀谁相怜"等语。画余曾撰时曲，付歌者演唱。平生嗜好颇多，而又不为嗜好所束缚，独往独来，自适其所。中年以后，往来澳门、香港间。①

邓芬不仅凭借高超的绘画技艺与齐白石、黄宾虹、张大千等人并列为
"画中九友"，而且精通诗文、书法、音乐，有极高的文化素养。邓芬出
身于广州的名门望族，他的祖父邓啸笙与父亲邓次直都具有深厚的传统文
化修养，② 在他们的影响下，邓芬接受了良好的传统文化教育。所以邓芬
虽然后来以书画享誉中外，但是对经史也有深刻的理解，这就是他有心购
买澳大局刻本并将其视为珍品的原因。

在澳大局刻本全书的首页，即二十四史之首《史记》的书名页，抑
有一枚"藕丝孔居"钤印，且《史记》卷77《魏公子列传》卷末写有尾
批，其落款为：

> 己丑四月，妈阁藕丝孔居泳人昙殊芬拜读。

在这套书中的《三国志》的书名页上亦写有题签：

> 己丑四月初四日，藕丝孔居捡读一过。昙殊芬。

"妈阁"是澳门妈祖庙的别称，邓芬在画作的题识中常以妈阁代指澳门。③
这两条墨迹和一枚钤印表明，邓芬在广州购入澳大局刻本后，随即将其运
到了澳门，典藏于居所藕丝孔居。

画家黄蕴玉曾在《华侨报》上刊文，解释"藕丝孔居"的由来：

> 名画人邓芬（昙殊）自辟画室于寄闲公司后，榜其居曰"藕丝

---

① 赵禄祥主编：《中国美术家大辞典》（上），北京出版社 2007 年版，第 202 - 203 页。

② 参见《邓芬公祖房族谱》，http：//deng - fen. com/references/familytree2/；陈继春《邓芬
的生平和艺术》，见朱万章、郭燕冰主编《广东"国画研究会"研究》，岭南美术出版社 2010 年
版，第 121 页。

③ 例如，邓芬于 1948 年绘制的赠黄渭霖夫妇合璧扇两柄，题识为："戊子夏日，昙殊芬画
在妈阁藕丝孔居。"见于北京诚轩拍卖有限公司 2008 秋季拍卖会，http：//yz. sssc. cn/item/view/
2165882。邓芬于 1949 年绘制的《对镜簪花图》，题识为："己丑六月，荷花生日，乐之五兄偕柳
仙女士来自古梅城，晤谈竟夜，索为此帧，率识奉教。昙殊芬妈阁藕丝孔居灯下。"见于宝港国
际拍卖有限公司 2016 春季拍卖会，http：//auction. artron. net/paimai-art5087240145/。

孔居"，有以此名称之意为疑者，则实取义于梵语，含避兵之意，而富有禅意者也。①

黄蕴玉所云禅意出自《杂阿含经》卷16《杂因诵第三品之四》：

> 尔时，去拘绨罗池不远，有诸天、阿修罗兴四种军，战于空中。时，诸天得胜，阿修罗军败，退入彼池一藕孔中。②

藕孔是阿修罗兵败避难之处。黄蕴玉称藕丝孔居"含避兵之意"，说明他是了解邓芬的。

邓芬迁居澳门，正是为了"避兵"。据《南海邓芬艺术年表》记载：

> 1937年，七月七日芦沟桥事变，揭开日本侵华序幕。（邓芬）九月廿二日起写下避兵日记，曰：国人生逢是辰，得此阅历，乃逐日记载处境如下，以为将来痛定思痛云尔。……九月廿八日邓芬与四弟乘西安轮抵达香港，与家人会合并暂居于山边台周之贞大宅。③

由于日寇侵华，邓芬不得不与家人避难香港，后于1940年迁居澳门。该年表又记载：

> 1940年，（邓芬）辗转居停于妈阁隐秀园、卢煊仲的卢家花园竹厅、李氏兄弟民雨民欣之亦缘阁、吴伟佳葬斋及沈仲强于荷兰园之霜杰楼画室……1941年，移居澳门清平直街"寄闲俱乐部"，并命名其作画小厅为"藕丝孔居"。④

1941年，邓芬辗转移居至位于澳门半岛清平直街的寄闲俱乐部，并将此处的画室命名为"藕丝孔居"，表明其为避难之所。不过，避难之所难避

---

① 黄蕴玉：《邓芬佳画祝天宝》，载《华侨报》1941年2月24日第8版。
② 《杂阿含经》卷16《杂因诵第三品之四》，见《大正藏》第2册，第109页上栏。
③ 《南海邓芬艺术年表》，第344页。
④ 《南海邓芬艺术年表》，第346页。

灾难，两年以后澳门发生粮荒，邓芬不得不返回广州。①

抗日战争结束以后，因喜爱澳门的环境，邓芬举家迁居澳门，依旧名其画室为藕丝孔居。此次邓芬到达澳门的事件受到舆论界的关注，1947年12月10日，《华侨报》刊登了题为《画家邓芬最近抵澳》的新闻：

> 名画家邓芬（昙殊），战时曾一度留居濠海，故埠中人士，不鲜与有交谊。以邓氏画艺高超，寸缣尺楮，均为人珍视。最近邓氏以爱濠江风景清幽，故举家迁来濠海。设"藕丝孔居"于得胜街六号，从事写画甚力，闻准备在岁底举行画展云。②

该报于1948年4月15日再次刊登消息：

> 名画师邓芬（昙殊）来澳已数月，曾在新胜街设"藕丝孔居"画室，从事写作。邓氏诗书画同称三绝，其作品至为世人珍视，最近以艺术界友好过从者众，特将"藕丝孔居"迁往荷兰园正街六十三号楼上，铺陈画室，专为各地文艺界莅澳作停居雅集之地。③

第一则新闻称邓芬于得胜街六号设藕丝孔居画室，第二则新闻称邓芬的画室位于新胜街，两条新闻所载其画室位置不同。或许表述有误，或许其间邓芬有过搬迁。不过可以确定的是，邓芬最后将藕丝孔居设于荷兰园正街六十三号楼上，因为1949年张大千造访邓芬的地点被《南海邓芬艺术年表》记载为荷兰园。④ 邓芬购得澳大局刻本的时间是1949年，则该刻本来到澳门后，其典藏位置应是位于荷兰园正街的藕丝孔居画室。

邓芬将澳大局刻本带到澳门后进行了批阅，在澳大局刻本中共有七处墨迹言明题写时间，列表如下（表3）。

---

① 《南海邓芬艺术年表》，第348页。
② 《画家邓芬最近抵澳》，载《华侨报》1947年12月10日第3版。
③ 《艺坛消息》，载《华侨报》1948年4月15日第2版。
④ 《南海邓芬艺术年表》，第350页。

表 3　澳大局刻本墨迹题写时间一览表

项	时间	内容	位置
1	己丑春日	并读《前汉书》，拟以孟坚与范晔之笔法较。取其用意如何，经营之指趋。昙殊芬	《后汉书》书名页
2	己丑春三月清明及五日	从心芬读一过	《晋书》书名页
3	己丑四月	妈阁藕丝孔居泳人昙殊芬拜读	《史记》卷 77《魏公子列传》第 5 页
4	己丑四月	此部二十四史一书，原为廖桐史后人出卖在羊城。余因卢达文君贩书店新收到，乃以低价购来，转与何贤兄。时值约可五千强也	《后汉书》第一册末页
5	己丑四月朔日	偶检及此页。乃知至治之极，与今之所谓人民解放同一辙。可见古之治平之道，亦何妨行之今世？	《史记》卷 129《货殖列传》第 1 页
6	己丑四月初四日	藕丝孔居捡读一过。昙殊芬	《三国志》书名页
7	中华民国三十八年五月	妈阁藕丝孔居泳人昙殊芬识。用呈何贤吾兄一览之	《明史》末册书后所附宣纸第 1 页

313

　　表 3 前 6 项所书"己丑"与第 7 项所书"中华民国三十八年"相一致，为公历 1949 年；第 1 项所书"春日"即农历三月；① 第 2 项所书"春三月清明"应为当年农历三月初八日，第 5 项所书"四月朔日"即当月初一日。按上列时间可知，邓芬购入澳大局刻本应在 1949 年农历三月之前。表中第 4 项有"乃以低价购来，转与何贤兄"等语，表明四月间邓芬已有将此书转赠何贤之意。不过实际向何贤赠书的时间在五月间，因

----

　　① 李彦振编著：《二王行书集字——书法作品常用款词》，北京体育大学出版社 2014 年版，第 91 页。

为本表第 7 项有"用呈何贤吾兄一览之"等语。由上述可知，邓芬阅读澳大局刻本的时间仅为 1949 年农历三月至五月之间。

不到三个月的时间内，不可能逐页阅读完一套二十四史，邓芬只能如其题签所书那样"捡读一过"，只挑选自己感兴趣的内容重点阅读。所以，澳大局刻本中只有《史记》《汉书》《后汉书》《三国志》《晋书》《旧唐书》《明史》七部史书留有邓芬阅读的痕迹。其中，《汉书》仅有题签；《后汉书》《三国志》《晋书》《明史》除题签外还有钤记；《史记》虽无题签，但有钤记与圈点、批注；《旧唐书》只有圈点与批注。诸书中所有圈点与批注均位于列传部分，分别为《史记》卷 77《魏公子列传》，《史记》卷 86《刺客列传》，《史记》卷 105《扁鹊传》，《史记》卷 124《游侠列传》，《史记》卷 129《货殖列传》，《旧唐书》卷 53《李密传》和《旧唐书》卷 54《王世充传》。邓芬笔迹体现了他的人品，以下分别论说。

其一，崇尚忠义精神。

邓芬在《史记》卷 77《魏公子列传》卷末写有尾批：

> 赵胜、田文不能比拟，黄歇更不足道也。毛遂、冯骧鸡鸣狗盗之客，救其命成其功而已。侯嬴、朱亥，博徒、卖浆之辈，能保其名，全其信义，此无忌之诚实而有礼所致者也，非齐、楚、赵三君所可及之矣。千古爱士之名真不虚哉！

这段文字是针对战国时期魏国信陵君无忌而言的，《魏公子列传》中的侯嬴、朱亥只是守门小吏和屠夫，但是身居高位的信陵君却以礼相待，因而换得侯、朱二人以死相报，助其窃符救赵。邓芬不仅对信陵君"诚实而有礼"给予高度赞誉，而且也对侯嬴、朱亥的忠义行为深表敬仰。

又，在《史记》卷 86《刺客列传》中载有豫让与荆轲的事迹。豫让为了替旧主智伯复仇，竟然"漆身为厉，吞炭为哑"，甚至不惜牺牲生命；荆轲感念太子丹知遇之恩，亦将生死置于度外，毅然西向行刺秦王。而且，在《史记》卷 124《游侠列传》中载有朱家、剧孟和郭解的事迹，三人都是当时著名的侠士，司马迁在该卷之首写道："其言必信，其行必果，已诺必诚，不爱其躯，赴士之厄困。既已存亡死生矣，而不矜其能，羞伐其德"，对他们重诚信讲义气的品德给予了高度赞扬。邓芬对这些传记的文字都特意加以朱笔圈点,① 从而表明了他对恪守道义行为的崇尚。

与赞扬忠义精神相对,邓芬对背信弃义的行为则严加斥责。在《旧唐书》卷53《李密传》第三页上栏中写有3条眉批,第1条曰:

> 不甘寂寥之人窘处于乱世之心声也。陈胜、吴广、刘邦鼠辈,子又何异之?成则为王,败则为寇,成事在天,奈何,奈若何?

第2条曰:

> 近人《沁园春》咏雪词一阕,便是压倒千古。

第3条曰:

> 何必润色饰其词,花言巧语,以欺世之宣传而自欺耶!

邓芬将李密与陈胜、吴广、刘邦并称为"鼠辈";他以毛泽东主席的词《沁园春·雪》与李密的五言诗《淮阳感怀》作对比,令人高下立见;进而直斥李密为"花言巧语"的欺世者,表露其对李密的不屑。②

在《旧唐书》卷54《王世充传》第四页上栏和第四页下栏中,邓芬书写了眉批,批评王世充伪造图谶而假借天命篡位的行为是效仿陈胜"鱼书狐鸣"③,贬斥其"自为得计,殊不知矫伪卑鄙不能成大事居人上者"④,明确表达了他对王世充篡逆行为的反感。作为对比,邓芬在《李

---

① 澳大局刻本《史记》卷86《刺客列传》,第二页下栏;《史记》卷124《游侠列传》,第一页上栏。

② "近人沁园春咏雪词一阕"指毛主席的《沁园春·雪》,该词下阕为:"江山如此多娇,引无数英雄竞折腰。惜秦皇汉武,略输文采;唐宗宋祖,稍逊风骚。一代天骄,成吉思汗,只识弯弓射大雕。俱往矣,数风流人物,还看今朝。"《李密传》中所引五言诗为《淮阳感怀》,该诗曰:"金风荡初节,玉露凋晚林。此夕穷途士,郁陶伤寸心。野平葭苇合,村荒藜藿深。眺听良多感,徙倚独沾襟。沾襟何所为?怅然怀古意。秦俗犹未平,汉道将何冀?樊哙市井徒,萧何刀笔吏。一朝时运会,千古传名谥。寄言世上雄,虚生真可愧。"李密诗中"郁陶伤寸心""徙倚独沾襟"等句表达的郁闷意境与毛主席词句磅礴的气势适呈鲜明的反差。

③ 澳大局刻本《旧唐书》卷54《王世充传》,第四页上栏。

④ 澳大局刻本《旧唐书》卷54《王世充传》,第四页下栏。

密传》第九页下栏的眉批中对王伯当的行为则大加赞扬："所谓义士立志，不以存忘易心。[1] 伯当果能生死以之，以性命相报，可谓不易心也。"王伯当是李密的部将。李密降唐之后因受到李渊的猜疑而欲反唐。王伯当内心并不赞成，但苦劝不成，只得与李密一同起事，后来竟被唐军斩杀。王伯当"义不二心"的举动受到邓芬的赞赏。要之，"士为知己者死"的忠义精神正是邓芬所敬重的。

其二，爱祖国爱艺术。

邓芬在《史记》卷105《扁鹊传》中写有批注：

> 越人不独能医病，且能医心之好恶也。时医之谓欤![2]

《扁鹊传》中未有扁鹊可以医治"心病"的事例，但邓芬却在此处强调扁鹊能"医心之好恶"，又感叹"时医之谓欤"，透露出他心中有隐隐的病痛。这样的隐痛还屡次通过邓芬常用"泳人"的钤印表现出来。

"泳人"是邓芬抗日战争胜利后取的别号，具有对此前在沦陷区生活的追悔之意。《南海邓芬艺术年表》记载：

> 1942年夏天，邓芬与薛觉先、梅兰芳三人及胡蝶、吴楚帆等被迫参加广州观光团，其后回港，三人在薛氏福群道的"觉庐"合写岁寒三友图，互相鼓励。……1943年澳门发生粮荒，邓芬被迫返回广州，居于沦边路古湘勤大宅前庑，其间受汪氏伪政府诱使参加"华南美术协会"。正是人在江湖，身不由己，邓芬的心内也极度无奈及自责。在其为郑春霆题诗中有云："何处托根无净土，一根留得所南栽"，颇有自悼的味道。抗战胜利后更请人刻一印章"泳人"以寓落水之人自嘲。[3]

据此知，1942年夏天，邓芬与京剧大师梅兰芳、粤剧大师薛觉先等文艺

---

① 此处应有讹笔，《李密传》原文为"不以存亡易心"。

② 扁鹊自称"齐渤海秦越人"，此"越人"指扁鹊。此条批注见于澳大局刻本《史记》卷105《扁鹊传》，第三页下栏。

③ 《南海邓芬艺术年表》，第348页。

界著名人士曾被迫加入所谓"广州观光团"，参观汪伪政府统治下的广州。对于此行，邓芬深恶痛绝，却又无可奈何，返回香港以后，遂与梅兰芳、薛觉先一起绘制了《岁寒三友图》，以此表明心迹。此三人合作的《岁寒三友图》共两幅，复制品现藏于广东八和会馆①，其中一幅由梅兰芳题词（图2），其文如下：

> 壬午夏，余与从心先生暨薛君觉先作短期间之旅行。归后，从心先生拟作"岁寒三友"以寄意，先生绘松，薛君画竹，嘱余作梅，余愧未能也。先生书画名重一时，愿与余画厕身其间，能无恧乎！书此以志鸿雪云尔。梅兰芳识于香港。②

图2　由梅兰芳题词的《岁寒三友图》

另一幅则由邓芬题词：

> 岁寒谁为表予心？唯与此君相契久。难得东风第一枝，喜神谱入成三友。平恺自画竹，畹华为写梅，余画虬松并题句表之，觉庐同结墨缘。壬午夏，从心芬识在香港。③

壬午即1942年，"从心"是邓芬的别号。在《岁寒三友图》中，邓芬所

---

①　八和会馆是粤剧艺人的行会，现位于广州市荔湾区恩宁路177号。
②　广东八和会馆展厅、广州市荔湾区地方志编纂委员会办公室合编：《八和会馆庆典纪念特刊》，香港中国艺术出版社2008年版，第8页。
③　《八和会馆庆典纪念特刊》，第140页。

绘为松，他用"岁寒然后知松柏之后凋"的精神以自况和自励，表明不愿失却民族气节的心迹。这样的心迹也在他写下的诸多批注中透露出来。要之，邓芬无法忘怀广州沦陷时期亲身遭遇的屈辱景况，他内心深感无法排遣的压抑和难以道人的辛酸，因此渴盼出现一位能够治疗"心之好恶"的医生，以解除自己的苦闷。

上述事例也透露，邓芬还与戏剧家们有着密切交往，表明他对于艺术的酷爱不仅仅限于书画方面。如图3所示：中坐者是邓芬；右立者为号称伶王的薛觉先，左立者为号称丑生王的廖侠怀，两位都是享誉岭南的粤剧名优。

图3　壬午年二月廿二日邓芬与文化界友人摄于香港①

其三，关注国情民生。

邓芬在《史记》卷129《货殖列传》中留有多处朱笔圈点及批注，其中有两条批注谈及民生，其一书于《货殖列传》第一页上栏：

己丑四月朔日，偶检及此页。乃知至治之极，与今之所谓人民解放同一辙。可见古之治平之道，亦何妨行之今世？

---

① 此照片见于刘季编《南海邓芬艺术年表》，第348页，1942年条下。

其二书于《货殖列传》第二页下栏：

今之世生产过剩之国往往将货物投之浊流，是亦别有用心也。

邓芬阅读澳大局刻本时，正值中国发生重大变革的时期，对此邓芬敏锐地感觉到新时代即将来临。他的这两条批注虽从历史上的民生谈起，实则借以发表对国民党统治末期经济崩溃的看法。邓芬强调"至治之极，与今之所谓人民解放同一辙"，当时中国共产党的目标正在于挽救人民于水深火热之中，可见邓芬内心深处十分拥护共产党的领导。前文提及，邓芬以"压倒千古"称颂毛主席气吞山河之咏雪词，也表露了他对新中国即将成立的欢欣之情。虽然此时华南地区尚未解放，但邓芬已预感到新中国即将成立，并且需要发展经济以提高人民的生活水平。为此，邓芬把暂时不能宣之于口的心声写在澳大局刻本中，将它送给自己的好友澳门著名实业家何贤，与他分享自己的感悟。要之，邓芬赠书的用意就在于劝勉何贤与他一起报效即将成立的新中国。

四、爱国华商何贤捐赠传统典籍

1949 年农历五月何贤从邓芬处得到澳大局刻本，三十余年后将它捐赠给了东亚大学。在澳大局刻本每一册的封面内都贴有一张由中、英、葡三种文字打印而成的标签，其文字内容为"东亚大学"和"本书之捐赠人为校董会主席何贤先生"。

东亚大学为澳门大学前身，于 1981 年由何贤提议建立。澳门大学图书馆阅览及参考咨询事务组梁德海主任于 2018 年 2 月 28 日向笔者介绍：东亚大学创校之初图书馆内书籍不丰，何贤便委托澳门日报社社长李鹏翥对他的藏书进行挑选，将择出的三千册古籍捐赠给东亚大学。这些古籍大部分是曾生活于澳门的岭南学者汪兆镛的家藏图书。汪兆镛于 1939 年在澳门逝世，其子汪宗衍约于 1978 年迁居香港，行前意欲将家藏古籍托付给何贤，何贤深知汪氏藏书的学术价值，便出资十万元港币将其买下。李鹏翥所选的图书中大部分属于这批汪氏藏书，其中包括曾为清宗室怡亲王府所藏的明弘治正德间慎独斋本《新编纂注资治通鉴外纪增义》、清康熙本钱谦益注《杜工部集》等珍贵善本。除汪氏藏书之外，何贤的赠书还包括一部分何家自己的旧藏，其中就有本文讨论的澳大局刻本。

何贤向东亚大学捐赠古籍一事见于《华侨报》1982年9月5日的报道：

> 澳门东亚大学之图书馆本年四月落成，至今业已装修完竣，并定于九月初启用。……馆内藏书经校方搜购及各界捐赠，目前共有外文书籍一万册，其中六百册为葡文，中文书籍现达七千册。校董会主席何贤将另外捐赠古籍一千二百多种，包括廿四史、唐诗人文集、宋诗家文集、资治通鉴及其他古文典籍。①

由此报道可知，澳大局刻本庋置于东亚大学的时间应在1982年9月5日之后。

新中国成立以后何贤所做的种种善举表明，他与邓芬赠书的心意相通，并身体力行地实现了邓芬振兴实业的愿望。何贤是广东番禺人，生于1908年，1938年日本攻陷广州后到香港经商，1941年12月香港沦陷后在澳门定居，曾任澳门大丰银行董事长兼总经理，澳门中华总商会理事长、会长，澳门立法会副主席，中华人民共和国全国人民代表大会常务委员会委员、中国人民政治协商会议全国委员会常务委员、中华全国工商业联合会常务委员会委员，中国国际信托投资有限公司副董事长，以及澳门东亚大学校董事会主席等职，于1983年12月逝世。② 从何贤的经历看，他赴港、澳的时间与邓芬基本一致，为同时代的人。

据《华侨报》记载，1945年2月10日，大丰银号老板傅德荫在澳门普济禅院遭遇绑架，当时与他同游并向傅家传递消息的人是邓芬，而最终出面奔走营救傅德荫的人正是在大丰银号任职的何贤。③ 据此推断，邓芬与何贤此前应早有过从，而且关系密切。本文开头所引资料中邓芬与何贤之间称兄道弟的文字，也可旁证他们之间关系亲近。此外，笔者有幸得到现侨居加拿大的邓芬外孙刘季先生提供的一张邓芬与何贤的合影（图4），

---

① 《东亚大学图书馆落成，藏书近二万月初启用》，载《华侨报》1982年9月5日第3版。

② 马洪武等主编：《中国近现代史名人辞典》，档案出版社1993年版，第301页。

③ 此事见于《华侨报》1984年2月26日至27日的连载文章《澳门孟尝君何贤》之三十四、三十五，均在第13版。

可以作为邓芬与何贤关系密切的见证。

图4　1949年10月15日，邓芬（前）与何贤（后）步入傅翠芬婚宴厅

　　刘季先生介绍，这张照片摄于1949年10月15日，当日邓芬作为介绍人之一与何贤同被邀请前往澳门中央大酒店六楼金城酒家，为傅德荫之女傅翠芬证婚。邓芬将澳大局刻本赠予何贤的时间是1949年农历五月，恰好是这张照片拍摄的年份，可见两人在此期间过从甚密。值得注意的是，傅氏婚宴的前一天即1949年10月14日正是广州解放之日。更值得注意的是，刘季先生还提供了一张邓芬出席傅氏婚宴当天所写的明信片（图5）。明信片右侧记录了邓芬出席傅氏婚礼之事，左下角尤为醒目地写着"昨日广州解放了"七个字。观此笔迹流畅轻松，确实透露出邓芬发自内心的喜悦。

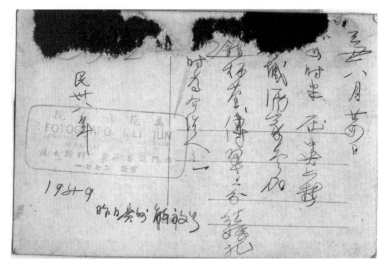

图 5　邓芬于 1949 年 10 月 15 日书写的明信片

　　与邓芬一样，何贤也坚定地支持着中国共产党的解放事业。早在抗日战争胜利以前，何贤就结识了在澳门行医的地下党员柯麟，并在柯麟建议下出资建设了镜湖医院等慈善机构。① 此外，何贤还曾多次联合傅德荫、马万祺、严先洲等澳门富商为珠江三角洲地区的抗日武装捐资捐物。② 新中国成立后，何贤不仅与柯麟一起前往澳督府要求举行全澳庆祝大会，③还发挥其社会影响力迫使澳葡当局撤销国民党驻澳门领事馆。④ 何贤的种种爱国言行与义举具有很大的社会影响力，澳门特别行政区第一任特首何厚铧为此赞扬他"急公好义，乐善好施""不计较个人的安危得失，乐为鲁仲连"。⑤ 香港著名作家黄霑也曾因何贤四次为澳门化解危机而将他比

　　① 陈寅主编：《先导：影响中国近现代化的岭南著名人物》（下），深圳报业集团出版社 2008 年版，第 1260 - 1261 页。

　　② 中共广东省委党史研究室编：《广东党史资料》第 41 辑，广东人民出版社 2005 年版，第 201 - 202 页。

　　③ 黎细玲编著：《香山人物传略》（1），中国文史出版社 2014 年版，第 499 页。

　　④ 赵荣芳：《中山文史》总第 19 辑《何贤生平》，政协广东省中山市委员会文史委员会1990 年版，第 60 页。

　　⑤ 何厚铧：《〈何贤生平〉序言》，见《中山文史》总第 19 辑《何贤生平》，第 2 - 3 页。

作鲁仲连。① 鲁仲连的事迹见于《史记》卷83《鲁仲连传》，鲁仲连是战国末期著名的策士，曾多次只身犯险，为了维护百姓的利益斡旋于大国之间，立下大功却不接受封赏。鲁仲连与被邓芬赞扬的信陵君、王伯当等都是忠肝义胆之人，于此也可见何贤与邓芬有着共同的追求，彼此相互影响。他们如此重视忠义之举，显然是受到了中华传统文化的熏陶。

何贤不仅在政治和经济方面为祖国做出了许多贡献，还努力支持澳门文化事业的发展。由他呼吁建立的东亚大学是澳门的第一所大学，他在该校的成立典礼上提出其校训为"仁、义、礼、知、信"，并指出"这是中国历史上最伟大的教育家孔夫子教导学生的五个道德标准"。② 如此提法，与将包括局刻本二十四史在内的三千册珍贵古籍捐赠给东亚大学的行为同出一辙，都是为了提高青年学子的中华传统文化的涵养。这正是邓芬与何贤二人思想共鸣之处。

1991 年东亚大学更名为澳门大学，局刻本二十四史归澳门大学图书馆典藏。2014 年澳门大学迁往横琴，澳大局刻本随之庋置于该校新建的伍宜孙图书馆。

结　语

1878 年至今，澳大局刻本从问世到被顺德廖家购得，随廖桐史入藏广州双清馆，至廖氏后人卖予卢达文萃古堂书店，遂被邓芬购得运至澳门藕丝孔居，继而赠送何贤，后由何贤捐赠澳门东亚大学，从而庋置于现澳门大学图书馆。短短百余年间，这套丛书历经藏书场所不下七处，勾勒出一条中华正史在粤澳间传承的轨迹。在传统典籍的熏陶之下，廖桐史、卢达文、邓芬、何贤诸位贤达都具备了相当的文化素养，并且分别在军事政治界、古籍收藏界、文化艺术界、工商实业界取得令人瞩目的成就；而作为联系四位贤达的纽带，这部局刻本不仅缔结了一系列美好的书缘，而且成为继续影响新一代学子的文化宝库。

值得澳门大学图书馆庆幸的是，庋置了一套完备的局刻本二十四史；

---

① 黄霭：《何贤》，见《数风云人物》，香港博益出版集团有限公司 1981 年版，第 351－352 页。

② 《东亚大学成立典礼上何贤谈创办大学宗旨》，载《华侨报》1981 年 3 月 29 日第 4 版。

值得澳大局刻本庆幸的则是，经历了诸多贤达的典藏；值得笔者庆幸的是，见识了这部难得的丛书。故而撰写此文，以感谢澳门大学图书馆王国强副馆长和梁德海、许伟达二位主任，还要感谢远在加拿大的邓芬大师的后人刘季先生。

附记：本文作者为李凭、姜霄。刊于《学术研究》2018 年第 5 期，原有副标题《澳门大学庋置五省官书局合刻本二十四史考察（下）》。姜霄，时为澳门大学历史系博士研究生，现为中山大学历史学系专职特聘副研究员。

李凭自选集

LI PING ZIXUANJI

粤港澳大湾区庋置之五省官书局合刻本二十四史对比研究

经过普遍调查得知，粤港澳大湾区各重点图书馆都庋置有一定数量的清朝五省官书局合作刊刻的二十四史版本。这套丛书适逢传统正史体系确立不久，面临清朝前期文化发展的良好势头，顺应了书籍市场的广泛需求，不仅在版本学上具有宝贵价值，而且对推动文化事业的发展具有重要意义。

一、五省官书局通力合作的产物

二十四史记录了中国古代社会近五千年发展历史和数十家王朝兴衰轨迹，蕴涵着史学家的真知灼见与是非标准，是中华文明源远流长且毫不间断的文字见证。与此相应，这套正史丛书的形成也非一蹴而就，而是经历过为时漫长的积累过程。其首部是以纪传体编纂的《史记》，此后一千八百余年间历代史家沿用这一体例连贯地编纂成各朝断代史著。所以，自前三史起就显现出合成体系的端倪，后经十三史至十七史而渐成规模，再经二十一史至二十四史而蔚为大观。乾隆三十八年（1773）清朝开设四库全书馆，经陆续修订、辑录而抄汇成一套体系完备的正史丛书，被钦定以二十四史之名，而归于《四库全书》的史部正史类。为此，四库馆臣郑重宣称，历朝正史"共为二十有四"，而且强调"正史体尊，义与经配，非悬诸令典，莫敢私增"，[①] 将这套丛书推崇到文化顶巅的境界。

然而，《四库全书》仅仅抄成七部，常人难以读到。好在当时雕版印刷技术日臻完善，具备组织人力物力印制大规模丛书的实力，二十四史丛书印本就在这样的背景下诞生。这套丛书于清乾隆年间在武英殿陆续镂版刊印，因此得名武英殿本二十四史，简称"殿本"。殿本印制精良，字体工整，便于收藏和阅览，更因集众多印本为一体，利于把握浩瀚历史文献

---

① 〔清〕永瑢等：《四库全书总目》卷 45《史部一》，中华书局 1965 年版，第 397 页。

之主导。不过，殿本历数十年刊刻才陆续合成，未能统一规划，故而版式参差，装帧不一，且不乏校勘粗疏及文字脱讹之误，因此招致非议。①

继殿本之后，优化二十四史版本并将之推广，则是五省官书局的丰功伟绩。清朝后期提倡洋务，注重实业，长江中下游的印刷及造纸业应时兴旺，为出版事业的发展提供了良机。在这样的背景下，同治、光绪年间，一部由地方官书局通力合作校刻印制的二十四史应运诞生。关于这部刻本的缘起，时任浙江官书局总办的俞樾在同治八年（1869）致其兄俞林的信中谈及："今春李筱泉中丞谋合各省会书局刻二十四史，属弟商之江南督抚。因先与丁禹翁商量，许刻辽、金、明三史。嗣于三月中得马谷翁回书，金陵书局从史、汉起直任至《隋书》而止。遂携书与筱翁面议，浙江刻新、旧唐书及《宋史》，而以两五代及《元史》请少荃伯相于湖北刻之。三四年后，全史告成，一钜观也。"② 信中提到的李筱泉中丞即时任浙江巡抚的李瀚章，丁禹即时任江苏巡抚的丁日昌，马谷即时任两江总督的马新贻，少荃则是时任湖广总督的李鸿章。由此知，地方官书局合刻二十四史事宜为李瀚章首倡，得到丁日昌、马新贻和李鸿章的响应。

李鸿章于同治八年五月二十日（1869 年 6 月 29 日）将地方官书局合刻二十四史的宏大项目禀报朝廷。在其奏折中，对于实施项目的实体、选用镂刻的底本、排布版式的规格、校勘诸书的学者、雕版印制的工匠、运营经费的筹集等事项，均悉心考虑周到，甚至连颁发对象和书商推广的问题也未疏漏，因此获准实施。③ 此次刊刻二十四史的实体均为洋务运动中兴办的著名官书局。为首的江宁书局，即金陵书局，系曾国藩授意于同治年间创设。其余，江苏书局由李鸿章在苏州创建；浙江书局由时任浙江巡抚的马新贻在杭州设立；崇文书局，亦即湖北书局，由时署湖广总督的李瀚章在武昌设立。

关于各家书局的分工，最初拟定，江苏书局校刻《辽史》《金史》和《明史》，浙江书局校刻《新唐书》《旧唐书》和《宋史》，崇文书局校刻

---

① 以上关于二十四史的发展及武英殿本的成书过程，参见钱大昕《十驾斋养新录》卷6，上海书店 1983 年版，第 119 - 120 页；黄永年《古籍版本学》第 8 章《清刻本》，江苏教育出版社 2005 年版，第 159 - 160 页；张元济《影印百衲本二十四史序》，商务印书馆 1936 年版，第 1 - 2 页。

② 〔清〕俞樾：《春在堂尺牍》卷2，清同治十年刻本，第 22 页上栏。

③ 《设局刊书折》，见《李鸿章全集》第 3 册，安徽教育出版社 2008 年版，第 450 页。

《新五代史》《旧五代史》和《元史》，其余十五部正史均由金陵书局校刻。数年后，由两淮盐运使方濬颐在扬州建立的淮南书局参加进来，领得原属金陵书局的《隋书》校刻业务。至此，参与此项恢宏事业的机构合共五家官书局，所以这套丛书被后世称为五省官书局合刻本，简称"局刻本"或"局本"。淮南书局加入后，书局之间的分工相应调整，金陵书局的校刻数量减为十四部，原先分配给江苏书局的《明史》改由崇文书局校刻，而原定崇文书局校刻的《元史》改由江苏书局校刻。局刻本是合作的产物，其间既有交流，也暗含竞争，促使各书局都聘用优秀学者校勘，出色工匠镂版，追求底本完善和版式规范，因而质量胜于殿本，受到学界和社会的赞赏，收获到俞樾期盼的"钜观"效果。

局刻本以成套丛书的形式面向广大社会，其学术影响与应用价值远远超越四库本和殿本，局刻本的出版成为中国文化教育界的重大事件。从十九世纪七十年代局刻本完成起，到二十世纪三十年代商务印书馆百衲本和中华书局聚珍本相继问世前，大约六十年间，局刻本一直受到社会的青睐，成为二十四史诸版本中人们选择最多的读本和图书馆最常庋置的藏本。这正是对粤港澳大湾区典藏的各类版本之二十四史的情况展开普查之时，笔者要以局刻本作为重点对象的缘故。

二、粤港澳庋置局刻本的概况

虽然自局刻本问世至今不过 140 余年，但是完备无缺的藏本在海内外已不多见。近年笔者走访了澳门、香港和广州的多家藏书机构，对局刻本二十四史的庋置概况作了实地考察和网络检索。考查的范围，包括澳门的何东图书馆、中央图书馆，以及澳门大学、澳门科技大学等高等学校的图书馆；香港的香港大学、香港中文大学、香港浸会大学、香港树仁大学、香港理工大学、香港科技大学、香港教育大学、香港城市大学等高等学校的图书馆；位于广州的广东省立中山图书馆、广州市图书馆、广东省科技图书馆、广东省社会科学院图书馆，以及中山大学、华南师范大学、暨南大学、华南理工大学、华南农业大学等高等学校的图书馆：共计 21 家图书馆。上述图书馆中，有 8 家图书馆庋置着局刻本。它们是澳门大学、香港大学、香港中文大学、香港浸会大学、华南师范大学、中山大学、暨南大学的图书馆，以及广东省立中山图书馆。至感缺憾的是，笔者只是对粤港澳的重点图书馆作了考查，对于非重点的图书馆以及私家藏品未及叩询，希望以后能有机缘和便利，以补充更多的资料。

澳门大学的藏本为一套足本，关于这套局刻本，笔者已专门发表三篇系列论文，对其版式以及经手者，特别是在内页作过批注和屡加钤印的书画家邓芬，均已作过详细介绍。① 香港三家图书馆的藏本并不齐备，香港大学庋置《宋书》16 册、《南史》12 册、《北史》20 册、《元史》40 册，香港中文大学庋置《汉书》16 册、《后汉书》16 册、《梁书》6 册、《明史》80 册，香港浸会大学仅有《明史》的 1 册残本，为卷 119—123。

广州四家图书馆庋置局刻本的情况比较复杂，笔者此前在《完备而独特的线装丛书——澳门大学庋置五省官书局合刻本二十四史考察（上）》一文中列表说明过。当时，为了具体反映各部局刻本的卷帙残缺状态，所列内容较为明细，因此不得不将其中的暨南大学庋置情况单独列表。这样做，显然影响了横向的对比。现将四家图书馆庋置局刻本的情况合成一表（表 1），仅列册数而不列卷帙残缺状态，以利于明快地对比其间收藏的情况。

表 1　广州四家图书馆庋置局刻本情况表

书名	广东省立中山图书馆	中山大学图书馆	暨南大学图书馆	华南师范大学图书馆
史记	无	16 册本一部	16 册本一部，残本 15 册，残本 14 册	16 册本两部
汉书	22 册本一部	22 册本一部	16 册本四部，残本 7 册，残本 15 册，残本 8 册	16 册本一部，18 册本一部

---

① 李凭、姜霄：《完备而独特的线装丛书——澳门大学庋置五省官书局合刻本二十四史考察（上）》，载《学术研究》2018 年第 1 期；李凭、姜霄：《书画家邓芬的钤印和墨迹——澳门大学庋置五省官书局合刻本二十四史考察（中）》，载《学术研究》2018 年第 3 期；李凭、姜霄：《中华传统文化凝聚的粤澳书缘——澳门大学庋置五省官书局合刻本二十四史考察（下）》，载《学术研究》2018 年第 5 期。

书名	广东省立中山图书馆	中山大学图书馆	暨南大学图书馆	华南师范大学图书馆
后汉书	18 册本一部	18 册本一部	16 册本四部，残本 12 册，残本 13 册，残本 14 册	16 册本一部
三国志	无	10 册本一部	8 册本三部，6 册本一部，残本 7 册，残本 4 册	8 册本两部
晋书	28 册本一部	26 册本一部，残本 8 册	20 册本三部，16 册本一部	20 册本一部，16 册本一部
宋书	20 册本一部	20 册本一部，残本 11 册	16 册本两部	12 册本一部，16 册本一部
南齐书	10 册本一部	6 册本一部	6 册本两部，4 册本一部，残本 5 册	6 册本两部
梁书	7 册本一部本	6 册本一部	4 册本两部，6 册本一部	4 册本一部，6 册本一部
陈书	5 册本一部	4 册本一部	4 册本两部，2 册本一部	4 册本两部
魏书	26 册本一部	残本 24 册	20 册本两部，10 册本两部，残本 5 册	20 册本一部，16 册本一部
北齐书	6 册本一部	4 册本一部	4 册本一部，6 册本一部	6 册本一部，4 册本一部
周书	8 册本一部	6 册本一部	6 册本两部	4 册本两部
隋书	21 册本一部	14 册本一部	12 册本两部，16 册本一部，残本 12 册	12 册本两部

书名	广东省立中山图书馆	中山大学图书馆	暨南大学图书馆	华南师范大学图书馆
南史	12 册本一部	14 册本一部，残本 7 册	12 册本两部，16 册本一部，残本 6 册	12 册本两部
北史	22 册本一部	24 册本一部，残本 16 册	20 册本五部，残本 10 册	20 册本一部，16 册本一部
旧唐书	50 册本一部	40 册本一部	40 册本三部，残本 37 册	40 册本两部
唐书	41 册本一部	48 册本一部	40 册本两部，39 册本一部，25 册本一部，残本 39 册，残本 22 册	40 册本两部
旧五代史	20 册本一部	16 册本一部	16 册本两部	16 册本两部
五代史	8 册本一部	8 册本一部	8 册本一部，残本 6 册	8 册本两部
宋史	100 册本一部	99 册本一部	100 册本一部，79 册本一部，97 册本一部，残本 85 册	100 册本两部
辽史	16 册本一部	12 册本一部	12 册本两部	12 册本两部
金史	24 册本一部	残本 20 册	16 册本一部，20 册本两部，残本 19 册，残本 15 册	24 册本一部，20 册本一部
元史	40 册本一部	残本 39 册，残本 35 册	无	48 册本一部，40 册本一部

书名	广东省立中山图书馆	中山大学图书馆	暨南大学图书馆	华南师范大学图书馆
明史	78 册本一部	80 册本一部，残本 79 册	80 册本一部，残本 77 册，残本 63 册，残本 36 册	80 册本两部

在调查过程中，笔者发现，广东省立中山图书馆虽然在馆藏目录中标明了庋置一套局刻本二十四史，但实际上，其中《史记》和《三国志》两部均以其他版本补配而成，因此并非足本。中山大学图书馆藏有两套局刻本二十四史，亦有残缺现象，其中一套仅有 6 部，且大多为残本；另一套虽较完整，但其中《魏书》《金史》《元史》《明史》有缺卷现象。暨南大学收藏的局刻本数量最多，但均以单部史书的形式庋置，且缺少《元史》，因此亦不齐备。华南师范大学图书馆虽然同样以单部史书的形式庋置二十四史，但均含有局刻本；而且，除《后汉书》仅有一部局刻本外，其他二十三史各庋置有两部局刻本。因此，华南师范大学图书馆很可能是广州唯一庋置全套局刻本的藏书机构。

三、以澳门大学局刻本为样板对比各家书局版本

澳门大学庋置的局刻本为足本二十四史，卷册完备，共计 626 册。全套以宣纸印刷，依序线装，品相完好，几无折损。每册封面及封底内均衬有红丹纸，书根印有书名、册数和篇目。行款为每半页 12 行，每行 25 字，小字双行 37 字。（图 1、图 2、图 3）

图1　澳门大学局刻本全貌

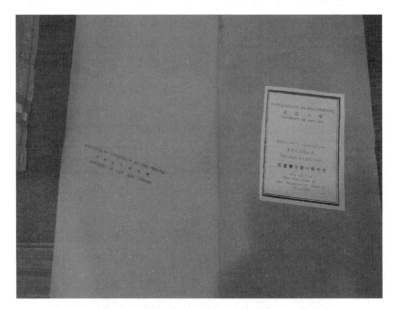

图2　澳门大学局刻本封面内页（盖有澳门大学前身
东亚大学的印章以及贴有包含馈赠人信息的标签）

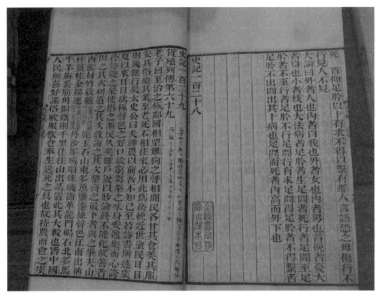

图3　澳门大学局刻本《史记》正文页

收藏过这套局刻本的书画家邓芬写过这样的题签："四省合刻廿四史一书系同治年至光绪所刊，咸距今六十余岁儿。装成六百二十六册，纸白，字画俱妙，新，亦难得之书。"[1]他在另一处题签中写道："此部二十四史一书，原为廖桐史后人出卖在羊城。"[2]表明这套局刻本曾为廖桐史家所藏。笔者在《中华传统文化凝聚的粤澳书缘——澳门大学庋置五省官书局合刻本二十四史考察（下）》一文中已经指出廖桐史家实为此丛书的最初庋置场所。《兴宁人物志》中载有《廖桐史传》，称他"早年勤敏好学，治经史，擅诗文。清末，国事日非，乃弃文习武"。[3]《广东文征续编》中载有《廖孔训传》，记载道："廖孔训，一八七六年生，一九四二年卒。字桐史，以字行，顺德人。雅好翰墨，邃于骈俪文。"[4]局刻本初印丛书的最后两部，是光绪三年开雕的《明史》和光绪四年刊印的《史记》。光绪四年为公元1878年，则此书的印制和配送时间恰好为早年好学

---

①　澳门大学庋置局刻本《明史》末册之书后所附宣纸第1页。

②　澳门大学庋置局刻本《后汉书》第1册之末页。

③　兴宁市地方志办公室编：《兴宁人物志》第1-2辑，1996年版，第34页。

④　许衍董编：《广东文征续编》第2册卷5，广东文征编印委员会1987年版，第75页。

经史的廖桐史的蒙学年代。本文在此赘笔的目的，只是要指出，上述迹象表明，澳门大学庋置的局刻本即使不是第一批印刷本，也应该是初期的印刷本。并且认为，此套丛书以宣纸印成，书品宽大，印刷考究，实可作为初期局刻本之标本。①

以澳门大学庋置局刻本为样板加以类比，可以看出五家书局产品的版式是经过协调而规范过的。首先，将五家书局各自所印正史自行比照，可见其版式几乎相同。如浙江书局刊印的三部正史，其牌记、板框、版心、书口、鱼尾全都一样；又如江苏书局刊印的三部正史，其牌记、边栏、版心、书口、鱼尾均相同，唯《金史》的板框略高；还如崇文书局刊印的三部正史，除《明史》的板框略高以及《五代史》的版心文字略增之外，其牌记、边栏、版心、书口、鱼尾也均相同；金陵书局刊印书种最多，为十四部正史，虽然各书板框略有参差，但是其牌记、边栏、版心、书口、鱼尾都是相同的。由此可见，五家书局的版式都是各自统一并严格遵照执行的。

其次，将各家书局所印正史作横向对比，则可见其版式大同而小异。如各家的牌记都列明刊印或雕版的时间和出版的书局，又如各家的板框高宽大致为21厘米、15厘米，再如各家的版心都镌有书名、卷次及页次，还如各家的鱼尾均为单黑。版式的主要元素大致相同，反映五家书局的刊印工作是经过统一规划的。不过，在版式的细节方面，各家书局就各有特色了。其中最明显的是崇文书局，其牌记所镌为雕版的时间，而其他书局都记为刊印的时间；其边栏为四周双边，不同于其他书局的左右边栏；其书口为花口，又不同于其他书局的白口。金陵书局刊印的书种最多，其版权意识也最强，不但在题记中记清出版者和出版时间，而且在每卷之末镌有"金陵书局仿汲古阁本刊"字样。淮南书局所印《隋书》原属金陵书局的业务，受其影响，在每卷之末也镌有"仿汲古阁本刊"等字样。这是表达对于先导者劳动的尊重。

可以明显地看出，作为一套丛书，局刻本的排版与装订格式已趋于齐整。特别是，丛书中的每一部都有牌记，牌记上明确标示着出版者与出版

---

① 局刻本二十四史初印本为宣纸本，此后又有连史纸本、官堆纸本、毛边纸本、南扣纸本等，详情可参见黄永年、贾二强撰集《清代版本图录（五）》，浙江人民出版社1997年版，第33页；张秀民著，韩琦增订《中国印刷史》，浙江古籍出版社2006年版，第401－402页。

时间，这两项是现代图书版权页上最重要的两个元素。倘若再注意到丛书封面上规范的书名，扉页上显著的作者名，以及正篇的卷次和页码，则可以认为现代版权内容中的诸要素都已齐备了。上述现象反映，无论从经营形式还是从版式结构来看，局刻本的刊行方式都是从传统印制形式向近代化出版形制发展的转捩点。

局刻本以地方书局联合的形式，统筹规划刻版样式和卷册规模，印制大型丛书，为雕版印刷事业树立起样板，成为中国出版印刷史上的壮举。此后，全国各地纷纷效仿，相继兴办各类书局，大量刻印传统文献，从而推动了地方文化事业的发展，也促使中华传统文化更加深入地滋润着已经迈进近代化的中国社会。由此看来，局刻本的典藏状况既能够反映相关地区在传统文献方面的积淀，也可以揭示传统文献从旧式窠臼中脱胎的趋势。

不过也应该看到，局刻本既是雕版印刷事业鼎盛的标志，也是雕版印刷技术没落的征候。局刻本的出版，从同治八年（1869）刊印《汉书》，到光绪三年（1877）开雕《明史》和光绪四年（1878）印行《史记》，历时约十个年头。这样的速度显然难以适应中国社会的近代化进程，因此技术及材质的革新成为必然。

四、华南师范大学局刻本的材质

华南师范大学庋置的局刻本，系经补配而获得完整，其中各部正史的印次并不一致，就文物价值而言，显然逊于澳门大学的藏本。但是在学术价值上却具有重要的意义，因为它能够反映印刷材质与开本的变迁。

由于历经多次补配，华南师范大学局刻本中各部书的材质混杂不一。经华南师范大学图书馆专家蒋金女士辨认，该局刻本的内文用纸有宣纸、机制纸、混料纸和竹纸四类，详见表2。

表2　华南师范大学局刻本内文材质一览

书名	宣纸	机制纸	混料纸	竹纸
史记		16 册本	16 册本	
汉书	16 册本		18 册本	
后汉书	16 册本			
三国志			8 册本两部	
晋书		16 册本	20 册本	
宋书		12 册本	16 册本	
南齐书		6 册本	6 册本	
梁书		4 册本	6 册本	
陈书		4 册本	4 册本	
魏书		16 册本	20 册本	
北齐书		6 册本	4 册本	
周书		4 册本	4 册本	
隋书		12 册本	12 册本	
南史		12 册本	12 册本	
北史		16 册本	20 册本	
唐书		40 册本		40 册本
旧唐书		40 册本		40 册本
五代史		8 册本		8 册本
旧五代史		16 册本		16 册本
宋史		100 册本		100 册本
辽史		12 册本		12 册本
金史		20 册本		24 册本
元史		40 册本		48 册本
明史		80 册本		80 册本

　　上列四类纸张中，宣纸、混料纸和竹纸三类属于手工纸。宣纸出现得最早，因原产于宣州而得名。宣纸最初以木本植物韧皮纤维为原料加工制成，唐代已经大量使用。明清之际，亦以青檀皮和稻草为主要原料制成的

李凭自选集 LI PING ZIXUANJI

"泾县纸"为宣纸。宣纸洁白柔韧，平滑受墨，而且易于保存，是上等书画用纸。[1] 混料纸以数种植物纤维按不同比例混合制成，清朝雍正后期刊印的殿本书籍就大多采用浙江开化生产的混料纸。混料纸颜色微黄而厚薄均匀，表面平滑而背面稍涩，质量不及宣纸。[2] 竹纸以竹纤维为原料制成，制作工艺类似宣纸，宋代已经应用于书籍印刷。竹纸颜色淡白而质地细腻，不过容易发黄变脆，品质不如宣纸，但不亚于混料纸。由于竹纸的成本低廉，产量较大，成为明清之际最常见的纸种。竹纸有不少种类，如江西生产的玉版纸、官柬纸、连史纸，又如浙江生产的官堆纸、毛边纸等。[3] 清朝晚期，机器造纸业勃兴，于是出现机器制造的纸张。此类纸张简称为"机制纸"，它表面平滑，厚薄均匀，但质地较脆，耐久性差，由于产量高，遂为民国初期的排印本、石印本等大量采用。[4]

局刻本初印之时采用宣纸本，此后陆续改为连史、官堆、毛边以及南扣等竹纸，它的材质变迁轨迹正是研究中国近代印刷用纸演化过程的一条线索，而华南师范大学局刻本材质的多样性则是可供直观的一例样板。（图4、图5、图6）

图4　华南师范大学局刻本中，机制纸（左）、混料纸（中）与宣纸（右）对比

① 潘吉星：《中国科学技术史·造纸与印刷卷》，科学出版社1998年版，第249－250页；张秉伦、方晓阳、樊嘉禄：《造纸与印刷》，大象出版社2005年版，第80页。

② 王清原：《我国古书用纸的种类及特征》，载《图书馆学刊》1989年第3期，第37－38页。

③ 《造纸与印刷》，第93－105页。

④ 《中国科学技术史·造纸与印刷卷》，第281页；王清原：《我国古书用纸的种类及特征》，载《图书馆学刊》1989年第3期，第39页。

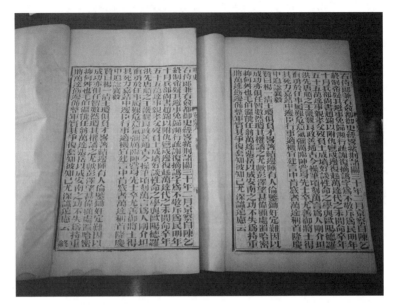

图5 华南师范大学局刻本中，机制纸（左）与竹纸（右）对比

图6 华南师范大学局刻本《宋书》，机制纸本（左）与混料纸本（右）对比

局刻本历经多次印制，前后采用的纸张材质不同，受此因素的影响，必然出现规格不一的现象。现仅从华南师范大学局刻本看，就有八种开本。详见表3。

表3 华南师范大学局刻本开本一览

纸张	开本（厘米）	书目
宣纸	29.6 × 18.9	汉书、后汉书
机制纸	28.2 × 17	史记、晋书、宋书、南齐书、梁书、陈书、魏书、北齐书、周书、隋书、南史、北史、唐书、旧唐书、五代史、旧五代史、宋史、辽史、金史、元史、明史
混料纸	27.1 × 18.6	史记、汉书、三国志两部、晋书、宋书、南齐书、梁书、陈书、魏书、北齐书、周书、南史、北史
混料纸	28.0 × 17.8	隋书
竹纸	27.0 × 17.4	旧唐书、旧五代史
竹纸	26.5 × 17.2	唐书、明史
竹纸	26.2 × 16.8	五代史
竹纸	28.0 × 17.8	宋史、辽史、金史、元史

要之，从考察材质和开本的角度可知，华南师范大学局刻本无疑是历经多次补配凑合完整的。正因为如此，这套藏本能够具体显示局刻本历经多次印刷，印刷时间不同，材质及开本也不同，所以它对于研究中国雕版印刷史具有重要的价值，这是澳门大学藏本不具备的学术特色。但令人遗憾的是，由于人事的变迁和文件的不足，很难了解到华南师范大学局刻本历次补配的时间和数量。因此，姑且将此次调查情况记下，以待机会再作考证。

五、对局刻本中三部正史分册形态的考察

对比各家图书馆的典藏可知，局刻本不仅存在多种材质与开本，而且在分册装订上亦有不少差异。以《魏书》为例，澳门大学的藏本为24

册；广东省立中山图书馆的藏本为 26 册；暨南大学的藏本有 20 册和 10 册两种；华南师范大学有一部 20 册的藏本，还有一部 16 册的藏本。在分册方面呈现五花八门的状态，表明局刻本曾经在不同地点和不同时间陆续加印装订过。

为了便于对比，兹以澳门大学与华南师范大学的藏本作为代表，选取这两校所藏局刻本中的《魏书》《史记》《汉书》三部正史的分册情况列表考察，详见表4、表5、表6。

表4　澳门大学与华南师范大学局刻本《魏书》分册情况

册次	澳门大学宣纸本	华南师范大学机制纸本	华南师范大学混料纸本
1	序一卷 4 上	序一卷 7 上	序一卷 6
2	卷 4 下一卷 8	卷 7 下一卷 14	卷 7 上一卷 12
3	卷 9一卷 14	卷 15一卷 21 上	卷 13一卷 18
4	卷 15一卷 19 中	卷 21 下一卷 31	卷 19 上一卷 21 下
5	卷 19 下一卷 24	卷 32一卷 41	卷 22一卷 30
6	卷 25一卷 32	卷 42一卷 50	卷 31一卷 37
7	卷 33一卷 39	卷 51一卷 58	卷 38一卷 44
8	卷 40一卷 45	卷 59一卷 66	卷 45一卷 52
9	卷 46一卷 52	卷 67一卷 75	卷 53一卷 59
10	卷 53一卷 57	卷 76一卷 84	卷 60一卷 65
11	卷 58一卷 62	卷 85一卷 94	卷 66一卷 72
12	卷 63一卷 68	卷 95一卷 101	卷 73一卷 80
13	卷 69一卷 73	卷 102一卷 105 之 4	卷 81一卷 90
14	卷 74一卷 79	卷 106 上一卷 106 下	卷 91一卷 96
15	卷 80一卷 85	卷 107 上一卷 110	卷 97一卷 104
16	卷 86一卷 93	卷 111一卷 114	卷 105 之 1一卷 105 之 4

续表

册次	澳门大学宣纸本	华南师范大学机制纸本	华南师范大学混料纸本
17	卷 94 — 卷 96		卷 106 上 — 卷 106 中
18	卷 97 — 卷 101		卷 106 下 — 卷 107 下
19	卷 102 — 卷 105 之 2		卷 108 之 1 — 卷 111
20	卷 105 之 3 — 卷 106 上	终结	卷 112 上 — 卷 114
21	卷 106 中 — 卷 106 下		
22	卷 107 上 — 卷 108 之 3		终结
23	卷 108 之 4 — 卷 112 上		
24	卷 112 下 — 卷 114		

表 5　澳门大学与华南师范大学局刻本《史记》分册情况

册次	澳门大学宣纸本	华南师范大学机制纸本	华南师范大学混料纸本
1	目录 — 卷 5	目录 — 卷 4	目录 — 卷 5
2	卷 6 — 卷 10	卷 5 — 卷 10	卷 6 — 卷 12
3	卷 11 — 卷 14	卷 11 — 卷 14	卷 13 — 卷 14
4	卷 15 — 卷 17	卷 15 — 卷 16	卷 15 — 卷 18
5	卷 18 — 卷 21	卷 17 — 卷 18	卷 19 — 卷 22
6	卷 22 — 卷 27	卷 19 — 卷 21	卷 23 — 卷 30
7	卷 28 — 卷 35	卷 22 — 卷 26	卷 31 — 卷 39
8	卷 36 — 卷 42	卷 27 — 卷 32	卷 40 — 卷 46
9	卷 43 — 卷 49	卷 33 — 卷 41	卷 47 — 卷 60
10	卷 50 — 卷 64	卷 42 — 卷 52	卷 61 — 卷 72
11	卷 65 — 卷 76	卷 53 — 卷 68	卷 73 — 卷 84
12	卷 77 — 卷 88	卷 69 — 卷 82	卷 85 — 卷 94
13	卷 89 — 卷 99	卷 83 — 卷 96	卷 95 — 卷 105
14	卷 100 — 卷 110	卷 97 — 卷 110	卷 106 — 卷 112
15	卷 111 — 卷 121	卷 111 — 卷 122	卷 113 — 卷 122
16	卷 122 — 卷 130	卷 123 — 卷 130	卷 123 — 卷 130

表6　澳门大学与华南师范大学局刻本《汉书》分册情况

册次	澳门大学宣纸本	华南师范大学宣纸本	华南师范大学混料纸本
1	目录—卷6	目录—卷7	目录—卷7
2	卷7—卷13	卷8—卷14	卷8—卷14
3	卷14—卷15	卷15	卷15
4	卷16—卷17	卷16—卷18	卷16—卷18
5	卷18—卷19	卷19—卷20	卷19—卷20
6	卷20	卷21—卷25下	卷21—卷25下
7	卷21—卷23	卷26—卷27	卷26—卷27
8	卷24—卷26	卷28—卷32	卷28—卷32
9	卷27上—卷27下	卷33—卷44	卷33—卷44
10	卷28—卷30	卷45—卷54	卷45—卷54
11	卷31—卷36	卷55—卷63	卷55—卷63
12	卷37—卷44	卷64—卷72	卷64—卷72
13	卷45—卷51	卷73—卷82	卷73—卷82
14	卷52—卷57上	卷83—卷91	卷83—卷91
15	卷57下—卷63	卷92—卷97	卷92—卷97
16	卷64—卷68	卷98—卷100	卷98—卷100
17	卷69—卷74	终结	终结
18	卷75—卷80		
19	卷81—卷86		
20	卷87上—卷92		
21	卷93—卷96上		
22	卷96下—卷100		

以上三表显示：三部局刻本《魏书》在材质与分册上均不相同。三部局刻本《史记》虽然同为16册，但是澳门大学藏本为宣纸本，华南师大的两部藏本分别为机制纸本与混料纸本，各分册的内含卷数亦不相同。三部局刻本《汉书》中，澳门大学与华南师范大学各有一套宣纸本，前者分为22册，后者分为16册；而华南师范大学的混料纸本与同属该校的

宣纸本，在分册数量以及各册内含上却是相同的。

正是由于各部正史的分册情况不同，因而各种局刻本的总册数也各异，这样的情况不仅限于粤港澳，而是广泛存在的。例如，中国国家图书馆庋置的局刻本就有 540 册和 592 册两种。[①] 此外，在网络上我们还可以看到 495 册、536 册、570 册、600 册、638 册、662 册等不同的组合方式。[②] 而澳门大学的这一套则为 626 册，又与前述各套都不相同。

上述种种情况给人以纷繁杂沓的感觉，然而努力厘清其中的头绪，就能够探寻不同时期局刻本印次的发展脉络，进而有助于寻绎中国近代出版印刷史的线索。无疑，考察各类局刻本具有的种种信息，在文献学与版本学上颇具参考意义，因此能够吸引着我们去继续不断地爬梳故纸坟典。

结　语

粤港澳三地庋置的五省官书局合刻本二十四史数量并不少，各家重点图书馆都收有若干。由于局刻本是中华正史完备之后较早推向社会的一套丛书，因此能够在一定程度上反映中华传统文化近代以来在珠江流域的影响态势。

在各家重点图书馆中，尤其值得注意的是华南师范大学与澳门大学的典藏，这两家庋置的局刻本都是齐全的。澳门大学所藏的一套足本全部由

---

① 这两种藏本均藏于中国国家图书馆的古籍馆之普通古籍阅览室。其中，540 册本的索书号是 70259，检索网址为：http://opac.nlc.cn/F/FYK3C93APECBL15YUIKSI1GLTDM7X 8PRLDQ YY6VGCKFXH15JA8 – 04165？func = full – set – set&set_number = 182095&set_entry = 000036&format = 999；592 册本的索书号是 3060，检索网址为：http://opac.nlc.cn/F/FYK3C93APECBL15YUIKS I1GLTDM7X8PRLDQYY6VGCKFXH15JA8 – 31191？func = full – set – set&set_number = 173800&set_ entry = 000004&format = 999。

② 其中，495 册本为江苏省常州市档案馆藏本，检索网址为：http://news.cz001.com.cn/ 2016 – 03/26/content_3213239.htm；536 册本为党晴梵藏本，见于 2013 年 1 月 6 日天津国拍古籍善本迎春拍卖专场，检索网址为：http://pmgs.kongfz.com/detail/121_354693/；570 册本见于 2010 年 3 月 22 日嘉德四季第二十一期拍卖会，检索网址为：https://auction.artron.net/paimai- art92684646；600 册本见于 2008 年 12 月 6 日上海国际商品拍卖有限公司秋季艺术品拍卖会，检索网址为：https://auction.artron.net/paimai-art55820232/；638 册本为日本东京大学法学部藏本，参见李青《日本东京大学中国法制史资料藏书》，见张中秋主编《法律史学科发展国际学术研讨会文集 2006》，中国政法大学出版社 2006 年版，第 430 页；662 册本见于 2015 年 6 月 28 日上海博古斋春季大型艺术品拍卖会，检索网址为：https://auction.artron.net/paimai-art507379 1522/。

宣纸印刷，不但纸张精致，而且印制规整，极可能为初印本，其文物价值弥足珍贵。华南师范大学所藏版本，依其内文材质分类，既有宣纸本，又有竹纸本、混料纸本，还有机制纸本，表明该套丛书是经过多次补配而逐渐齐备的。华南师范大学局刻本在材质以及开本上呈现出参差不齐的形态，反映了局刻本经历不同年代多次印刷的历史现象，故而在中国雕版印刷的发展史上富有学术价值。华南师范大学与澳门大学的两套局刻本可以当之无愧地堪称粤港澳大湾区传统正史文献中相映成辉的双璧。

　　附记：本文作者为李凭、姜霄，刊于《社会科学战线》2021 年第 6 期。姜霄，时为澳门大学历史系博士研究生，现为中山大学历史学系专职特聘副研究员。感谢粤港澳各家图书馆惠予帮助，尤其感谢华南师范大学图书馆专家董运来先生和专家蒋金女士的悉心帮助。

澳门大学图书馆庋置局刻本二十四史概要

2016 年秋，承蒙澳门大学伍宜孙图书馆副馆长王国强博士向笔者展示了一套清朝同治八年（1869）至光绪四年（1878）由地方官书局合作刊刻的二十四史，感到分外欣喜。

此后，承蒙该馆梁德海主任、许伟达主任以及远在加拿大的邓芬大师后人刘季先生的热情帮助，笔者有幸将这部二十四史逐页检视一遍，其间对于该书中的局部情况展开过数十次细致研讨，从而揭示出这部典藏的丰富学术内涵和珍贵艺术价值。经研讨所获的一些局部性成果，陆续在本澳的学术会议以及内地的学术刊物上宣读和发表，以餐方家。①

2019 年春，笔者本着温故而知新的态度，对澳门大学图书馆这部刻本再次逐页检视，竟然又有新的发现，令人更加喜出望外。发表本文的宗旨在于，概括介绍这部珍贵的版本，以期引起本澳学界的重视；同时，将第二次逐页检视而获得的崭新资料公布出来，作为拾遗补阙，以方便学者作全面的研究。

一

澳门大学伍宜孙图书馆庋置的五省官书局合刻本为一套二十四史之完备足本，其内涵共计 626 册，均依序线装。每册封面及封底之内衬有红丹纸，书根印着书名、册次和篇目。全套行款一致，为每半页 12 行，每行 25 字，小字呈双行 37 字。这套刻本虽经辗转流徙，但依旧呈现良好的品相。

---

① 这三次学术会议按照时间顺序为：由澳门历史文化研究会主办的"澳门历史文化研究会第十七届学术年会暨澳门与中西文化交流国际研讨会"（2018 年 10 月 28—31 日）、由澳门理工学院中西文化研究所主办的"澳门与近代中国学术研讨会"（2018 年 11 月 26—29 日）、由澳门历史文化研究会主办的"澳门历史文化研究会第十八届学术年会暨澳门与中西文化交流国际论坛"（2019 年 9 月 22—25 日）。

二十四史是中国古代历朝正史的集合，为纪传体史书的代表。清朝发生太平天国运动后，各处藏书缺损严重，加上乾隆年间出版的武英殿本二十四史的质量不甚令人满意，曾国藩、李鸿章等人于是上书皇帝，提出由地方官书局合作刊刻一套二十四史，该项建议获得批准而随即执行。先后参与此项刊刻事业的地方官书局有浙江书局、金陵书局、江苏书局、湖北书局和淮南书局等五家，它们在刊刻这部史书时不仅择优选取底本，而且延聘一批著名学者从事编校工作，以确保其版本质量和学术水平。

五省官书局合刻本二十四史虽然由地方官书局各自独立印刷，但是统筹规划版式和卷册规模，并且以整套丛书的形式一致地面向广大社会，因此质量胜过此前的武英殿本，代表了清朝雕版印刷的最高水平。该版本出版之后，受到官方和学界的欢迎，被称为中国印刷史上前所未有的壮举。无疑，正是在它的基础上，才有了后来的百衲本二十四史和中华书局校点本二十四史。

大约一个半世纪之后的今天，虽然五省官书局合刻本二十四史为图书馆界所熟知，但是完备无缺的藏本在中国大陆以外却已少见。笔者走访了澳门、香港、新加坡以及吉隆坡等地的 17 所重点图书馆，对它们的收藏情况做过考察，发现只有四家图书馆收藏有该刻本（不排除个别图书馆虽然藏有，但是没有公布或者未及检出和整理），而且均为零种。[①] 因此，澳门大学图书馆庋置的五省官书局合刻本二十四史（以下简称为"澳大局刻本二十四史"，或径称作"澳大局刻本"）很有可能是上述诸地中唯一的足本，具有异乎寻常的版本价值。

不仅如此，澳门著名书画家邓芬在阅读澳大局刻本二十四史时留下了诸多钤印和墨迹，更使该刻本在固有的版本价值基础上叠加了珍贵的艺术价值。

---

① 李凭、姜霄：《完备而独特的线装丛书——澳门大学庋置五省官书局合刻本二十四史考察（上）》，载《学术研究》2018 年第 1 期。详见该文表 1 的统计。参加考察者还有朱晓玲、冯炜垚二位硕士。

二

邓芬（1894—1964），字诵先，号昙殊，又号从心先生、二不居士、泳人等。他出生于广州，活跃于澳门，终老于香港，是诗、书、画三绝萃于一身的旷代奇才，画界巨擘，被张大千推崇为"现代岭南唯一国画家"。

其实，邓芬在古籍鉴赏方面也具有出色的能力，只是流传下来的与其相关的文物甚少，所以澳大局刻本中所存邓芬的钤印与墨迹颇值得珍视。经过 2016 年和 2019 年两番检视获知，在澳大局刻本中共有朱色钤印 15 处、批注 23 条、题签 7 条、圈点 32 页、补佚 51 页，均属邓芬所为。以下依次简略披露。

邓芬在澳大局刻本的《史记》《后汉书》《三国志》《晋书》《旧唐书》《明史》等六部著作中抑有 15 处朱色钤印，分属 7 枚印章。其中，2016 年发现两枚印文为"邓芬"的名章和一枚印文为"泳人"的名章，三枚印文分别为"心太平居""从心得来"和"藕丝孔居"的闲章；2019年又发现一枚印文为"藕丝孔居"的椭圆形闲章。现将四枚闲章列表如下，以助理解邓芬阅览这部局刻本二十四史之时的心境（表1）。

表 1　澳大局刻本中所抑闲章钤印

序号	钤印	印文	款式	位置	发现时间
1		藕丝孔居	朱文方形	《史记》书名页左下角	2016 年
2		藕丝孔居	白文椭圆形	《旧唐书》第 41 册首页《元稹白居易传》第 1 行下方	2019 年

序号	钤印	印文	款式	位置	发现时间
3		心太平居	白文方形	《后汉书》第 1 册末页题签落款处	2016 年
4		从心得来	白文方形	《史记》正文第 1 页《史记集解序》标题上方	2016 年

上表所列四枚钤印的印文，第 1、3、4 枚已经于两年前发表在《书画家邓芬的钤印和墨迹——澳门大学度置五省官书局合刻本二十四史考察（中）》一文的表 1 "钤印信息表"中。[①] 而上表所列的第 2 枚印文，图形尤为别致雅观，却是 2019 年春再次逐页爬梳澳大局刻本时才发现的，未曾列入两年前发表之旧的"钤印信息表"中。第 2 枚白文椭圆形闲章与第 1 枚朱文方形闲章印文相同，均镌作"藕丝孔居"四字，应是邓芬在澳门定居时的一处室名，它们表明澳大局刻本正收藏于此室。"藕丝孔居"与"心太平居""从心得来"之语，反映了当时邓芬处境的敝陋和困顿，情绪的恬淡和达观。

邓芬在阅读澳大局刻本的过程中写下了 23 条批注，均以他最擅长的行书小字写就。在《书画家邓芬的钤印和墨迹——澳门大学度置五省官书局合刻本二十四史考察（中）》一文中，列有表 3 "批注信息表"。当时仅选列了邓芬写于《史记》和《旧唐书》诸页中的批注。现将此后发现和鉴定的邓芬在《汉书》和《北史》中所作的批注列表如下（表 2）。

---

① 《书画家邓芬的钤印和墨迹——澳门大学度置五省官书局合刻本二十四史考察（中）》，载《学术研究》2018 年第 3 期。参见该文表 1 "钤印信息表"。

表 2　澳大局刻本中的批注信息

书名	卷次	卷名	页码	位置	内容	钤印
汉书	31	陈胜项藉传	1	眉批	以项羽与陈涉合传目，太刻薄也！	无
			16	眉批	杨喜为郎中骑，班孟坚不叙其衔，使人不知为何如人，谬极！	无
			17	眉批（图1）	《史记》屡称"项王"，而此多呼曰"羽"，作者不过同是汉臣，史家司马与班先后几代，何毁誉之异也？ "赞曰""太史公曰"往往同文，微有损益。 汉以鲁公礼葬项羽于谷城者，爱楚怀王之初封号也，孟坚不系出。亦奇！	无
北史	11	隋本纪上	24	尾批（图2）	观诸近世窃国之流，与之杨氏坚、广父子较，相去太远，又乌得而不亡也？己丑夏日，昙殊芬妈阁	无

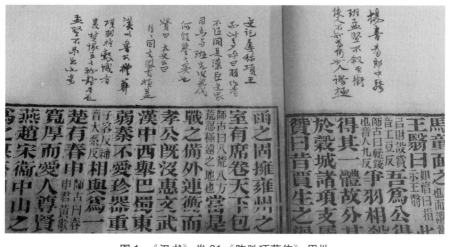

图 1　《汉书》卷 31《陈胜项藉传》眉批

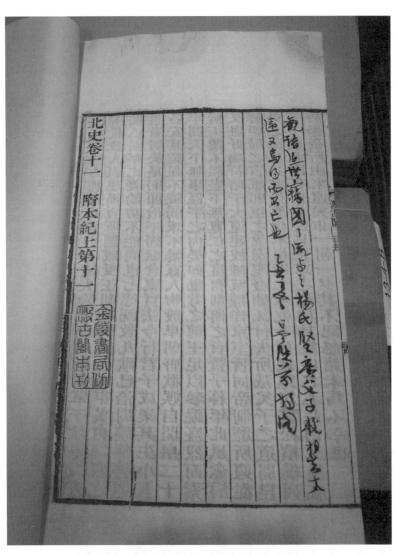

图2 《北史》卷11《隋本纪上》尾批

　　邓芬在阅读澳大局刻本的过程中还写下了7条题签，笔者已经在《书画家邓芬的钤印和墨迹——澳门大学庋置五省官书局合刻本二十四史考察（中）》一文中制成表4"题签信息表"，现补充《后汉书》书名页和《晋书》书名页题签，影印件如图3、图4所示。

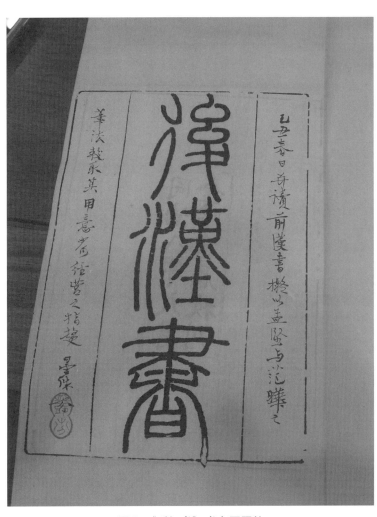

图3 《后汉书》书名页题签

图4 《晋书》书名页题签

　　澳大局刻本中《宋史》的部分卷帙曾因雨痕湿败，遭致断裂及破损，核计实有51页。各页缺文多则百余字，少则两三字。为此，邓芬皆悉心检查，并且仿照原版以楷书补抄完备，于此可见他对澳大局刻本的爱惜之情。楷书虽非邓芬所长，但所抄文字规整，自成风格。邓芬补抄的文字已经在《书画家邓芬的钤印和墨迹——澳门大学庋置五省官书局合刻本二十四史考察（中）》一文中制成表5"补佚信息表"，在此仅补上见于《宋史》之两页的影印件（图5、图6）。

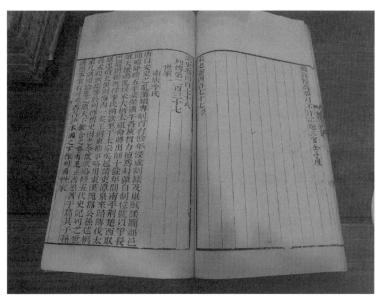

图5 《宋史》卷478《世家一·南唐李氏》补抄

图6 《宋史》卷480《世家三·吴越钱氏》补抄

此外，在澳大局刻本中，还有不少圈点处。由于部分圈点是与批注、题记结合在一起的，经过反复模拟，笔者认为这些圈点亦应是邓芬所为，它们同样体现着邓芬的心得（图7、图8）。

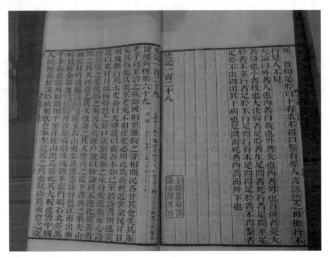

图7　《史记》卷129《货殖列传》卷首夹批与朱笔圈点

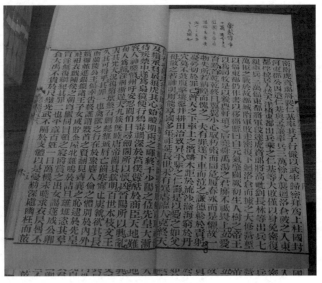

图8　《旧唐书》卷53《李密传》眉批与墨笔圈点

综合澳大局刻本中留存的钤印、批注、题记以及圈点，不难发现，在二十四史中邓芬阅览的重点是《史记》《汉书》《后汉书》《三国志》《晋书》《北史》《旧唐书》《明史》等八部著述；比较感兴趣的是诸书的列传，如《史记》的《魏公子列传》《刺客列传》《扁鹊传》《游侠列传》《货殖列传》，《旧唐书》的《李密传》《王世充传》等；尤其关注的是民生、人品及医学三方面的内容。

邓芬出身于广府名门望族，他的祖父邓啸笯与父亲邓次直都具有深厚的传统文化修养，在他们的影响下，邓芬接受了良好的传统文化教育。因此，邓芬虽然以书画享誉中外，但对于古籍也有深刻的理解，这正是他用心阅读澳大局刻本并将其视为珍品的缘故。不难看出，邓芬阅读古籍之时能够学以致用，借文献以隐喻现实和分析时事。

在澳大局刻本中的七处批注和题签之下，邓芬写明了时间。其中，最早的一处为己丑春日，最晚的一处为民国三十八年五月，均为公历 1949 年间。这一年邓芬五十五周岁，正值书画创作的鼎盛阶段。澳大局刻本中的行书墨迹显然是邓芬在读书过程中率性而书，虽然略微偏草，但是更能够体现邓芬的书风特征。邓芬的书法潇洒但不散漫，转折之间的方笔毫不马虎；他的布白章法和谐，无论文字多寡，均能因纸定位，行间透气；加以四周留空，因此黑白相映，疏密相称。这些墨迹中，篇幅长的布局虚实相生，甚为美观；篇幅短的行文舒展洒脱，颇觉别致；加之，与钤印搭配得当，辉映成趣。邓芬的行文看似无意，却依托着感怀情意，构成一幅又一幅绝佳图案，其艺术价值绝不逊于商贾之间的拍卖画品。

三

邓芬与澳大局刻本结缘于广州，此后便携带这部珍贵的典籍来到澳门，不久将它转送给何贤，时为 1949 年；而被邓芬购买之前，澳大局刻本还曾先后为廖桐史和卢达文所有。换而言之，这套局刻本辗转经历过廖桐史、卢达文、邓芬、何贤四位之手，最终才入藏于澳门大学的伍宜孙图书馆。① 兹将这些经手人介绍如下。

---

① 李凭、姜霄：《中华传统文化凝聚的粤澳书缘——澳门大学庋置五省官书局合刻本二十四史考察（下）》，载《学术研究》2018 年版第 5 期。

廖桐史（1876—1942），名昭彝，桐史为字，又字孔训，广东顺德人。他早年勤敏好学，治经史，擅诗文。清朝末年弃文习武，毕业于广东武备学堂，然后执教于黄埔陆军小学，培养出不少广东政要中的人物。民国时期，廖桐史任广东省政府顾问、第八路军总部少将参议等政职和军职，以及增城、兴宁、潮安等县之长，他在任上清廉自守，肃霸安民，迭著政声。日寇侵略中国后，广东被敌军攻陷，他拒绝日方聘任，从此蛰居寓所，郁郁以终，遗下著述《双清馆书牍》行于世。[1]

阅览《双清馆书牍》可知，廖桐史于1933年迁居广州双清馆，直至去世。此时他已失去收入，生活非常拮据，难有余财购置大型丛书；而且，不久他就双目失明，丧失阅读能力，亦无购置大型丛书的必要了。由此推知，澳大局刻本应该是廖桐史定居广州之前的家藏。然而，即使日趋潦倒，生计穷困，廖桐史也舍不得出卖澳大局刻本。直到廖桐史去世七年之后的1949年，该书才被廖家后人出卖给羊城书贾卢达文。

卢达文的书店名曰萃古堂，旧址位于广州西关的十六甫正街12号。这家书店以收购和贩卖古籍为主业，店主卢达文尤其酷爱传统文化与典籍，与顾颉刚等古史巨擘素有往来。卢达文既善于鉴别坟典，又擅长修复古籍，是当时广州书肆之中修补手艺最高者。澳大局刻本曾因浸水受损而经过修补，如今修补处依旧光洁平整，而且纸张的色泽和柔韧性与原书之叶几近相仿，历七十年而依旧保持良好品相（图9、图10）。这绝非寻常的工匠技术，应该是出自卢达文出色的手艺。

卢达文更有值得称赞的品性，就是识得真正读书之人。当时居住广州的邓芬时常光顾萃古堂，便与卢达文有了因澳大局刻本而缔结的书缘。在收购澳大局刻本之后，卢达文并没有将其据为奇货而标以高价出售，而是以低价卖给了邓芬。邓芬不免窃喜，这可以从他"乃以低价购来"之语看出。当然，邓芬心中自然明白，卢达文并非不识货。卢达文爱书，更爱读书之人；他懂得这部澳大局刻本的学术价值，更愿意为它找到真正懂得它的价值的主人。

---

[1] 详见兴宁市地方志办公室编《兴宁人物志》第1—2辑，1996年版，第34页；许衍董编《广东文征续编》第二册卷5，广东文征编印委员会1987年版，第75页。

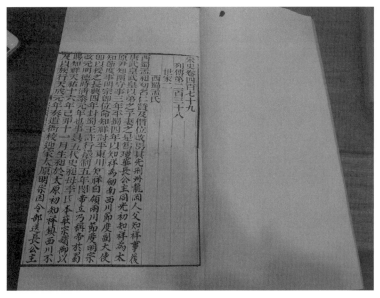

图9　澳大局刻本中经修补的书叶（1）

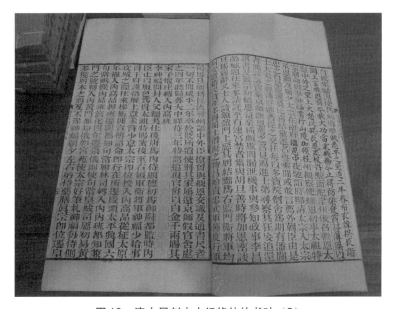

图10　澳大局刻本中经修补的书叶（2）

欢欣地购得澳大局刻本之后，邓芬并未将这套丛书长期据有，而是在来到澳门的当年就将它转给了好友何贤。邓芬这样做，绝非不珍视这部古籍，他的用心在于，要向何贤隐晦地转达他对于当代时局的看法。因为1949年的中国正面临着天翻地覆的变革，这是每一位爱国人士必须认真思索的主题。我们细读邓芬在澳大局刻本中所做的诸多批注和题签，不难体会到他是积极关注祖国前途的，是真挚爱国的。

何贤（1908—1983）是广东番禺人，1938年到香港经商，1941年到澳门定居，并进入大丰银行任职，此后升任至大丰银行董事长兼总经理的职位。何贤与邓芬为同时代的好友，两人赴港和莅澳的时间大体一致。他们早有过从，而且关系密切，言行默契。与邓芬一样，何贤也抱有强烈的爱国情怀。抗日战争爆发以后，何贤仿效《史记》所载的义士鲁仲连，言行"急公好义"，曾多次联合澳门富商为珠江三角洲地区的抗日武装队伍捐资捐物，他的爱国言论与义举产生了很大的社会影响。

何贤收藏澳大局刻本长达三十余年，东亚大学建立之后他将澳大局刻本捐赠给该校的图书馆。东亚大学为澳门大学前身，于1981年由何贤提议建立。创校之初，该校图书馆内书籍不丰，何贤便委托澳门日报社社长李鹏翥从何家的藏书中选择出三千余册古籍相赠，这其中就有邓芬赠送给何贤的局刻本二十四史。显然，何贤的赠书正是为了促使本澳广大青年学子接受中华传统文化的涵养。如今联想当年邓芬将澳大局刻本转给何贤之事，不难理解他们二人的思想共鸣之处。

1991年东亚大学更名为澳门大学，局刻本二十四史遂归于澳门大学图书馆典藏。2014年澳门大学迁往横琴，此部见证邓芬与何贤真挚友谊与爱国情怀的珍贵古籍随之庋置于该校新建的伍宜孙图书馆。

要之，澳大局刻本在文献学和版本学上具有重要的学术价值，书中保留的许多邓芬的钤印与墨迹使它又叠加了艺术价值。它复杂的流传过程亦为中华传统文化在粤澳间传播的典型例证。自从1878年澳大局刻本问世，至今已逾142年，其间它经历过多少颠沛辗转？实在难以细考了。笔者仅能依据抑在它身上的钤印和手书略加推演出粗略的线索而已。从澳大局刻本被顺德廖家购得，到入藏广州廖桐史双清馆；从廖氏后人将它卖给萃古堂书店，到被邓芬购得而运至澳门藕丝孔居；从它被邓芬转致何贤，到被捐赠澳门东亚大学，遂而庋置于现今的澳门大学伍宜孙图书馆：在不到一个半世纪的时间里，澳大局刻本经由四位贤达之手，历置七处藏书场所，勾勒出一条中华传统文献在粤港澳大湾区传承的轨迹。

　　附记：本文作者为李凭、姜霄，本文刊于《澳门研究》2020 年第 3 期。姜霄，时为澳门大学社会科学学院历史系博士研究生，现为中山大学历史系专职特聘副研究员。本文最初是笔者在澳门几所大学和图书馆所作的报告，后作为在海外研究机构讲学时介绍澳大局刻本的底稿，内容为此前在《学术研究》杂志发表的《澳门大学庋置五省官书局合刻本二十四史考察》三篇系列论文的浓缩和修订；并且，陆续增添了重新审视澳大局刻本时发现的有价值的手迹图片以及研究心得。为此，再次由衷感谢澳门大学图书馆王国强副馆长和梁德海主任、许伟达主任惠予的帮助和支持；由衷感谢远在加拿大的邓芬大师后人刘季先生惠予的帮助和支持。

源伊信校勘南监本《北史》考

一

　　笔者最近到中山大学图书馆查阅北朝文献，发现该馆收藏的相关著述甚为丰富，尤其是民国以前各类版本的《北史》竟有六种之多。分别是：明朝万历十六年至二十一年（1588—1593）刊刻的南京国子监本（通常简称"南监本"）一部，为足本 64 册；清朝顺治至康熙年间递修的南监本一部，为足本 30 册；清朝同治十一年（1872）金陵书局重刻的汲古阁本一部，为足本 28 册；清朝光绪十四年（1888）上海图书集成书局据汲古阁版铅印一部，为残本 14 册；清朝光绪十八年武林竹简斋据乾隆四年（1739）校刊的武英殿版石印本一部，为足本 8 册；1936 年上海中华书局据武英殿版铅印本一部，为足本 20 册。

　　上述版本中最珍贵的当属第一种，即万历年间刊刻的南监本。从刊刻时间来看，这应该是存世较早的《北史》版本。而更为令人惊喜的是，中山大学所藏的这个版本是经源伊信之手以朱、蓝、墨三色楷体批注过的（在下文中，将此版本简称为"源伊信批注本"）。

　　源伊信是日本德川幕府大和国郡山藩第二代藩主柳沢信鸿的别名，他出自日本最为显赫的清和源氏家族。源伊信的祖父柳沢吉保是德川幕府第五位将军德川纲吉的宠臣，先后任川越藩藩主、甲府藩初代藩主，执掌过德川幕府的实权。

　　为了改变战国时代的杀伐风气，适应封建专制统治的需要，德川幕府非常重视道德建设，于是将以朱子学说为代表的中国儒学规定为官方哲学，作为该时期的正统思想。这种文治政策将日本的儒学推向鼎盛。作为文治政策的积极推动者，柳沢吉保怀抱热忱学习儒家文化，因此与同时代的著名学者荻生徂徕相交至深。正是柳沢家传的浓厚儒家文化氛围，将源伊信培养成为汉学专家。

　　柳沢吉保致仕之后，其长子柳沢吉里继任甲府藩藩主；后移封大和国郡山藩，任初代藩主。柳沢吉里去世后，郡山藩藩主由源伊信继承。

源伊信是柳泽吉里的次子，生于享保九年十月二十九日（1724 年 12 月 14 日），幼名久菊，成年后名伊信、信卿、信鸿、义稠等。在源伊信批注本中，除常以"源伊信"与"伊信"具名外，还可见以"信卿"落款之处。延享二年（1745），源伊信继任为郡山藩藩主，直到安永二年（1773）致仕。这 29 年宦海生涯，也是源伊信不间断地研读中国传统文献的时期。

致仕之后，源伊信搬到祖父在江户修建的六义园中。在六义园生活期间，源伊信每天都详细地记录身边发生的事情。这些记录被编辑成册，题名为《宴游日记》。《宴游日记》共计 13 卷 26 册，原本收藏在位于日本奈良县郡山市的柳泽文库中。天明五年（1785），源伊信看破红尘，剃发出家。但是，他撰写日记的习惯并未改变。不过，源伊信有意回避了"宴游"二字，而将续写的日记改名为《松鹤日记》。《松鹤日记》共计 19 卷 9 册。宽政四年三月三日（1792 年 4 月 23 日），源伊信去世，享年 69 岁。

源伊信是才华广博的学问家，透过他隐居六义园期间撰写的《宴游日记》，便不难感受到其宏富的学养和深邃的意境。千叶大学名誉教授服部幸雄在《重刻〈宴游日记〉序》中称：

> 米翁（指柳泽信鸿）是少有的博览群书的文人。他读书范围之广，令人震惊，包括儒学、汉学、国学、历史、平安物语、随笔、和歌集、歌论书、俳书、净琉璃本、歌舞伎台帐、黄表纸，等等。他校订和讲授过大量的古典文学作品，其中有《古事记》《日本书纪》《大日本史》《辽史》《宋史》《源氏物语》《枕草子》《蜻蛉日记》《大镜》《伊势物语》《发心集》《袋草纸》《十训抄》《家忠日记》等。[①]

服部幸雄教授的评价一点也不夸张，中大图书馆馆藏的源伊信批注本《北史》可以作为强有力的证据。

不过，源伊信批注《北史》的时间是明和元年（1764）至八年，这

---

① 《芸能记录》（二）《概说》，芸能史研究会编：《日本庶民文化史料集成》第 13 卷，东京三一书房 1977 年版，第 3 页。

是他担任郡山藩藩主的后期，而非致仕之后的隐居时期。源伊信在藩主的任上竟能不间断地专注于《北史》的批注工作，这又是令人吃惊的举动。由此也可以窥出，源伊信的志向在于山林，而非庙堂。

二

　　源伊信批注的这部南监本《北史》为线装刻本，书高 26 厘米，宽 16.9 厘米，装订作 64 册，分置于 16 函中。全书共 100 卷，卷帙基本完备。只有卷 2 的第 41、第 42 两页，卷 5 的第 12 页，卷 13 的第 28 页，卷 14 的第 18 页，卷 27 的第 36 页，卷 31 的第 45、第 46 两页，卷 35 的第 4 页，卷 38 的第 5、第 6 两页，卷 98 的第 28 页，共计 12 页，是源伊信以墨笔楷体抄配的。

　　该版本的版式为每页上下双边，白口，双黑顺鱼尾。每半页划作 9 行，每行 18 字。其版心内容，由上至下依次为刊刻时间、卷数、本页字数及刻工姓名。各页所载的刊刻时间，大多在万历十九年（1591）至二十一年（1593）之间，只有卷 3 的第 20 页，卷 61 的第 29 页、第 32 页，卷 83 的第 35 页、第 36 页，共计 5 页，属万历十六年（1588）刊刻。所载的刻工姓名有戴序、罗相、余奉、刘中、刘大仁、裴魁、裴龙、胡学、吴廷等；亦有只具名或只具姓者，如仅仅一个"干"字，或仅仅一个"吕"字。还有少数页码的版心不载字数与刻工姓名。

　　该版本的首页刊印《刻〈北史〉跋》，其上盖有三方朱色钤印，文字分别是"澹逋丙辰所得""国立中山大学图书馆所藏金石典籍印"和"古之今古之人"。此后，每册首页均有"澹逋丙辰所得"和"国立中山大学图书馆所藏金石典籍印"朱色钤印。另外，该版本的目录页以及每卷首页还都盖有朱色钤印，其文字或为"幽兰台藏书"，或为"重复校正"。

　　以下考察各枚钤印所刻文字的信息。

　　1. "澹逋丙辰所得"钤印，应属民国时期著名藏书家盛景璇。

　　盛景璇，又名盛九，字季莹，号芰舲、寄民、澹逋、澹圃，生于清朝光绪六年，卒于 1929 年。盛景璇是岭南番禺业盐富商，平生酷爱书画、金石及拓片，藏书亦甚丰。盛家建有藏书楼，名曰濠堂，内收图书数十簏，间有宋元残本。盛景璇的藏书之印，除刻有"澹逋丙辰所得"六字者外，还有"澹逋辛亥后得"，以及"濠堂所得善本""濠堂之印""濠堂藏本之一"等。①

2. "国立中山大学图书馆所藏金石典籍印"钤印，应属民国时期的中山大学图书馆。

中山大学的前身是1924年成立的国立广东大学，1926年改名为国立中山大学，1927年改名为国立第一中山大学，1928年复改名为国立中山大学，新中国成立初期的1950年定名为中山大学。

3. "幽兰台藏书"钤印，应属源伊信批注《北史》时所在场所。

在源伊信批注本的卷一之末，源伊信作校勘记云："明和改元甲申（1764）九月二十四日，校于和州郡山幽兰台，正讹一。源伊信识。"此语可以表明，郡山之幽兰台为源伊信批注《北史》的场所。

4. "重复校正"印钤，应属源伊信。

此印钤仅在部分卷页出现，如卷58、卷59的第一页盖有此印。据笔者考察，"重复校正"印钤与"幽兰台藏书"印钤基本上不重复出现，而且二者均工整地盖于各卷首页的右下框角压线处，成互相取代之形式。故而猜测，与"幽兰台藏书"印钤一样，"重复校正"印钤也属于郡山幽兰台。源伊信批注本《北史》，自南京国子监刻印成书之后，曾经四易主人，为源伊信、盛景璇、陈融和国立中山大学图书馆，其中只有源伊信在书上做过批注；并且，在源伊信的批注文字中屡见"校正"云云。这些情况可以作为"重复校正"印钤属于郡山幽兰台的佐证。

5. "古之今古之人"印钤，或属陈融，或属源伊信，有待考查。

笔者最初疑其为陈融的印钤。陈融是著名的印章篆刻家，毕生刻章众多，他曾经是源伊信批注本的收藏者，但在该本中却未见其他与陈融相关的印钤，故而作此猜疑。不过，囿于笔者孤陋寡闻，未见此方印钤的相关记载。后来又考虑到，此六字印钤的语意与源伊信崇古的心境颇相吻合，因此不能排除此印钤或许属于源伊信的可能。此番推测别无旁证可资，唯待方家指点。

归纳上述，可以对源伊信批注本在大陆与东瀛之间的辗转流徙之途径有所了解。现推论其所历藏书场所如下：

---

① 李玉安、黄正雨编著：《中国藏书家通典》（近现代卷），香港中国国际文化出版社2005年版，第846页。

第一场所，明朝南京国子监。

源伊信批注本的版心所印时间，最早在明朝万历十六年，最迟至万历二十一年，而其序言中亦有"万历癸巳"云云，则此本成书于万历二十一年。

第二场所，日本德川幕府大和国郡山藩的幽兰台。

据源伊信批注本知，源伊信批注完该本第一卷的时间是明和改元甲申九月二十四日，批注完该本最后一卷的时间是辛卯年（1771）十月八日，则上述期间源伊信批注本均属于郡山藩幽兰台。然而，最初入藏及最后流出的时间与情形尚待考察。

第三场所，盛氏之濠堂。

源伊信批注本所盖之"澹逋丙辰所得"印钤表明，此本于丙辰年，即1916年入藏濠堂。濠堂之藏书后被陈融收购，源伊信批注本也随而易主。

第四场所，陈氏之颐园。

颐园是前已述及的印章篆刻家陈融的藏书楼。陈融，字协之，号颐庵，生于1876年，卒于1955年，原籍江苏，迁居于广东番禺。民国时期陈融曾任广东审判厅厅长、高等法院院长、广州国民政府秘书长、西南政务委员会秘书长、总统府国策顾问等要职，后隐居于广州。陈融颇通诗文，喜好藏书，建有名曰"颐园"之藏书楼。由于陈融收购了盛景璇之濠州的藏书，源伊信批注本也便入藏陈氏之颐园，不过具体时间有待考证。1937年至1938年，日本对广州施以狂轰滥炸，陈融走避越南，颐园毁损，藏书散失。1938年10月下旬，广州沦陷于日本。陈氏颐园藏书的残余被日本掠夺，源伊信批注本亦在其中。

第五场所，汪伪广东大学图书馆。

1940年夏至1941年初，汪伪政权筹建广东大学，随后日寇将掠得之颐园藏书残余交付该校图书馆，其中线装书数十箱。源伊信批注本遂亦归属该校，直至1945年夏抗战胜利后汪伪广东大学停办。

第六场所，中山大学图书馆。

1945年夏，国立中山大学在广州复校。此后，汪伪广东大学图书馆之藏书归于国立中山大学图书馆，源伊信批注本亦在其中。1950年夏，国立中山大学更名为中山大学，源伊信批注本被该校图书馆妥为收藏至今。

三

在源伊信批注本的首页，有明朝时掌南京翰林院事、曾任南京国子监司业的冯梦祯所撰《刻〈北史〉跋》。① 全文抄录如下：

> 南北史，唐崇文馆学士李延寿所撰。南雍先刻《南史》。余至，《北史》刻仅四之一，乃与诸生陈廷策等杂校，半岁始毕工。其刻之精良不如《南史》，而校雠之力或有加焉。刻书细事耳，非一官终始之则不能专且精，大者可知矣！《北史》始魏迄隋，贯串三百年行事，删繁就简，以为纪传。其用心非不勤，而参对本史，或事辞整备处谬见删改，几至不成文理，即谓之点金成铁手可也。然本史间有残缺，赖李氏之书以备参考，即过而存之，奚不可哉？
>
> 万历癸巳冬十月之晦，右春坊右谕德掌南京翰林院事、前南京国子监司业秀水冯梦祯。

在冯梦祯的跋语之后，附有所有参与此次校刻工作者，照录如下：

> 大明南京国子监祭酒陆可教、司业冯梦祯校阅
>
> 监丞常文烓、管象章
>
> 博士赵学仕、高应烓、曾光鲁、林国光
>
> 助教涂文焕、张凤翼、何诗、张应庆、陶唐臣
>
> 学正黄国贤、李成林、戴尚志
>
> 学录刘师尹、华复元、王九秋
>
> 典簿李维标、朱廷杰
>
> 典籍曾士登同校
>
> 校对监生陈廷策、张金砺、赵一韩、王教行、柯鉴、吴应钟、夏之时、姚宗宸、蒋应谨、汤之衡、汤大治、姜承德、荆懋贤、张拱

---

① 冯梦祯，字开之，秀水（今浙江嘉兴）人，生于明嘉靖二十七年（1548），卒于明神宗万历三十三年。万历五年丁丑科二甲第三名，选翰林院庶吉士，官编修，累迁至南京国子监祭酒，后归田。著有《快雪堂集》64卷、《快雪堂漫录》1卷以及《历代贡举志》。

昌、朱之蕃、戴邦宪、汪以征、丁绍轼、沈志英、刘文拭、史国典、张懋德、堵奎临、尤大冶、周绍祚、鲁之贤、麻一凤、麻三锡、王之臣、叶东生、殷时中、彭学沂、吕拱文、李宪可、张廷瑞、史稽古、袁时辅、彭谟、李东芳、张时康、彭相、金守贵、房登云、铁成篆、谢若霖、徐行健、华之文、汪应录

由上述跋语我们可以得到如下信息：

其一，源伊信批注本是明朝万历癸巳年（1593）由南京国子监刊刻完成的版本（简称"南监本"），而非递修本。

其二，在该版《北史》刊刻之前，南京国子监已经完成《南史》的刊刻。但令人遗憾的是，此前未曾对《南史》加以校勘。冯梦祯到南京国子监任职之际，该版《北史》已经刻完四分之一。虽然如此，冯梦祯还是纠正以往的做法，对未刻部分进行校勘，然后付梓。

其三，该版《北史》的校勘，由冯梦祯主持，组织国子监祭酒、司业、监丞、博士、助教、学正、学录、典簿、典籍以及监生共计68人合作完成。

细检这本源伊信批注过的南监本，在其中卷40、41、42、67、68、69、87、88、90、91、92、94、95、96、97、98、99、100，共计18卷的卷末，留有冯梦祯的校勘记，并盖有"冯梦祯印"印钤。

在卷67的校勘记中，冯梦祯写道："癸巳二月十一日，始校《北史》。本日校完列传五十五，改正一百九字。梦祯识。"由此可知，其校勘时间是从癸巳年（1593）二月十一日开始。卷97的校勘记云："癸巳立秋日，校完列传八十五，标异一处，正补三十一字，涂七字。祯识。"冯梦祯组织的校勘工作历时五月余，与跋文所述"半年"相合。

由上述可知，源伊信批注本《北史》，付梓于1593年，于1764年之前传往东瀛，于1916年之前传回广州，又经辗转而最终藏入现中山大学图书馆。

四

源伊信对这部南监本《北史》不仅加以句读，而且作了全面细致的校勘和注释，其校注文字共计4090条。这些注文涉及人物、事件、地名、

时间、职官、名物、名称、典故以及字义等方面，具有诸多精彩独到的见解。现举例如下。

例一，卷45《沈文秀传》"父庆之"条下。源伊信校勘记在"父"前红笔添加"伯"字，曰："父庆之云云。《南史》本传曰'文秀，庆之弟子也，父邵之'云云。今从《魏书》，补'伯'字。"此条与源氏当时所见的《北史》与《魏书》所载不同，他据《南史》本传作出了准确的判断。

例二，卷30《卢玄附卢刚传》"徒侣冻馁者，太半至于死"条下。源伊信校勘记曰："太半下，《周书》有'至丰阳界，柔迷失道，独宿僵木之下，寒雨衣湿'，殆二十一字。按此书误脱一行。"此条语意不通，源伊信据《周书》所载判断《北史》误脱，使得意思清晰。

例三，卷94《倭国传》"一支国"条下，源伊信蓝笔小字夹批曰"壹岐"；"末卢国"条下源伊信蓝笔小字夹批曰"松浦"。对这两处地名，源伊信相当重视，均以蓝笔小字夹注。该两国均在日本，幸赖源伊信为日本学者，又通汉籍，因而能给出精确的解释。

例四，卷3《魏本纪·孝文帝纪》太和十五年十二月"辛卯"条下。源伊信改"辛卯"作"辛亥"，并出校勘记曰："'辛卯'，《魏书》作'辛亥'，为是，改之。按此月辛卯、辛亥俱在。《魏书》曰'十二月壬辰，迁社'云云，癸巳颁赐云云，乙酉车驾云云，辛亥云云。辛亥在癸酉下，故知作辛卯者非是。"此条考证十分精细，可信其无误。

例五，卷79《宇文述传》"右骁卫大将军来护儿"条下。源伊信校勘记曰："右骁卫大将军，《隋书》作左御卫将军。俱误矣。按本传'仁寿中，除御卫将军。炀帝即位，迁右骁卫大将军。数岁，转右翊卫大将军'。故知'骁'当作'翊'。"此条依来护儿的官职迁转过程，纠正了相应的错误。

例六，卷71《秦王俊传》"大蚔蝼"条下。源伊信校勘记曰："蚔蝼，似小蜈蚣，青黑色，足在腹前，尾有叉岐，又能夹人物，俗名搜夹子。其溺射人影，发疮如热沸。"此条名物，源伊信当有所本，惜不注所据。[①]

例七，卷94《倭国传》"阿每"条下。源伊信校勘记蓝笔小字夹批：

---

① 《本草纲目》第42卷《虫部》"山蛩虫"条后附录之"蠷螋"条略同。

"天也。""阿每"此词出现在《倭国传》中，原系音译，幸赖源伊信是日本学者，因而能作出精确的解释。

例八，卷52《琅邪王高俨传》"季友酖庆父"条下。源伊信校勘记曰："庆父自缢，季友所鸩者，其弟公子牙也。"经查，《春秋·左氏传》庄公三十二年条有"酖之（叔牙）"的记载，[①] 而在闵公二年条有"（庆父）乃自缢"的记载。[②] 源氏因为熟知儒家经典，纠正了原著的错误。

例九，卷6《齐本纪·高祖纪》序中"马十二谷"条下。源伊信校勘记曰："谷，言数饶不可计算，故以山谷多少言之。"以"谷"作为马匹数量的概算单位，又见于《魏书》卷74《尔朱荣传》，该传盛赞尔朱荣的父亲统领部落时畜牧蕃息的状况，曰："牛羊驼马，色别为群，谷量而已。"对照可知，源伊信所注为是。

源伊信所作校勘与注释，全面准确，或补充了原文的意义，或纠正了错讹，或给出准确的解释，对于阅读与研究《北史》是很有价值的。尤其难能可贵的是，源伊信发现和校正的南监本《北史》中的错讹问题，不乏后人一直没有发现或者发现了而没有解决的情况。因此，二百余年后的今天，读到这部源伊信批注本《北史》，犹有不忍释手的新鲜感觉。

附言：本文发表于《历史研究》2014 年第 3 期，作者为李凭、梁玲华。梁玲华，时为华南师范大学历史文化学院中国古代史方向 2008 级博士研究生，现在广东外语外贸大学任教职。本文是全国高校古籍整理研究工作委员会直接资助项目"《北史》研究"（批准号 0620）的阶段性成果、文化部民族文化促进委员会二十四史今注编辑委员会《北史》今注项目、澳门大学科研基金项目（项目号 MYRG2014—00066—FSS）的阶段性成果。由衷感谢中山大学图书馆特聘专家沈津研究馆员和罗春荣馆长拨冗接待，惠予指导和帮助。

---

① 《十三经注疏》卷 10《春秋左传正义》，第 1784 页上栏。
② 《十三经注疏》卷 10《春秋左传正义》，第 1787 页中栏。

广州市所见《北史》版本述略

《北史》是记载北朝历史的文献，所述时限自公元386年至618年，所记内容分为本纪十二卷和列传八十八卷，全面地反映了北魏、东魏、西魏、北齐、北周以及隋朝六家政权的兴衰过程。《北史》成书于唐朝高宗时期，宋朝时被列为十七史之一，清朝乾隆年间被钦定为二十四史之一。《北史》问世之后，曾由政府和私家多次刊刻，因此版本流传状况甚为复杂。

笔者对广州地区《北史》的保存状况做了全面的调查，特撰本文向读者汇报。本次调查的范围是，位于广州市的公共图书馆、高校图书馆以及重要的科研单位图书馆，计三十所。本文所述的版本，限于中华书局标点本出版之前者，但不包含四库全书本。详见附表。

一、公共图书馆

此次调查的公共图书馆为：广东省立中山图书馆、广州市图书馆、广州少年儿童图书馆、广图联合分馆、广州市天河区图书馆、广州市海珠区图书馆、广州市荔湾区图书馆、广州市越秀区图书馆、广州市白云区图书馆、广州市黄埔区图书馆、广州市南沙区图书馆、广州市萝岗区图书馆、广州市增城图书馆，计十三所。其中，仅广东省立中山图书馆和广州市图书馆收藏有本文所述范围内的《北史》版本，其他各公共图书馆均无相应收藏。

1. 广东省立中山图书馆

广东省立中山图书馆收藏的《北史》各版本计十七部，包括北监本一部、汲古阁本二部、武英殿本一部、莳古堂本一部、金陵本二部、同文书局本一部、上海图书集成印书局本二部、上海华商集成图书公司本一部、竹简斋本四部、史学会社本一部、涵芬楼本一部。

北监本，据元集庆路刻本刻印，属二十一史丛书本。明朝万历二十六年（1598），北京国子监祭酒刘应秋、邓以赞主持刻印，因刻于北京国子监，简称"北监本"。此藏本版式为单鱼尾，中缝有"万历二十六年刊"字样以及书名、卷数、卷名。版面为半页十行，每行二十一字。此藏本仅存一册，为卷十三至卷十四。书衣有红色方形钤印，题为"广东人民图书馆图书"。

汲古阁本，属十七史丛书本。明末江苏常熟藏书家毛晋延请名家校勘，并主持刻印，因刻印于毛晋家藏书楼汲古阁而称为汲古阁本，亦简称为"毛本"。该藏本牌记为"皇明崇祯十有二年岁在屠维单阏玄月重九琴川毛氏开雕"，知其始刻于1639年。首页有"毛晋"方形钤印及"毛子九氏"方形钤印，每卷首页有黑色长方形钤印，题为"琴川毛凤苞氏审定宋本"。① 此藏本版式为单鱼尾，卷首、卷尾之中缝有"汲古阁毛氏正本"字样以及书名、卷数、页数。版面为半页十二行，每行二十五字。此藏本为二十册，正文齐全。第一卷首页有"广东人民图书馆图书"方形朱印。

武英殿本，据北监本刻印，属二十四史丛书本。清朝乾隆四年（1739）诏命校刻，乾隆十一年（1746）刻成，因刻于武英殿，故简称"武英殿本"或"殿本"。此藏本版式为单鱼尾，中缝有"乾隆四年校刊"字样以及书名、卷数、卷名、页码。版面为半页十行，每行二十一字。此藏本为二十四册，正文齐全，附有考据。书衣有方形朱印"广州市市立中山图书馆藏书""广州市市立图书博物馆藏书"。目录页有长形朱印"广雅书院藏书"，方形朱印"广州市市立中山图书馆藏书""广州市市立图书博物馆藏书"及梅花蓝印"广州中山市书"。广雅书院系清代学问家张之洞创立，成为1912年建立的广东省立中山图书馆之基址；1933年广州市立图书馆成立，后与同在文德路上的省馆一度合并。由此藏本之众多钤印也可略见广东省立和市立图书馆的变迁历程。

菉古堂本，据武英殿本印，属二十四史丛书本。此藏本牌记为"岭南菉古堂藏版同治八年孟秋"，由此知为1869年据菉古堂藏版重印，因而简称"菉古堂本"。版面为半页十行，每行二十一字。此藏本为三十六册，正文齐全，附有考据。书衣有方形朱印"广东人民图书馆图书"。

金陵本，属二十四史丛书本。清朝同治、光绪年间五省官书局据汲古

---

① 毛晋，原名凤苞，字子九，后改字子晋，别号汲古主人。故有"毛晋""毛子九""毛凤苞"等钤印。

阁刻本印行二十四史，其中《北史》由金陵书局刊印，故简称"金陵本"，亦简称为"局本"。该藏本牌记为"同治十一年冬十月金陵书局印行"，由此知该本印于1872年。此藏本每卷末有黑色长方形钤印"金陵书局仿汲古阁本刊"。卷首、卷尾之中缝有"汲古阁毛氏正本"字样以及书名、卷数、页码。版面为半页十二行，每行二十五字。此藏本为二十册，正文齐全。首页有方形朱印"广东省中山图书馆图书"。

同文书局本，据武英殿本影印，属二十四史丛书本。此藏本牌记为"光绪十年甲申仲春上海同文书局用石影印"，由此知为1884年影印。中缝有"乾隆四年校刊"字样以及书名、卷数、卷名、页码。版面为半页十行，每行二十一字。此藏本二十四册，正文齐全，附有考据。书衣有方形朱印"广东人民图书馆藏书"。

上海图书集成印书局本，印于清朝光绪十四年（1888），属二十四史丛书本。此藏本牌记为"光绪戊子季春上海图书集成印书局校印"，内附《御制重刻二十一史序》。版式为双鱼尾，中缝有"乾隆四年校刊"及书名、卷数、卷名、页码。版面为半页十三行，每行四十字。此藏本为十六册，正文齐全，附有考据。书衣有方形朱印"广东省中山图书馆图书"，目录页有方形朱印"□庵珍藏"，漫漶不清。另有一藏本，正文齐全，但牌记残破不清。目录页有长方形朱印"外海关报会所珍藏书籍图器"。此藏本版式与上海图书集成印书局本同，据该图书馆卡片记录，亦应为上海图书集成印书局本。

上海华商集成图书公司本，据武英殿本刊印，属二十四史丛书本。此藏本牌记为"光绪丁未六月上海华商集成图书公司"，由此知为清朝光绪三十三年（1907）刊印。版式为双鱼尾，中缝有"乾隆四年校刊"字样以及书名、卷数、卷名、页码。版面为半页十三行，每行四十字。此藏本为十六册，正文齐全，附有考据。首页有长方形蓝色钤印"知用中学校图书馆藏书"，目录页有方形朱印"广东省中山图书馆图书"，则知此藏本初为知用中学收藏，后归广东省立中山图书馆。

竹简斋本，据武英殿本石印，有大小之分，此本为大本，属二十四史丛书本。清朝光绪十八年（1892）武林竹简斋石印，因刻于竹简斋，故简称"竹简斋本"。此藏本牌记为"光绪壬辰季武林竹简斋石印"。中缝有"乾隆四年校刊"字样以及书名、卷数、卷名、页码。版面为半页二十行，每行四十二字。此藏本为八册，正文齐全，附有考据。目录页有长形朱印"番禺梁氏葵霜阁捐藏广东图书馆",知此藏本为梁鼎芬捐赠。梁鼎芬（1859—1919），字星海，号节庵，广东番禺人，清朝光绪六年（1880）进士，曾授翰林院编修。1919年梁鼎芬去世，其后人按其遗嘱将六百多柜藏书捐予广东省立中山图书馆，成为该馆所收首批私人捐书。本藏本即其中之一部。

史学会社本，据武英殿本石印，属二十四史丛书本。此藏本牌记为"光绪壬寅史学会社石印"，由此知为1902年刊印。中缝有"乾隆四年校刊"字样以及书名、卷数、卷名。版面为半页二十行，每行四十二字。此藏本为八册，正文齐全，附有考据。书衣有方形朱印"广东人民图书馆图书"。

涵芬楼本，据武英殿本印，属二十四史丛书本。此藏本牌记为"岁次丙辰涵芬楼印"，由此知为中华民国五年（1916）印。中缝有"乾隆四年校刊"字样以及书名、卷数、卷名。版面为半页十行，每行二十一字。此藏本为二十四册，正文齐全，附有考据。序言页有方形朱印"广东图书馆所藏图籍之章"。此藏本与常见之涵芬楼百衲本不同。

2. 广州市图书馆

广州市图书馆所藏《北史》有四部备要本和缩印百纳本各一部。

四部备要本，由上海中华书局据武英殿本校刊印行。牌记为"四部备要史部　上海中华书局据武英殿本校刊"。版面为半页十三行，每行三十字。此藏本为二十册，正文齐全，附有考据。

缩印百纳本，由商务印书馆于1958年缩印。此藏本为二十四册，正文齐全。

二、高校图书馆

此次调查的高校图书馆为：中山大学图书馆、暨南大学图书馆、华南师范大学图书馆、华南农业大学农史研究所图书室、华南理工大学图书馆、广东技术师范学院图书馆、广东工业大学图书馆、广东外语外贸大学图书馆、广东药学院图书馆、广州大学图书馆、广州美术学院图书馆、星海音乐学院图书馆、广州中医药大学图书馆、中山医科大学图书馆、广州医学院图书馆，计十五所。其中，中山大学图书馆、暨南大学图书馆、华南师范大学图书馆、华南农业大学农史研究所图书室、广州大学图书馆、广东技术师范学院图书馆、广州中医药大学图书馆收藏有本文所述范围内的《北史》版本，其他各高校图书馆均无相应收藏。

1. 中山大学图书馆

中山大学图书馆收藏《北史》十二部，包括南监本一部、金陵本二部、同文书局本一部、上海图书集成印书局本一部、上海集成图书公司重印本一部、竹简斋本一部、百衲本一部、缩印百纳本一部、四部备要本二部、开明书店本一部。

南监本，属二十四史丛书本。明朝万历十九年（1591）至二十一年（1593）南京国子监祭酒陆可教、司业冯梦祯主持刻印，因刻于南京国子监，故简称"南监本"。目录前附有冯梦祯的《刻〈北史〉跋》。此藏本版式为双鱼尾，中缝分别有"万历十九年刊""万历二十年刊""万历二十一年刊"不同年份字样以及卷名、页码。版面为半页九行，每行十八字。此藏本为六十四册，正文齐全。每册首页有"澹逋丙辰所得"六字钤印和"幽兰台藏书"五字钤印；最后一册末页有"伊信印"和"字言卿"两枚三字钤印。正文经日本学者源伊信朱墨圈点，书眉有源伊信墨色批注。据各册末尾源伊信的题识可知，他校毕第一册的时间为明和改元甲申（1764）九月二十四日，校毕最后一册的时间为辛卯（1771）十月八日，历时近八年。该书于中华民国五年（1916）为盛景璿购得。盛景璿（1880—1929），又名盛九，号澹逋，广东番禺藏书家。

金陵本，全部二十册，正文齐全。此藏本版式同于广东省立中山图书馆藏本，而且相应位置具有同样的刊印牌记。书衣有长形红色钤印"李仙根藏书"和"香港图书馆管理"，首卷首页右下角有红色钤印"容安堂藏"和"凝碧庐印"。李仙根（1893—1943），名蟠，广东省香山县（今属中山市）人。

上海图书集成印书局本，版式同于广东省立中山图书馆藏本，而且相应位置具有同样的刊印牌记。此藏本残存十四册。目录页有椭圆形蓝色钤印"广州国立中山大学文学院研究所"。

上海集成图书公司重印本，印于清朝光绪三十四年（1908），属二十四史丛书本。此藏本牌记为"上海集成图书公司藏版戊申五月重印"，内附《御制重刻二十一史序》。版式为双鱼尾，中缝有"乾隆四年校刊"字样以及书名、卷数、卷名、页码。版面为半页十三行，每行四十字。此藏本为十六册，正文齐全，附有考据。目录页有长形红色钤印"岭南大学图书馆藏书"及"岭南学校藏书"。

竹简斋本，版式同于广东省立中山图书馆藏本，而且相应位置具有同样的刊印牌记。书衣有长方形钤印"中华文化学会藏书"。首页有朱文长方形钤印，漫漶不清。

百衲本，属二十四史丛书本。民国初，张元济先生广搜善本，参校各类版本，重新刊印二十四史，由于版本来源众多，通称为百衲本。百衲本《北史》的底本是元大德本。此藏本牌记为"上海涵芬楼影印北平图书馆及自藏元大德刻本 原书版匡高二十二公分宽十七公分"。版式为双鱼尾，每卷单页中缝有"信州路儒学刊造"或"信州路儒学刊"字样以及书名、卷名、页码，双页有书名、卷名，偶尔可见刻工名字，如虞、茂、山、木、何等。版面为半页十行，每行二十二字。此藏本为三十二册，正文齐全。目录页有朱文方印"广州大学图书馆藏书"。

开明书店本，二十五史丛书本。民国二十四年（1935），上海开明书店以武英殿本影印。中缝有"开明书店铸版"字样以及丛书名、书名、卷名、页码等。版面为每页四栏，每栏四十行，每行二十一字。此藏本为九册，正文齐全，附有考据。首页有朱文方印"梁方仲教授赠书""章钰之印"及长形蓝色钤印"中山大学图书　赠阅与交换"。

2. 暨南大学图书馆

暨南大学图书馆收藏《北史》十二部，包括汲古阁本一部、金陵本五部、古吴书业本一部、同文书局本二部、竹简斋本一部、四部备要本二部。

汲古阁本，每卷始末均有长方形钤印"琴川毛凤苞氏审定宋本"，每册末有标示日期的蓝色钤印，如"中华民国廿五年贰月拾八日"。此藏本版式同于广东省立中山图书馆藏本。目录及第一至第七十一卷缺，残存六册。

古吴书业本，属十七史丛书本。此藏本牌记为"皇明崇祯十有二年岁在屠维单阏玄月重九琴川毛氏开雕"。首页有圆形浅蓝色钤印"苏皖政治学院图""武夷朱氏藏书楼"。首卷首页有黑色钤印二：一为"古吴书业赵氏重镌"，一为"琴川毛凤苞氏审定宋本"，表明系翻刻自汲古阁本。另有长形红色钤印"暨大图"、方形红色钤印"武夷藏书印"和方形红色钤印"古□文库"。此本版式为单鱼尾，中缝有"汲古阁毛氏正本"字样及书名、卷数、页数。版面为每半页十二行，每行二十五字。此藏本为二十四册，正文齐全。

金陵本，计有五部，四部正文齐全，一部残缺。此残本有五枚红色钤印，一枚为红色方形钤印"暨大图"，其余四枚钤印重叠不清。卷首、卷尾之中缝有"汲古阁毛氏正本"字样，依次为书名、卷数、页码。版面为每半页十二行，每行二十五字，缺第一至第四十五卷，仅存十册。正文经学者王祖畬朱色圈点，书眉亦有红色小楷批注。每册后有小楷写明批注时间，如"己卯七月二十七日校七十七至八十三卷毕　溪山老农"。溪山老农为王祖畬别号。王祖畬（1842—1918），字岁三，号漱石，光绪九年进士。

同文书局本，光绪十年（1884）上海同文书局据武英殿本石印，属二十四史丛书本。此藏本牌记为"光绪十年甲申仲春上海同文书局用石影印"。首页有长方形红色钤印"暨大图"，书中常见红色方形钤印"上海市图书馆所藏"。此藏本版式为单鱼尾，中缝有"乾隆四年校刊"字样以及书名、卷数、页数。版面为每半页十行，每行二十一字。卷第八十五至第九十一以及第九十三、第九十四无，卷第八十四、第九十二不全，残存二十二册。此馆另存一部同文书局本《北史》，版式相同，但亦残缺，仅存四册。

3. 华南师范大学图书馆

华南师范大学图书馆收藏《北史》六部，包括汲古阁本一部、金陵本一部、百衲本两部、四部备要本两部。

汲古阁本，全部二十册，正文齐全。此藏本版式同于广东省立中山图书馆藏本，而且相应位置具有同样的刊印牌记与出版者钤印。此外，在首卷首页有方形朱印"凤山楼藏"。凤山楼是清末玺印家宋岐藏印之所。

百衲本，全部三十二册，正文齐全。版式同于中山大学图书馆藏本。书衣上有方形朱印，漫漶不清。目录页及第一卷首页有钤印。

4. 华南农业大学农史研究所图书室

华南农业大学农史研究所藏有一部开明书店影印版《北史》，此藏本版式同于中山大学图书馆藏本。目录页有方形紫印"华南农学院图书馆藏"、椭圆形钤印"国立中山大学文学院图书分馆"、钢印"私立华南联合大学图书馆"、方形朱印"章钰之印"。1951年，私立广东国民大学、私立广州大学、私立广州法学院、私立文化大学、南方商业专科学校合并组建华南联合大学。该校旋于第二年被撤销，其部分文理科系并入中山大学，而中山大学农学院、私立岭南大学农学院与广西大学农学院畜牧兽医系、病虫害系之一部，合并组建为华南农学院。故此书有私立华南联合大学、中山大学及华南农学院三枚钤印。

5. 广州大学图书馆

广州大学图书馆收藏一部百衲本《北史》。此藏本版式同于中山大学图书馆藏本，而且相应位置具有同样的刊印牌记。书衣有方形红色钤印"广东师范学院藏书"，目录页有圆形蓝色钤印"广州师范专科学校图书馆"。1961 年，广州师范学院与广东师范学院合并，仍称广东师范学院；2000 年，广州大学、广州师范专科学校与广州师范学院等合并为广州大学，因而此本抑有上述多种钤印。

6. 广东技术师范学院图书馆

广东技术师范学院图书馆收藏一部四部备要本《北史》，属二十四史丛书本。此藏本牌记为"四部备要史部　上海中华书局据乾隆四年殿本校刊"，与广州市图书馆藏本牌记略有不同，但版式相同，均为每半页十三行，每行三十字。此藏本为二十册，正文齐全，附有考据。书衣有椭圆形蓝色钤印"广东民族学院图书馆"。广东民族学院为广东技术师范学院前身。

7. 广州中医药大学图书馆

广州中医药大学图书馆藏有一部同文书局本《北史》，全部二十四册，正文齐全，附有考据。牌记与版式同于暨南大学图书馆藏本。书衣有长形钤印"广州中医学院图书馆图书"。广州中医学院为广州中医药大学之前身。

三、科研单位图书馆

此次调查的科研单位图书馆为广东省社会科学院图书馆和广东科技图书馆地理分馆两所，均收藏有本文所述范围内的《北史》版本。

1. 广东省社会科学院图书馆

广东省社会科学院图书馆收藏六部《北史》，包括南监本一部、五洲同文局本二部、百衲本二部、四部备要本一部。

南监本，此藏本版式同于中山大学图书馆藏本，残存二十八册。书衣残缺，牌记缺，首页有方形钤印"冯梦祯印"。

五洲同文局本，清光绪二十九年（1903）五洲同文局据武英殿本石印，属二十四史丛书本。此藏本牌记为"光绪癸卯冬十月五洲同文局石印"。首页有方形红色钤印"智林图书馆印"。中缝有"乾隆四年校刊"字样及书名、卷数、卷名、页码等。版面为每半页十行，每行二十一字。此藏本为二十四册，正文齐全，附有考据。1957年，主持杭州智林图书馆的马一浮先生将该馆部分藏书赠送中国科学院广州分院，此藏本为该批赠书之一，后遂为广东省社会科学院图书馆藏书。此馆另藏一部五洲同文书局本《北史》，版式相同，残存一至七十九卷。

百衲本，全部三十二册，正文齐全。牌记与版式均同于中山大学图书馆藏本。目录页有方形红色钤印"中国科学院广州哲学社会科学研究所藏书"。

2. 广东科技图书馆地理分馆

广东科技图书馆地理分馆收藏一部四部备要本《北史》，全部二十册，正文齐全。书衣有圆形蓝色钤印"中国科学院广州地理研究所"。广东科技图书馆地理分馆属广州地理研究所，原称中国科学院广州地理研究所，故有此钤印。

结　　语

自宋朝起《北史》就有刻本行世，不过如今宋版仅残存计二十七卷，现收藏于国家图书馆。元朝以后出现多家官私刻本，流散于海内外各图书馆或私人手中。通过这次普查，笔者了解到广州地区各图书馆收藏的中华书局标点本出版之前的《北史》（不包含四库全书本）版本共十九种，合计六十部。其中，金陵本和四部备要本居多，均有十部；而时代较早的是南监本和北监本。

与其他地区对比而言，广州地区各图书馆收藏的《北史》版本还算较多且较好。《北史》记载的是位居中原的北朝六家政权的兴衰状况，其中涉及古代广州地区的内容相对较少。然而，广州自古以来就是积极与中原联系的城市，所以《北史》一直受到这个位居中华大地南端的重镇的关注。在广州的教育与研究机构中保存有不少《北史》的版本是值得庆幸的事情，因为反过来也可以豹窥一斑地看到历来广州对于北朝历史的重视。

附表　广州市所见《北史》版本综合表

版本	中山图书馆	广州市图书馆	中山大学图书馆	暨南大学图书馆	华南师范大学图书馆	华南农业大学农史研究所图书室	广州大学图书馆	广东技术师范学院图书馆	广州中医药大学图书馆	广东省社会科学院图书馆	广东省科技图书馆地理分馆	合计
南监本	○	○	●	○	○	○	○	○	○	▲	○	2
北监本	▲	○	○	○	○	○	○	○	○	○	○	1
汲古阁本	●●	○	○	▲	●	○	○	○	○	○	○	4
武英殿本	●	○	○	○	○	○	○	○	○	○	○	1
古吴书业本	○	○	○	●	○	○	○	○	○	○	○	1
菲古堂本	●	○	○	○	○	○	○	○	○	○	○	1
金陵本	●●	○	●●	●● ●● ▲	○	○	○	○	○	○	○	10
同文书局本	●	○	●	▲ ▲	○	○	○	○	●	○	○	5
五洲同文书局本	○	○	○	○	○	○	○	○	○	● ▲	○	2
上海图书集成印书局本	●●	○	▲	○	○	○	○	○	○	○	○	3
上海华商集成图书公司本	●	○	○	○	○	○	○	○	○	○	○	1

续表

版本	中山图书馆	广州市图书馆	中山大学图书馆	暨南大学图书馆	华南师范大学图书馆	华南农业大学农史研究所图书室	广州大学图书馆	广东技术师范学院图书馆	广州中医药大学图书馆	广东省社会科学院图书馆	广东省科技图书馆地理分馆	合计
上海集成图书公司重印本	○	○	●	○	○	○	○	○	○	○	○	1
竹简斋本	●● ●●	○	●	●	○	○	○	○	○	○	○	6
史学会社本	●	○	○	○	○	○	○	○	○	○	○	1
涵芬楼本	●	○	○	○	○	○	○	○	○	○	○	1
百衲本	○	○	●	○	● ●	○	●	○	○	● ●	○	6
缩印百衲本	○	●	○	○	○	○	○	○	○	○	○	2
四部备要本	○	●	● ●	● ●	● ●	○	○	●	○	●	●	10
开明书店本	○	○	●	○	○	●	○	○	○	○	○	2
合计	17	2	12	12	6	1	1	1	1	6	1	60

图例：●完整，▲残缺，○无。

附记：本文作者为李凭、梁丽红，本文刊于《图书馆论坛》2011年第6期。参与广州地区《北史》版本收藏状况调查工作的还有郭银敏、陈益铭二位硕士。梁丽红，时为华南师范大学历史文化学院博士研究生，现为华南师范大学历史文化学院讲师。

第四部分

北朝史迹考实编

隐蔽在历史表象背后的精神世界

一

北魏太武帝拓跋焘是鲜卑拓跋氏的雄杰，他曾指挥数十万大军东征冯燕，西讨凉州，北伐柔然，南下江淮，陆续铲除盘踞各地的割据势力，终结晋末以降的十六国分裂局面，开创出南北分治的对峙形势。然而不幸的是，这位叱咤风云的帝王战将却身败于宫闱之变，惨死在宦官之手。发动政变的宦官首领宗爱还设计将众皇子与后妃陆续诛杀，企图偷天换日，攫取朝政大权，而此时群臣将相居然都无所措手足。在这危急关头，一位平时并不受人注意的宫廷保母竟将皇孙藏匿起来。随后又以皇孙作为号召，联络一批将领发动兵变，终于反制宦官势力，为拓跋氏夺回政权。[①] 这位皇孙登基，成为北魏第四代皇帝，此即高宗文成帝拓跋濬；这位宫廷保母姓常无名，她先被尊为保太后，不久被尊为皇太后，此后俨然以帝母的身份在宫廷内外发号施令。

常太后得势，她的家族也随之飞黄腾达，形成显赫一时的常氏外戚势力。《魏书》卷83上《外戚上·常英传》记载：

> 先是，高宗以乳母常氏有保护功，既即位，尊为保太后，后尊为皇太后。兴安二年，太后兄英，字世华，自肥如令超为散骑常侍、镇军大将军，赐爵辽西公。弟喜，镇东大将军、祠曹尚书、带方公。三妹皆封县君，妹夫王睹为平州刺史、辽东公。追赠英祖、父，苻坚扶风太守亥为镇西将军、辽西简公，勃海太守澄为侍中、征东大将军、太宰、辽西献王，英母许氏博陵郡君。遣兼太常卢度世持节改葬献王于辽西，树碑立庙，置守冢百家。太安初，英为侍中、征东大将军、

---

① 　以上一系列事件发生在北魏正平年间（451—452），因此被合称正平事变。其事详见《魏书》卷4下《世祖纪下》、卷5《高宗纪》、卷18《太武五王·南安王余传》、卷30《刘尼传》、卷40《陆俟附陆丽传》、卷41《源贺传》、卷94《阉官·宗爱传》。

太宰，进爵为王。喜，左光禄大夫，改封燕郡。从兄泰，为安东将军、朝鲜侯。祈子伯夫，散骑常侍、选部尚书；次子员，金部尚书。喜子振，太子庶子。三年，英领太师、评尚书事、内都大官，伏、宝、泰等州刺史。五年，诏以太后母宋氏为辽西王太妃。

上述引文中先后出现的人物"祈""伏""宝"与常太后的关系不明，显然文字有所脱讹。① 好在这些脱讹没有发生在与常太后关系紧密的人物身上，因此不会影响本文的判断。由上述引文知道，在常氏被尊为太后以后，她已故的祖父、父亲和嫡母都被追赠为王公郡君，她尚存的生母、长兄、弟弟、妹妹、妹夫乃至从兄和子侄都被封以高官，赐以尊爵。真是一人发迹，鸡犬升天。在《魏书》卷83《外戚传》的上、下两卷中列有13家外戚，除常家外各家都是正牌的外戚，但只有常家之后的文明太后冯家、文昭太后高家、灵太后胡家的荣光超越常家，其他各家的待遇都难与常家匹敌。

不过，荣光可以无限，出身却难掩饰。上引史料表明，常太后的娘家是一个有嫡有庶的大家庭。常太后庶出，生母是宋氏，其地位原本处于弱势。常太后发迹之后，家庭地位发生了掉转性的变化，矛盾就显著表露出来。对此，在上引记载之后接着就有一段文字，作了生动的描述：

初，英事宋不能谨，而睹奉宋甚至。就食于和龙，无车牛，宋疲不进，睹负宋于笈。至是，宋于英等薄，不如睹之笃。谓太后曰："何不王睹而黜英？"太后曰："英为长兄，门户主也，家内小小不顺，何足追计。睹虽尽力，故是他姓，奈何在英上？本州、郡公，亦足报耳。"

文中描述，身为嫡长兄的常英原先不尊重其庶母即常太后的生母宋氏，倒是作为妹夫的王睹能够在困难之际照应岳母宋氏（笔者就此猜测，王睹之妻应是宋氏所生，常太后之胞妹）。常英的作为令宋氏记恨在心，因此常太后得势之后，宋氏就有意抬举王睹，而贬黜常英。然而，此时的常太

---

① 中华书局标点本《魏书》已经指出这些脱讹现象，详见该版本卷83上《外戚传上》的《校勘记》之〔八〕、〔九〕、〔十〕、〔十一〕。

后却能以克制的姿态调停常家嫡庶两室之间的纠葛。不仅如此，在常家封赐的顺序上，也是本着先嫡后庶的原则。最明显的对比是，在封赐常太后父亲常澄的同时就追赠了正室常英之母许氏；至于身为侧室的常太后之母宋氏，则在六年之后才获诏受封为辽西王太妃。人们只看这个"妃"字，就知道宋氏始终未脱掉妾的名义，其实这又何尝不是压在常太后心头的一桩块垒。

不仅如此，常太后始终抹却不掉的是，她进入北魏皇宫时的卑微身份。常太后虽然贵为后妃中的至尊，众门阀世族却不买账，士大夫一直没有忘记常氏的身世，所以史家魏收为常氏撰写的传记清楚地标明着常氏最初的乳母身份。而且，这篇传记虽然载入《魏书》卷13《皇后列传》之中，却是附着在《景穆恭皇后郁久闾氏传》之下的副篇。然而，就历史地位而言，正篇的主人公郁久闾氏是北魏历史上几无声息的角色，她绝难与常氏相提并论。现将这篇传记的全文抄录如下：

> 高宗乳母常氏，本辽西人。太延中，以事入宫。世祖选乳高宗。慈和履顺，有劬劳保护之功。高宗即位，尊为保太后，寻为皇太后，谒于郊庙。和平元年崩，诏天下大临三日，谥曰昭，葬于广宁磨笄山，俗谓之鸣鸡山，太后遗志也。依惠太后故事，别立寝庙，置守陵二百家，树碑颂德。

这篇传记只有105个字，它与同卷其他传记体例相仿，看似毫不起眼。然而，主人公常氏的生平事迹深理其间，字字值得细细推敲。如，"正平事变"发生后，常氏竟能力挽狂澜将文成帝推上皇位，文中在"高宗即位"之前，只用"保护"二字就加以概括了。又如，为了强调常氏已经脱"保"即真，视同货真价实的太后，于是在看似不经意间点出"谒于郊庙"四字，其实却是特意表明常氏经恩准而厕身皇家系列了。

尤其值得玩味的，是"以事入宫"中的"事"字，它着实透露了常氏当初成为北魏皇家宫女的原因。按照史家的体例，此处所谓的"事"字，分明在表示常氏是以罪家眷属的身份没入宫廷的。不过，犯"事"者并非常氏本人，而是她的娘家或夫家。至于犯了何"事"，虽然未加载明，但均属重罪无疑，其惩处的措施为男子处死，女子没入宫廷或官府，幸存的男童则阉为宦者。比如，太武帝的保母窦氏，"以夫家坐事诛，与二女俱入宫”，这是受到夫家犯罪的连累而被没入宫廷成为罪孥的例子。[1]又如，文成帝皇后冯氏，因“（父）朗坐事诛，后遂入宫”，这是受到娘家犯罪的连累而被没入宫廷的例子。[2]类似的例子还有，恕不一一列出。常氏入宫，应该属于夫家犯“事”之例。因为常氏入宫不久就被“世祖（太武帝）选乳高宗（文成帝）”了，这表明，她在入宫之前就已怀孕在身，或者生育不久，她理应有夫家，甚至有子女。

被迫舍弃自己的子女，而身陷皇宫成为乳娘，实在是天降巨大祸灾；然而不意之间，忽因平息“正平事变”而摇身成为太后，这在常人看来或许竟是大福。但是，常太后并不如此思量。我们读那《高宗乳母常氏传》，所述内容如同流水之账，然而仔细咀嚼就会感到，看似平常的记录却深蕴着常太后的精神世界。

二

其实，《高宗乳母常氏传》中最值得注意的是“葬于广宁摩笄山，俗谓之鸣鸡山，太后遗志也”等语句，尤其是“太后遗志”四个字。

由于受到原本乳母的身份所限制，常太后虽然生前可以厕身皇家，但是死后却不能像正牌太后那样葬入北魏皇家墓区——位于云中的金陵。像常太后这样出身的人必须另选葬地，这是有先例的。《魏书》卷13《明元密皇后杜氏传》附《世祖保母窦氏传》记载：

> 真君元年崩，时年六十三。诏天下大临三日，太保卢鲁元监护丧事，谥曰惠，葬崞山，从后意也。初，后尝登崞山，顾谓左右曰：“吾母养帝躬，敬神而爱人，若死而不灭，必不为贱鬼。然于先朝本无位次，不可违礼以从园陵。此山之上可以终托。”故葬焉。别立后寝庙于崞山，建碑颂德。

这是关于北魏世祖太武帝的保母窦氏之葬制的记载。窦氏虽然抚养了太武帝，并且被尊为皇太后，但是死后没有被安葬在皇家园陵，理由是“本

① 《魏书》卷13《明元密皇后杜氏传》附《世祖保母窦氏传》。
② 《魏书》卷13《文成文明皇后冯氏传》。

无位次"，否则就是"违礼"事件。所以，在窦太后之后的常太后，死后只得"别立寝庙"，这并非不正常。不过，鸣鸡山在今河北省张家口市下花园区境内，距离北魏都城平城（今山西省大同市）有近千华里之遥，在当时属于十分偏僻的地区，常太后的"遗志"何必专注于"鸣鸡山"呢？这倒是引人思索的。

鸣鸡山原名摩笄山，或作磨笄山，一度还称为马头山。"摩笄""磨笄""马头"，乃至"鸣鸡"，由于彼此音近而一讹再讹，传至现在竟演变成"鸡鸣"。鸡鸣山是一座孤立耸峙的山峰，近年已发展成香火旺盛的福地名胜（图1）。在如今的鸡鸣山风景区，既建有道观，亦存在佛窟，还有辽朝皇家花园的遗迹。其实，这座山峰的历史文化远比现存的所有建筑遗址更加悠久。

图1 京张高速公路之侧矗立着鸡鸣山景区的标志
（李凭摄于 2003 年 8 月 28 日）

早在战国时期，游说之士张仪已经向燕王谈论过鸡鸣山的典故。《战国策》卷29《燕策一》记载：

> 张仪为秦破从连横，谓燕王曰："大王之所亲，莫如赵。昔赵王以其姊为代王妻，欲并代，约与代王遇于句注之塞。乃令工人作为金斗，长其尾，令之可以击人。与代王饮，而阴告厨人曰：'即酒酣

乐，进热歠①，即因反斗击之。’于是酒酣乐，进取热歠。厨人进斟
羹，因反斗而击之，代王脑涂地。其姊闻之，摩笄以自刺也。故至今
有摩笄之山，天下莫不闻。”②

张仪对燕王游说的内容，是春秋末年晋国四卿之一的赵氏为了扩大自己的
势力范围而设计灭亡毗邻代国的事件。③ 张仪的宗旨在于抨击赵氏的阴险
手段，谈论的主角是当时身为晋卿的所谓赵王，配角为代王。赵氏嫁女作
代王之妻，实为蓄谋消灭代国而用于迷惑对方的伎俩。因此，在张仪的言
论中，代王夫人只是用于烘托悲情的陪衬而已。

不过，到了史家笔下，代王夫人的角色地位上升了，她成为赵氏灭代
事件中尤为引人关注的人物。司马迁在《史记》卷 43《赵世家》赵襄子
元年条下是这样记载的：

> 襄子姊前为代王夫人。简子既葬，未除服，北登夏屋，请代王，
> 使厨人操铜枓④，以食代王及从者。行斟，阴令宰人各以枓击杀代王
> 及从官，遂兴兵平代地。其姊闻之，泣而呼天，摩笄自杀。代人怜
> 之，所死地名之为摩笄之山。

这段文献与上引张仪的言论所述为同一事件，不过侧重不同，可以互参互
补。文中的襄子正是张仪议论的赵王，简子则是襄子的父亲。此时，赵简
子去世不久，襄子尚在为父亲服丧期间。他便利用这个容易使对方麻痹的
时机，施展阴谋杀害了姊夫代王。代王夫人先被父亲和弟弟利用为制造和
亲烟幕的联姻工具，随后成为夹在赵、代两家政权激烈冲突中的牺牲品。
对此，她万般无奈，只得“摩笄自杀”。代王夫人的悲惨命运受到司马迁
的深切同情，便以“泣而呼天”四个字将她的形象凸显起来，从而渲染
出喧宾夺主的效果。史家如此深情地运笔，那是因为他也曾迫不得已地受
过令人深感耻辱的腐刑。

---

① 歠：供食者趁热吸啜的羹汁。
② 上海古籍出版社 1978 年版。
③ 天平、王晋：《论晋伐中山与文公复立》，《晋阳学刊》1990 年第 5 期，第 33 - 39 页。
④ 铜枓：即此前《战国策》引文中的“金斗”，带有弯曲长柄的舀取饮料之方形器具。

继司马迁之后，唐人张守节也对代王夫人寄予深切的同情。他为《史记》作正义时，以《括地志》所引《魏土地记》的记载，更加细腻地描写了代王夫人矛盾而痛苦的心理：

　　　　代郡东南二十五里有马头山。赵襄子既杀代王，使人迎其妇。代王夫人曰："以弟慢夫，非仁也；以夫怨弟，非义也。"磨笄自杀而死。使者遂亦自杀。[1]

代王夫人痛苦地面对着政治冲突的双方，赵是夫人的娘家，代是夫人的夫家。两家冲突的结局，其弟襄子借阴谋获胜，其夫代王惨遭杀害。亡国失家的夫人呼天抢地，陷入极度痛苦之中。她既不能"以弟慢夫"，又不愿"以夫怨弟"，夹在或则非仁或则非义之间不知所措。夫人深处矛盾却无以自拔，又忧虑前景而不知所措，只得磨笄自杀。这则典故凄凉委婉，令代人恻隐，于是将代王夫人自杀之地称为磨笄山。

　　后来，北魏地理学家郦道元诠注《水经》，在《㶟水篇》于延水条下也记载了磨笄山得名的典故：

　　　　《史记》曰，赵襄子杀代王于夏屋而并其土，襄子迎其姊于代。其姊，代之夫人也，至此曰："代已亡矣，吾将何归乎？"遂磨笄于山而自杀。代人怜之，为立祠焉。因名其山为磨笄山。每夜有野鸡，群鸣于祠屋上，故亦谓之为鸣鸡山。

接着，《水经注》该条还引《魏土地记》云：

　　　　代城东南二十五里有马头山，其侧有钟乳穴。赵襄子既害代王，迎姊。姊，代夫人。……磨笄自刺而死，使者自杀。民怜之，为立神屋于山侧，因名之为磨笄之山。[2]

这两条史料均表明，直到北魏统治之际，在磨笄山附近依旧流传着早年代

①　《史记》卷43《赵世家》。
②　〔北魏〕郦道元注：《水经》卷13，陈桥驿注本，杭州大学出版社1999年出版，第239页。

王夫人自杀的典故，或许还能见到当年祠屋的残垣遗迹。

北魏太安年间（455—459），已经成为当朝太后的常氏路过磨笄山，她久久地驻足，仰视这座在宽阔平原上兀自矗立的险峻山峰，俯听乡老诉说代王夫人的悲惨情由，不禁悯然叹息，浮想联翩。悲悯之后，常氏竟然选定磨笄山作为自己的归宿。和平元年（460），常氏去世。朝廷果然按照她的遗志，将她葬于磨笄山即今鸡鸣山（位于今河北省张家口市下花园区）。

三

鸡鸣山区是现代观者如云的风景胜地，然而在北魏时代却是屡遭战乱的区域，因此行人视若畏途（图2）。何况，代王夫人自杀的典故并非吉庆瑞兆，她的呼天之状伴随野鸡哀鸣之声在山间回荡，她的悲泣之泪化作磨笄山头密布的阴霾。常太后为何偏偏要留下葬于此山的遗志呢？其中一定有委婉曲折的苦衷。

图2　远眺险峻的鸡鸣山（李凭摄于2003年8月28日）

常太后是北魏平城时代中期重要的历史人物，"正平事变"的善后、文成帝的登基、文成帝元皇后李氏的处死、文明皇后冯氏的崛起，这些政坛斗争事件都有她的参与，甚或受她的主使。常太后的事迹远不止前引《高宗乳母常氏传》所记的百余文字，在《魏书》的《文成帝纪》《皇后列传》《外戚列传》《阉官列传》以及《北史》的相应纪传中，都能发现她的踪影。为此，笔者撮合相关文字，与常氏本传对照阅读，略加揣摩而推演其事迹如下。

　　北魏文成帝拓跋濬的祖父是太武帝，父亲是监国的太子拓跋晃，所以他一生下来就被视为未来君主的候选人了。北魏后宫有子贵母死的规则。按照这条规则，储君之母将被处死。然而，幼小的储君却需要有人照顾，因此就派生出由保母或乳母抚养储君的惯例。为了确保安全，幼小的储君及其乳母会被安顿在别宫抚养，不得与储君的亲生母亲同居共处。所以，文成帝自幼便脱离其母郁久闾氏，一直由乳母常氏抚养。

　　常氏虽然出身乳母，但是她的家族也曾显赫一时。常氏的祖父常亥曾在前秦苻坚朝任扶风太守。扶风郡隶属于司隶校尉，管辖京师长安以西诸县，是拱卫京师的要地，可见常亥颇受前秦的器重。常氏的父亲常澄当过后燕国的勃海太守。勃海郡领南皮等十县，辖有今河北省东南部的沧州市一带。然而，后燕后来被北魏攻灭，常家随之破落。那时候常家的掌门人是常氏的长兄常英。常英带领家族逃难，到达辽西龙城，成为冯氏北燕国的臣民。

　　常氏之母宋氏是常澄侍妾，所以常氏在娘家的地位低下。常氏早早就出嫁了，夫家的情况现已无从得知。常家在辽西安定下来，岂料北魏太武帝发动大军东征，将北燕败灭了。北燕臣民大多被掳掠到北魏国都平城，其中就有常氏及其亲属。接着，如前所述，常氏的夫家出"事"，常氏被没入北魏后宫，陷入命运未卜的境地。谁知不幸之中竟有侥幸，常氏被选中作为刚刚出生的皇孙拓跋濬的乳母。

　　太武帝的穷兵黩武，招致朝廷政局动荡不安。原本监国的太子被太武帝逼死，接着太武帝被阉官宗爱谋杀，皇孙拓跋濬成为孤儿。幸亏有乳母常氏的机警藏匿与竭力保护，皇孙才免遭不测。阉官宗爱势力被镇压之后，皇孙受到群臣拥立，登基当上皇帝，是为高宗文成帝。此时的文成帝年仅十三虚岁，因此在宫内依赖乃至受制于常氏。常氏便先被尊为保太后，进而受尊为皇太后，从此尊贵无比。

常太后享尽物质上的荣华富贵，精神上却极度空虚，她不断地想起自家的亲人。过去作为乳母，她出不得宫廷，无法与亲属联系；如今成为太后，她可以为所欲为了。常太后让文成帝追赠她的祖父为公，追赠她的父亲为王。她又让朝廷封她的兄长常英为太宰，封她的弟弟常喜为左光禄大夫。她还将其他常家亲眷陆续找到，不管血缘亲疏远近，都为他们——封赏官爵和财产。

历史给予常氏契机，让她登上北魏后宫权力的顶巅，而造成契机的原因则是北魏后宫子贵母死的规则。北魏订立这一残忍规则的目的，在于杜绝母后及外戚干预朝政的可能。然而，储君的生母死后，其位置却被乳母或保母取代，结果导致了冒牌太后及其外戚势力的恶性膨胀。这真是历史的报应。

子贵母死规则的施行，既使皇家自己的后代失去母爱，也令他人的子女失去乳养。在本文第一节中，介绍了众多因常太后的恩惠而蒙受封赐官爵者。不难看出，这些人全部为常氏的娘家之人，其中无一常氏夫家之人。显然，在众多受惠者中，除生母宋氏之外，多数人并非常氏由衷挂记的至亲，因为她是庶出之女，早先在常家自难得到如正室子女般的深切厚爱。在常氏的心中念念不忘的，应该是她那断了奶的亲生孩子，或许还有孩子的父亲。当上太后的常氏命人遍寻亲戚，唯独她的丈夫和孩子下落不明，不知是在常氏进宫之际就被除掉了，还是事后因穷困或灾难而不幸殒命了。

想到往昔，常氏自然痛心疾首。她不会忘记，正是北魏大军焚毁了她的家园，屠戮了她的亲人；也是北魏大军强令她离开故土与亲属，迫使她在冷酷的宫廷里苟活。至于乳子文成帝，虽然对常氏不薄，但是他的祖父却是毁灭她安定生活的仇敌。常氏如今虽已养尊处优，但以往抛子别夫的沉重代价是永远难以补偿的。对于乳子文成帝，常氏毕竟难以寄托真正的亲情，必然会日夜感受孤独的煎熬。为了释放心存的孤愤和曲折地表达抗议，当上太后的常氏刻意将父亲的陵墓迁葬到曾是北魏敌国的北燕所在地辽西，并为父亲在那里树碑立庙，安置守冢，以此寄托她对于故国故乡故亲的哀思。

由此我们就不难理解，何以常氏路过鸡鸣山时会久久地驻足，因为代王夫人的悲剧勾起了她的联想。如同代王夫人那样，常氏对身后的安排也处于两难的地步。一方面，贵为北魏的太后，常氏不可能葬回故乡辽西的坟茔；另一方面，常氏原本只是乳母，在北魏皇家并无位次，她既不能也不想葬入皇家园陵。与代王夫人的思想契合，孑然一身的常氏遂选定鸡鸣山这座孤峰作为归宿，追随代王夫人去也。

附记：本文刊于《南国学术》2018 年第 1 期。

北魏两位高氏皇后族属考

北魏时期，曾有不少高句丽族人来到中原，为中原的政治、经济与文化事业的发展作出了重要贡献。不过，由于文献和考古资料较少，相关的研究并不多。

在《魏书》卷13《皇后列传》中记载了孝文昭皇后和宣武皇后两位高氏皇后，她们出自同一家族，为姑侄关系。笔者认为，这姑侄二人均系高句丽族女子。本文试作考实。

一、高顾后裔不可信

关于两位高氏的家世，在《皇后列传》的《孝文昭皇后高氏传》（以下，孝文昭皇后高氏简称为"高氏"，《孝文昭皇后高氏传》简称为《高氏传》）中记载：

> 孝文昭皇后高氏，司徒公肇之妹也。父飏，母盖氏，凡四男三女，皆生于东裔。高祖初，乃举室西归，达龙城镇。镇表后德色婉艳，任充宫掖。及至，文明太后亲幸北部曹，见后姿貌，奇之，遂入掖庭，时年十三。

在这段史料中，对于高家的籍贯记载得并不详细，只称高家兄妹"凡四男三女，皆生于东裔"，而"东裔"所指的范围是极广泛的。同传又称，高家于高祖初"举室西归，达龙城镇"。龙城镇原为北燕旧都和龙①，则此处所谓"东裔"，应当指北燕旧地以东地区。但是，北燕旧地以东地区范围依旧很大，而且居住着大大小小几十个民族。高家究竟原居何处，属何民族，在《高氏传》中未作交代。

---

① 今辽宁省朝阳市境。

不过，高家并不承认他们是"东裔"人，而声称他家原为勃海郡蓨县①人。这在《魏书》卷83下《外戚下·高肇传》（以下简称《高肇传》）之中有所记载。该传称：

　　　　高肇，字首文，文昭皇太后之兄也。自云本勃海蓨人，五世祖顾晋永嘉中避乱入高丽。

　　由这段文字我们了解到，高家的祖宗可以推知到五世祖，而高家的五世祖高顾因西晋末年的战乱来到了高句丽。那么，《高氏传》中所谓"东裔"，应该是高句丽。但高句丽似乎只是高氏兄妹的出生地而已。

　　依照上述记载，高家进入高句丽的时间应该是西晋永嘉年间，即307年到312年之间。而《高氏传》称，高家"举室西归"的时间是"高祖初"，即北魏孝文帝即位后不久。据《魏书》卷七上《高祖纪上》的记载，孝文帝即位的时间是延兴元年，为471年，则高家离开高句丽的时间应该在471年稍后。据此推算，高家在高句丽生活的时间已逾一百六十年。按照常规换算，三十年为一世，五世是一百五十年，这正好与高家生活在高句丽的时间接近。因此所谓"五世祖顾晋永嘉中避乱入高丽"似乎是可信的。

　　然而，在两晋南北朝时期，人们普遍地早婚、早育。笔者在拙著《北魏孝文帝非文明太后私生辨》②中计算过北魏皇帝的生育年龄。北魏皇帝大多生子很早，早到令人惊讶，如，文成帝出生时其父拓跋晃的年龄仅十三虚岁，献文帝出生时其父文成帝的年龄为十五虚岁，而孝文帝出生时其父献文帝的年龄则是十四虚岁。由于皇帝的出生年月大多在本纪中有明确的记录，因此他的父亲的生育年龄能够计算出来。但是，如果不是皇帝，其生育年龄就很难计算了。因为那些见于史传的王公将相的生年尚且大多不见于记录，何况当时的普通人呢？但是，我们从皇帝的生育年龄偏于幼小的现象，去推想当时人们的生育年龄大多较小，应当不至于酿成大错。因为当时的社会背景是，由于东汉末年以来的长期战乱，劳动力显著不足，客观上需要尽快地增殖人口，而朝廷也鼓励生育。倘如是，一世便

---

① 今河北省衡水市景县。
② 见《周一良先生八十生日纪念论文集》，中国社会科学出版社1993年版。

不是三十年，五世就不是一百五十年，更不可能超过一百六十年，而应该是比一百六十年短得多的时间。看来，关于高家出入高句丽的时间，史传记载得并不对。那么，错在何处？

高家离开高句丽，对于当时的人来说，是比较切近的事实，难以在时间上作假的，只能从实记录。因此，不但《高氏传》中明确记载"高祖初，乃举室西归，达龙城镇"。而且，《高肇传》中记载得更加详细，该传称：

> （高肇）父飏，字法修。高祖初，与弟乘信及其乡人韩内、冀富等入国。拜厉威将军、河间子。乘信，明威将军。俱待以客礼，赐奴婢牛马彩帛。遂纳飏女，是为文昭皇后，生世宗。

这段文字对于高家"举室西归"以后的事迹记录得相当具体，但关于高家进入高句丽的时间，文字就简略得多，仅有"五世祖顾晋永嘉中避乱入高句丽"十三个字。而且，这样的文字只见于《高肇传》，而不见于《高氏传》。相比之下，高家离开高句丽的时间应该是可信的。

如果认为高家离开高句丽的时间是可信的，那么，自然就是高家进入高句丽时间不可信。然而，这并不见得。因为所谓高家"五世祖顾"，是确有其人的；他的原籍是勃海蓨县，这是确凿的，他于"晋永嘉中避乱入高丽"，也是确有其事的。对此，《魏书》卷七七《高崇传》中做了同样内容的记载，可以作为印证。该传记载：

> 高崇，字积善，勃海蓨人。四世祖抚，晋永嘉中与兄顾避难奔于高丽[1]。父潜，显祖初归国，赐爵开阳男，居辽东。

高崇家族也经历了东迁高句丽后西返的过程。而最初的迁徙者，高崇的四世祖高抚，正是高肇的所谓五世祖高顾的弟弟。看来，西晋末年确实发生过勃海蓨县的高顾、高抚兄弟避乱入高丽的事实。

高家"举室西归"是事实，时间无误；高顾、高抚兄弟"避难奔于高丽"也是事实，时间也不错。但其间相距一百六十年，确实与所谓的

---

[1] 在《魏书》中，"高丽"与"高句丽"是互称的。

五世不符。那么，造成上述不符的原因何在呢？

在苦思而不得其解的情况下，只好怀疑高肇兄妹是否真是高顾的后裔了。因为除时间上的不符之外，我们还应注意到，高家家世中的缺漏现象。关于高家的家世，《高肇传》中最早记录到了五世祖顾，但在五世祖顾的名下仅有"晋永嘉中避乱入高丽"一语，写得颇为简略；其下，紧接着的，就是父飏以及飏的后代的情况，记载得较为详细。或许可以认为，记载的详略并非明显问题，无须多疑。然而，对处于五世祖顾与父飏之间的高家高祖、曾祖、祖父三代，却不但未记事迹，就连名字也没有留下。这却是不能不令人生疑的奇怪现象。《魏书》的作者魏收与高肇的子孙应是同时代人[1]，魏收既然能够知道高家的五世祖之名，为何却对高家的高祖、曾祖、祖父三代之名不得而知？或者，换而言之，高家的子孙既然能够记住五世祖之名，为何却记不住高祖、曾祖、祖父三代之名？[2]

家世中居然短缺了重要的三代，使我们不得不怀疑《魏书》所记高家的家世中具有虚假的成分。或者，更加直接地说，高肇兄妹并非高顾的后裔。

值得注意的是，高家出入高句丽的时间虽然与五世累计的时间不符，却迎合了通常的三十为一世的算法。而且，以西晋末年的永嘉之乱作为迁往高句丽避难的时代背景，并选择高顾这样一位同为高姓的勃海大族为五世祖先，也使情节显得真切，因为众所周知，那是中原人口向周边大迁徙的年代，高顾也确实是迁徙者之一。倘若不去仔细推敲，便会轻易地相信这样的记载。这正说明，高家的家世中的虚假成分，并不是由于记忆的错误产生的，而是刻意地制造的。

二、家本勃海系自云

不过，如果说关于高家家世的记载中有虚假的成分，那么，制造者并非史家魏收，而是高家自己。因为史家对此早就表示了看法，一方面，在《高氏传》只云"父飏，母盖氏，凡四男三女，皆生于东裔"，而不谈及

---

① 《北齐书》卷 37《魏收传》，中华书局标点本 2011 年版。

② 《魏书》卷 77《高崇传》中也有同样的问题，在高崇的四世祖抚和父潜之间缺了有关曾祖父和祖父的记载。

高家的祖辈；另一方面，在《高肇传》的行文之中，又多处表露出对高家出于勃海郡蓚县持怀疑的态度。特别是，在《高肇传》中有关高家籍贯的最关键的词语，所谓"本勃海蓚人"之上，史家特意地加了"自云"两个字。这两个字并不简单，它表明，史家虽然在传中将高家记作为勃海蓚人，却并不以此为然。

勃海高氏乃是盘根错节的望族，正宗世据蓚县，兴盛于北朝时期。其中，高湖、高允叔侄尤为显赫。《魏书》卷32《高湖传》卷末史臣曰：

> 高敬侯①才鉴明远，见机而作，身名俱劭，世载人英，天所赞也。

同书卷48《高允传》卷末史臣曰：

> 依仁游艺，执义守哲，其司空高允乎？……宜其光宠四世，终享百龄。有魏以来，斯人而已。

高湖历官北魏道武帝、明元帝、太武帝三代。高允则于太武帝朝出仕，经文成帝朝、献文帝朝，至孝文帝太和十一年（487）去世。而在此时，高肇家族已从高句丽西来十余年了。

高允之家虽为世家大族，但对故旧一向爱护。《高允传》记载：

> 显祖（献文帝）平青齐，徙其望族于代。时诸士人流移远至，率皆饥寒。徙人之中，多允姻娅，皆徒步造门。允散财竭产，以相赡赈，慰问周至。无不感其仁厚。收其才能，表奏申用。时议者皆以新附致异。允谓取材任能，无宜抑屈。

高允对于落难的故旧，并无嫌弃，而是尽力帮助。即使有的故旧与高允的族属关系已经疏远，高允也同样关怀倍至。如《魏书》卷68《高聪传》记载：

---

① 《魏书》卷32《高湖传》记载，高湖在北魏道武帝时受赐爵位为东阿侯，死后谥曰敬，故而史臣称他为高敬侯。

高聪，字僧智，本勃海蓚人。曾祖轨，随慕容德徙青州，因居北海之剧县。父法昂，……早卒。聪生而丧母，祖母王抚育之。大军攻克东阳，聪徙入平城，与蒋少游为云中兵户，窘困无所不至。族祖允视之若孙，大加赒给。聪涉猎经史，颇有文才，允嘉之，数称其美，言之朝廷，云："青州蒋少游与从孙僧智，虽为孤弱，然皆有文情。"由是与少游同拜中书博士。

这段文字中记载的"大军攻克东阳"，正是上引《高允传》中所称"显祖（献文帝）平青齐"战役中的一次战斗，而高聪便是北魏平青齐战役后被迁徙到代郡的移民。高聪虽然也是勃海蓚人，并且与高允同姓，可是从"族祖（高）允视之若孙"一语中的"视"字来看，两家虽有亲缘关系，却并非近亲。况且，高聪只是一名孤儿，毫无政治、经济背景可言。然而，高允却不仅在生活上对高聪"大加赒给"，而且帮助高聪打通了仕途。又如《魏书》卷89《酷吏高遵传》记载：

高遵，字世礼，勃海蓚人。父济，沧水太守。遵贱出，兄矫等常欺侮之。及父亡，不令在丧位。遵遂驰赴平城，归从祖兄中书令允。允乃为遵父举哀，以遵为丧主，京邑无不吊集，朝贵咸识之。徐归奔赴。免丧，允为营宦路，得补乐浪王侍郎，遵感成益之恩，事允如诸父。

文中的中书令允即高允。高遵是"贱出"，受到嫡出之兄高矫等的欺负，高允非但不鄙夷他，反而还帮助他在京师扩大影响和谋求"宦路"。究其原因，只因为他们同是勃海蓚县高姓族人。

在北朝时期，同宗故旧互救互助，蔚然成风。《颜氏家训》卷2《风操篇》记载：

凡宗亲世数，有从父，有从祖，有族祖。江南风俗，自兹已往，高秩者，通呼为尊，同昭穆者，虽百世犹称兄弟；若对他人称之，皆云族人。河北士人，虽三二十世，犹呼为从伯从叔。梁武帝尝问一中土人曰："卿北人，何故不知有族？"答云："骨肉易疏，不忍言族耳。"当时虽为敏对，于礼未通。

由于东汉末年以来战乱不休，北朝人民特别重视宗族及亲友之间的互救互助关系。文中所谓"河北士人，虽三二十世，犹呼为从伯从叔"，这种称呼正是为了使人与人之间的关系更加亲密。那时的人们，稍微沾亲带故，就会相互照应。上述高允的行为应该是这方面的典型。

然而，对照《高肇传》与《高允传》便知，高肇在发迹之前与高允的家族素无往来。查《魏书》的相关传记，除高允以外，见于上文的高湖、高遵家族，以及尚未提及的高祐①、高崇②等勃海蓚县高姓，在高肇发迹之前均与其家族没有来往。在高肇发迹之后，才有一些蓚县的高姓家族与之来往。如《高聪传》记载：

> 赵修嬖幸，（高）聪深朋附。……修死，甄琛、李凭皆被黜落，聪亦深用危虑。而聪先以疏宗之情，曲事高肇，竟获自免，肇之力也。修之任势，聪倾身事之，及修之死，言必毁恶。……其薄于情义，类皆如此。侍中（高肇之弟）高显出授护军，聪转兼其处，于时显兄弟疑聪间构而求之。聪居兼十余旬，出入机要，言即真，无远虑。藉贵因权，耽于声色，贿纳之音，闻于遐迩。中尉崔亮知（高）肇微恨，遂面陈聪罪，世宗乃出聪为平北将军、并州刺史。聪善于去就，知肇嫌之，侧身承奉，肇遂待之如旧。聪在并州数岁，多不率法，又与太原太守王椿有隙，再为大使、御史举奏，肇每以宗私相援，事得寝缓。世宗末，拜散骑常侍、平北将军。肃宗践祚，以其素附高肇，出为幽州刺史，将军如故。寻以高肇之党，与王世义、高绰③、李宪、崔楷、兰氛之为中尉元匡所弹，灵太后并特原之。

这段文字所载十分详细，将高聪为人的势利状态活脱脱地呈现于读者面前。文中述及高聪与高肇兄弟的交往，虽然有所谓"疏宗之情""宗私相

---

① 《魏书》卷57《高祐传》。该传载，"高祐，字子集，小名次奴，勃海人也。……司空允从祖弟也"。司空允即上述高允。文中称高祐为"勃海人也"，"勃海"之下无"蓚"字。但高祐既然是高允从祖弟，也应当是蓚县人无疑。

② 详见《魏书》卷77《高崇传》。

③ 《魏书》卷48《高允传附高绰传》也记载："御史中尉元匡奏高聪及（高）绰等朋附高肇，诏并原罪。"这位高绰虽系高允之孙，但情况与高聪雷同，他对高肇的"朋附"也属于政治举动。

援"，但是高聪乃反复小人，他对于高肇兄弟的依附，属于政治上的巴结，与亲情无关。

勃海诸高氏盘根错节，人数众多。或许，人们会疑虑，高肇家族与勃海诸高氏虽有亲情往来，却因事情微不足道，因而未被记录下来。好在，史家在《高肇传》中又称：

> 肇既无亲族，颇结朋党。

这里特意强调"既无亲族"等语，可以消除上述人们的疑虑。

高肇家族与勃海诸高氏素无亲情往来的情况表明，高家虽然"自云本勃海蓚人"，却未曾得到他们的首肯。

勃海诸高氏，特别是高允，虽然乐于助人，但却是有选择标准的，这个选择标准在《高允传》中被称为"姻媾"，其实从《高聪传》和《高遵传》来看，高允更注重的倒是宗亲。因为交往是有选择标准的，所以《高允传》中又称，高允"性又简至，不妄交游"，那就是说，非有宗亲或姻媾关系，是不与来往的。这就使得"自云"者陷入了尴尬的地步。

据《高肇传》记载，高肇发迹以后，其父高飏被追赠为左光禄大夫，赐爵勃海公，谥曰敬；其母盖氏被追封为清河郡君。这样的赐、封，显然是按照高家自云的地望而决定的。但是，高肇却久久未将他的父母迁葬故土。《高肇传》称：

> 父兄封赠虽久，竟不改瘗。（延昌）三年（514）乃诏令迁葬。肇不自临赴，唯遣其兄子猛改服诣代，迁葬于乡。时人以肇无识，哂而不责也。

高肇对于改瘗父母问题的态度和做法，与当时注重乡土的风习明显不符。他的令人困惑之举，必然会引起人们的议论。其实，当时已经处身宦海的高肇不可能"无识"到不明风习的地步。只是，在改瘗父母的问题上，高肇肯定很犹豫。因为高肇心里清楚，勃海并非他的故乡；而且，更顾虑蓚县诸高氏会否接纳他的家族。

三、夫余旧传日生子

关于高肇兄妹的族别，其实史家业已向我们透露。在《高肇传》之后所附《高显传》称：

> 肇弟显，侍中、高丽国大中正，早卒。

这位担任高丽国大中正的高显就是上节所引《高聪传》中"出授护军"的高显。我们知道，大中正例由当地推举现任在朝官员担任，而此官员的籍贯须与其中正之地相一致，并得到当地的认可。因此，这条史料将我们的思路从勃海引向了高句丽。而且，高肇兄妹的父系姓高，母系姓盖，此二姓均为古代高句丽族的著姓。这又加强了我们往这方面考虑的意念。

不过，上述史料虽然向我们透露了高家出自高句丽族的信息，但是这类迹象只能作为辅证。而辅证必须在具有主证的情况下，才具有佐证作用。

或许会令人惊讶的是，能够作为高家出自高句丽族的主证资料，竟是一个梦。《高氏传》记载：

> 初，后幼曾梦，在堂内立，而日光自窗中照之，灼灼而热，后东西避之，光犹斜照不已。如是数夕，后自怪之，以白其父飏，飏以问辽东人闵宗。宗曰："此奇征也，贵不可言。"飏曰："何以知之？"宗曰："夫日者，君人之德，帝王之象也。光照女身，必有恩命及之。女避犹照者，主上来求，女不获已也。昔有梦月入怀，犹生天子，况日照之征。此女必将被帝命，诞育人君之象也。"遂生世宗。

高氏之梦的内容，概而言之，日逐而孕，生子为君。这样的梦，与高氏当时的年龄、身份和地位似不相应。因为该传明确写到"后幼曾梦"，则此时高氏年幼，且尚未入宫。年幼女子，为何却做出了帝母之梦。要知道，可能被选入宫中的女子固然很多，能够成为帝母的概率却是很小的。所以，如果没有特别的启示，高氏做这样的梦的概率也是很小的。

不过，无独有偶，我们却发现了与"高氏之梦"几乎相同的传说。

《魏书》卷100《高句丽传》记载：

> 高句丽者，出于夫余，自言先祖朱蒙。朱蒙母河伯女，为夫余王闭于室中，为日所照，引身避之，日影又逐。既而有孕。

这段文字的内容，概而言之，也是日逐而孕，生子为君。将它与"高氏之梦"两相对照，便知"高氏之梦"的产生存在着两种可能性：一种可能是，幼年的高氏听到了这样的传说，或者说，受到了相应的启示，尔后在梦中复现了雷同的情景；另一种可能是，高家发迹以后，为了表明自家成为皇家外戚的必然性，编造了"高氏之梦"。究竟属于哪一种可能，虽然难以分辨，但其蓝本正是《高句丽传》所记载的日生子的传说，而这个传说具有典型的高句丽特色。

这样看来，"高氏之梦"恰恰泄露了天机，成了高家出自高句丽族的主证，因为若非高句丽族人，是难以做出或者编出具有高句丽特色①的梦的。

当然，长期在高句丽生活的汉人，或许也有做这样的梦的可能。不过，本文第一、二节中关于高家祖先问题的考证和本节前文列出的高显任高句丽国大中正等辅证，已经表明高家并不属于高句丽化汉人的情况。

"高氏之梦"的出现与高家自云出自勃海的理由相同，目的无它，只在于抬高高家的社会地位。正如《高肇传》中所记载：

> 肇出自夷土②，时望轻之。……肇既无亲族，颇结朋党。

史家在这里仅以"时望轻之"四个字，就点出了高家忌讳被人知道自家出身于在中原人看来地望偏远的高句丽。

北朝社会特别注重人们的出身地望和门第，所以官员的政治地位与此密切相关。正如下文将述，高氏家族在宣武帝朝发迹，高肇进入了北魏政

---

① 还值得注意的是，据《高氏传》记载，为高家祥梦的人名叫闵宗，他并非中原人而是地望在辽西和高丽之间的辽东人。闵宗对于此梦的熟解，也从一个侧面反映了日生子传说的高句丽特色。

② 《资治通鉴》卷145 梁纪天监三年三月条下亦载有相同内容，并且径称"肇本出高丽"。

权的中枢，这就必然顾虑政敌以其出身地望作为攻击高家的把柄。所以，高家隐去高句丽族籍的事实，是可以理解的。不过，由于地望和门第观念作祟，竟使得一段古代两族和亲的佳话被长期地埋没了。

四、洛阳今存皇后陵

高句丽虽然位于遥远的东方，但是高氏与孝文帝有缘。先是高家"举室西归"，到达龙城镇；接着高氏被龙城镇选出，"任充宫掖"；然后高氏为文明太后冯氏亲自选中，"遂入掖庭"。关于高氏入宫以后的事迹，《高氏传》中的记述甚略，该传记载：

> 遂生世宗。后生广平王怀，次长乐公主。及冯昭仪宠盛，密有母养世宗之意，后自代入洛阳，暴薨于汲郡之共县，或云昭仪遣人贼后也。

根据这段记载，我们知道，高氏在从平城迁徙洛阳的途中，被人害死于汲郡之共县①。

高氏曾为孝文帝生有两个儿子。她的大儿子元恪后来成为北魏第七代皇帝，是为宣武帝。她的二儿子取名怀，受封为广平王，在《魏书》卷二十二《孝文五王列传》和《北史》卷十九《孝文五王列传》中均有传，但是内容残缺，因而事迹不详。高氏还生有一个女儿，被封为长乐公主。

不过，令人不平的是，为孝文帝既生子又生女的高氏，在生前并没有享受过相应的待遇，她的贵人称号是死后才被孝文帝追加的，她的皇后称号与皇太后称号则是她的儿子当上皇帝以后追认的。这位具有一半高句丽血统的世宗皇帝主宰中土以后，形势转而有利于高家了。《高氏传》载：

> 其后有司奏请加昭仪号，谥曰文昭贵人，高祖从之。世宗（宣

---

① 今河南省辉县。

武弟）践阼，追尊配飨①。

到高氏的孙子、北魏第八代皇帝孝明帝的时候，高氏被尊为太皇太后，达到最崇高的地位。请看收于《高氏传》中的孝明帝的两道诏书：

> 肃宗（孝明帝）诏曰："文昭皇太后，德协坤仪，美符文姒，作合高祖，实诞英圣，而凤世沦晖，孤茕弗祔。先帝孝感自衷，迁奉未遂，永言哀恨，义结幽明。废吕尊薄，礼伸汉代。"又诏曰："文昭皇太后尊配高祖，祔庙定号，促令迁奉，自终及始，太后当主，可更上尊号称太皇太后，以同汉晋之典，正姑妇之礼。庙号如旧。"

《高氏传》还记载：高氏死后，最初被埋葬于洛阳孝文帝长陵的东南侧，型制低矮。宣武帝即位后，高氏的陵墓被加高、加广，被命名为终宁陵。孝明帝的两道诏书下达之后，又将高氏改葬到孝文帝长陵之后西北侧的六十步处。

在宣武帝朝，身为太后之兄的高肇倍受宠待。这在《高肇传》中记载较详：

> 景明初，世宗追思舅氏，征（高）肇兄弟等。录尚书事、北海王详等奏："飏宜赠左光禄大夫，赐爵勃海公，谥曰敬。其妻盖氏宜追封清河郡君。"诏可。又诏飏嫡孙猛袭勃海公爵，封肇平原郡公，肇弟显澄城郡公。三人同日受封……未几，肇为尚书左仆射、领吏部、冀州大中正，尚世宗姑高平公主，迁尚书令。……世宗（宣武帝）初，六辅专政，后以咸阳王禧无事构逆，由是遂委信肇。

原来，宣武帝即位之初大权旁落，由孝文帝遗命的六位辅臣专政，并引起了宗室之乱。② 宣武帝为了摆脱这种状况，就依靠外戚高肇，遂使得高肇

---

① 《资治通鉴》卷142齐纪永元元年六月戊辰条下记载，"魏追尊皇姑高氏为文昭皇后"，比《高氏传》所载明确。

② 参见《资治通鉴》卷144齐纪和帝中兴元年五月条。

在朝廷专权。

高肇发迹之初，一度勤于政务，因此《高肇传》中记载：

> 及在位居要，留心百揆，孜孜无倦，世咸谓之为能。

不过，《高肇传》的下文还记载，高肇的权势日益发展，他与政敌的矛盾也日益激化。所以，他的外甥宣武帝去世不久，高肇就被太尉高阳王元雍及领军于忠等杀死。

在《高肇传》中，还记载了高氏的其他亲属受朝廷封拜官爵的情况，兹不一一赘述，只是需要介绍宣武皇后高氏。据《高肇传附高偃传》的记载，宣武皇后高氏是孝文昭皇后高氏之弟高偃的女儿，景明四年（503）被宣武帝纳为贵嫔，永平元年（508）被立为皇后。她被纳为贵嫔与立为皇后，自然与当时高家势力的显赫有关。宣武皇后高氏在《皇后列传》中有传。由其本传知道，高家失势以后，宣武皇后高氏虽曾被尊为皇太后，但不久就被排挤为瑶光寺尼，最终被在孝明帝时专权的宣武灵皇后胡氏害死。

在1939年大华出版社出版的郭玉堂先生所著石印本《洛阳出土石刻时地记》中，记载了洛阳北郊邙山出土的一块北魏志石的位置。这块北魏志石最初并未引起人们的注意，但是在后来的考古工作中它的重要价值却被发现了，这块北魏志石就是孝文昭皇后高氏的山陵志石。《洛阳出土石刻时地记》称，高氏的墓志出于洛阳老城西大小冢的小冢之中。据调查，在今河南孟津官庄村南确有二冢。两冢一大一小，形成鲜明的对照，因此被当地俗称为大小冢。由郭玉堂关于文昭皇后高氏山陵志石位置的记载，确定了文昭皇后高氏的陵墓。由高氏陵墓的发现，便引出了更大的发现。因为志文称高氏山陵附于孝文帝长陵之右，再证以《皇后列传》中的相关记载，于是也就明确了孝文帝陵墓的位置。五十年代末，河南省考古工作队的郭建邦先生等对大小冢进行了勘察，从而明确那正是孝文帝和文昭皇后高氏的陵墓遗址。[①]

在郭建邦先生的《洛阳北魏长陵遗址调查》文后，附有"魏文昭皇太后山陵志石"拓本，文字内容与《魏书》本传一致，惜碑文本身已残。

---

① 详见郭建邦《洛阳北魏长陵遗址调查》，载《考古》1966年第3期。

由碑文我们又知，孝文昭皇后高氏名讳照容。

如今，孝文帝长陵与高皇后陵依旧互相照应，相依为伴地耸立在中原的大地上。这两座山陵正是象征古代中原与高句丽密切交往的标志。

附记：本文为韩国高等教育财团 2001 年度资助项目，刊于韩国《中国史研究》第 20 辑，2002 年。

北魏孝文昭皇后高氏梦迹考实

在北魏宫廷斗争中牺牲者颇多，但是留下历史痕迹者很少。孝文昭皇后高氏是少数者中的一位，既留下了墓志，又被载入正史《魏书》之中。然而，由于宫廷事秘，记载甚略，在高氏的生平事迹中存有诸多歧义，而且不断出现难解之谜。不过，难解之谜的不断出现，正表明当时宫廷内外局势的复杂。

笔者在上文对高氏的族属作了探讨，认为高氏之家出自东裔的高句丽族。在北魏孝文帝时期特别注重门第的社会氛围中，地处偏僻的高句丽族是备受压抑的。《魏书》卷21上《献文六王上·北海王详传》记载：

> 详又蒸于安定王燮妃高氏，高氏即茹皓妻姊。严禁左右，闭密始末。详既素附于皓，又缘淫好，往来绸密。……详之初禁也，乃以蒸高事告母。母大怒，詈之苦切，曰："汝自有妻妾侍婢，少盛如花，何忽共许高丽婢奸通，令致此罪。我得高丽，当啖其肉。"乃杖详背及两脚百余下。自行杖，力疲乃令奴代。

《北史》卷19《献文六王·北海王详传》中也有内容雷同的记载，不过在"我得高丽"之下多出一个"婢"字，使得"高丽婢"三字显得更加扎眼。

与北海王元详通奸的高氏，既是安定王元燮的王妃，又是权臣茹皓的妻姊，为女性中的显赫人物。元燮是北魏恭宗景穆帝拓跋晃之孙，[①] 元详则是拓跋晃之曾孙，[②] 低元燮一辈，所以史家将他与元燮王妃通奸事贬称作"蒸"。然而，值得注意的不止于此，元详之母贬斥这位元燮王妃时，并未诟骂其乱伦，却是攻击她出身于偏僻地区少数民族的弱点。看来，在元详之母的心目中，出身寒微竟然比行为乱伦还要不耻。更值得注意的

---

① 《魏书》卷19下《景穆十二王下·安定王休附次子燮传》。
② 《魏书》卷21上《献文六王上·北海王详传》。

是，元燮王妃被元详之母怒呼为"高丽婢"。元燮王妃高氏的族属是高句丽，这应该不假；然而，她显然不是婢女。可见这个"婢"字在当时是用以贬低女子人格尊严的泛称。在这段记载中，史家形容元详之母大骂元燮王妃的语言为"詈之苦切"，令人不难感受到"高丽婢"是相当恶毒的侮辱性称呼。由此可见，与"婢"字连称的高句丽族的社会地位是很低的，当时在中原地区处于被视为另类的状态。

那么，出身于高句丽族的孝文昭皇后高氏进入北魏皇宫以后经历过哪些遭遇，这些遭遇的因果如何呢？

一、为日所逐

《魏书》卷13《皇后列传·孝文昭皇后高氏传》记载：

> 孝文昭皇后高氏，司徒公肇之妹也。父飏，母盖氏，凡四男三女，皆生于东裔。高祖初，乃举室西归，达龙城镇，镇表后德色婉艳，任充宫掖。及至，文明太后亲幸北部曹，见后姿貌，奇之，遂入掖庭，时年十三。

昭皇后高氏出生于东裔，十三岁时成为孝文帝朝掖庭宫人。掖庭是北魏宫廷建筑中的附属部分，设有掖庭监掌管其事务。掖庭里的宫人来源比较复杂，战时来源于俘虏者居多，平时则多数从民间选入。正如其本传记载的那样，高氏就是由龙城镇上表输送至北魏国都平城的。平城位于今山西省大同市，龙城位于今辽宁省朝阳市，两地相距近一千公里。不过，高氏的祖籍并非龙城镇，而是在龙城镇以东的东裔。所谓东裔，概念比较广泛，大体指如今的东北地区。对平城而言，东裔地区比龙城镇更加遥远。然而，在北朝时期，不仅皇家，许多贵族，往往也从龙城以及东裔籍中选秀或者纳妾、买婢。那是因为拓跋部落以及鲜卑所属诸部大多发源于东北的大小兴安岭山区，这些部落与生活在东裔的土著在风情习俗方面接近；还因为东裔的妇女身体壮硕，生育能力强。如此情况，应该是本文的主人公高氏有缘进入北魏后宫的历史背景。

入宫不久，高氏便蒙受到孝文帝浩荡的皇恩。关于高氏的这番经历，在《魏书》中居然有三段相应的记录。

其一，就记载在《高氏传》中，曰：

> 初，后幼曾梦在堂内立，而日光自窗中照之，灼灼而热，后东西避之，光犹斜照不已。如是数夕，后自怪之，以白其父飏，飏以问辽东人闵宗。宗曰："此奇征也，贵不可言。"飏曰："何以知之？"宗曰："夫日者，君人之德，帝王之象也。光照女身，必有恩命及之。女避犹照者，主上来求，女不获已也。昔有梦月入怀，犹生天子，况日照之征。此女必将被帝命，诞育人君之象也。"遂生世宗。后生广平王怀，次长乐公主。

这段文字在笔者撰写的《北魏两位高氏皇后族属考》（详见本编前文）中引证过，为了与后面两段记载对照，复引于此处。

其二，高氏梦迹又在《魏书》卷8《世宗纪》中有所记载，曰：

> 世宗宣武皇帝，讳恪，高祖孝文皇帝第二子。母曰高夫人，初梦为日所逐，避于床下，日化为龙，绕己数匝，寤而惊悸，既而有娠。太和七年闰四月，生帝于平城宫。

以上两段记载都运用了梦景幻想的方式，以展示孝文帝恩宠高氏的过程，力图使这个过程笼罩在神圣的光环之中。

其三，在《魏书》卷91《术艺·王显传》中还有一番对于高氏做梦事件的描述，不过，这第三段记载却将神圣的光环彻底粉碎了：

> 初，文昭皇太后之怀世宗也，梦为日所逐，化而为龙而绕后，后寤而惊悸，遂成心疾。文明太后敕召徐謇及显等为后诊脉。謇云是微风入藏，宜进汤加针。显云："案三部脉非有心疾，将是怀孕生男之象。"果如显言。

原来，高氏所患"心疾"被文明太后知道了，文明太后即命御医徐謇与王显为高氏诊脉。徐謇是不甚高明的医士，他以为高氏的"惊悸"是"微风入藏"造成的；王显是相当高明的大夫，他诊断高氏的症状乃是"怀孕生男之象"。无论医术高明与否，在两位御医的眼中，高氏的"心疾"只是发生在凡人身上的一般症候。其实，文明太后敕召徐謇与王显为高氏诊脉，也说明她一开始就没有将高氏的"心疾"看得多么神秘。而且，不妨更进一步去推想，生活经验老到的文明太后，对于高氏"寤而惊悸"的原因或许早已猜出八成。

其实，医家将弥漫虚幻的梦景驱散之后，所剩下的景况只是高氏接受皇帝恩宠的过程了。不过，这两个人欢爱的情景应该是实实在在而无须置疑的，否则他们的儿子宣武帝元恪从何而来？这里应该指出的是，由于高氏年龄尚幼，对于"主上来求"的恩典，竟然处于"不获已"的状况。而且，在其他宫人看来极其荣幸的过程，高氏却表现为"东西避之"或"避于床下"的窘态。不过，正是这种窘迫状态的显露，反倒能够证明高氏接受皇恩的过程是真切的。看来，正是那原本简单的凡人欢爱情景被神圣化了，于是就产生了记载在《高氏传》与《世宗纪》中的两段梦景。

《王显传》记录的御医为高氏诊脉的情景表明，所谓高氏做过"为日所逐"之梦，在当时就不能令人相信。退一步想，即使高氏真的梦见过"诞育人君之象"的情境，她也绝对不敢放肆地宣扬出来。因为在高氏之子元恪出生之前，孝文帝的另一位妃子林氏已经诞育了皇子元恂。元恂自幼便深受临朝听政的文明太后的宠爱，《魏书》卷22《孝文五王·废太子恂传》记载：

> 废太子庶人恂，字元道。生而母死，文明太后后抚视之，常置左右。年四岁，太皇太后亲为立名恂，字元道，于是大赦。太和十七年七月癸丑，立恂为皇太子。

文明太后不仅亲自"抚视"这位重孙辈的元恂，而且对他寄托着厚望。在文明太后的心目中，元恂俨然就是未来的君主。孝文帝虽然对此心怀不满，但是他绝对不敢违拗作为他祖辈的文明太后的意志。[①] 孝文帝尚且如此，高氏岂敢有丝毫非分之想，当然更不敢有所张扬。所以，"为日所逐"之梦应该是后来附会出来的。

虽然这项附会工程系何人的作品，已经成为难以解开之谜，但是附会的过程却是清晰的。这个过程应该包含两个阶段，而体现这两个阶段的就

---

① 　文明太后为文成帝皇后，孝文帝是文成帝之孙，文明太后较孝文帝高出两辈。

是《世宗纪》和《高氏传》所作的两段记载。

稍加对比就会发现，《世宗纪》和《高氏传》虽然都记载了孝文帝和高氏欢爱的过程和怀孕的结果，但是情节各有详略侧重，而且对于事件发生的时间与地点的记录不相一致。《世宗纪》称，高氏"寤而惊悸，既而有娠"，其"惊悸"与"有娠"是紧密相连的；再者，高氏所娠者为后来的宣武帝，而宣武帝出生于平城宫是分明地记载在其本纪之中的。由此推断，高氏的"梦景"应该发生在她进入平城宫之后。然而，《高氏传》却称，"初，后幼曾梦在堂内立"；又称，"以白其父飏，飏以问辽东人闵宗"。倘若据此推测，则高氏的"梦景"似乎发生在她进入平城宫之前的高家，因为已经入宫的女子是绝难返回自己娘家诉说衷情的。而且，《高氏传》中运用了"初""幼""曾"等字，也未尝不是想表达高氏的"梦景"发生得较早。

不过，《王显传》中记录的两位御医为高氏诊脉的情节，确凿地证实了孝文帝与高氏欢爱以及高氏怀孕的情节就发生在高氏进入平城宫之后，这正表明《高氏传》所谓"后幼曾梦在堂内立"的景象绝非事实，而《世宗纪》的记载则在时间与地点上反映了事实。况且，《世宗纪》之内容较《高氏传》之内容简略的现象也显示出，虽然都是描述高氏的"梦景"，但是《高氏传》的记载比《世宗纪》的记载更加远离事实的初始状态。换而言之，《高氏传》中作假的成分比《世宗纪》更多。倘若承认这一点，就可以认为，在孝文帝与高氏欢爱的情节上附会以"梦景"的工程中，《世宗纪》的记载体现了第一个阶段，而《高氏传》的记载则体现了第二个阶段。

上述讨论的宗旨在于说明，孝文帝与高氏的欢爱情景，被旁人以梦境的形式做过两次神圣化的加工。经过第一次加工之后，出现了《世宗纪》中的情景；经过第二次加工之后，被描绘成《高氏传》中的情景。这两番加工将孝文帝与高氏的欢爱情景变得离奇虚幻了，但其目的都不是单纯地为高氏罩上神圣的光环。第一次神圣化的加工，目的在于为高氏之子元恪登临政坛造势，因为元恪原来并非储君，他是在孝文帝的嫡长子元恂被废黜之后才被确立为太子的。元恂被废黜于太和二十年（496）十二月丙寅，[①] 第一次神圣化加工的时间应该在此前后。第二次神圣化的加工，目

① 《魏书》卷7下《高祖纪下》太和二十年十二月丙寅条。

的在于提升高家外戚的社会地位。虽然在孝文帝朝高家长期处于政治上无望的状态，但是元恪登基之后高家就骤然暴发起来，所以第二次神圣化加工的时间应该在宣武帝朝初期的景明年间（500—504）。要之，无论哪一次神圣化的加工，都意在消除那些中原高门贵胄对高氏子孙以及高家外戚的鄙夷。

虚幻的加工增多以后，情节就变得复杂起来，也就难免出现自相矛盾之处。《高氏传》竭力将高氏的梦景置于入宫之前的高家，却在与梦境相关的"初""曾"等时间状语之后紧接着称"遂生世宗"，然而，北魏朝廷怎么可能让高氏将皇子诞生在距离宫廷千里的高家呢？这就明显地出现了破绽。如此明显的破绽，恰恰暴露了出身寒微的高氏家族急于抬高身价的心态。

其实，对于深居北魏后宫的高氏而言，神圣景象笼罩下的竟然是残酷的噩梦。

二、太后称奇

上引《世宗纪》记载，宣武帝于太和七年（483）闰四月生于平城宫。据此推断，高氏初入掖庭的时间在太和六年之前。而据《高氏传》的记载，高氏入掖庭时的年龄是虚岁十三岁，则高氏应生于皇兴四年（470）之前。

高氏的境遇虽被记载得离奇而虚幻，但高氏入宫后持续地受到孝文帝"灼灼而热"的"恩命"应该属于事实，这可以由高氏为皇家生育了二男一女作为证明。继宣武帝元恪之后，高氏又生育了广平王和长乐公主。广平王和长乐公主的墓志已经陆续出土，罗新教授根据二者的墓志上所刻忌日计算出，广平王生于太和十二年（488），长乐公主生于太和十三年。[1]由此不难算出，高氏大约在太和六年、十一年和十二年先后怀育了二子一女。从生育的数量与时间推测，高氏受到皇恩眷顾的时间，大约始自太和六年，以后延续至太和十三年左右，不少于八年。八年期间，或许会有不少曲折跌宕的变化，但总体上说，高氏受到孝文帝"光照"的岁月算是不短了。

---

① 罗新、叶炜：《新出魏晋南北朝墓志疏证》，中华书局 2005 年版，第 90 页。

高氏多生育，既是孝文帝皇恩不衰的因，也是孝文帝皇恩不衰的果。然而，高氏生前既未被立后，也未受封为昭仪，所以《世宗纪》仅以"高夫人"称之。以这样的身份处于险恶的宫廷环境中，竟然能够长久地受到皇帝宠爱而不衰，真是难得。但其中的原因又是复杂难猜的。在《高氏传》中，仅仅对高氏最初受宠的原因有所透露。该传称，由于高氏自身"德色婉艳"，因此令文明太后称奇而对之青睐。既然阅人无数的文明太后都能够"奇之"，那么孝文帝为之倾倒就很自然了。所以，《世宗纪》称高氏"为日所逐"而"避于床下"，《高氏传》则称日光"灼灼而热"且"斜照不已"，这些隐喻性词语的出现就都不令人奇怪了。

然而，倘若仔细推敲，却又不免生出疑窦。高氏既然能够被龙城镇表送入宫，相貌不会难看。不过，若以"德色婉艳"来形容高氏，就不免有过分夸张之嫌。试想，一位年仅十三虚岁的小女子，何来出"奇"的"姿貌"，当然更不必讲具有高尚的道德情操了。诚如前文所述的历史背景，高氏最初不过是由边地龙城进入平城皇家的寻常女子而已。所以"德色婉艳"之类的颂扬套辞，应该是高家得势之后对高氏形象所作的润色。

再从高氏的经历来看，无论是先由龙城镇表送，还是后来被文明太后称奇，都具有相当的偶然性。在整个入宫的过程中，甚至在接受孝文帝的恩宠之际，高氏给人的印象都是完全处于被动的状态。然而，高氏命运中的初始机缘确实尚佳，居然被当时最有权势的文明太后相中。既然所谓高氏"德色婉艳"并不那么可信，那么文明太后对她的相中难道只是一时的心血来潮吗？答案是否定的。

如果了解文明太后的家庭背景，就会发现高氏的发迹并非由于偶然的机缘。文明太后是以龙城为国都的北燕国主后裔，对其故土一直十分眷顾，为此笔者曾有过详细的论证。在北魏宫廷中，从文成帝乳母昭太后常氏到文明太后冯氏，逐渐组合成了长期控制北魏政权的龙城诸后集团。作为龙城诸后集团的代表人物，文明太后尤其注意利用乡土之情以培植亲信。[1] 年仅十三虚岁的高氏，竟能获得文明太后的青睐，是因为她来自龙城，触动了文明太后的乡土情感，这应该是重要的砝码。进而言之，高氏的出现，正合乎她的同乡文明太后的政治需要，因此才会令文明太后称

---

[1] 李凭：《北魏龙城诸后考实》，载《历史研究》2007 年第 3 期。

奇。要之，高氏的入选以及后来有幸与孝文帝接近，这些看似偶然的迹象，其实都是有人在背后操纵而成的，这个操纵者正是文明太后。

在《魏书》卷13《皇后列传》中列有四位皇后，她们是孝文贞皇后林氏、孝文废皇后冯氏、孝文幽皇后冯氏以及孝文昭皇后高氏。在四位之中，两位冯氏都是生前被立为皇后的；而林氏与高氏是死后被追封为皇后的。林氏与高氏入宫的时间相近，均早于两位冯氏多年。

关于林氏，《魏书》卷13《皇后列传·孝文贞皇后林氏传》记载：

> 孝文贞皇后林氏，平原人也。……后容色美丽，得幸于高祖，生皇子恂。以恂将储贰，太和七年，后依旧制薨。

上述记载表明，在高氏出现于魏宫的前后，孝文帝还宠爱着林氏。而且，林氏也不辜负皇恩，她为孝文帝生下了皇子元恂。不过，福兮祸所伏，林氏却也因此而遭殃。

林氏之子元恂被确立为皇储，说明他是孝文帝的长子。北魏后宫有所谓子贵母死的故事，按照该规则，元恂的生母应该被处死。对于此事，除《林氏传》外，《魏书》卷22《孝文五王列传·废太子庶人恂传》中也有记载，前文已经引述。由该记载知道，元恂是年方四虚岁时由文明太后立名的。而他立名的时间，据《魏书》卷7下《高祖纪下》的记载，为太和十年（486）六月己卯日。据此可知，元恂的生年为太和七年（483）。对照《林氏传》又可以知道，元恂的生年恰恰就是他的生母林氏的忌年，这正应了《废太子庶人恂传》中所谓"生而母死"一语。

更凑巧的是，高氏生元恪即后来的宣武帝的时间是太和七年闰四月，① 与林氏生元恂恰恰在同一年。由此推测，两位皇子的初孕时间，都应该在太和六年。虽然不知晓林氏怀孕元恂是否在初蒙皇恩之际，但是读《世宗纪》和《高氏传》可知，高氏初蒙皇恩之时就怀了元恪。由此可以推断，林氏很可能比高氏更早来到孝文帝身边。作此推测时之所以要用"很可能"三个字，是因为我们无法知道林、高二氏各自怀孕时间的长短。不过，这不影响下面的论证。

---

① 《魏书》卷7上《高祖纪上》太和七年闰四月癸丑条。此条有"皇子生，大赦天下"之语，该皇子为谁则不明确。对照前引《魏书》卷8《世宗纪》的记载，应是高氏子元恪。

据《高祖纪上》可知，孝文帝生于皇兴元年（467）八月戊申，则太和六年（482）之时孝文帝的年龄为虚岁十五岁。对始谙人事不久的孝文帝而言，林氏也许是他最早恩宠的女人。《林氏传》并未记载林氏入宫时的年龄，但称赞她"容色美丽"，这应该是事实。因为北魏迁都洛阳不久元恂就被赐死，而林氏的皇后尊号亦遭追废，林家自此败落不起，没有后人会替林氏的形象施以文饰。

林氏虽因"容色美丽"而得幸于孝文帝，却失策于没有博得文明太后的欢心。所以，在对待林氏的生死之事上，孝文帝与文明太后的态度是截然相反的。《林氏传》记载：

> 高祖（孝文帝）仁恕，不欲袭前事，而禀文明太后意，故不果行。谥曰贞皇后，葬金陵。及恂以罪赐死，有司奏追废后为庶人。

文中所谓"前事"，就是道武帝立下的子贵母死的故事。孝文帝"不欲袭前事"，想要挽救林氏的性命；文明太后却不肯让步，决意将林氏处死了。文明太后决意处死林氏，表面上看是坚持祖宗立下的规则，实际上有其险恶的意图。虽然《林氏传》称元恂"将为储贰"，但是据《废太子庶人恂传》的记载，元恂成为储贰的时间是太和十七年（493），距离他的生年太和七年已历十年，而此时文明太后也已经不在人世了。既然元恂正式立储的时间距他生年有十年之远，文明太后何以非得迫不及待地置林氏于死地呢？

因为从乡土而言，林氏并非属于出身龙城的系统；从势利而言，林氏的生死关乎未来储君的抚养权问题，这是更加要紧的。历史的经验值得注意，具有了对储君的抚养权，就会有进而掌握朝政的可能。当年，文明太后正是因为抚养和控制了孝文帝，才能在与孝文帝之父献文帝的斗争中获胜。[①] 所以，从牢牢控制对于储君的抚养权的角度出发，文明太后就非将林氏处死不可。在《废太子庶人恂传》中的"生而母死"语之下，紧接着就有"文明太后后抚视之（指元恂），常置左右"等句，史家如此撰写，其用意正在于点明文明太后处死林氏的真实意图。

---

① 李凭：《北魏平城时代》（第四版）第四章第二节之一《两次临朝听政之间》，上海古籍出版社2014年版，第198—208页。

林氏未获文明太后的欢心，不仅可以从文明太后坚持处死林氏得证，而且还可以由文明太后偏偏要在林氏蒙受皇恩之际称奇高氏的态度中看出。林氏与高氏都在太和六年间获得浩荡的皇恩，并且都诞下了龙种，然而一死一生，命运迥然相异。这正说明她们的命运被一位强有力的人物摆弄着，或被拽离孝文帝的身边，或被推向孝文帝的怀抱。这位强有力的人物就是文明太后。通过命运的鲜明对比就不难认识到，在文明太后临朝听政期间，孝文帝只不过是被人玩弄于股掌的角色。所以，《魏书》卷13《皇后列传·文成文明皇后冯氏传》会对文明太后与孝文帝的关系有如下的评论：

　　　　自（文明）太后临朝专政，高祖雅性孝谨，不欲参决，事无巨细，一禀于太后。太后多智略，猜忍，能行大事，生杀赏罚，决之俄顷，多有不关高祖者。是以威福兼作，震动内外。

"事无巨细，一禀于太后"是对当时北魏宫廷内外政治状况的贴切点评。
　　孝文帝不仅在政治上，而且在日常生活中，都受人监控。对此，在《魏书》卷58《杨播附杨椿传》记载的杨椿训诫子孙语中有充分的反映，该传称：

　　　　北都时，朝法严急。太和初，吾兄弟三人并居内职，兄在高祖左右。吾与津在文明太后左右。于时口敕，责诸内官，十日仰密得一事，不列便大瞋嫌。诸人多有依敕密列者，亦有太后、高祖中间传言构间者。吾兄弟自相诫曰："今忝二圣近臣，母子间甚难，宜深慎之。又列人事，亦何容易，纵被瞋责，慎勿轻言。"十余年中，不尝言一人罪过，当时大被嫌责。答曰："臣等非不闻人言，正恐不审，仰误圣听，是以不敢言。"于后，终以不言蒙赏。及二圣间言语，终不敢辄尔传通。太和二十一年，吾从济州来朝，在清徽堂豫晏，高祖谓诸王、诸贵曰："北京之日，太后严明，吾每得杖，左右因此有是非言语。和朕母子者，唯杨椿兄弟。"遂举赐四兄及我酒。汝等脱若万一蒙时主知遇，宜深慎言语，不可轻论人恶也。

这段记载生动地反映出文明太后在北魏后宫施行着严密的特务政治，而孝文帝正是其特务政治下的主要受监视者。

为了严密地控制宫廷，文明太后必然不断地网罗自己的势力，并将亲信安插到孝文帝的身边，以便随时监视其行为举止。宫中的诸多内官乃至妃嫔，要么成为监视者，要么作为被监视者，二者必居其一。这样看来，造成林氏与高氏一死一生结果的真正原因就清楚了，高氏之所以被文明太后称"奇"也就不足为奇了。文明太后用心良苦，旨在将这位同乡发展成为安插在孝文帝身边以资长期利用的一颗棋子。

三、遭贼暴薨

不过，林氏死后，孝文帝与高氏感情的发展却远远超过了文明太后的设计。高氏频频生儿育女，而且获得孝文帝"光照"八年之久，呈现出过于兴盛的势头，因此犯了大忌。文明太后性格"猜忍"，不可能容忍旗下亲信的势头过盛。具有相当资本的高氏，就成了文明太后眼中之钉。读《高氏传》可知，高氏虽然生下二男一女，生前却未能按照惯例获得贵人的封号，她的昭仪号和文昭贵人谥号都是死后追加的。之所以出现这种状况，应该是文明太后从中作梗的缘故，因为高氏的资本越足，文明太后心中的猜忌也就越重。更为要紧的是，由于高氏过于得宠，影响了文明太后外家的两位侄女的发展。原来，皇后之位，文明太后是要留待自己冯家的，她绝不容许旁人觊觎。而在此前，文明太后之所以要称奇高氏和利用高氏，是因为冯家女儿尚未长成。等到冯家女儿长成，形势便不同了，高氏这颗文明太后权势棋盘上的棋子就成了不中用的弃子。

文明太后最为惦念的，当然是将自己冯家之女引入魏宫，以便争得君王"爱幸"，确保"家世贵宠"的绵延流长。《魏书》卷13《皇后·孝文幽皇后冯氏传》记载：

> 孝文幽皇后，亦冯熙（文明太后之兄）女。母曰常氏，本微贱，得幸于熙，熙元妃公主薨后，遂主家事。生后与北平公凤。文明太皇太后欲家世贵宠，乃简熙二女俱入掖庭，时年十四。其一早卒。后有姿媚，偏见爱幸。未几，疾病，文明太后乃遣还家为尼，高祖犹留念焉。岁余而太后崩。高祖服终，颇存访之，又闻后素疹痊除，遣阉官双三念玺书劳问，遂迎赴洛阳。及至，宠爱过初，专寝当夕，宫人稀

> 复进见。拜为左昭仪，后立为皇后。

文明太后一次就将两名侄女送入掖庭，结果一位"早卒"，一位因病而被"遣还家为尼"。可见，即便贵为冯家千金，在掖庭之中生活也不容易。这位因病出宫的冯家女子，就是上引传记的传主幽皇后。幸亏得到孝文帝的"留念"，她才能再次进入魏宫"专寝当夕"。此后，她先被拜为左昭仪，后被立为皇后，终于实现了文明太后生前"欲家世贵宠"的夙愿。文明太后在孝文帝朝两度临朝听政，外戚冯家权势十分显赫，可是冯家女儿在宫廷中的经历尚且如此曲折，掖庭内明争暗斗状况的激烈程度可想而知。

上段记载中称，幽皇后"时年十四"；又称，"未几"而"疾病"；还称，"岁余而（文明）太后崩"。据《魏书》卷7下《高祖纪下》的记载，文明太后崩于太和十四年（490）九月癸丑。由此推测，幽皇后出生于延兴五年（475）至承明元年（476）间，而她初次入宫的时间则在太和十二年至十三年间。据前文引述的罗新教授的考证，高氏之子广平王出生于太和十二年（488），高氏之女长乐公主出生于太和十三年（489）。高氏生育这一男一女之时，正值冯家二女入宫前后。就孝文帝而言，一方面是育有子女的旧宠，另一方面是风华正茂的新欢，其间会发生怎样的纠葛，对居于宫外的史家是难以知晓的谜。不过，受到孝文帝恩宠的高氏遭到冯家的嫉妒是必然的。

文明太后既然专注于冯家的"贵宠"，当然容不得其他人过于尊荣。出身寒微的高氏，一旦成为妨碍外戚冯家发展的障碍，就不免要遭殃了。不过，文明太后未及处理高氏，自己便先去世。然而，高氏并未逃过劫难。《高氏传》记载：

> 及冯昭仪宠盛，密有母养世宗之意。后自代如洛阳，暴薨于汲郡之共县，或云昭仪遣人贼后也。世宗之为皇太子，三日一朝幽后，后拊念慈爱有加。高祖出征，世宗入朝，必久留后宫，亲视栉沐，母道隆备。其后有司奏请加昭仪号，谥曰文昭贵人，高祖从之。世宗践阼，追尊配飨。

按照这段记载的导向，似乎可以认为高氏最终死于冯家人的毒手。不过，其中尚有史家也难解透的谜团，所以要在"昭仪遣人贼后"之语前加上"或云"二字。出现"或云"字样，就表明消息来源于道听途说，记录事件者未必有真凭实据。

而且，对于高氏去世的地点，其墓志与本传的记载并不相同。该墓志曰：

> 皇太后高氏，讳照容，冀州勃海条人，高祖孝文皇帝之贵人，世宗宣武皇帝之母也。……曾未龙飞，遗弃万寿，以太和廿□□□四更时薨于洛宫，悼轸皇闱，慕切储禁。①

顺便提及，由这方墓志，可知本文的主人公高氏的芳名为照容。高照容的墓志将其去世地点记作"洛宫"。洛宫即孝文帝在新都洛阳所建的宫廷。《高氏传》则称高照容"暴薨于汲郡之共县"。北魏时期的共县，位于如今河南省新乡市所辖的辉县市城东，该地距离洛阳大约 200 公里。共县与洛阳，两地显然不能相混。墓志与本传，孰是孰非，实难判断。不过，高照容之死，获益最大者是幽皇后冯氏，从此她掌握了抚养皇子元恪的权力。这样的结果，使人不得不将高照容之死与冯家联想起来。

不管作何猜测，高照容成了北魏宫廷权势倾轧下的牺牲品，这是不争的事实。不过，高照容的不幸却换来了高家后来的荣耀。孝文帝在位时期，高家未曾有过起色。然而世事难料，原来的太子林氏之子元恂失宠被废，② 高照容之子元恪被立为太子。孝文帝去世之后，太子元恪继承皇位，是为宣武帝。③ 按照孝文帝的遗命，宣武帝朝由六臣辅政，进而导致宗室亲王擅权的局面。宣武帝为了改变被动局面，抵制宗室亲王而重用外戚，这就为高家的兴起提供了良好的机会。《魏书》卷 83 下《外戚下·高肇传》记载：

> 景明初，世宗（宣武帝）追思舅氏，征肇兄弟等。……未几，肇为尚书左仆射、领吏部、冀州大中正，尚世宗姑高平公主，迁尚书

---

① 《新出魏晋南北朝墓志疏证》，第 89 页。
② 《魏书》卷 22《孝文五王列传·废太子庶人恂传》。
③ 《魏书》卷 7 下《高祖纪下》太和二十三年甲辰条。

令。肇出自夷土，时望轻之。及在位居要，留心百揆，孜孜无倦，世咸谓之为能。世宗初，六辅专政，后以咸阳王禧无事构逆，由是遂委信肇。

由于母亲被害的元恪当上了皇帝，于是高氏外家骤然暴发，娘舅高肇"在位居要"，出身寒微者竟然执掌起朝政。

不过，"出自夷土，时望轻之"始终是压抑在高肇心头的块垒，所以已故多年的高照容被高高地祭起来了。《高氏传》记载：

> 世宗践阼，追尊配飨。后先葬城西长陵东南，陵制卑局。因就起山陵，号终宁陵，置邑户五百家。肃宗（孝明帝）诏曰："文昭皇太后德协坤仪，美符文姒，作合高祖，实诞英圣，而凤世沦晖，孤茕弗祔。先帝孝感自衷，迁奉未遂，永言哀恨，义结幽明。废吕尊薄，礼伸汉代。"又诏曰："文昭皇太后尊配高祖，祔庙定号，促令迁奉，自终及始，太后当主。可更上尊号称太皇太后，以同汉晋之典，正姑妇之礼。庙号如旧。"文昭迁灵榇于长陵兆西北六十步。初开终宁陵数丈，于梓宫上获大蛇长丈余，黑色，头有"王"字，蛰而不动。灵榇既迁，置蛇旧处。

高照容的尊号一上再上，高照容的陵墓一修再修。这些举动，表面上是追念死者，实质上是为了抬高生者的门第与威望。

受到高照容荫庇的，是她的子孙宣武帝和孝明帝，以及新兴的高家外戚。出于同样的目的，附加到高照容身上的光环也愈来愈明亮夺目。趴在梓宫上的大蛇头上顶着"王"字，是为一例。前文论述的高照容"为日所逐"之梦，又为一例。要之，与高照容相关的种种神圣征兆，虽然难以令人置信，却都被载入史册了。

附记：本文是澳门大学年度资助项目"Research on the development of the Queens' power in Northern Wei"（项目号：SRG026/FSH12‑13R/LP）的阶段性成果，刊于《社会科学战线》2013 年第 8 期，后收于《北朝论稿》，北京师范大学出版社 2018 年版。

北魏宣武帝朝三后之争

《魏书》卷13《皇后列传》记载，北魏宣武帝元恪有三位皇后，她们是顺皇后于氏、皇后高氏、灵皇后胡氏。于氏与高氏在宣武帝生前相继被立为皇后。胡氏虽然被《皇后列传》冠以"灵皇后"尊号，但是她在宣武帝生前并未被立后；胡氏之子孝明帝元诩践阼之后，她才先被尊为皇太妃，后被尊为皇太后。

三后在后宫展开了血腥的斗争。虽然于氏与高氏都有强劲的外戚支撑，然而最终胜出的却是胡氏。

一、孝文遗诏：除去冯氏

北魏孝文帝于太和二十三年（499）四月丙午日去世，[①] 临终前对身后之事有所安排，其中最重要的当然是部署太子元恪继位。此事在《魏书》卷7下《高祖纪下》太和二十三年三月甲辰条下有简短的记载：

> 诏赐皇后冯氏死。诏司徒勰征太子于鲁阳践阼。

值得注意的是，元恪践阼之地不在国都洛阳，而在鲁阳。鲁阳在北魏统治时期是郡治，位于今河南省鲁山县境，北距洛阳约150公里。孝文帝下达此诏书时，正在征伐南朝之后回归洛阳的途中。他当时已经身患重病，担心自己的生命不能维持到抵达洛阳，所以下诏征太子元恪赶往距离他较近的鲁阳践阼。不过，这只是表面上的原因。其实，孝文帝更加担忧的是皇后冯氏可能在皇宫挟持新天子以令朝廷，所以他一定要将太子调离洛阳。

这位遭受孝文帝如此防范的冯氏，是已故文明太后的侄女孝文幽皇后。冯氏在政治上确实抱有强烈的欲望，《魏书》卷13《皇后·孝文幽皇后冯氏传》记载：

---

① 《魏书》卷7下《高祖纪下》太和二十三年四月丙午条。

后渐忧惧，与母常氏求托女巫。祷厌无所不至，愿高祖（孝文帝）疾不起，一旦得如文明太后辅少主称命者，赏报不赀。又取三牲宫中妖祠，假言祈福，专为左道。

这位文明太后的侄女非常想像她的姑母一样临朝听政，因此不惜采用妖祠左道的手段以求得逞。但是，孝文帝虽陷重病之中，心中却是明白的，所以才有让太子在鲁阳践阼的安排。

后来，皇弟咸阳王元禧等人也道明了孝文帝遗诏的真谛。《幽皇后冯氏传》接着记载：

高祖崩，梓宫达鲁阳，乃行遗诏。北海王详奉宣遗旨，长秋卿白整等入授后（冯氏）药。后走呼不肯引决，曰："官岂有此也，是诸王辈杀我耳！"整等执持，强之，乃含椒而尽。殡以后礼。梓宫次洛南，咸阳王禧等知审死，相视曰："若无遗诏，我兄弟亦当作计去之，岂可令失行妇人宰制天下，杀我辈也。"

咸阳王元禧等宗室诸王的议论与孝文帝的思虑相一致，都不愿意出现"妇人宰制天下"的局面。由于诸王坚定地执行遗诏，幽皇后冯氏未能逃脱引决的命运。

在下诏杀皇后与征太子的同时，孝文帝还顾命六宰臣辅政，因为新天子年纪尚轻。上引《高祖纪下》太和二十三年甲辰条接着记载：

诏以侍中、护军将军、北海王详为司空公，镇南将军王肃为尚书令，镇南大将军、广阳王嘉为尚书左仆射，尚书宋弁为吏部尚书，与侍中、太尉公禧，尚书右仆射、任城王澄等六人辅政。顾命宰辅曰："粤尔太尉、司空、尚书令、左右仆射、吏部尚书，惟我太祖丕丕之业，与四象齐茂，累圣重明，属鸿历于寡昧。兢兢业业，思纂乃圣之遗踪。迁都嵩极，定鼎河瀍，庶南荡瓯吴，复礼万国，以仰光七庙，俯济苍生。困穷早灭，不永乃志。公卿其善毗继子，隆我魏室，不亦善欤？可不勉之！"

顾命六宰臣都已经官居要职，位为上品，掌握着朝廷最有权势的衙门。他们合力辅佐新主本是分内职责，为何还要再加上一层所谓"辅政"的身份？孝文帝刻意如此，当然是希望"公卿其善毗继子，隆我魏室"；尤其是，旨在依赖朝臣抵制后权，杜绝再度出现文明太后冯氏临朝听政那样的局面。① 孝文帝的考虑确实长远，然而政治上并无一劳永逸的措施。孝文帝死后，形势的发展竟与他的设计迥然相异。

二、诸王专恣，意不可测

太和二十三年四月丁巳，元恪登基，是为宣武帝。北魏的朝政最初正如孝文帝临终安排的那样，宣武帝"居谅闇"而"委政宰辅"。② 在顾命宰辅中，既有元氏宗室，又有汉族士人，表面上北魏朝廷似乎成为胡汉联合执政的政权。但是，六位宰辅中，元氏宗室占有四席，汉族士人只有两位，而且实际权力控制在元氏宗室之间。如此看来，所谓"委政宰辅"的实质，是宗室辅助皇室的政治结构。而且，在四位元氏宗室宰臣中，与皇家最亲近的是咸阳王元禧与北海王元详。元禧与元详都是献文帝之子、孝文帝之同父异母弟，也就是宣武帝的叔父，两人的地位最为尊贵。

元禧任职侍中、太尉公，年龄长于元详，所以职权更加显耀。《资治通鉴》卷144《齐纪》中兴元年（501）正月条下胡三省注曰：

> 禧以太尉辅政，位居群臣之上，故曰上相。

在辅政六宰臣中，元禧的政治地位最突出。对此，《魏书》卷21上《献文六王上·咸阳王禧传》也有记载：

> 及高祖崩，禧受遗辅政。虽为宰辅之首，而从容推委，无所是非，而潜受贿赂，阴为威惠者，禧特甚焉。是年，八座奏增邑千户，世宗（宣武帝）从之，固辞不受。禧性骄奢，贪淫财色，姬妾数十，意尚不已，衣被绣绮，车乘鲜丽，犹远有简娉，以恣其情。由是昧求

---

① 李凭：《北魏平城时代》第四章第二节《文明太后临朝听政》，上海古籍出版社2014年版，第198－214页。

② 《魏书》卷8《世宗纪》。

货贿，奴婢千数，田业盐铁遍于远近，臣吏僮隶，相继经营。世宗颇恶之。

元禧的地位最为尊贵，但他却是最贪婪的无耻之徒。

元禧的作为已经招致宣武帝的嫌恶，却还不自戒律，反而提出了僭越的要求。《魏书》卷31《于栗磾附于烈传》记载：

> 世宗即位，（于烈）宠任如前。咸阳王禧为宰辅，权重当时，曾遣家僮传言于烈曰："须旧羽林、虎贲执仗出入，领军可为差遣。"烈曰："天子谅闇，事归宰辅，领军但知典掌宿卫，有诏不敢违，理无私给。"奴惘然而返，传烈言报禧。禧复遣谓烈曰："我是天子儿，天子叔，元辅之命，与诏何异？"烈厉色而答曰："向者亦不道王非是天子儿、叔。若是诏，应遣官人，所由遣私奴索官家羽林，烈头可得，羽林不可得！"禧恶烈刚直，遂议出之，乃授使持节、散骑常侍、征北将军、恒州刺史。烈不愿藩授，频表乞停。辄优答弗许。烈乃谓彭城王勰曰："殿下忘先帝南阳之诏乎？而逼老夫乃至于此。"遂以疾固辞。

元禧自以为地位优越，竟然妄想调用皇帝的禁卫"羽林、虎贲执仗出入"，岂料遭到统领羽林、虎贲的领军将军于烈的严厉斥责。为了报复于烈，元禧欲将于烈调离朝廷，到恒州任刺史，但是又遭到于烈的坚决抵制。

于烈是鲜卑贵族，出自将门之家。他的祖父于栗磾为北魏开国勋臣，被道武帝赞为"吾之黥彭"。于烈年少时即官拜羽林中郎，此后久在宿卫；孝文帝迁都洛阳时，"敕留台庶政，一相参委"；孝文帝临终，于烈留守都邑，"处分行留，神色无变"，发挥了镇定洛阳局面的作用。所以，上引《于烈传》记载，宣武帝即位之后对于烈"宠任如前"。

于烈之子于忠兼领直阁，常在皇帝身边，他利用机会向宣武帝进言，告发元禧等人"专恣"。《资治通鉴》卷144《齐纪》中兴元年正月条记载：

> 烈使忠言于魏主（宣武帝）曰："诸王专恣，意不可测，宜早罢

之，自揽权纲。"北海王详亦密以禧过恶白帝，且言彭城王勰大得人情，不宜久辅政。帝然之。

宣武帝虽然年轻，心中却有城府。他利用于烈对元禧的愤慨，发起了夺权行动。《于烈传》记载：

> 世宗以禧等专擅，潜谋废之。会（景明）二年正月初祭，三公并致斋于庙，世宗夜召烈子忠，谓曰："卿父忠允贞固，社稷之臣。明可早入，当有处分。"忠奉诏而出。质明，烈至，世宗诏曰："诸父慢怠，渐不可任，今欲使卿以兵召之，卿其行乎？"烈对曰："老臣历奉累朝，颇以干勇赐识。今日之事，所不敢辞。"乃将直阁已下六十余人，宣旨召咸阳王禧、彭城王勰、北海王详，卫送至于帝前。诸公各稽首归政。以烈为散骑常侍、车骑大将军、领军，进爵为侯，增邑三百户，并前五百户。自是长直禁中，机密大事，皆所参焉。

由于于烈的支持，辅政"诸公各稽首归政"，宣武帝于景明二年（501）夺权成功。因此，于烈不仅升官晋爵，而且参与"机密大事"。

形势骤变，元禧遭到疏远，他心中惴惴不安，于是谋划造反。《魏书》卷21上《献文六王上·咸阳王禧传》记载：

> 世宗既览政，禧意不安。而其国斋帅刘小苟每称左右言欲诛禧。禧闻而叹曰："我不负心，天家岂应如此！"由是常怀忧惧。加以赵修专宠，王公罕得进见。禧遂与其妃兄兼给事黄门侍郎李伯尚谋反。时世宗幸小平津，禧在城西小宅。初欲勒兵直入金墉，众怀沮异，禧心因缓。自旦达晡，计不能决，遂约不泄而散。

元禧集合亲信谋反，临时却犹豫作罢，虽"约不泄而散"，然而岂能保住秘密。《于烈传》记载：

> 太尉、咸阳王禧谋反也，武兴王杨集始驰于北邙以告。时世宗从禽于野，左右分散，直卫无几，仓卒之际，莫知计之所出。乃敕（于）烈子忠驰觇虚实。烈时留守，已处分有备，因忠奏曰："臣虽

朽迈，心力犹可。此等猖狂，不足为虑。顾缓辔徐还，以安物望。"世宗闻之，甚以慰悦。及驾还宫，禧已遁逃。诏烈遣直阁叔孙侯将虎贲三百人追执之。

元禧谋反事泄，不久被杀。在镇压元禧的事件中，于氏父子建立了首功，因而备受恩宠。

为了巩固于氏家族的地位，于烈设法将其侄女送进后宫。《魏书》卷13《皇后·宣武顺皇后于氏传》记载：

> 宣武顺皇后于氏，太尉烈弟劲之女也。世宗始亲政事，烈时为领军，总心膂之任，以嫔御未备，因左右讽谕，称后有容德，世宗乃迎入为贵人。时年十四，甚见宠爱，立为皇后，谒于太庙。

于氏入宫之后，先为贵人，不久便被立为皇后。与皇家联姻成功，于家成为参与"机密大事"的外戚。外戚参政的局面出现。

三、所谓宽容，性怀妒忌

于氏之立，成为宣武帝的第一位皇后。可惜为时不久于烈就患暴疾去世了。《于烈传》记载：

> 顺后既立，（于烈）以世父之重，弥见优礼。八月，暴疾卒，时年六十五。世宗举哀于朝堂，给东园第一秘器，朝服一具，衣一袭，赐钱二百万，布五百匹。赠使持节、侍中、大将军、太尉公、雍州刺史。追封巨鹿郡开国公，增邑五百户，并前千户。

这条史料所记于烈去世的时间仅有月份，为"八月"。溯其前文，有"会（景明）二年正月祫祭，三公并致斋于庙，世宗夜召烈子忠"等语句，此"八月"的年份应为景明二年。然而，据《魏书》卷8《世宗纪》记载，于氏立后的时间是景明二年九月己亥日，于烈"暴疾卒"事记录于"顺后既立"之后，此"八月"似乎在景明三年或此后的年份。核对《北史》卷23《于栗磾附于烈传》，则记载更略，无补于了解于烈去世的时间。

《魏书》卷31《于栗碑附于忠传》记载：

> 世宗即位，迁长水校尉，寻除左右郎将，领直寝。……父忧去职。未几，起复本官。迁司空长史。于时太傅、录尚书、北海王详亲尊权重，将作大匠王遇多随详所欲而给之。后因公事，忠于详前谓遇曰："殿下，国之周公，阿衡王室，所须材用，自应关旨，何至阿谀附势，损公惠私也！"遇既不宁，详亦惭谢。

对于上述，《资治通鉴》卷144《齐纪》中兴元年十一月丁酉条有相同的记载，为了便于比照，亦抄录如下：

> 以北海王详为太傅，领司徒。……详贵盛翕赫，将作大匠王遇多随详所欲，私以官物给之。司徒长史于忠责遇于详前曰："殿下，国之周公，阿衡王室，所须材用，自应关旨，何至阿谀附势，损公惠私也！"遇既踧踖，详亦惭谢。

通过比照不难发现，于忠指责王遇的语言，在《资治通鉴》与《魏书》的记载中竟然完全相同。这表明，《魏书》的这段记载是《资治通鉴》的史料来源之一。然而，两书所记于忠与元详的官职却有差异。这又表明，《资治通鉴》的编者撰写该段时还曾参考过其他文献。由此可见，《资治通鉴》将该段记载列在《齐纪》和帝中兴元年十一月丁酉条下，是经过审慎酌定的。而南齐和帝的中兴元年，在北魏正是景明二年。

关于于忠的官职，《魏书》记作"司空长史"，《资治通鉴》则记作"司徒长史"，未知孰非。但无论以孰为是，都应该是于忠经过"父忧"之后的迁官。则于烈去世不可能在景明二年以后，其"暴疾卒"的八月就应该在景明二年。照此理解，于氏立后应在于烈去世之后。不过，于氏之立后与于烈之死，其间时差仅一个月，而且《顺皇后于氏传》称于烈曾有过"因左右讽谕，称后有容德"的活动，可知于氏入宫以及当贵人之际于烈尚在人世。至于《魏书》的《于烈传》所记"以世父之重，弥见优礼"，应当指于烈去世以后宣武帝为之举哀、给赐、赠封等事项。为此，对照《北史》的《于烈传》中相关记载便会更显明确。

于烈去世，虽然没有影响此后于氏立后，但是对于于家的政治地位毕竟是极大的损失。上引《资治通鉴》卷144《齐纪》中兴元年十一月丁酉条记载：

> （于）忠每以鲠直为（元）详所忌，尝骂忠曰："我忧在前见尔死，不忧尔见我死时也！"忠曰："人生于世，自有定分。若应死于王手，避亦不免；若其不尔，王不能杀！"忠以讨咸阳王禧功，封魏郡公，迁散骑常侍，兼武卫将军。详因忠表让之际，密劝魏主以忠为列卿，令解左右，听其让爵。于是诏停其封，优进太府卿。

其时，于烈刚死，于忠的地位尚未稳固，必然会受权臣元详的排挤。而在后宫的于氏，因被立为皇后不久，故也难以帮助于忠。

关于于氏在北魏后宫的表现，《魏书》卷13《顺皇后于氏传》记载得十分简略，曰：

> 时年十四，甚见宠爱，立为皇后，谒于太庙。后静默宽容，性不妒忌。

其实史家的赞扬并不得实，请看下段史料。《魏书》卷22《孝文五王·京兆王愉传》记载：

> 京兆王愉，字宣德。太和二十一年封。拜都督、徐州刺史。……迁中书监。世宗为纳顺皇后妹为妃，而不见礼答。愉在徐州，纳妾李氏，本姓杨，东郡人。夜闻其歌，悦之，遂被宠嬖。罢州还京，欲进贵之，托右中郎将赵郡李恃显为之养父，就之礼逆，产子宝月。顺皇后召李入宫，毁击之，强令为尼于内，以子付妃养之。

宣武帝为京兆王元愉纳娶顺皇后于氏之妹，此事或许与顺皇后的诱导相关。元愉是宣武帝的同父异母弟，顺皇后妹成为元愉之妃，对于于家而言乃是双重联姻，系锦上添花之举。岂料元愉任徐州刺史时已有"宠嬖"，并且生有一子，因此顺皇后妹进入元愉之家后颇受冷落。顺皇后为了自家的发展，竟然亲自出面，帮助其妹排除对手。她"毁击"元愉宠妾李氏，"强令为尼于内"，甚至还剥夺李氏之子。由此事观察，顺皇后于氏的性格实在与史家所云"宽容"的评价大相径庭，她的表现何其霸道，绝非不怀妒忌之心。

不过，妨碍于家发展的不仅仅是宗室北海王元详，还有另外一家外戚，那就是宣武帝的舅氏高家。

四、礼敬尚隆，心存杀机

宣武帝排除宗室诸王，却又难以驾驭朝廷，他不得不利用外戚和近臣。《资治通鉴》卷144《齐纪》中兴元年正月条记载：

> （宣武帝）不能亲决庶务，委之左右。于是幸臣茹皓、赵郡王仲兴、上谷寇猛、赵郡赵脩、南阳赵邕及外戚高肇等始用事，魏政浸衰。

在这段记载中，外戚高肇被排列在最后，但实际上高肇所受恩宠超过了幸臣茹皓、王仲兴、寇猛、赵脩等人。

高肇是宣武帝生母孝文昭皇后高氏之兄，为宣武帝亲舅。昭皇后早就遇害身亡，所以高家在孝文帝朝并无起色。[①] 宣武帝即位以后，高家忽然被召到朝廷接受封拜，《魏书》卷83下《外戚下·高肇传》记载：

> 景明初，世宗追思舅氏，征肇兄弟等。录尚书事、北海王详等奏："（高肇父）扬宜赠左光禄大夫，赐爵勃海公，谥曰敬。其妻盖氏宜追封清河郡君。"诏可。又诏扬嫡孙猛袭勃海公爵，封肇平原郡公，肇弟显澄城郡公。三人同日受封。始世宗未与舅氏相接，将拜爵，乃赐衣帻，引见肇、显于华林都亭。皆甚惶惧，举动失仪。数日之间，富贵赫弈。

高家出自东裔的高句丽族，[②] 地处偏僻，门第寒素。皇恩突然降临，高家意想不到，因此"皆甚惶惧，举动失仪"。

---

① 《魏书》卷13《孝文昭皇后高氏传》。
② 详见本书选文《北魏两位高氏皇后族属考》。

高家骤然"富贵赫弈",似乎梦境,却系事实。不久,咸阳王元禧被诛。镇压元禧谋反的首功当属于烈、于忠父子,但是最大的获利者却是高肇。《高肇传》记载:

> 是年,咸阳王禧诛,财物、珍宝、奴婢、田宅多入高氏。未几,肇为尚书左仆射、领吏部、冀州大中正,尚世宗姑高平公主,迁尚书令。

高肇既分得元禧的家财,又获得北魏朝政的权力。他先领吏部,执掌朝廷人事;后迁尚书令,总揽行政大权。

高肇尚宣武帝之姑高平公主,与皇家亲上加亲,政治地位更加巩固。而北魏政治也因此形成新的格局,《魏书》卷21上《献文六王上·北海王详传》记载:

> 世宗讲武于邺,详与右仆射高肇、领军于劲留守京师。

从辅政的咸阳王元禧等人手中夺回政权,宣武帝得以揽政;随后,宣武帝来到邺城重镇"讲武",以此震慑局面;为了预防政变,宣武帝命元详、高肇与于劲留守京师。领军于劲是顺皇后的父亲,《魏书》卷83下《外戚下·于劲传》中称他"颇有武略"。对于京师留守的用人,宣武帝是煞费苦心的。于劲与高肇同被安排作京师留守,形成于、高两外戚对付元详一宗室的格局。

高肇骤然暴发,所受皇恩无人堪比,当然他也为此做出了显著回报。读《魏书》的《高肇传》,不难感受到史家对高肇这样的外戚是片面地抱着批判态度的。即便如此,也偶尔流露出赞扬之词来。该传记载:

> 肇出自夷土,时望轻之。及在位居要,留心百揆,孜孜无倦,世咸谓之为能。

"世咸谓之为能"是相当高的评价,在微词屡见的《高肇传》中出现如此评价,应该是客观的,也是难得的。《魏书》卷8《世宗纪》史臣曰:

> 世宗承圣考德业，天下想望风化，垂拱无为，边徼稽服。而宽以摄下，从容不断，太和之风替矣。

宣武帝朝的初期，推行"宽以摄下"的政策，致使腐败丛生，引起权力纷争。[1] 宣武帝朝的中后期，因高肇"在位居要"而相对平稳，从而在文治方面颇有作为。宣武帝得以"垂拱无为"，是因为有高肇在"留心百揆"。北魏政权能够造就"天下想望风化"的景象，其中应有高肇的贡献。

当然，陷入政坛的高肇必然要成为宣武帝用以铲除对手的工具。元禧被诛之后，另一位辅政皇叔元详一度独揽朝政，并且排挤了外戚于忠。元详一时志满意得，却不料好景不长。《魏书》卷 21 上《献文六王上·北海王详传》记载：

> 至此，（北海王详）贵宠崇盛，不复言有祸败之理。后为高肇所谮，云详与（茹）皓等谋为逆乱。

对于元详的处境，胡三省在《资治通鉴》卷 144《齐纪》中兴元年十一月丁酉条下注曰：

> 详能以计疏于忠，而不知高肇已制其后矣。

胡三省的评论真是一针见血。

高肇攻击的主要对象是宗室诸王，诸王之中又以元详为重点。《高肇传》记载：

> 世宗初，六辅专政，后以咸阳王禧无事构逆，由是遂委信肇。肇既无亲族，颇结朋党，附之者旬月超升，背之者陷以大罪。以北海王详位居其上，构杀之。又说世宗防卫诸王，殆同囚禁。

---

① 杜士铎：《北魏史》第九章第一节之二《宣武帝宽以摄下与腐朽势力的增长》，北岳文艺出版社 2011 年版，第 263 页。

仅仅依据上述记载来看，似乎元详之败纯系"高肇所潜"的缘故。其实，元详自身贪腐已极，而且张狂无忌，才终于招致朝野愤慨，此为根本原因。《北海王详传》记载：

> 初，太和末，详以少弟延爱；景明初，复以季父崇宠。位望兼极，百僚惮之。而贪冒无厌，多所取纳；公私营贩，侵剥远近；辟狎群小，所在请托。珍丽充盈，声色侈纵，建饰第宇，开起山池，所费巨万矣。又于东掖门外，大路之南，驱逼细人，规占第宅。至有丧枢在堂，请延至葬而不见许，乃令舆榇巷次，行路哀嗟。……详虽贪侈聚敛，朝野所闻，而世宗礼敬尚隆，凭寄无替，军国大事，总而裁决。每所敷奏，事皆协允。详常别住华林园之西隅，与都亭、宫馆密迩相接，亦通后门。世宗每潜幸其所，肆饮终日，其宠如此。又详拜受，因其私庆，启请世宗。世宗频幸南第，御其后堂，与高太妃相见，呼为阿母，伏而上酒，礼若家人。临出，高每拜送，举觞祝言："愿官家千万岁寿，岁岁一至妾母子舍也。"

宣武帝对元详早就不满，但是表面上却故作姿态，甚至对元详母子"礼敬尚隆"，其实心中已经存下杀机。

《魏书》的作者也是这样看待的，《魏书》卷21上《献文六王上》卷末史臣曰：

> 北海（王详）义昧鹡鸰，奢淫自丧，虽祸由间言，亦自贻伊戚。

对于发生在朝廷贵臣身上的"奢淫自丧"罪行，身为朝廷"衡轴"的高肇理应积极参与调查，并及时向皇帝报告情况，倘若不闻不问，甚至纵容勾结，反倒是失于职责的行为。何况，劾奏、纠查与议罪者另有其他大臣，而且指挥这些人的正是宣武帝。《北海王详传》记载：

> 于时，详在南第，世宗召中尉崔亮入禁，敕纠详贪淫，及茹皓、刘胄、常季贤、陈扫静等专恣之状。亮乃奏详："贪害公私，淫乱典礼。朝廷比以军国费广，禁断诸蕃杂献，而详擅作威令，命寺署酬直。驱夺人业，崇侈私第。蒸秽无道，失尊卑之节；尘败宪章，亏风

教之纪。请以见事，免所居官爵，付鸿胪削夺，辄下禁止，付廷尉治罪。"并勑皓等，夜即收禁南台。又虎贲百人围守详第，虑其惊惧奔越，遣左右郭翼开金墉门，驰出谕之，示以中尉弹状。……徙详就太府寺，围禁弥切。

同传又载，元详被处置之后，宗室诸王均受监督，"殆同囚禁"。

在收禁北海王详的过程中，北魏朝廷处于十分紧张的状态下，表现得"围禁弥切"。这是因为自从元禧死后，元详就在孝文帝顾命大臣之中处于独尊的地位。对他的处置，意义并非仅在于惩治腐败，而是更加着眼于政治。这在宣武帝下达的诏书中写得十分明确，上引《北海王详传》记载该诏书称：

王位兼台辅，亲懿莫二，朝野属赖，具瞻所归。不能励德存道，宣融轨训，方乃肆兹贪脑，秽暴显闻。远负先朝友爱之寄，近乖家国推敬所期，理官执宪，实合刑典，天下为公，岂容私抑。……邦家不造，言寻感慨。

宣武帝以"天下为公"的名义，沉重地打击了宗族诸王势力。至此，孝文帝以宗室辅政的政治设计彻底破产。

五、宫禁事秘，莫能详悉

宗室压抑，外戚伸张，因此高肇"在位居要"。为了巩固政治地位，与于家一样，高肇也设法将其侄女引入北魏后宫。《魏书》卷13《皇后·宣武皇后高氏传》记载：

宣武皇后高氏，文昭皇后弟偃之女也。世宗纳为贵人，生皇子，早夭，又生建德公主。后拜为皇后，甚见礼重。

高氏入宫后"甚见礼重"，高家与皇家由此亲上加亲。

关于高氏的情况，《魏瑶光寺尼慈义墓志铭》能够补其本传的疏略。现抄录部分内容如下：

魏瑶光寺尼慈义墓志铭：尼讳英，姓高氏，勃海条人也。文昭皇太后之兄女。世宗景明四年纳为夫人。正始五年拜为皇后。帝崩，志愿道门，出俗为尼。以神龟元年九月廿四日薨于寺。十月十五日迁葬于邙山。①

由此墓志铭得知，尼慈义原即宣武皇后高氏，俗名为英。

　　赵万里先生据罗振玉《辽居乙稿》指出，该墓志铭与《魏书》所载内容有所不同。② 现据以归纳成四点：第一，高氏系孝文昭皇后兄之女，而非如本传所谓弟之女。第二，高氏入宫后被纳为夫人，而非如本传所谓纳为贵人。第三，高氏于正始五年（508）拜为皇后，而非如《魏书》卷83下《高肇附高偃传》所谓永平元年（508）立为皇后。第四，关于高氏去世的时间、地点以及原因，《尼慈义墓志铭》有别于《魏书》的相关记载。

　　《尼慈义墓志铭》与《魏书》相关记载之间竟有如此多的不同，说明宫廷之事诸多忌讳，致使外界传说难以详悉。关于上述：第一，确如罗振玉所证，但不影响本文的论证。第三，也如罗振玉所述，高氏拜后于正始五年七月甲午，当年八月丁卯才改年号为永平。③ 由于改年在后，所以《高偃传》以永平元年为高氏立后之年不够准确。这一点也不影响本文的论证。对于第一点与第三点，均可不顾；至于第四点，将要在本文第七节中论述；以下专论第二点。

　　高氏立后前的身份为夫人之事，可以由《世宗纪》的记载得到佐证，该纪永平元年七月甲午条明确记载着"以夫人高氏为皇后"。不过，这与本传称高氏为"贵人"并不矛盾。《魏书》卷13《皇后列传》之序言称：

　　　　汉因秦制，帝之祖母曰太皇太后，母曰皇太后，妃曰皇后，余则多称夫人，随世增损，非如《周礼》有夫人、嫔妇、御妻之定数焉。……太祖追尊祖妣，皆从帝谥为皇后，始立中宫，余妾或称夫

　　① 赵超：《汉魏南北朝墓志汇编》，天津古籍出版社1992年版，第102页。
　　② 赵万里：《汉魏南北朝墓志集释》（上）卷二《北魏》后嫔内职《世宗后高英墓志》，见《石刻史料新编》第三辑，台北新文丰出版公司1986年版，第46页。
　　③ 《魏书》卷8《世宗纪》永平元年七月甲午条、八月丁卯条。

人，多少无限，然皆有品次。世祖太武帝稍增左右昭仪及贵人、椒房、中式数等，后庭渐已多矣。……高祖改定内官，左右昭仪位视大司马，三夫人视三公，三嫔视三卿，六嫔视六卿……

据此可知：在太祖道武帝朝，沿袭秦汉旧制，夫人只是后宫诸妾的泛称；至世祖太武帝朝，后宫嫔妃才有昭仪、贵人、椒房、中式数等，贵人为诸妾名目之一；到高祖孝文帝朝，将后宫品位规范化，从此夫人成为内官之一，而贵人则不在内官之列。不过，由于习惯尚在，贵人被泛化成对后宫嫔妃的尊称。《孝文昭皇后高氏传》记载：

其后有司奏请加昭仪号，谥曰文昭贵人，高祖从之。世宗践阼，追尊配飨。

可见，在孝文帝与宣武帝两朝，就连地位仅次于皇后的昭仪都可以称作贵人。在《魏书》卷83下《外戚下·高肇附高偃传》中称，高氏入宫后为"贵嫔"。此贵嫔与贵人一样，是对后宫尊者的称呼，但也不在内官之列。要之，对于立后之前的高氏，其墓志铭称作"夫人"，是依据其品位；本传称作"贵人"，乃是泛称：两处均无错误。

值得注意的倒是，在孝文帝改定的内官系列中，夫人位视三公，在皇后与昭仪等二三人之下就是夫人。《尼慈义墓志铭》称高氏于景明四年被纳为夫人，其地位是直逼皇后于氏及其他昭仪的。而在此时，高家势头正旺，于家外戚却正受北海王元详等人的排挤。所以，对于氏而言，高氏的存在构成相当大的威胁。

何况，于氏还具有致命的弱点，那就是久未生子。久未生子的原因可能有三种：一是生理方面有缺陷，二是未蒙夫君宠爱，三是主观上畏惧生育。从第三节所引《顺皇后于氏传》称于氏"甚见宠爱"之语以及后来她有所生育的情况来看，于氏久未生子的原因应该是畏惧生育。那么于氏为何畏惧生育呢？因为北魏开国皇帝道武帝立有子贵母死故事，按照其规则，储君之母要被赐死。[①] 于氏身为皇后，倘若第一个生下皇子，该皇子就理应成为储君，则于氏性命难保。换而言之，于氏并非不想生子，而是

---

① 李凭：《北魏子贵母死故事考述》，载《山西大学学报》1990年第1期。

在等待宫中其他人首先生出皇子来。

由于子贵母死故事，不仅椒掖之中人人自危，宫人亲属也家家担忧。《京兆王愉传》称：

> （顺皇）后父于劲以后久无所诞，乃上表劝广嫔侍。

于劲的上表，表面上看在为皇家着想，实际上是为顺皇后担忧。因为倘若其他嫔妃能够先行诞育子嗣，已经身为皇后的于氏就再也不必顾虑前途不测了。

然而，在当时的医药条件下，防范怀孕之事比较困难，而且由不得妇女个人。后来于氏不仅怀孕，而且生出的是儿子，那就是皇子昌。据《世宗纪》记载，皇子昌诞生于正始三年春正月丁卯日，时距于氏在景明二年九月己亥日被立为皇后已经六个年头。皇子昌是宣武帝的第一位皇子，从出生当日大赦天下来看，其前途就是皇储。

首位皇子诞生，对于皇家而言是喜庆，对于于氏而言却是凶兆。不过，执行此规则者应该是比皇后的地位更高之人，此时北魏宫中并无太后，所以于氏的命运就全然取决于宣武帝了。宣武帝当时对于氏的态度如何，并无史料透露。值得注意的是，有一个极为不利于于氏的因素明摆着，那就是夫人高氏。

关于高氏的品性，其本传在两处各给出了两个字的评价，前曰"妒忌"，后称"悍忌"，可见她绝非等闲之辈。高氏夫人与于氏皇后，两妒相遇难免恶斗，其胜败不仅决定个人的命运，而且关乎家族的前景。二者恶斗的细节虽然不详，结果却是清楚的，位居皇后的于氏惨败。

《顺皇后于氏传》记载：

> 其后（于氏）暴崩，宫禁事秘，莫能知悉，而世议归咎于高夫人。葬永泰陵，谥曰顺皇后。

仅仅依据这段史料，很难判断于氏之死是否与子贵母死故事相关，也难以获知宣武帝在此事件中的作用。《顺皇后于氏传》将于氏之死"归咎于高夫人"，但这也仅仅属于"世议"，并无实据。不过，反常的是，于氏之死分明系"暴崩"，却不见朝廷追究原委与罪责，由此可见宣武帝当时对于氏已经漠然。反过来也可以说，正是宣武帝的漠然态度，造成了于氏被害的悲剧。不过，从于氏"暴崩"后会出现"归咎于高夫人"的"世议"现象，可以看出高、于两家的矛盾斗争已经成为世人的共识。

据《世宗纪》记载，于氏于正始四年十月丁卯日去世。于氏去世不足半年，其子皇子昌也死去，时为永平元年三月戊子，皇子昌享年仅仅虚岁三岁。皇子昌之死，当时的舆论也归咎于高家。《高肇传》记载：

> 皇子昌薨，佥谓王显失于医疗，承（高）肇意旨。

王显以医术显达于北魏朝廷，[1] 但医术难以回天，皇子昌之死或因医疗不济。虽然史载有舆论都称王显"承肇意旨"云云，但不一定属实。其实，皇子昌之死，对于高家有害无利，因为此后就该高氏担心怀孕生子的事情了。

于氏及皇子昌都死了，高氏成为宣武帝朝第二位皇后。但是于家与高家的斗争并未完结。

六、一身之死，何缘畏惧

高氏在后宫争强之际，高肇与宗室诸王的关系继续恶化。《高肇传》记载：

> 时顺皇后暴崩，世议言肇为之。……及京兆王愉出为冀州刺史，畏肇恣擅，遂至不轨。肇又谮杀彭城王勰。由是朝野侧目，咸畏恶之。

高肇敢于陷害诸王，是因为背后有宣武帝的唆使；诸王欲反，也以清除宣武帝宠任的高肇为理由。《京兆王愉传》记载：

> （京兆王愉）与弟广平王怀颇相夸尚，竞慕奢丽，贪纵不法。于是世宗摄愉禁中推案，杖愉五十，出为冀州刺史。始愉自以职求侍

---

[1] 《魏书》卷91《术艺·王显传》。

要，既势劣二弟，潜怀愧恨，颇见言色。又以幸妾屡被顿辱，内外离抑。及在州谋逆，愉遂杀长史羊灵引及司马李遵，称得清河王密疏，云高肇谋杀害主上。于是遂为坛于信都之南，柴燎告天，即皇帝位。赦天下，号建平元年，立李氏为皇后。世宗诏尚书李平讨愉。愉出拒王师，频败，遂婴城自守。愉知事穷，携李及四子数十骑出门，诸军追之，见执以送。诏征赴京师，申以家人之训。愉每止宿亭传，必携李手，尽其私情。虽销絷之中，饮食自若，略无愧惧之色。至野王，愉语人曰："虽主上慈深，不忍杀我，吾亦何面目见于至尊！"于是歔欷流涕，绝气而死，年二十一。或云高肇令人杀之。敛以小棺，瘗之。

元愉"贪纵不法"，受到惩处是理所当然的。但是他不思悔过，居然"在州谋逆"，而且还以"高肇谋杀害主上"为理由。于是，元愉分明是"绝气而死"，却被舆论称为"高肇令人杀之"。

另一位权势显赫的宗室王彭城王勰之死，则起因于公开反对高氏立后。《魏书》卷21下《献文六王下·彭城王勰传》记载：

（彭城王勰）小心谨慎，初无过失，虽闲居宴处，亦无慢色惰容。爱敬儒彦，倾心礼待。清正俭素，门无私谒。性仁孝，言于朝廷，以其舅潘僧固为冀州乐陵太守。京兆王愉构逆，僧固见逼从之。尚书令高肇性既凶慝，贼害贤俊。又肇之兄女，入为夫人，顺皇后崩，世宗欲以为后，勰固执以为不可。肇于是屡谮勰于世宗，世宗不纳。因僧固之同愉逆，肇诬勰北与愉通，南招蛮贼。勰国郎中令魏偃、前防阁高祖珍希肇提携，构成其事。肇初令侍中元晖以奏世宗，晖不从，令左卫元珍言之。世宗访之于晖，晖明勰无此。世宗更以问肇，肇以魏偃、祖珍为证，世宗乃信之。

高肇诬陷元勰与元愉私通叛逆之事被采信，反对立高氏为后的障碍被排除，于是高家如愿以偿。

高氏于永平元年七月甲午日被立为皇后，时隔于氏之死仅仅九个月。① 两个月后，彭城王元勰便大祸临头。上引《彭城王勰传》接着记载：

> 永平元年九月，召勰及高阳王雍、广阳王嘉、清河王怿、广平王怀及高肇等入。时勰妃方产，勰乃固辞不赴。中使相继，不得巳乃令命驾，意甚忧惧，与妃诀而登车。入东掖门，度一小桥，牛不肯进，遂击之，良久。更有使者责勰来迟，乃令去牛，人挽而进。宴于禁中。至夜，皆醉，各就别所消息。俄而，元珍将武士赍毒酒而至。勰曰："吾忠于朝廷，何罪见杀！一见至尊，死无恨也。"珍曰："至尊何可复见！王但饮酒。"勰曰："至尊圣明，不应无事杀我，求与告我罪者一对曲直。"武士以刀环筑勰二下。勰大言曰："皇天！忠而见杀。"武士又以刀环筑勰。勰乃饮毒酒，武士就杀之。向晨，以褥裹尸，舆从屏门而出。载尸归第，云王因饮而薨。勰妃李氏，司空（李）冲之女也，号哭大言曰："高肇枉理杀人，天道有灵，汝还当恶死。"及肇以罪见杀，论者知有报应焉。……勰既有大功于国，无罪见害，百姓冤之。行路士女，流涕而言曰："高令公枉杀如此贤王！"有朝贵贱，莫不丧气。

对于彭城王勰被杀事件的前因后果、征兆预感以及坊间舆论，史家均做了大肆渲染。不管彭城王勰案是否冤屈，当时舆论汹汹应属实情，这般形势对于宫中的高氏与朝廷的高肇十分不利。

彭城王勰被杀后，宣武帝也略有追悔之意，这可以从他给予彭城王勰的高规格礼遇看出来。《彭城王勰传》记载：

> 世宗为举哀于东堂。给东园第一秘器、朝服一袭、赙钱八十万、布二千匹、蜡五百斤，大鸿胪护丧事。……追崇假黄钺、使持节、都督中外诸军事，司徒公、侍中、太师、王如故。给銮辂九旒、虎贲班剑百人、前后部羽葆鼓吹、辒辌车。

宣武帝一再地追崇彭城王勰，表明他对于处决彭城王勰之事是有所悔

① 《魏书》卷8《世宗纪》。

悟的。

彭城王勰死后，宗室势力暂时被压抑住。不过，高肇虽然获胜，却也陷入了更大的矛盾漩涡。《高肇传》记载：

> （高肇）因此专权，与夺任己。又尝与清河王怿于云龙门外庑下，忽忿诤，大至纷纭。太尉、高阳王雍和止之。

依靠镇压宗室的手段，高肇帮助宣武帝巩固了政权，但自己陷入了朝野侧目的境地。

在十分孤立的状况下，高肇却利用权势作了不少革新举动。《高肇传》记载：

> 肇既当衡轴，每事任己，本无学识，动违礼度，好改先朝旧制，出情妄作，减削封秩，抑黜勋人。由是怨声盈路矣。

高肇是依靠外戚身份而暴发的，史家对他这样的人抱有一定程度的偏见，所以这段描述中充斥着批判的言辞。不过，剥开偏见的外衣，也能窥出高肇执政期间对于"先朝旧制"做过不少改革。改革的效果如何自当别论，但至少其中所述"怨声盈路"云云是夸张之词。发出怨声者其实大多是所谓的"勋人"，而非普通的民众，所以怨声是有的，却还不至于盈路。

与此同时，宫中形势也有变化，这与皇家的子嗣相关。《宣武皇后高氏传》记载：

> 世宗纳（高氏）为贵人，生皇子，早夭，又生建德公主。后拜为皇后，甚见礼重。性妒忌，宫人希得进御。

原来，高氏在立后之前生有皇子及公主，不过皇子"早夭"了。皇子死亡的原因不见于史载，很可能与高氏慑于子贵母死故事相关。更有甚者，高氏被立为皇后之后，不但自己不欲生子，而且还阻挠其他宫人"进御"。所以，同传还称：

> 世宗暮年，高后悍忌，夫人嫔御有至帝崩不蒙侍接者。由是在洛

二世，二十余年，皇子全育者，惟肃宗而已。

北魏皇家出现子嗣危机，史家将此归咎于高氏的"悍忌"。高氏固然品性
"悍忌"，其实她也处于两难之中：自己生子，可能被赐死；她人生子，
权势必定旁落。从根本上讲，乃是道武帝设立子贵母死故事造下的灾孽使
然，对于北魏皇家实在是报应！

在上述情况下，宣武帝身边又出现了一位胡氏，使局面变得更加复
杂。《魏书》卷13《皇后·宣武灵皇后胡氏传》记载：

> 宣武灵皇后胡氏，安定临泾人，司徒国珍女也。母皇甫氏，产后
> 之日，赤光四照。京兆山北县有赵胡者，善于卜相，国珍问之。胡
> 云："贤女有大贵之表，方为天地母，生天地主。勿过三人知也。"
> 后姑为尼，颇能讲道。世宗初，入讲禁中。积数岁，讽左右称后姿
> 行。世宗闻之，乃召入掖庭，为承华世妇。

关于胡氏被召入掖庭的时间，本传未作记载。胡氏后来生有一子，是为孝
明帝。《魏书》卷九《肃宗纪》记载，孝明帝诞生于永平三年（510）三
月丙戌日。据此知道，胡氏怀孕的时间大约在永平二年五月之后，则胡氏
入宫的时间应该在永平二年五月之前。

关于胡氏的家庭，在《魏书》卷83《外戚下·胡国珍传》中有
记载：

> 胡国珍，字世玉，安定临泾人也。祖略，姚兴渤海公姚逵平北府
> 谘议参军。父渊，赫连屈丐给事黄门侍郎。世祖克统万，渊以降款之
> 功，赐爵武始侯，后拜河州刺史。国珍少好学，雅尚清俭。太和十五
> 年袭爵，例降为伯。女以选入掖庭。

胡家出身夏国降臣，论尊贵远不如于家，论显赫更不如高家。因此，为了
让胡氏进入宫中，其家曾经煞费苦心。《灵皇后胡氏传》中所谓"赤光四
照"的征候以及赵胡的卜语当然属于后来编造的，不足凭信。胡氏之姑
借讲道以施展影响，从而乘机帮助胡氏入宫，这倒是真切可信的。胡氏之
姑的活动竟然持之以恒，"积数岁"之久。由胡氏入宫的永平二年五月往

前推"数岁"，恰恰是于氏与高氏相妒达到高潮的正始年间。胡家如此算计，也许是看准了后宫的矛盾变化。

胡氏入宫后为承华世妇，位视中大夫，地位绝不能与夫人相比。然而胡氏性格倔强，并非常人堪比。《灵皇后胡氏传》记载：

> 而椒掖之中，以国旧制，相与祈祝，皆愿生诸王、公主，不愿生太子。唯后（胡氏）每谓夫人等言："天子岂可独无儿子，何缘畏一身之死，而令皇家不育冢嫡乎?"及肃宗在孕，同列犹以故事相恐，劝为诸计。后固意确然，幽夜独誓云："但使所怀是男，次第当长子，子生身死，所不辞也。"既诞肃宗，进为充华嫔。

所谓"国旧制"，正是子贵母死故事。其实，胡氏并非不畏旧制，她宁肯"子生身死"的举动实乃拼命一搏，是向妒妇高氏公然发起的挑战。也只有如此，她才能有出头的机会。

胡充华的挑战激起不小的波澜，反应最敏感的当然是宣武帝。《胡氏传》记载：

> 先是，世宗频丧皇子，自以春秋长矣，深加慎护，为择乳保皆取良家宜子者。养于别宫，皇后及充华嫔皆莫得而抚视焉。

将皇子"养于别宫"的目的，是防范皇后及充华嫔的加害，其中最主要的防范目标，正是"悍忌"的皇后高氏。胡充华的挑战，必然会感动宣武帝；宣武帝的防范措施，则表明高氏的地位发生动摇了。

作为连锁效应，宣武帝对高肇的态度也逐渐冷淡。《高肇传》记载：

> 延昌初，（高肇）迁司徒。虽贵登台鼎，犹以去要，怏怏形乎辞色。众咸嗤笑之。

高肇迁官司徒，政治地位虽然提高，但是权势却被架空。这是朝廷众臣都能看得出来的，所以"咸嗤笑之"；高肇自己心中也很明白，所以"怏怏形乎辞色"。发生在高肇身上的变化，并不仅仅因为胡氏在宫中的挑战，更为重要的原因是，宗室势力已经大受挫折。高鸟几尽，走狗待烹，宣武帝不太需要高肇这样的政治打手了。

延昌三年（514），高肇离开朝廷，受命出征西蜀。《高肇传》记载：

> 其年，大举征蜀，以肇为大将军，都督诸军为之节度。与都督甄琛等二十余人俱面辞世宗于东堂，亲奉规略。是日，肇所乘骏马停于神虎门外，无故惊倒，转卧渠中，鞍具瓦解，众咸怪异。肇出，恶焉。

高肇出征之前，出现所乘骏马惊倒的征兆。所谓征兆，本不可信，但是这与高肇的权势转衰暗合，所以会令高肇"恶焉"。

七、母以子贵，奈我如何

形势急转直下，延昌四年（515）正月丁巳日，宣武帝突然驾崩，[①]而高肇尚在西征途中。保护伞倒下，高家外戚面临严峻形势。宗室诸王以及于家外戚立即与高肇在朝廷的党羽展开生死较量。此时，于家的代表是于烈之子于忠，宗室诸王的代表是高阳王元雍。

于忠在延昌年间任侍中、领军将军，宣武帝去世后他迎立孝明帝即位，执掌朝政。《魏书》卷31《于栗䃅附于忠传》记载：

> 及世宗崩，夜中与侍中崔光遣右卫将军侯刚，迎肃宗于东宫而即位。忠与门下议：以肃宗幼年，未亲机政；太尉、高阳王雍属尊望重，宜入居西柏堂，省决庶政；任城王澄明德茂亲，可为尚书令，总摄百揆。奏中宫，请即敕授。

针对这样的局面，高肇的党羽曾经负隅顽抗，《于忠传》接着记载：

> 御史中尉王显欲逞奸计，与中常侍、给事中孙伏连等厉色不听，寝门下之奏。……孙伏连等密欲矫太后令，以高肇录尚书事，显与高猛为侍中。忠即于殿中收显，杀之。忠既居门下，又总禁卫，遂秉朝

---

① 《魏书》卷8《世宗纪》。

政，权倾一时。

由于高肇远离朝廷，王显等人势力单薄，难以施展，其阴谋被于忠粉碎。

于忠得逞，随即起用元雍。元雍是孝文帝的同父异母弟，宣武帝的叔父，原任太保，领太尉、侍中。《魏书》卷 21 上《献文六王上·高阳王雍传》记载：

> 肃宗初，诏雍入居太极西柏堂，谘决大政，给亲信二十人。又诏雍为宗师，进太傅、侍中，领太尉公，王如故。

于是，以于氏外戚与元雍为代表的宗室建立起共同反对高氏外戚的联盟。

当高肇党羽"欲逞奸计"之际，高氏曾在宫中有所配合。《于忠传》又记载：

> 初，世宗崩后，高太后将害灵太后。刘腾以告侯刚，刚以告（于）忠。忠请计于崔光，光曰："宜置胡嫔于别所，严加守卫，理必万全，计之上者。"忠等从之。具以此意启灵太后，太后意乃安。故太后深德腾等四人，并有宠授。

此处所述之"灵太后"即上文已述之胡氏，"高太后"即上文已述之皇后高氏。高氏本欲加害胡氏，以便控制后宫，无奈胡氏有于忠保护，其计划未能实施。虽然有过此番斗争，皇后高氏却于延昌四年二月庚辰被尊为皇太后。[①] 因为此时于忠等人还来不及对后宫采取行动，何况高肇尚拥重兵在外，不宜招致高肇的疑虑。

高肇得到宣武帝去世的噩耗，却未有任何异常举动。《高肇传》记载：

> （延昌）四年，世宗崩，敕罢征军。肃宗（孝明帝）与肇及征南将军元遥等书，称讳言，以告凶问。肇承变哀愕，非唯仰慕，亦私忧身祸，朝夕悲泣，至于羸悴。将至，宿瀍涧驿亭，家人夜迎省之，皆

_____

① 《魏书》卷 9《肃宗纪》。

不相视。直至阙下，衰服号哭，升太极殿，奉丧尽哀。

高肇虽然"私忧身祸"，却毅然返程奔丧，甚至不视家人，表明他对朝廷并无反心。高肇起自寒微，骤然暴发，其政绩如何，另当别论，但对宣武帝心怀感恩，却是毋庸置疑的。

不过，高肇并未因此免祸，《高肇传》接着记载：

> 太尉、高阳王先居西柏堂，专决庶事，与领军于忠密欲除之。潜备壮士直寝邢豹、伊瓮生等十余人于舍人省下。肇哭梓宫讫，于百官前引入西廊，清河王怿、任城王澄及诸王等皆窃言目之。肇入省，壮士扼而拉杀之。下诏暴其罪恶，又云刑书未及，便至自尽，自余亲党，悉无追问。削除职爵，葬以士礼。及昏，乃于厕门出其尸归家。初，肇西征，行至函谷，车轴中折。从者皆以为不获吉还也。

元雍与于忠串通，谋杀了高肇。高肇被杀于延昌四年二月辛巳日，[①] 时为高氏被尊为皇太后的二月庚辰日之次日。

高肇死后次月，高氏太后陷入困厄境地。延昌四年三月甲辰，高氏被迫出俗为尼。[②] 高氏此后的遭遇，《宣武皇后高氏传》有所记载：

> 及肃宗即位，上尊号曰皇太后。寻为尼，居瑶光寺，非大节庆，不入宫中。……神龟元年（518），太后出觐母武邑君。时天文有变，灵太后欲以后当祸，是夜暴崩，天下冤之。丧还瑶光佛寺，殡葬皆以尼礼。

至此，灵太后胡氏从容地解决了高氏。高氏之死，"天下冤之"，其实身陷政治斗争，祸福必然难料。

对于高氏的结局，《尼慈义墓志铭》所镌文字中有所避讳。这就是本文第五节中赵万里先生据罗振玉《辽居乙稿》指出的《尼慈义墓志铭》与《魏书》所载诸多不同处之一。其中第四点认为：关于高氏死因，墓

---

① 《魏书》卷9《肃宗纪》。
② 《魏书》卷9《肃宗纪》。

志铭不如本传得实，不过墓志铭也已"隐约言之"；关于高氏去世的时间，"殆以（九月）二十四日暴崩，越二日始宣布耶"。

笔者认为，关于高氏死事，本传反较墓志铭得实的看法是正确的。根据本传，高氏去世之前曾"出觐母武邑君"，随后因胡氏"欲以后当祸"而于"是夜暴崩"，最后才"丧还瑶光佛寺"，这样的叙述符合真实情况。从高氏生前的活动以及死后丧还等情节看，高氏"暴崩"的地点在瑶光佛寺之外，而非寺内。《尼慈义墓志铭》称高氏于神龟元年九月廿四日薨于寺，而《魏书》卷九《孝明帝纪》记载高氏九月戊申（廿六日）崩于瑶光寺。这两条史料均欲避讳高氏死于寺外的事实，因此才会出现日期方面的矛盾，从而暴露了记载的不实。

不过，所谓"越二日始宣布耶"的说法似乎牵强，因为此时的高氏已经沦落为尼，以胡氏嚣张的性格无须在乎其何日宣布。值得注意的倒是《宣武皇后高氏传》所云的"是夜"二字。高氏身份特殊，且死于夜间，故其遗体未便就地处置，必待商请善后意见，所以隔日后送还瑶光佛寺是合乎情理的。倘若如是，二十四日当夜应是高氏暴崩的时间，而二十六日应是高氏遗体送还瑶光佛寺的时间。

高氏的败亡，源于高家外戚的败亡。而高家外戚的败亡，是于家外戚与宗室联手打击的政治结果。但就后宫而言，最终获利者竟是与于家外戚及宗室诸王本无关系的胡氏。胡氏后来临朝听政，掌握了北魏政权。《灵皇后胡氏传》记载：

> 及肃宗践阼，尊后为皇太妃，后尊为皇太后。临朝听政，犹称殿下，下令行事。后改令称诏，群臣上书曰"陛下"，自称曰"朕"。太后以肃宗冲幼，未堪亲祭，欲傍《周礼》夫人与君交献之义代行祭礼，访寻故式。门下召礼官、博士议，以为不可。而太后欲以帏幔自鄣，观三公行事，重问侍中崔光。光便据汉和熹邓后荐祭故事，太后大悦，遂摄行初祀。

读过这一段，就不禁会想起北魏平城时代的文明太后冯氏临朝听政的那番局面。相比之下，胡氏比冯氏走得更远。

应该指出的是，在宣武帝与孝明帝交替的政治纷争之际，胡氏并未依照故事被处死，她不但活了下来，还被尊为皇太后。那是因为当时的宫中已无人具有超越国母胡氏的地位，而新控制朝政的于忠和元雍等人又需要利用国母胡氏的地位。从此，惊悚北魏后宫百年之久的子贵母死规则便不宣而废，成为历史的陈迹。

八、历史重演，结局不同

为了杜绝母后干预政治的现象，北魏孝文帝临终确立以宗室为主的六辅臣专政格局，而六辅臣的核心则是宗室诸王。然而，宣武帝即位后却排斥宗室诸王而重用鲜卑贵族于烈和母舅高肇，以求改变孝文帝部署的政治局面。为了巩固家族的权势，于烈与高肇先后将各自的侄女送入宫廷，从而导致后宫呈现激烈的三后之争。首先据有尊位的是于氏，接着占领上风的是高氏，而最终胜出者却是并无强劲家族背景的胡氏。三后之争并不局限于宫廷，而是与朝廷的政治风云密切相关。宫廷与朝廷，互相影响，互为因果。

与洛阳时代宣武帝朝的宫廷形势类似，平城时代文成帝朝的宫廷也发生过三后之争。[①] 两番三后之争，结果似乎相同，均为地位最低者获得最终的胜利。文成帝朝三后之争的结果是乳母常氏胜出，从而形成龙城诸后干预政治的现象，进而导致文明太后临朝听政的局面。宣武帝朝三后之争的结果是胡氏胜出，随后就出现灵太后临朝听政的局面。这样的结果，与孝文帝确立六辅政格局的初衷恰恰相反。

不过，文明太后临朝听政将北魏政权推向了繁荣昌盛，灵太后临朝听政却致使北魏政权坠入纷争腐败，因为二者面临的历史形势不同。前者处于北魏政权蒸蒸日上阶段，后者处于北魏政权日益没落时期。所以，历史事件仿佛重演，历史意义却截然相反。

附记：本文是澳门大学年度资助项目"Research on the development of the Queens' power in Northern Wei"（项目号：SRG026/FSH12 – 13R/LP）的阶段性成果，刊于《学习与探索》2013 年第 10 期，后收于《北朝论稿》北京师范大学出版社 2018 年版。

---

① 李凭：《北魏文成帝初年的三后之争》，见《北朝研究存稿》，商务印书馆 2006 年版。

北魏平城政权与高句丽关系三阶段

北魏平城时代初期，就有众多高句丽族人民参与其首都平城的建设事业。[①] 但是，直到北魏第三代皇帝太武帝朝，平城政权才开始与高句丽有官方交往。[②] 不过，在北魏对北燕的战争中，高句丽支持了北燕；而且，战后高句丽接纳了流亡的北燕国主，因此平城政权与高句丽的关系处于僵持阶段。北魏第四代皇帝文成帝朝，高句丽才又往平城政权派遣使臣，但是双方关系并不密切。从北魏第五代皇帝献文帝朝起，高句丽与平城政权的来往逐渐增多。献文帝当太上皇以后的延兴年间，平城政权曾两番遣使前往高句丽请求和亲，然而高句丽采取抵制的态度。和亲失败说明，平城政权与高句丽的关系尚处于磨合的阶段。北魏第六代皇帝孝文帝朝的太和年间，平城政权与高句丽的交往达到高潮。形成高潮的主要原因是当时平城政权的实际执政者文明太后力图发展与东方的关系，而高句丽王琏也为双方的积极交往作出了贡献。文明太后与高句丽王琏相继去世后，双方仍然维护着和平的官方交往关系。

一、僵持

北魏太武帝朝中期，北魏大军克定关中，位于平城政权西方而长期与之对立的夏国及其残余势力彻底败亡；同时，在魏军的沉重打击下，位于平城政权北方的柔然也与之建立了和亲关系：长期困扰平城政权的两大劲敌得以解决。太武帝遂于延和元年（432）起向位于平城东方的北燕连续发动战争，以求往东发展。

在北魏对北燕的战争中，北魏处于绝对优势。北魏对北燕的强大攻势，虽然没有触及高句丽，但也起到隔山震虎的作用。由于北燕的实力明显不

---

① 李凭：《北魏天兴元年的高丽移民及其状况》，见《中国魏晋南北朝史学会第八届年会论文集》，巴蜀书社 2006 年版。

② 李凭：《魏燕战争前后北魏与高句丽的交往》，载《上海师大学报》2002 年第 6 期。

足以抵挡强大的魏军，迫使高句丽不得不认真考虑如何与平城政权相处的问题。所以，太延元年（435），趁魏燕战争的间歇之机，高句丽首次向北魏派遣了使臣。《魏书》卷4上《世祖纪上》"太延元年六月丙午"条记载：

> 高丽①、鄯善国并遣使朝献。

关于这次高句丽向北魏遣使的情况，《魏书》卷100《高句丽传》也有相应的记载：

> 世祖时，钊曾孙琏始遣使者安东奉表贡方物，并请国讳。

安东是高句丽向北魏派出的第一位使臣，他的使命是"请国讳"，即为高句丽王琏向北魏要求封号。高句丽王琏的时期是高句丽的实力迅速发展的阶段。

与此相应，出于孤立北燕的目的，北魏对高句丽也采取了积极友好的态度。上引《高句丽传》又记载：

> 世祖（太武帝）嘉其诚款，诏下帝系名讳于其国，遣员外散骑侍郎李敖拜琏为都督辽海诸军事、征东将军、领护东夷中郎将、辽东郡开国公、高句丽王。

就这样，通过上述封拜形式，北魏与高句丽有了正式交往。

员外散骑侍郎李敖是北魏向高句丽派出的第一位使臣，他到过当时高句丽的中心平壤城。李敖回国以后，将其所见所闻向平城政权做了汇报，其内容后来记录在《高句丽传》中。该传记载：

> （李）敖至其所居平壤城，访其方事，云：辽东南一千余里，东至栅城，南至小海，北至旧夫余，民户参倍于前魏时。其地东西二千里，南北一千余里。民皆土著，随山谷而居，衣布帛及皮。土田薄墝，蚕农不足以自供，故其人节饮食。……其王好治宫室，其官名有

---

① 在《魏书》中，"高丽"与"高句丽"是通称的。

谒奢、太奢、大兄、小兄之号。头着折风，其形如弁，旁插鸟羽，贵贱有差。立则反拱，跪拜曳一脚，行步如走。常以十月祭天，国中大会。其公会，衣服皆锦绣，金银以为饰。好蹲踞。食用俎几。出三尺马，云本朱蒙①所乘，马种即果下也。

李敖是最早深入到高句丽的北魏使臣，他的见闻，特别是关于平壤城和高句丽风俗及官号的记载，无论在当时，还是在如今，都是很有价值的资料。可惜，在《魏书》和《北史》中，没有关于李敖生平的更多记录。

在上引文字之下，接着有这样的记载：

> 后贡使相寻，岁致黄金二百斤，白银四百斤。

从这段记载看，自从北魏与高句丽建立正式关系以后，两者便有了使节来往，关系似乎相当友好。但是，实际上北魏与高句丽的关系并非一帆风顺。

北魏与高句丽建交的第二年，即北魏太延二年（436），魏军将北燕彻底击溃了。在危急之际，北燕向其东邻高句丽求援。高句丽作出积极回应，使其大将葛蔓卢以步骑二万接应北燕国主冯弘。②从而公然表明与北魏对抗的态度。

对于北燕的危急状况，高句丽之所以出兵接应，这固然与高句丽和北燕之间素有亲近交往相关，但更重要的原因则是防范北魏军队的继续东进。当然，北魏事先也并非没有顾忌高句丽及东夷诸国可能出兵介入魏燕战争，所以在对北燕决战的前月曾向高句丽及东夷诸国派出使臣十余辈。《魏书》卷4上《世祖纪上》太延二年二月壬辰条记载：

> 遣使者十余辈诣高丽、东夷诸国，诏谕之。

太武帝诏谕高句丽及东夷诸国的具体内容虽然不见于史家的记载，但是这次规模很大的外交活动距离魏燕决战的时间如此接近，说明其目的显然与预防高句丽及东夷诸国支持北燕相关。不过，北魏的这次外交活动没有取

---

① 朱蒙是高丽先祖，详见于《魏书》卷100《高句丽传》。
② 《魏书》卷4上《世祖纪上》太延二年三月条。

得成效，高句丽并没有因此而不接纳败亡的北燕国主冯弘一行。

太武帝对高句丽的举动作出激烈反应。《魏书》卷100《高句丽传》记载：

> 时冯文通率众奔之，世祖遣散骑常侍封拨诏琏令送文通，琏上书称当与文通俱奉王化，竟不送。世祖怒，欲往讨之，乐平王丕等议待后举，世祖乃止。

对此，《魏书》卷4上《世祖纪上》也有相应记载，而且时间明确，其太延二年五月条记载：

> 乙卯，冯文通奔高丽。戊午，诏散骑常侍封拨使高丽，征送文通。

接着，同纪太延二年九月条又记载：

> 高丽不送文通，遣使奉表，称当与文通俱奉王化。帝以高丽违诏，议将击之，纳乐平王丕计而止。

由这些记载知，北魏对高句丽接应冯弘一行事件的反应是：首先，要求高句丽将冯弘等遣送北魏；其次，在要求得不到满足的情况下，太武帝打算发兵征讨。

北魏对高句丽的进攻大有一触即发之势，幸赖乐平王拓跋丕劝谏，才避免了一场战争冲突。事实上，北魏虽然败灭了北燕，但已无力继续东进。对于太武帝来说，处理好西方北凉和南方刘宋的问题才是更加明智的策略。[①] 由于战争没有发生，对于今后北魏与高句丽的交往没有造成恶劣影响。

在高句丽王琏接纳流亡国主冯弘不久，二者之间的矛盾便出现了；太武帝趁势又对高句丽施加压力，敦促高句丽向北魏交出冯弘，这样冯弘就只有死路一条了。[②] 关于冯弘被杀的时间，在《魏书》卷4上《世祖纪

---

① 《魏书》卷17《明元六王·乐平王丕传》、卷28《刘洁传》。

② 《魏书》卷97《海夷冯跋传附弟文通传》。

上》中系于太延四年（438）三月条下，其记载十分简略，只是称：

> 是月，高丽杀冯文通。

而《资治通鉴》卷123宋纪元嘉十五年三月条的记载则比《魏书》详细得多，该条称：

> （冯）弘素侮高丽，政刑赏罚，犹如其国；高丽乃夺其侍人，取其太子王仁为质。弘怨高丽，遣使上表求迎，上遣使者王白驹等迎之，并令高丽资遣。高丽王不欲使弘南来，遣将孙漱、高仇等杀弘于北丰，并其子孙十余人，谥弘曰"昭成皇帝"。白驹等帅所领七千余人掩讨漱、仇，杀仇，生擒漱。高丽王以白驹等专杀，遣使执送之。上以远国，不欲违其意，下白驹等狱，已而原之。

《资治通鉴》的这段描述，实际上反映了当时高句丽与北魏、南朝刘宋之间错综的外交关系。冯弘被杀的原因，除了他"素侮高丽"，更重要的是因为他派遣使者与南朝刘宋联系。对此，刘宋很快地作出回应。在上引史料中，"上"是指宋文帝刘义隆。宋文帝在接到冯弘的上表后随即派使者王白驹等前往高句丽迎接冯弘，并且要求高句丽出资遣送冯弘一行。刘宋的举动，使局势变得复杂起来。高句丽此时不得不在北魏与刘宋之间进行抉择，再无犹豫的余地。权衡利弊之后，高句丽选择了杀死冯弘以缓和与北魏之间紧张关系。而刘宋也因高句丽距离遥远，对此无可奈何。

至此，由于魏燕战争而造成的北魏与高句丽之间剑拔弩张的局势终结，双方关系进入不战不和的僵持阶段。北魏太武帝太延三年（437）以后，平城政权与高句丽没有官方来往，直到25年以后的北魏文成帝和平三年（462），高句丽才又往平城政权派遣使臣。

二、磨合

如前已述，在北燕灭亡之前的太延元年，高句丽已经向北魏派出首批使臣。换而言之，北魏与高句丽的正式交往始于太延元年。不过，两者的最初交往其实是围绕着魏燕战争而展开的交涉，而非友好的交往。

在北魏文成帝朝，高句丽使臣又来到平城，但是平城政权并没有作出积极回应，所以高句丽与北魏的官方来往并不密切。①

从献文帝朝开始，高句丽与北魏的官方来往逐渐增多，到孝文帝朝双方的来往达到高潮，因而史料中频繁地出现遣使的事例。② 出现这种形势的主要原因，是当时北魏的实际执政者文明太后力图发展与东方的关系。《魏书》卷100《高句丽传》记载：

> 后文明太后以显祖（献文帝）六宫未备，敕琏令荐其女。琏奉表，云女已出嫁，求以弟女应旨，朝廷许焉，乃遣安乐王真、尚书李敷等至境送币。琏惑其左右之说，云朝廷昔与冯氏婚姻，未几而灭其国，殷鉴不远，宜以方便辞之。琏遂上书妄称女死。朝廷疑其矫诈，又遣假散骑常侍程骏切责之，若女审死者，听更选宗淑。琏云："若天子恕其前愆，谨当奉诏。"会显祖崩，乃止。

据《魏书》卷7上《高祖纪上》记载，献文帝死于承明元年（476）。所以，上述文明太后谋求与高句丽和亲的史事应发生于承明元年之前献文帝为太上皇的延兴年间。③ 这在《魏书》卷60《程骏传》中也有记载：

> 延兴末，高丽王琏求纳女于掖庭，显祖许之，假骏散骑常侍，赐爵安丰男，加伏波将军，持节如高丽迎女，赐布帛百匹。骏至平壤城，或劝琏曰："魏昔与燕婚，既而伐之，由行人具其夷险故也。今若送女，恐不异于冯氏。"琏遂谬言女丧。骏与琏往复经年，责琏以义方，琏不胜其忿，遂断骏从者酒食。琏欲逼辱之，惮而不敢害。会显祖崩，乃还，拜秘书令。

由上面两段史料知道，北魏曾两番遣使前往高句丽，而高句丽方面则采取抵制态度。由于不久献文帝就去世了，此事才没有引起纠纷。不过，和亲

---

① 李凭：《魏燕战争以后的北魏与高丽》，载《文史哲》2004年第4期。

② 详见附表1、附表2。

③ 献文帝为太上皇事，详见《魏书》卷6《显祖纪》皇兴五年八月条以及卷19中《任城王云传》等的记载。

的失败，反映在献文帝朝和孝文帝朝初期的延兴年间高句丽与北魏之间的官方关系还处于磨合的阶段。

三、通好

献文帝去世时孝文帝年幼，由文明太后冯氏临朝听政。文明太后系北燕国主后裔，因此对于辽西及其以东地区尤为关注。[①] 所以，在文明太后临朝听政期间，高句丽与北魏的官方交往十分频繁。特别是太和元年（477）到太和十八年（494）间，高句丽往北魏遣使 26 次之多；而北魏往高句丽遣使的数量虽然难以统计，但较此前也显著增加了。这是北魏政权与高句丽友好的阶段。

《魏书》卷 100《高句丽传》记载：

> 至高祖时，琏贡献倍前，其报赐亦稍加焉。

此处虽然例称高祖（孝文帝）时，实际上是文明太后在执掌朝政。从高丽王琏贡献倍前，而北魏的报赐亦稍增加来看，两国的关系比以前明显友好得多。

不过，其中也有曲折。《魏书》卷 100《高句丽传》又记载：

> 时光州于海中得琏所遣诣萧道成使余奴等送阙，高祖诏责琏曰："道成亲杀其君，窃号江左，朕方欲兴灭国于旧邦，继绝世于刘氏，而卿越境外交，远通篡贼，岂是藩臣守节之义。今不以一过掩卿旧款，即送还藩，其感恕思愆，祗承明宪，辑宁所部，动静以闻。"

由这段记载知，高句丽不但与北魏有官方来往，而且与南方的萧齐政权也有官方来往。这种多头外交，在以正统自居的北魏看来是不容许的，因此北魏一度拘留了高句丽派往萧齐的使臣，并且还对高句丽的外交行为提出责备。《资治通鉴》卷 136《齐纪》永明二年十月条也记载：

---

① 有关北魏文明太后事迹，请详见拙著《北魏平城时代》第四章《太后听政》。

> 高丽王琏遣使入贡于魏，亦入贡于齐。时高丽方强，魏置诸国使邸，齐使第一，高丽次之。

萧齐永明二年是北魏太和八年（484），正是文明太后临朝听政期间。《资治通鉴》所述虽然不一定与上引《高句丽传》所述为同一件事，但是反映的情况是一致的。二者均说明，高句丽与南朝和北朝都建立了联系。[①]在南北纷争的形势下，这样的外交策略是必要的。这种状况最后也得到了北魏方面的谅解，因此平城政权才将高句丽派往南朝的使臣"即送还藩"了事。另外，《资治通鉴》所述的"魏置诸国使邸，齐使第一，高丽次之"一语，也反映了高句丽与北魏的官方关系此时正处于良好的状态。

太和十四年（490），北魏文明太后去世；太和十五年（491），高句丽王琏去世。这两位为高句丽与北魏的官方交往作出积极贡献的政治家虽然相继去世，但是两国的正常关系还在继续发展。高句丽王琏去世时，孝文帝已经亲政一年，他为高句丽王琏举行了隆重的哀悼仪礼。《魏书》卷7下《高祖纪下》太和十五年十二月癸巳条记载：

> 帝为高丽王琏举哀于城东行宫。

对此，《资治通鉴》卷137《齐纪》永明九年十二月条记载：

> 高丽王琏卒，寿百余岁。魏主为之制素委貌、布深衣，举哀于东郊；遣谒者仆射李安上策赠太傅，谥曰康。

魏主即北魏孝文帝。从孝文帝"制素委貌、布深衣"来看，他为高句丽王琏举办的哀悼仪式是很肃穆的。不但如此，孝文帝还特意发表诏书，以示哀悼。《魏书》卷108之三《礼制三》记载：

---

① 《南史》卷79《夷貊传下·东夷传》称，"自晋过江，泛海来使，有高句丽、百济，而宋、齐间常通职贡，梁兴又有加焉"；《魏书》卷100《高句丽传》也记载，"正光初，光州又于海中执得萧衍所授安宁东将军衣冠剑佩，及使人江法盛等，送于京师"，可见在南北朝时期高句丽等国一直与南、北双方都保持着官方的来往。

是年，高丽王死，十二月诏曰："高丽王琏守蕃东隅，累朝贡职，年逾期颐，勤德弥著。今既不幸，其赴使垂至，将为之举哀。而古者同姓哭庙，异姓随其方，皆有服制。今既久废，不可卒为之衰，且欲素委貌、白布深衣，于城东为尽一哀，以见其使也。朕虽不尝识此人，甚悼惜之。有司可申敕备办。"事如别仪。

三个月后，北魏承认了高句丽的新王，他是已故高句丽王琏之孙，这在《魏书》卷7下《高祖纪下》太和十六年三月辛巳条中有郑重的记载：

以高丽王琏孙云为其国王。

《魏书》卷100《高句丽传》对此作了较详的记载：

太和十五年，琏死，年百余岁。高祖举哀于东郊，遣谒者仆射李安上策赠车骑大将军、太傅、辽东郡开国公、高句丽王，谥曰康。又遣大鸿胪拜琏使持节、都督辽海诸军事、征东将军、领护东夷中郎将、辽东郡开国公、高句丽王，赐衣冠服物车旗之饰，又诏云遣世子入朝，令及郊丘之礼。

孝文帝友好地给予新即位之高句丽王云相应的封赠；但是，与此同时，却又要求高句丽王云"遣世子入朝"。所谓"遣世子入朝"，实际上就是将世子留为质任的意思。孝文帝的要求遭到拒绝，《魏书》卷100《高句丽传》记载：

（高丽王）云上书辞疾，惟遣其从叔升于随使诣阙。严责之。自此岁常贡献。

高句丽王云抵制了北魏的要求，虽然"自此岁常贡献"，但是没有遣其世子入朝为质。

那么，孝文帝为什么一方面给予高句丽王云相应的封赠，另一方面又要求高句丽王云遣世子入质呢？这与北魏统治者的封建正统观念分不开。《魏书》卷14《神元平文诸帝子孙列传·武卫将军谓传附兴都子东阳王丕传》记载：

及高祖欲迁都，临太极殿，引见留守之官大议。乃诏丕等，如有所怀，各陈其志。燕州刺史穆罴进曰："移都事大，如臣愚见，谓为未可。"高祖曰："卿便言不可之理。"罴曰："北有猃狁之寇，南有荆扬未宾，西有吐谷浑之阻，东有高句丽之难。四方未平，九区未定。以此推之，谓为不可。"

穆罴是站在中央王朝的立场上来谈论四周邻国的。对于东方，他特意指出"有高句丽之难"。穆罴所言，在一定程度上代表了北魏高层统治者处理与高句丽关系的观点。这就不难理解孝文帝一定要高句丽王云遣世子入质的原因了。

高句丽和北魏平城政权的官方来往，虽然有过摩擦，也存在着隔阂，但是主流上一直在向友好的方向发展。这不仅由于双方具有频繁的使节交往，而且更因为北魏无意介入高句丽与东夷诸部族的矛盾。①

附表1　高句丽往北魏平城政权遣使一览②

北魏皇帝	高句丽王	年代	内容	资料出处	备注
太武帝	高丽王琏	太延元年（435）六月丙午	琏始遣使者安东奉表贡方物，并请国讳	《魏书》卷4上、卷100，《资治通鉴》卷122	在魏燕战争期间，使臣为安东
		太延二年九月（436）	高丽不送文通，遣使奉表，称当与文通俱奉王化	《魏书》卷4上、卷100，《资治通鉴》卷123	原北燕国主冯弘（文通）流亡高句丽之后
		太延三年（437）二月	高丽、契丹国并遣使朝献	《魏书》卷4上	

① 《魏燕战争以后的北魏与高丽》，载《文史哲》2004年第4期。
② 关于高丽往北魏遣使情况，《魏书》的记载最详细，《北史》例将当年的遣使事列入岁末综述中，《资治通鉴》对于遣使事一般不做记录。所以，本表以《魏书》为基本资料来源，而辅之以他书的记载。

北魏皇帝	高句丽王	年代	内容	资料出处	备注
太武帝	高句丽王琏	太延三年十一月	高丽及粟特、渴盘陁、破洛那、悉居半诸国各遣使朝献①	《魏书》卷4上	
文成帝	高句丽王琏	和平三年（462）三月	高丽、莲王、契啮、思厌于师、疏勒、石那、悉居半、渴盘陀诸国各遣使朝献	《魏书》卷5	
		和平六年（465）二月	高丽、莲王、对曼诸国各遣使朝献	《魏书》卷5	
献文帝	高句丽王琏	天安元年（466）三月	高丽、波斯、于阗、阿袭诸国遣使朝献	《魏书》卷6	
		皇兴元年（467）二月	高丽、库莫奚、具伏弗、郁羽陵、日连、匹黎尒、于阗诸国各遣使朝贡	《魏书》卷6	
		皇兴元年九月壬子	高丽、于阗、普岚、粟特国各遣使朝献	《魏书》卷6	

① 《魏书》卷4上《世祖纪上》太延三年条又记载："是岁，鄯善、龟兹、疏勒、焉耆、高丽、粟特、渴盘陁、破洛那、悉居半等国并遣使朝贡。"该条所述系总括当年的朝贡情况，其中的"高丽、粟特、渴盘陁、破洛那、悉居半等国并遣使朝贡"即指当年十一月事。

北魏皇帝	高句丽王	年代	内容	资料出处	备注
献文帝	高句丽王琏	皇兴二年（468）四月	高丽、库莫奚、契丹、具伏弗、郁羽陵、日连、匹黎尔、叱六手、悉万丹、阿大何、羽真侯、于阗、波斯国各遣使朝献	《魏书》卷6	
		皇兴三年（469）二月	蠕蠕、高丽、库莫奚、契丹国各遣使朝献	《魏书》卷6	
		皇兴四年（470）二月	高丽、库莫奚、契丹各遣使朝献	《魏书》卷6	
孝文帝	高句丽王琏	延兴二年（472）二月壬子	高丽国遣使朝贡	《魏书》卷7上	
		延兴二年七月辛丑	高丽国遣使朝贡	《魏书》卷7上	
		延兴三年（473）二月戊申	高丽、契丹国并遣使朝贡	《魏书》卷7上	
		延兴三年八月己酉	高丽、库莫奚国并遣使朝献	《魏书》卷7上	
		延兴四年（474）三月	高丽、吐谷浑、曹利诸国各遣使朝贡	《魏书》卷7上	
		延兴四年七月庚午	高丽国遣使朝献	《魏书》卷7上	

续表

北魏皇帝	高句丽王	年代	内容	资料出处	备注
孝文帝	高句丽王琏	延兴五年（475）二月庚子	高丽国遣使朝献	《魏书》卷7上	
		延兴五年八月丁卯	高丽、吐谷浑、地豆于诸国遣使朝献	《魏书》卷7上	高句丽王琏抵制与太上皇（献文帝）和亲
		承明元年（476）二月	蠕蠕、高丽、库莫奚、波斯诸国并遣使朝贡	《魏书》卷7上	太上皇（献文帝）去世，和亲事件中止
		承明元年七月	高丽、库莫奚国并遣使朝贡	《魏书》卷7上	该年六月，北魏文明太后临朝听政
		承明元年九月	高丽、库莫奚、契丹诸国并遣使朝献	《魏书》卷7上	
		太和元年（477）二月癸未	高丽、契丹、库莫奚国各遣使朝献	《魏书》卷7上	
		太和元年九月辛卯	高丽国遣使朝贡	《魏书》卷7上	
		太和三年（479）三月戊午	吐谷浑、高丽国各遣使朝献	《魏书》卷7上	

北魏皇帝	高句丽王	年代	内容	资料出处	备注
孝文帝	高句丽王琏	太和三年九月	高丽、吐谷浑、地豆于、契丹、库莫奚、龟兹诸国各遣使朝献	《魏书》卷7上	
		太和八年（484）十月	高丽国遣使朝贡	《魏书》卷7上，《资治通鉴》卷136	
		太和九年（485）五月	高丽国及萧赜并遣使朝贡	《魏书》卷7上	
		太和九年十月戊申	高丽、吐谷浑国并遣使朝贡①	《魏书》卷7上	
		太和十年（486）四月	高丽、吐谷浑国并遣使朝贡	《魏书》卷7下	
		太和十一年（487）五月	高丽、吐谷浑国遣使朝贡	《魏书》卷7下	
		太和十二年（488）二月壬戌	高丽国遣使朝贡	《魏书》卷7下	
		太和十二年四月	高丽、吐谷浑国并遣使朝贡	《魏书》卷7下	

① 《魏书》卷47上《高祖纪上》太和九年条又记载："宕昌、高丽、吐谷浑等国并遣使朝贡。"该条所述系总括当年的朝贡情况。

北魏皇帝	高句丽王	年代	内容	资料出处	备注
孝文帝	高句丽王琏	太和十二年闰九月乙丑	高丽国遣使朝贡	《魏书》卷7下	
		太和十三年（489）二月壬午	高丽国遣使朝献	《魏书》卷7下	
		太和十三年六月	高丽国遣使朝贡	《魏书》卷7下	
		太和十三年十月甲申	高丽国遣使朝贡	《魏书》卷7下	
		太和十四年（490）七月	高丽国遣使朝贡	《魏书》卷7下	
		太和十四年九月壬戌	高丽国遣使朝贡	《魏书》卷7下	当月，北魏文明太后去世
		太和十五年（491）五月	高丽国遣使朝献	《魏书》卷7下	
		太和十五年九月	壬午，吐谷浑、高丽、宕昌、邓至诸国并遣使朝献	《魏书》卷7下	当年，高句丽王琏去世
	高句丽王云	太和十六年（492）三月	是月，高丽、邓至国并遣使朝贡	《魏书》卷7下，《资治通鉴》卷137	该月辛巳，北魏承认琏孙云为新的高句丽王；高句丽王云拒绝遣世子入质，而遣从叔升干随使者诣平城

北魏皇帝	高句丽王	年代	内容	资料出处	备注
孝文帝	高句丽王云	太和十六年六月己丑	高句丽国遣使朝贡	《魏书》卷7下	
		太和十六年八月辛卯	高句丽国遣使朝贡	《魏书》卷7下	
		太和十六年十月丙午	高句丽国遣使朝献	《魏书》卷7下	
		太和十七年（493）六月戊申	高句丽国遣使朝献	《魏书》卷7下	
		太和十八年（494）正月丁巳	高句丽国遣使朝献	《魏书》卷7下	
		太和十八年七月辛卯	高句丽国遣使朝贡	《魏书》卷7下	当年十月至十一月，北魏自平城迁都洛阳

附表 2　北魏平城政权往高句丽遣使一览

北魏皇帝	高句丽王	年代	内容	资料出处	备注
太武帝	高句丽王琏	太延元年（435）六月丙午之后①	诏下帝系名讳于其国，遣员外散骑侍郎李敖拜琏为都督辽海诸军事、征东将军、领护东夷中郎将、辽东郡开国公、高句丽王	《魏书》卷100《高句丽传》，《北史》卷94《高丽传》	使臣为李敖

---

① 太延元年（435）六月丙午，高丽王琏始遣使者安东奉表贡方物，并请国讳。北魏方面答应了高丽的请求，并派出李敖等一行出使高丽。因此，这次遣使事情应该发生在太延元年六月丙午日之后。

北魏皇帝	高句丽王	年代	内容	资料出处	备注
太武帝	高句丽王琏	太延二年（436）二月壬辰	遣使者十余辈诣高丽、东夷诸国，诏谕之	《魏书》卷4上，《北史》卷2	防止高句丽及东夷诸国支持北燕
		太延二年（436）五月戊午	诏散骑常侍封拨使高丽，征送文通	《魏书》卷4上，《北史》卷2	使臣为封拨。因北燕国主逃亡高句丽而出使
		太武帝朝	假散骑常侍、平东将军、蒋县侯（高谠）使高丽	《魏书》卷57《高祐传》，《北史》卷31《高祐传》	使臣为高谠①
孝文帝		孝文帝初	兼散骑常侍（李佐）衔命使高丽。以奉使称旨，还，拜常山太守，赐爵真定子	《魏书》卷39《李宝传附子佐传》，《北史》卷100《序传·凉武昭王李暠传附承弟佐传》	使臣为李佐
		延兴中	（杜洪太）为中书博士，后使高丽	《魏书》卷45《杜铨传》	使臣为杜洪太
		延兴末	文明太后以显祖六宫未备，敕琏令荐其女。琏奉表，云女已出嫁，求以弟女应旨，朝廷许焉，乃遣安乐王真、尚书李敷等至境送币	《魏书》卷100《高句丽传》，《北史》卷94《高丽传》	使臣为安乐王真、尚书李敷等

---

① 《魏书》卷57《高祐传》称，高谠曾经从太武帝灭赫连昌，并与崔浩"共参著作"。

北魏皇帝	高句丽王	年代	内容	资料出处	备注
孝文帝	高句丽王琏	延兴末至承明元年（476）	高丽王琏求纳女于掖庭，显祖许之，假（程）骏散骑常侍，赐爵安丰男，加伏波将军，持节如高丽迎女，赐布帛百匹。骏至平壤城，或劝琏曰："魏昔与燕婚，既而伐之，由行人具其夷险故也。今若送女，恐不异于冯氏。"琏遂谬言女丧。骏与琏往复经年，责琏以义方，琏不胜其忿，遂断骏从者酒食。琏欲逼辱之，惮而不敢害。会显祖崩，乃还，拜秘书令	《魏书》卷60《程骏传》、卷100《高句丽传》，《北史》卷40《程骏传》、卷94《高丽传》	使臣为程骏
		太和初	（张仲虑）假给事中、高丽副使，寻假散骑常侍、高丽使	《魏书》卷84《儒林·张伟传》	使臣为张仲虑

北魏皇帝	高句丽王	年代	内容	资料出处	备注
孝文帝	高句丽王琏	太和十五年（491）	琏死，年百余岁。高祖举哀于东郊，遣谒者仆射李安上策赠车骑大将军、太傅、辽东郡开国公、高句丽王，谥曰康	《魏书》卷100《高句丽传》	使臣为谒者仆射李安
	高句丽王云	太和十五年	遣大鸿胪拜琏孙云使持节、都督辽海诸军事、征东将军、领护东夷中郎将、辽东郡开国公、高句丽王，赐衣冠服物车旗之饰，又诏云遣世子入朝，令及郊丘之礼	《魏书》卷100《高句丽传》	大鸿胪任使臣

北魏皇帝	高句丽王	年代	内容	资料出处	备注
孝文帝	高句丽王云	太和中	（封轨）衔命高丽，高丽王云恃其偏远，称疾不亲受诏。轨正色诘之，喻以大义，云乃北面受诏。先是契丹虏掠边民六十余口，又为高丽拥掠东归。轨具闻其状，移书征之，云悉资给遣还	《魏书》卷32《封懿传附回族叔轨传》，《北史》卷24《封懿传附回族叔轨传》	使臣为封轨
		不明	（房亮）除尚书二千石郎中、济州中正。兼员外常侍，使高丽，高丽王托疾不拜。以亮辱命，坐白衣守郎中	《魏书》卷72《房亮传》，《北史》卷45《房亮传》	使臣为房亮
		不明	太学博士、员外散骑侍郎（朱元旭）频使高丽	《魏书》卷72《朱元旭传》	使臣为朱元旭

说明：按照《魏书》等的体例，高句丽往北魏遣使之事都记录在本纪之中，北魏向高句丽遣使之事则不记录在本纪之中。因此，上列表1所作的统计，准确地反映了高句丽往北魏遣使的次数与具体时间，虽然我们无法知道历次使臣的姓名和出使的宗

旨。而上列表 2 所作的统计，则无法反映北魏往高句丽遣使的准确次数与具体时间，因为我们只能从列传中推测性地排列出此表，而且有些使臣的出使时间难以断定，只能估计性性地将其插入表中相应位置。

　　附记：本文的初稿题为《高句丽与北朝的关系》，2002 年在韩国高句丽研究会所编《高句丽研究》第 14 辑发表。原文字数较多，经压缩后收于本书，所附二表依旧。

李昺后裔的迁徙经历与文化传承

引言：宗族发展的三种类型

李延寿编撰的《北史》，虽然被列入二十四史之中，却因采用家传体例而屡受学界诟病。然而，家传体例恰恰符合十六国、北朝至隋朝的社会形态，能够反映分布各地的华夏人民在战乱频仍的状况下结成家族与宗族而辗转迁徙的过程，其实是值得肯定的。尤其是，在广泛表述各地的他姓宗族之后，李延寿特设《序传》于终卷，[①] 集中而翔实地表述自家祖先活动的踪迹，从而弘扬了陇西李氏的历史贡献。在那洋洋一万五千余字中，浸透着李延寿崇敬先贤、热爱故里的情怀，如今读来依旧令人感怀。

关于陇西李氏，早在 20 世纪中叶就因唐朝皇室的源流问题而引起讨论，其中的纠结已为众知，此处不复悉数。20 世纪之末，陇西李氏再度引起学术界的关注，张书城教授广征博引，探索源流脉络；张金龙教授辨析真伪，获得真知灼见。[②] 21 世纪之初，陇西李氏依旧受到学术界的重视，王义康教授论述其两番兴盛亮点，刘可维教授择其一房支脉精确考证，均形成扎实成果。[③] 本文旨在借助上述研究成果，以陇西李氏为例而旧话重提，用以探索中古宗族发展的规律。

《北史》中记载的大量宗族，大多经受了社会长期动荡的历练。它们的发展经历可以划分为三种类型：其一，因武功强劲而崛起，因攻战失利

---

② 张书城：《陇西李氏源流》，载《丝绸之路》1994 年第 3 期；张金龙：《陇西李氏初论——北朝时期的陇西李氏》，载《兰州大学学报》1994 年第 4 期；李开珠：《略说陇西李氏源流》，载《甘肃社会科学》1994 年第 3 期；刘雯：《陇西李氏家族研究》，载《敦煌学辑刊》1996 年第 2 期；何钰：《也谈古代陇西与陇西李氏之祖籍》，载《社科纵横》1996 年第 3 期。

③ 王义康：《论陇西李暠家族》，载《陕西师范大学学报》2002 年第 1 期；刘可维：《陇西李氏敦煌房考辨》，载《敦煌研究》2008 年第 4 期；李清凌：《关注姓氏文化资源的保护和研究——以陇西李氏的地望为例》，载《兰州大学学报》2004 年第 5 期；孟永林、许有平：《李姓渊源及"陇西"李氏考略》，载《天水行政学院学报》2006 年第 5 期。

而衰颓；其二，因政治发达而隆兴，因权势更替而败废；其三，因坚守学行而生生不息，因传承文化而繁衍成为世家。第一种类型为数众多，第二种类型数量不少，第三种类型难能可贵。当然，其间也不乏兼历两种或三种类型者，陇西李氏就是完全经历过上述三种发展类型的宗族。

由于陇西李氏名闻天下，有关其早期活动的文献相当丰富，除《北史》卷100《序传》外，还有《魏书》卷99《私署凉王李暠传》①，《晋书》卷87《凉武昭王李玄盛传》，《旧唐书》卷73《李延寿传》，《新唐书》卷70《宗室世系表》及卷102《李延寿传》，《通志》卷28《氏族四》以及大量的碑铭等。在这些常见的资料中，都隐含着历史的规律。如《旧唐书·李延寿传》文字最为简洁，仅仅用"陇西著姓，世居相州"八个字，就概括了李氏宗族隆兴于西陲而兴盛于中原的煌煌历史。② 又如《北史·序传》，内容精详而条理清晰，所述李氏宗族的历史，既有武功的开拓，也有文治的进取，还有学行的追求；既有惨痛的悲剧，又有值得探讨的教训，还有应该坚持的经验。由此可见，李延寿特设《序传》以歌颂自家先祖，不仅仅出于私心，更因为李氏宗族确实是历尽风雨而成为文化世家的典范。

不过，陇西李氏枝繁叶茂，可以历数的头绪颇多。本文只是择取其中直属李弇的一系支脉作为重点研究对象，这是因为其间虽然经历曲折却又连贯承续。该系支脉的承续顺序为：弇—昶—暠—翻—宝—承—虔—晓—超—大师—延寿。以下为行文的方便，简称为"李弇宗族"或"李氏宗族"。李弇宗族历经反复的残酷战乱，却总能顽强发展，从河西走廊的南端跋涉至其北部的尽头，又从西域东来平城，再从雁北南下中原，颠沛流离半个中国而不折不挠，毫不间断地生息十代后裔，勾画出绵延不绝的发展轨迹。这条轨迹不仅与西晋十六国北朝相始终，而且在隋唐以后继续繁衍。值得注意的是，李弇宗族迁徙的经历，既是本身文化传承的过程，通过纵向的文化传承而接受精神的洗礼，从而获得升华；也是文化传播的过程，通过横向的文化传播而扩大影响，进而为西部与中原的文化交

① 《魏书》卷99《私署凉王李暠传》中，"（李暠）祖太"应是"祖弇"之误，已被中华书局版《校勘记》〔九〕指出。

② 《旧唐书》卷73《李延寿传》。这八个字指明了李氏宗族发展过程中两番突显时期，前为政治隆兴，后为文化昌明。

流作出历史贡献。

一、武装流民，投奔河西

李弇之祖李雍曾在兖州所辖的济北和徐州所辖的东莞任职太守，李弇之父李柔则转移到西部的雍州所辖的北地郡任职太守,[①] 这番自东向西的大转移为李弇进入河西走廊埋下契机。[②]《序传》中有关李弇的经历记载如下：

> 柔生弇，字季子，高亮果毅，有智局。晋末大乱，与从兄卓居相国晋王保下。卓位相国从事中郎。保政刑不修，卓率宗族奔于张寔，弇亦随焉，因仕于张氏，为骁骑左监。[③]

李弇与从兄李卓生逢中原战乱之际，他们依附于时任西晋相国的司马保门下。司马保是西晋宗室，受封南阳王，曾任秦州刺史、大司马、右丞相、大都督陕西诸军事等职位，于建兴三年（315）二月进位为相国。[④] 所以，李卓任相国从事中郎的时间应该在建兴三年二月之后。司马保虽然位至相国，但是他的盘踞地在秦州，当时秦州的治所在天水郡的上邽县。[⑤]

东晋太兴二年（319），前赵刘曜定都长安，司马保遂自称晋王与之对抗。[⑥] 不幸，第二年即太兴三年（320）五月，上邽发生饥荒，晋王所属部众内讧，司马保被部将张春等人杀死。[⑦] 事变之后，司马保的部众溃散，一部分逃往位于上邽西北方向的凉州。对此，《晋书》卷86《张寔传》中有所记载：

---

① 《北史》卷100《序传》。《晋书》卷14《地理志上》兖州济北国条、雍州北地郡条，同书卷15《地理志下》徐州东莞郡条。

② 此时济北国辖区在今山东省西北部，东莞郡辖区在今山东省临沂市境。北地郡辖区在今甘肃省和宁夏回族自治区，部分地区延伸到今陕西省。

③ 《北史》卷100《序传》。

④ 《晋书》卷5《愍帝纪》建兴三年二月丙子条。

⑤ 《晋书》卷14《地理志上》秦州天水郡条。上邽位于今甘肃省天水市清水县境。

⑥ 《晋书》卷5《元帝纪》太兴二年条。

⑦ 《资治通鉴》卷91《晋纪》中宗元皇帝中太兴三年五月条，中华书局1956年版。《晋书》卷37《南阳王保传》的记载与《资治通鉴》不同，《晋书》称司马保是病死的。

会（司马）保薨，其众散，奔凉州者万余人。

此句与上引《序传》所言"（司马）保政刑不修，卓率宗族奔于张寔"之语可作互证，表明李卓、李弇兄弟从属于这批由司马保帐下投奔凉州的逃亡者，他们抵达的时间应该在太兴三年五月之后。其时凉州被张寔的前凉政权盘踞，治所在姑臧。[①] 这里值得注意的是，李卓投奔张寔并非个人行为，也非仅仅与李弇的联手，而是"率宗族"的集体举动。

宗族是构成古代汉族社会的基层组织，由若干家族组成，家族则由若干家庭组成。由于家庭以血缘相结合，因此家族乃至宗族也以血缘为维系的纽带。从家庭经家族到宗族，虽然血缘关系呈现为渐次疏远的状态，但是与家族以及家庭相比，宗族组织在规模上具有优势。那些庞大的宗族往往由众多家庭组成，能够相对强劲地应对复杂的社会环境。所以，在战乱的年代，孤独的家庭和零星的家族往往处于不堪一击的弱势地位，而人多势众的宗族则不仅能够担负抵御外敌的责任，而且具有组织生产和联络社会的功能，于是宗族就成为人们避免流离失所和转死沟壑的荫庇组织。

东汉末年灾患不断，引发黄巾起义和军阀混战，统一的社会局面遭到破坏，人们被迫转移到安定的地区，中原各地不时出现移民运动。西晋取代曹魏以后，社会短暂统一，人民稍获喘息机会。可是，他们刚刚返归旧庐，正待复兴家园，就爆发了八王之乱。八王之乱招致匈奴、鲜卑、羯、氐、羌等部族南下，在五胡骑兵的冲击之下，中原普遍出现较汉末规模更大、迁徙距离更远的移民运动。大量的汉族人民逃离家乡而成为流民，前往虽然偏远但却安定的边疆区域。为了在途中相互扶持和救济，流民群体大多以宗族为单元而转辗迁徙。从那个时期的正史记载来看，汉族流民的迁移路线有以下几个大的方向：南渡长江，前往下游的三吴、中游的湘鄂、上游的巴蜀；北出句注，经雁门，抵河套；东进太行，徙入燕山、辽河之间；西越陇山，沿河西走廊奔波，经武威、张掖、酒泉、敦煌，远达西域。上述迁徙路线都伴随着长途跋涉的辛苦和不可预测的危险，其中西越陇山的路线是最遥远的，也是最艰难的。

在这样的历史背景下，《序传》所言李卓的"率宗族"三个字看似简单，却含义丰富。首先，李卓所率的宗族正是西晋末年翻越陇山的一支流

① 姑臧，位于今甘肃省武威市境。

民。其次，李卓在司马保帐下能够获得相国从事中郎的职位，主要原因是他率领着自家的宗族，因为将这支宗族吸纳就能够增加司马保的实力。最后，应该注意到，李卓投奔前凉之后随即被任为骁骑左监；骁骑左监是典型的武职，这表明李卓率领的宗族不但具有相当数量的青壮年，而且还配有相应的武装。倘若上述推测不错，这支不容忽视的宗族，正是李氏此后能够在河西走廊立身发达的强劲支柱。

逃亡到姑臧之后，李氏宗族的力量获得持续稳定的发展，这可以从继李卓之后李弇依旧受到前凉重视的事实看出。李弇原本在晋王司马保的帐下和前凉张寔政权之中均无职位，因为他的身份只是随从李卓的宗族成员。但是在张寔之子张骏当政之后，李弇便脱颖而出了。

张骏于东晋太宁二年（324）嗣位，至永和二年（346）去世。他统治前凉二十余年，不仅占据了河西走廊大部分地区，而且境内稳固安定。《晋书》卷86《张轨附张骏传》记载：

> 骏有计略，于是厉操改节，勤修庶政，总御文武，咸得其用，远近嘉咏，号曰"积贤君"。自轨据凉州，属天下之乱，所在征伐，军无宁岁。至骏，境内渐平。又使其将杨宣率众越流沙，伐龟兹、鄯善，于是西域并降。

前凉的国力能够达到全盛状态，与张骏善用人才分不开。因此，李弇有幸受到张骏的特别器重，《序传》记载：

> 弇本名良，妻姓梁氏。张骏谓弇曰："卿名良，妻又姓梁，令子孙何以目其舅氏？昔耿弇以弱年立功，启中兴之业，吾方赖卿，有同耿氏。"乃使名弇。历天水太守、卫将军，封安西亭侯。卒，年五十六，赠武卫将军。[1]

李弇被张骏看重，竟然将他比作东汉开国名将耿弇而寄予厚望，[2] 为其易名且委以方面大员的重任。史载李弇任天水太守、卫将军，张骏的意图显

---

[1] 《北史》卷100《序传》。
[2] 《后汉书》卷19《耿弇传》。

然是让李弇经营他所熟悉的位于前凉东南部的上邽一带。李弇没有辜负张骏的期望，这可以从他生前受封安西亭侯和死后获赠武卫将军之事看出。

如此事实，不仅证明李弇是治理一方的干才，也表明他依旧率领着一支强劲的武装队伍，而这支队伍的骨干仍应是长期随从李卓兄弟的宗族子孙们。换而言之，李弇成功的根本原因在于依赖流民武装的支持。

二、经营敦煌，建国西凉

李弇的发迹为后裔的发展着了先鞭，不过宗族的隆兴则是半个世纪之后的事，其间尚有一番跌宕。

李弇之子名昶，《序传》称他"幼有名誉"，《新唐书》卷70上《宗室世系表上》则记载他曾任太子侍讲。[①] 李昶本应是一位颇有希望成才的青年，可是不幸于十八岁时早逝。李昶死后留下遗腹而诞的儿子李暠，由李昶之母梁氏亲加抚育。孤儿寡妇生活之艰辛可想而知，然而李暠非但没有夭折，居然还苗壮成长起来，这当然与其背后有强劲的宗族荫庇与支持密切相关。

伴随李暠的成长，河西走廊的政治形势也发生着巨大变化。前凉于东晋太元元年（376）被前秦败灭。淝水之战后前秦崩溃，苻坚旧将吕光趁机攻占姑藏，于太元十一年（386）建立后凉政权。东晋隆安元年（397），吕光旧部段业背叛后凉，在张掖建立北凉政权。在此期间，李暠经历过多少世事的磨砺已难知晓，但是他的心中却潜藏着大志。《序传》记载：

> 凉武昭王暠字玄盛，小字长生，简公昶之子也……常与吕光太史令郭黁及其同母弟宋繇同宿。黁起谓繇曰："君当位极人臣，李君必有国土之分。家有骊黄马生白额驹，此其时也。"及吕光之末，段业自称凉州牧，以昭王为效谷令。[②]

---

① 《北史》卷100《序传》，《新唐书》卷70上《宗室世系表上》，中华书局标点本2011年版。

② 《北史》卷100《序传》。

"位极人臣"之语虽然出自郭黁之口，其实正中李暠心怀。乱世是英雄辈出之际，机会终于降临到李暠头下，他被北凉段业任用为效谷县令。效谷①为自古通往西域的要隘，汉晋以降一直隶属于敦煌郡。效谷虽然是北凉领地，但是距离其中心张掖甚远，处于段业难以控制的状态。因此，出任效谷县令后，客观上李暠具有了自立的据点，而李氏宗族也有了扎根的土壤。

可以想见，此时李暠率领的宗族势力，已经不弱于李卓、李弇兄弟寄身晋王司马保和前凉张氏政权之时，但是其本质上依旧是一股握有武装的流民集团。这样的武装集团可以被封建军阀利用而逞强一时，却难以永久维持其实力。要想保持实力强劲，就必须在经济上自给自足。汉族传统以农业生产为主业，赖以生存的第一要素是土地，人们只有与土地密切结合，才能够在经济上自给自足，才能够生存和延续。简而言之，作为流民武装部伍的李氏宗族，只有依托在一定范围的土地上，才能够繁衍壮大。而此时天赐良机，远在河西走廊西北的效谷具有大片适于耕作的良田，成为李暠发轫的根据之地。

《汉书》卷28下《地理志下》"敦煌郡"条下引师古注曰：

> 效谷，本渔泽障也。桑钦说：孝武元封六年，济南崔不意为鱼泽尉，教力田，以勤效得谷，因立为县名。

可见，早在西汉统治时期，效谷就是农耕地区，且因居民"勤效得谷"而成为县级行政建制。自此以后，效谷县的建制一直被保存下来，说明它在汉晋四百年间始终是宜于农垦的区域，经过漫长的岁月而未改变，这样的自然条件当然适合以种植谷物为主业的汉族流民移居。李暠出任县令以后，李氏宗族就自然获得入驻效谷宝地的机会，终于能够摆脱疲于奔波的命运了。遗憾的是，由于相关的史料阙如，我们只能从作为李氏宗族代表的李暠后来在政治事业上的兴旺状态，以及他在手令诫诸子书中表述的满怀信心，②推想其经济基础的积淀应该不薄。

李暠政治事业的隆兴，是从据有敦煌郡开始的，《序传》记载：

---

① 效谷，位于今甘肃省酒泉市瓜州县境。
② 《晋书》卷87《凉武昭王李玄盛传》。

敦煌护军冯翊郭谦、沙州中从事敦煌索仙等以昭王温毅有惠政，推为宁朔将军、敦煌太守。昭王初难之。会宋繇仕于（段）业，告归，言于昭王曰："兄忘郭𪎊言邪？白额驹今已生矣！"昭王乃从之。寻进号冠军将军，称藩于业。业僭称凉王，其右卫将军索嗣构昭王于业。乃以嗣为敦煌太守，率骑而西。昭王命师击走之。

李暠被推为敦煌太守，表面原因是治理效谷县务"温毅有惠政"，实际上还是因为他掌控着一支强劲的宗族势力，这可以从李暠命师击走北凉右卫将军索嗣所率骑兵的事实看出。对于李暠击退索嗣骑兵的情节，《晋书》卷87《凉武昭王李玄盛传》的记载更加细致：

> 于是遣其二子士业、让与（张）邈、（宋）繇及司马尹建兴等逆战，破之，（索）嗣奔还张掖。

关于李暠派去击破索嗣的部伍之组成史乏纪录，但是率领这支部伍的将领却写得清楚。这支部伍的率领者，首先是李暠的次子李歆（字士业），其次是其第三子李让，则二人所率部伍的骨干无疑就是李氏宗族子弟。这支李姓子弟兵居然能够击败北凉派遣来交战的骑兵军队，可见实力不弱。强劲的宗族，正是李暠的势力能够很快突破效谷一县之地而扩张至敦煌全境的资本。

关于敦煌的情况，《汉书》卷28下《地理志下》记载：

> 敦煌郡，武帝后元年分酒泉置……莽曰敦德。户万一千二百，口三万八千三百三十五。

西汉武帝朝设立敦煌郡是为了安顿屯垦戍边的移民，所以当地居民基本上是汉族百姓。西汉时期敦煌郡下辖六县，这些县治其实就是那些屯垦户的聚居点，效谷的规模在其中排列第三位。通过汉族移民及其后代的辛勤劳作与护卫，敦煌郡一直延续下来。王莽统治时期敦煌改称敦德，仍旧保持建制。东汉时期恢复敦煌旧名，《后汉书》卷23《郡国志五》记载：

> 敦煌郡，六城，户七百四十八，口二万九千一百七十。

该条之下注引《耆旧记》曰：

> 水有县泉之神，山有鸣沙之异，川无蛇虺，泽无兕虎，华戎所交，一都会也。

东汉时期敦煌郡已经成为汉族与少数民族交界地区的"都会"，其下管辖仍为六县，效谷县依旧居中，排列第三位。西晋时期敦煌郡规模扩大，《晋书》卷14《地理志上》"凉州"条记载：

> 敦煌郡，汉置。统县十二，户六千三百。

西晋敦煌郡统辖12座县邑，户数也较后汉时期大增。效谷县排列居中而靠前，位列第五。

虽然上述地志所载的户数和口数的精确度值得推敲，但其呈现上升的趋势应该可信。西晋时期敦煌郡户数的增长，与此前三国时期经营管理的加强密切相关。《三国志》卷16《仓慈传》记载：

> 仓慈，字孝仁，淮南人也。始为郡吏……太和中，迁燉煌太守。郡在西陲，以丧乱隔绝，旷无太守二十岁，大姓雄张，遂以为俗。前太守尹奉等，循故而已，无所匡革。慈到，抑挫权右，抚恤贫羸，甚得其理。旧大族田地有余，而小民无立锥之土；慈皆随口割赋，稍稍使毕其本直……数年卒官，吏民悲感如丧亲戚，图画其形，思其遗像。

该传注引《魏略》曰：

> 至嘉平中，安定皇甫隆代（赵）基为太守。初，燉煌不甚晓田，常灌溉滀水，使极濡洽，然后乃耕。又不晓作耧犁、用水及种，人牛功力既费，而收谷更少。隆到，教作耧犁，又教衍溉，岁终率计，其所省庸力过半，得谷加五。又燉煌俗，妇人作裙，挛缩如羊肠，用布一匹；隆又禁改之，所省复不訾。故燉煌人以为隆刚断严毅不及于（仓）慈，至于勤恪爱惠，为下兴利，可以亚之。

由上述可知，通过管理得当和引进先进生产技术，敦煌郡在曹魏时期已经形成有利于社会生产与生活的良好环境。所以，后来出现西晋时期敦煌郡规模扩大和户数增加的现象就不奇怪了。

西晋末年社会动乱，流民成群出现，于是中原人口锐减，边地户数更加增长。敦煌郡的移民也再次猛增。《晋书》卷87《凉武昭王李玄盛传》记载：

> 初，苻坚建元之末，徙江汉之人万余户于敦煌，中州之人有田畴不辟者亦徙七千余户。郭黁之寇武威，武威、张掖已东人西奔敦煌、晋昌者数千户。

可见，就在李暠来到敦煌之前不久，曾有接近二万余户移民迁入敦煌郡。

利用良好的客观环境，李暠在曹魏和西晋治理者的基础上继续推行"温毅"的"惠政"，因此受到敦煌护军郭谦、沙州治中索仙等当地势力的拥护，遂使敦煌郡成为李暠施展宏图的适宜平台，具体表现就是建立起汉族移民政权。这个政权史称西凉国。《序传》记载：

> 于是晋昌太守唐瑶移檄六郡，推昭王为大都督、大将军、凉公、领秦凉二州牧、护羌校尉，依窦融故事。昭王乃赦境内，建元号庚子，追崇祖考，大开霸府，置左右长史、司马、从事中郎，备置僚案。

建立政权之后，李暠继续开疆拓域，推行农垦，发展经济，以巩固新兴政权的统治。《序传》接着记载：

> 广辟土宇，屯玉门、阳关，大田积谷，为东讨之资……（庚子）五年改元为建初……是岁，乃自敦煌徙都酒泉……于时百姓乐业，请勒铭酒泉，乃使儒林祭酒刘彦明为文，刻石颂德……昭王（李暠）以纬世之量为群雄所奉，兵无血刃遂启霸业，乃修敦煌旧塞。

巩固政权之后，李暠将国都迁徙到酒泉，形成向河西走廊中部拓展的态势。

西凉国统治下的基本群众是先后迁居其地的汉族移民；支持这个政权的骨干是李氏宗族以及下文将要述及的与李氏联姻的宗族，处于该政权顶层的是李暠宗室。与李暠的隆兴同步，李氏宗族不仅在效谷县的土地扎下根柢，后裔兴旺生息，进而繁衍至敦煌以及更加广袤的地区，形成诸多支族大房。《新唐书》卷70上《宗室世系表上》记载：

> 暠字玄盛，西凉武昭王、兴圣皇帝。十子：谭、歆、让、愔、恂、翻、豫、宏、眺、亮。愔，镇远将军房始祖也。其曾孙系，平凉房始祖也。翻孙三人：曰丞，姑臧房始祖也；曰茂，敦煌房始祖也；曰冲，仆射房始祖也。曾孙曰成礼，绛郡房始祖也。豫玄孙曰刚，武陵房始祖也。

这里所列仅限于由李暠宗室衍生出来的大房，此外还应有众多其他李氏宗族的支族也在繁衍发展。

要之，在社会陷入长期战乱的情况下，宗族组织由于规模较大，便于荫庇成员和率领迁徙，也利于在新的聚居地点组织生产和安顿生息，从而获得繁衍与发展，进而分蘖成更加旺盛的宗族。其中，具有经济实力和武装势力的宗族，就会成为地方茂族，或因枝繁叶茂而被称为大房。李弇这支宗族的发展历程正是这样的典型事例。所谓李氏"陇西著姓"，自李暠而鼎盛矣。[①]

三、逃亡伊吾，迁徙平城

在接近西域的河西走廊西北境，由汉族建立的西凉国传承了李暠及其二子李歆、李恂两代三主，坚持时间长达22年，最终于北魏泰常六年

---

① 在《资治通鉴》卷140《齐纪六》高宗明皇帝中建武三年（496）正月"众议以薛氏为河东茂族"条下，胡三省为地方著姓所作定义曰："郡姓者，郡之大姓、著姓也。今百氏郡望盖始于此。"

（421）被河西王沮渠蒙逊灭亡。① 考察西凉之国运，可以概括为：因李暠的开拓而兴旺，因其子李歆的杀伐而衰亡。关于此情，《晋书》卷87《凉武昭王李玄盛子士业传》中有所记载：

> 士业（李歆）闻（沮渠）蒙逊南伐秃发傉檀，命中外戒严，将攻张掖。尹氏固谏，不听。宋繇又固谏，士业并不从。繇退而叹曰："大事去矣，吾见师之出，不见师之还也！"士业遂率步骑三万东伐，次于都渎涧。蒙逊自浩亹来，距战于怀城，为蒙逊所败。左右劝士业还酒泉，士业曰："吾违太后明诲，远取败辱，不杀此胡，复何面目以见母也！"勒众复战，败于蓼泉，为蒙逊所害。

关于尹氏太后劝谏李歆的情况，在《晋书》卷96《列女·凉武昭王李玄盛后尹氏传》有比较详细的记载：

> 凉武昭王李玄盛后尹氏，天水冀人也。幼好学，清辩有志节……玄盛之创业也，谋谟经略多所毗赞，故西州谚曰"李尹王敦煌"。及玄盛薨，子士业嗣位，尊为太后。士业将攻沮渠蒙逊，尹氏谓士业曰："汝新造之国，地狭人稀，靖以守之犹惧其失，云何轻举，窥冀非望！蒙逊骁武，善用兵，汝非其敌。吾观其数年已来有并兼之志，且天时人事似欲归之。今国虽小，足以为政。知足不辱，道家明诫也。且先王临薨，遗令殷勤，志令汝曹深慎兵战，俟时而动。言犹在耳，奈何忘之！不如勉修德政，蓄力以观之。彼若淫暴，人将归汝；汝苟德之不建，事之无日矣。汝此行也，非唯师败，国亦将亡。"士

---

① 《序传》称，"武昭王（李暠）以魏道武皇帝天兴二年立，后主（李歆）以明元皇帝太（泰）常五年而亡，据河右凡二世，二十一年"。《晋书》卷87《凉武昭王李玄盛传》称："玄盛以安帝隆安四年立，至宋少帝景平元年灭。据河右凡二十四年。"按：《魏书》卷2《太祖纪》天兴三年条下记载，"是岁……李皓（暠）私署凉州牧、凉公"，则西凉国起始时间为天兴三年。又按：《魏书》卷99《私署凉王李暠传》有"歆弟敦煌太守恂复自立于敦煌……蒙逊攻恂于敦煌……城陷，恂自杀"等语；而且《魏书》卷3《太宗纪》泰常六年条下也称，"是岁，沮渠蒙逊灭李恂"。这就表明西凉国主在李暠及其第二子李歆之后还有李暠的第五子李恂，实际传续了两代三主，并非二世，因此西凉国的灭亡时间应该是泰常六年。至于李恂之后，西凉国政权已不复存在，故其灭亡之年不应如《晋书》所称，为宋少帝景平元年。若此，则自天兴三年（400）起，至泰常六年（421）止，西凉国历经时间为跨年22年。

业不从，果为蒙逊所灭。

李歆不自量力且不听劝告，一意孤行而穷兵黩武，最终断送了父辈辛勤创建的政权。这正是本文引言所谓宗族发展类型中的第一种情况，因攻战失利而衰颓是其结果。

李家政权虽败，但李氏宗族犹在。经过数十年的经营，李氏宗族已经通过联姻、共事等方式与诸多他姓宗族结合起来，在河西走廊的西北部形成盘根错节的势力。前文中出现的李弇夫人梁氏的外家、李暠之后尹氏的外家以及曾经推动李暠建立政权的晋昌太守唐瑶之家，就是与李氏宗族共命运的宗族。因此，李氏宗族犹有复兴的机会。《序传》记载：

> 宝字怀素，小字衍孙，晋昌太守翻（李暠第六子）之子也。沈雅有度量，骁勇善抚接。遇家难，为沮渠蒙逊囚于姑臧。岁余，与舅唐契北奔伊吾，臣于蠕蠕，其遗众之归附者稍至二千。宝倾身礼接，甚得其心，众皆为之用，每希报雪。

国破家难之后，李暠之孙李宝等一度被囚系于北凉国都城姑臧。此后岁余，李宝得到机会，与舅氏唐契一同逃亡伊吾[①]，从而臣服于柔然。

唐契的父亲是唐瑶。唐瑶就是当初"移檄六郡"拥护李暠的北凉晋昌太守。唐契之弟名和，在《魏书》卷43《唐和传》中有记载：

> 唐和，字稚起，晋昌冥安人也。父繇（瑶），以凉土丧乱，民无所归，推陇西李于敦煌，以宁一州。李氏为沮渠蒙逊所灭，和与兄契携外甥李宝避难伊吾，招集民众二千余家，臣于蠕蠕。蠕蠕以契为伊吾王。经二十年，和与契遣使来降（北魏）。为蠕蠕所逼，遂拥部落至于高昌。

《序传》与《唐和传》均记载，随从唐契、唐和兄弟与李宝逃亡伊吾的部众为二千余家。此二千余家无疑是唐、李两姓宗族组成的联合集团。该联合集团投奔柔然（蠕蠕）之后，唐契被委封为伊吾王，竟然未以原西凉

---

① 伊吾，位于今新疆维吾尔自治区哈密市境。

王孙李宝为首脑。由此可以判断，在此联合集团中占居主体者已非李氏宗族，而是唐氏宗族，这或许是由于李氏人数较少，或许是因为往昔威望的丧失。简言之，此时的李宝及其宗族只得处于依附他族的地位。不过，李氏宗族的苗裔毕竟被保存了下来，而其命运也还存在转机的希望。

北魏太平真君元年（440），河西王沮渠蒙逊之子沮渠无讳被北魏大军败降，太平真君三年（442）西凉国的世仇沮渠氏势力被迫撤离敦煌，李宝趁机率众自伊吾南归。《序传》记载：

> 属太武遣将讨沮渠无讳于敦煌，无讳捐城遁走。宝自伊吾南归敦煌，遂修缮城府，规复先业，遣弟怀达，奉表归诚。太武嘉其忠款，拜怀达散骑常侍、敦煌太守；别遣使授宝使持节、侍中、都督西垂诸军事、镇西大将军、开府仪同三司、领护西戎校尉、沙州牧、敦煌公，仍镇敦煌，四品已下，听承制假授。真君五年，因入朝，遂留京师，拜外都大官。转镇南将军、并州刺史，还除内都大官。

返归敦煌之后，李宝一方面努力修葺旧都，试图复兴祖业；另一方面又不得不派遣其弟李怀达向北魏太武帝奉表归诚以求庇护。① 太平真君五年（444），李宝抵北魏国都晋谒太武帝，被拜为外都大官，但结果他和家人均被留在平城。李宝家族被迫与生活在敦煌的李氏宗族分离，这显然是由于北魏王朝拔除地方割据势力的策略所致。

李宝在敦煌重建西凉国的愿望彻底破灭，意味着李氏宗族的复兴必须另辟途径，而不能凭借武装流民重建政权的方式。

四、身任梁栋，德洽家门

幸而，迁徙平城的李宝及其子孙颇能适应新的政治环境。他们被移植到平城之后，经过一段韬光养晦，竟又发达起来。

李宝生有六子，除第五子公业早卒外，后来都在北魏王朝就任要职。长子李承，受赐爵位姑臧侯，官至龙骧将军、荥阳太守；次子李茂，袭父爵敦煌公，历任长安镇都将、西汾州刺史、光禄大夫等职；第三子李辅，

---

① 《魏书》卷4下《世祖纪下》太平真君元年八月条、三年四月条、三年十二月条。

解褐中书博士，历任司徒议曹掾、镇远将军、颍川太守等职；第四子李佐，历任常山太守、怀州刺史、相州刺史、荆州刺史、兼都官尚书等职。

从李家诸兄弟的任职，不难看出东迁之后李弇后裔从武职将领转向文职官员的趋向，这样的变化与北魏王朝中期的政治策略从征伐为主转向以文治居重的大形势是相应的。由于适应了形势的需要，李家兄弟渐渐成为在异族王朝突出的汉族新贵，他们之中最杰出的是李宝第六子李冲，他被史家誉为"身任梁栋，德洽家门"的"一时之秀"。① 李冲生逢文明太后与孝文帝大力推行改制的太和年间（477—499）。太和改制是包括经济基础、上层建筑和思想意识形态在内的一场规模恢宏的变革，它广泛总结了五胡十六国至北魏中期各民族政治、经济与文化交融的成果，成为汉末以降在中国北方广阔范围内弘扬中华文化的运动。李冲抓住时代机遇，积极向拓跋统治者介绍汉族文化的精华，促进了北魏新制度的建立。例如，对当时及后世影响深远的基层行政组织三长制，就是李冲依据经典文献提炼出来的。不仅如此，在民族融合与文化交流的大潮流推动下，孝文帝率领数十万各族军民于太和十八年（494）将国都从平城迁往洛阳。深谙传统文化的李冲被孝文帝委以营构之任，担当起新都的规划者，为洛阳恢复繁荣作出了巨大贡献。②

李冲先后得到文明太后与孝文帝的宠幸，担任过中书令、尚书仆射等尊贵要职。李冲的女儿被孝文帝选为夫人，宠臣加外戚的身份使得李冲之家尤其显赫。可贵的是，在权势隆重的情况下李冲犹能够维护家族的相亲友爱，《魏书》卷53《李冲传》记载：

> 冲兄弟六人，四母所出，颇相忿阋。及冲之贵，封禄恩赐，皆以共之，内外辑睦。父亡后，同居二十余年，至洛乃别第宅，更相友爱，久无间然，皆冲之德也。

不仅如此，李冲还能关心姻族和乡闾之中的贫困者，《魏书》卷53《李冲传》又记载：

---

① 《魏书》卷53《李冲传》。
② 李凭：《襄助孝文帝迁都的三位关键人物》，载《江海学刊》2012年第3期。

> 冲家素清贫，于是始为富室。而谦以自牧，积而能散，近自姻族，逮于乡间，莫不分及。虚己接物，垂念羁寒，衰旧沦屈由之跻叙者，亦以多矣，时以此称之。

李冲"虚己接物"地对待亲属，热情关心族人的整体发展，对于和谐宗族是有益的举动。而且，李冲还通过联姻的方式将自家与北魏皇室及中原的世家大族联络起来，① 借以扩大李氏宗族的社会影响。于是，随着北魏政权的南迁，经过李冲这一辈人的努力，李氏宗族不仅在中原扎下根柢，并且发展成为显赫的门阀士族，跻身于一流的世家大族。②

祸兮福所倚，李宝被迫东迁，虽然改变了李家将军门庭的风格，却给后辈提供了政治上发展的机遇，从而使其宗族重新兴盛。不过应该看到，李宝的后代能够顺应北魏形势，获得政治上的大发展，其获益的要领在于自李弇至李宝等前辈早就积累起武功加文治的素养。

如前所述，李弇本名良，前凉国主张骏命他改名为弇，理由之一是期待他仿效东汉名将耿弇以建功立业。在《后汉书》卷19《耿弇传》中，记有一段光武帝刘秀夸奖耿弇的话语，兹引述如下：

> 昔韩信破历下以开基，今将军攻祝阿以发迹，此皆齐之西界，功足相方。而韩信袭击已降，将军独拔勍敌，其功乃难于信也……将军前在南阳建此大策，常以为落落难合，有志者事竟成也！

耿弇曾在刘秀规划平定河北与齐地之前建言建策，又在剿灭彭宠、张丰、张步等割据势力之中建立功勋，因此受到刘秀的表彰。在这段表彰之语中，耿弇被比作西汉高祖刘邦手下开国功臣韩信。可见，在刘秀看来，耿

---

① 如下文将述，李冲的长孙李彧尚丰亭公主。又，李冲之女李媛华为拓跋宗室彭城王元勰之妃，生北魏孝庄帝元子攸，见于《彭城武宣王妃李氏墓志铭》。这篇墓志铭载于赵超编的《汉魏南北朝墓志汇编》（天津古籍出版社1992年版，第148－150页）。此外，该墓志铭中还详列了李冲家族与清河崔氏、范阳卢氏、荥阳郑氏等世家大族联姻的情况。

② 《资治通鉴》卷140《齐纪》高宗明皇帝中建武三年（496）正月条称："魏主雅重门族，以范阳卢敏、清河崔宗伯、荥阳郑羲、太原王琼四姓衣冠所推，咸纳其女以充后宫。陇西李冲以才识见任，当朝贵重，所结姻连莫非清望，帝亦以其女为夫人。"可见，孝文帝与中原高门联姻之际，已经将陇西李氏目为仅次于中原卢、崔、郑、王四姓的世家大族。

弇是像韩信那样武勇与韬略兼具的将帅。由此也可见，在张骏的心目中，李弇并非平庸的武夫，而是具有谋略和志向的将领。李弇能够给张骏留下如此良好的印象，说明他平时已经表现出既勇且智的素养。

李弇智勇兼具的素养会潜移默化地影响其后裔。如果说，李弇展现的尚属武胜于文的素质，那么到他的孙子李暠这一辈就转向文武并行双修了。《序传》记载：

> （李暠）遗腹而诞，祖母梁氏，亲加抚育。幼好学，性沈敏宽和，美器度，通涉经史，尤长文义。及长，颇习武艺，诵孙、吴兵法。

李暠幼时就爱好传统文化，因此通晓经史，长于钻研文章的义理。李暠长大以后才学习武艺，不过他学习武艺并不是单纯地练习功夫，还要诵读孙、吴兵法。孙、吴兵法虽是军事著述，但其中还包含着丰富的文治韬略。可见，李暠后来能够成功地组建西凉政权，不是仅凭宗族武装势力，还依靠着由传统文化养成的施政韬略。

李暠对于传统文化的重视，也可以从他与河西著名大儒刘昞相处的事迹看出来，《魏书》卷52《刘昞传》记载：

> 刘昞，字延明，敦煌人也。父宝，字子玉，以儒学称。昞年十四，就博士郭瑀学……昞后隐居酒泉，不应州郡之命，弟子受业者五百余人。李皓（暠）私署，徵为儒林祭酒、从事中郎。皓好尚文典，书史穿落者亲自补治，昞时侍侧，前请代皓。皓曰："躬自执者，欲人重此典籍。吾与卿相值，何异孔明之会玄德。"迁抚夷护军，虽有政务，手不释卷。皓曰："卿注记篇籍，以烛继昼。白日且然，夜可休息。"昞曰："朝闻道，夕死可矣，不知老之将至，孔圣称焉。昞何人斯，敢不如此。"昞以三史文繁，著《略记》百三十篇八十四卷、《凉书》十卷、《敦煌实录》二十卷、《方言》三卷、《靖恭堂铭》一卷，注《周易》《韩子》《人物志》《黄石化三略》，并行于世。

李暠不但"好尚文典"，而且爱护从事传统文化著述的专家；刘昞能够研习成为儒学大师，与李暠的热诚鼓励是分不开的。当然，这段记载同时也表明，李暠对于传统文化具有相当深刻的理解和体验。

李暠是遗腹而诞的孤儿，由祖母梁氏抚育成人。他的良好文化素质的养成，与梁氏的悉心教育是分不开的。而这位梁氏，就是前文已经提到的李弇祖父李弇的妻子。当初，张骏命李弇改名之时，还有一条理由，就是他的名与妻的姓发音一样，这会对于此后亲家之间的交往有所妨碍。张骏是前凉国主，以他的身份而言，不但知道李弇之妻的姓，而且建议李弇改名以免忌讳，可见李弇的妻丈家必非平常小户，定是传统大家。所以，梁氏能够担负起孙子李暠的培养教育责任，使他自"幼好学"传统文化，就不足为奇了。

有梁氏这样的祖母，才会有李暠这样的孙子。有李暠这样的酷爱传统文化的祖辈，于是就有了李宝以及李承、李冲等传承文化的孙辈和重孙辈。如果说，生活在敦煌的李暠尚属于文武双修者，那么在平城和洛阳生活的李氏子孙们就大多转为修读经史的文职官员了。由此看来，虽然李宝及其后裔被迫迁离了河西，但是不幸之中却蕴藏着历史的契机，因为经此曲折途径，传统文化不但自然而然地被传承了下来，而且形成回环式的交流。实际上，北魏太武帝取得河西走廊以后，大量河西士族与民众陆续东迁，他们背负着河西的财富与文化来到北魏国都，推动了在平城发生的民族大融合与文化大交流。而李氏宗族成了积极参与其中的一支重要力量。

参酌上引《刘昞传》可知，李暠"好尚"的文典，虽然当时保存于河西，其实本来是源自中原的儒学经史。可以想见，这些传统文献，经过刘昞等河西儒学家之手整理后，便有了两种前途：其一，继续在河西传承；其二，通过像李宝这样的家族而流传到平城，后来随着北魏国都南迁洛阳而返回中原。随着时代的发展，河西传统文献的两种前途都深深地影响了后世。诚如陈寅恪先生早就指出的那样，隋唐制度渊源有三，河西文化为其一源。① 不过，经过如此曲折传承的文化，虽然源自中原，却已不同于原本；换而言之，它既是汉族传统文化，又不同于原先的汉族传统文化。因为这样的文化，既已受到边远地区和少数民族的文化之熏染，又掺入了那些生活在边地的传承文化者的经验与体会、思索与理解。因此，当它再度与一直保存在中原的汉族传统文化相融汇时，就会影响和丰富旧的

---

① 陈寅恪：《隋唐制度渊源略论稿》之《叙论》，中华书局1963年版，第1－2页。

传统文化，使之适应新的政治形势、经济方式和社会环境。李氏宗族的杰出成员李冲，能够以汉魏典章作蓝本，为北魏王朝制礼作乐，并孕育出诸如三长制等行政制度，从而为太和改制运动推波助澜，就是典型的例证。

依仗权势的兴盛，李氏宗族不但显赫于北魏朝廷，而且很快融入中原社会，成为一流的士族。尤其是李冲，能够在北魏太和年间大有作为，与他受到北魏最高统治者的青睐是分不开的。然而，李冲政治地位的显赫也引起了李氏宗族成员的顾虑，甚至连他的二兄李茂都感到担忧。《序传》记载：

> （李）茂性谦慎，以弟冲宠盛，惧于盈满，以疾求逊位。孝文不夺其志，听食大夫禄，还私第。因居中山，自是优游里舍，不入京师。卒年七十一，谥曰恭侯。

李茂的态度不是孤立的，李冲的长兄李承之子李韶也曾有过不安。《魏书》卷53《李冲传》记载：

> 始冲之见私宠也，兄子韶恒有忧色，虑致倾败。后荣名日显，稍乃自安。

李茂和李韶的忧虑并非没有道理，只是由于孝文帝朝北魏政治比较稳定，他们的顾虑没有应验。不过，李氏兄弟之间却渐渐沿着政治与学行两个不同方向分道扬镳了。

北魏后期，灵太后当政，纷争四起，灾难终于降临到李冲的子孙。李冲的长子李延寔，在孝庄帝朝以元舅之尊居于高位，却也因为有此高贵身份而丧生。《魏书》卷83下《外戚·李延寔传》记载：

> 李延寔，字禧。陇西人，尚书仆射冲之长子。性温良，少为太子舍人。世宗初，袭父爵清泉县侯。累迁左将军、光州刺史。庄帝即位，以元舅之尊，超授侍中、太保，封濮阳郡王。延寔以太保犯祖讳，又以王爵非庶姓所宜，抗表固辞。徙封濮阳郡公，改授太傅。寻转司徒公，出为使持节、侍中、太傅、录尚书事、青州刺史。尔朱兆入洛，乘舆幽絷，以延寔外戚，见害于州馆。出帝初，归葬洛阳。

李延寔性情"温良"，且在朝廷能够虚心让爵，仍不免因身为外戚而遇害。

李延寔之长子李彧，尚孝庄帝姊丰亭公主，与皇家亲上加亲，自然尊贵无比，但也难避灾祸。《魏书》卷83下《外戚·李延寔附李彧传》接着记载：

> （李）彧字子文，尚庄帝姊丰亭公主，封东平郡公，位侍中、左光禄大夫、中书监、骠骑大将军、开府仪同三司、广州刺史。彧任侠交游，轻薄无行。尔朱荣之死也，武毅之士皆彧所进。孝静初，以罪弃市。

李彧被杀，事出有因，但也与他"任侠交游，轻薄无行"而招忌相关。功名利禄来得太轻松，便忘记了祖宗创业的不易，不得善终成为必然。

这正是本文引言所说的宗族发展的第二种类型，李宝后裔因政治发达而隆兴，也因权势更替而败废。

五、研考史学，克成大典

活生生的事例促使李氏宗族中游离出一些头脑清醒的成员，他们并不期望政治地位的剧升，却热衷于避世"优游"。随着社会动乱的加剧，这样的成员也逐渐增多。他们力避政治的态度，促使李氏宗族的门风转向于专注文化素养的修炼，李承的孙子李晓就是这样的典型，《序传》记载：

> 晓字仁略，太尉（李）虔之子也。少而简素，博涉经史，早有时誉，释褐员外散骑侍郎。尔朱荣之立孝庄，晓兄弟四人，与百僚俱将迎焉。其夜，晓衣冠为鼠噬，不成行而免。其上三兄皆遇害。晓乃携诸犹子，微服潜行，避难东郡。

李晓生逢北魏末世，命运遂多乖蹇。武泰元年（528），契胡首领尔朱荣乘乱攻入洛阳，随后在河阴肆意屠戮鲜卑王公与汉族官僚。[1] 李晓的三位

---

① 《魏书》卷74《尔朱荣传》。河阴，位于今河南省孟津县境。

兄长都死于河阴之变，李晓携诸子侄侥幸脱逃免灾。《序传》接着记载：

> 天平初迁都于邺，晓便寓居清河，依从母兄崔悛乡宅。悛给良田三十顷，晓遂筑室居焉。时豪右子弟，悉多骄恣，请托暴乱，州郡不能禁止。晓训勖子弟，咸以学行见称，时论以此多之。晓自河阴家祸之后，属王途未夷，无复宦情，备在名级而已。及迁都之后，因退私门，外兄范阳卢叔彪劝令出仕，前后数四，确然不从。①

北魏在内耗与外争中分裂成东、西两魏。东魏立都于邺城，② 李晓随从东迁之后却未投靠朝廷，而是径直投奔清河大族母兄崔悛，借寓其家乡宅。此后，李晓有感于河阴之变造成的家祸，不但自己不去钻营政治，而且训勖子弟们将心思专用于学行。所谓学行，即体现文化素养的学术和德行。此后，因为李氏子弟大多"学行见称"，所以受到舆论的赞扬。通过倡导学行，李晓后裔虽然不能像李冲那样飞黄腾达，却能够获得长久平安。《旧唐书》与《新唐书》皆云李氏"世居相州③"，所指就是从李晓延续下来的一支宗族。这表明李氏宗族凭借学行而在中原社会获得普遍认可，并因此发展成为文化世家。李晓后裔的经历符合本文前言所谓宗族发展的第三种类型，因坚守德行而生生不息，因传承文化而繁衍成为世家。

从长远看，个人、家庭乃至宗族不可能总是一帆风顺。家道兴旺之时，理应凭借文化为社会作出贡献；家道衰落之后，更应放宽眼量，坚持文化修养，以维系亲族，共创新的前程。李氏由寄人篱下发展成为历代居住相州的世族，而且受到社会的尊重，靠的既不是武功强盛，也不是政治地位崇高，而是文化素质优秀。可见，虽然依靠武功可以迅速建功立业，依仗政治能够顺势开拓进取，但是只有优秀的文化素质才是宗族继世长存的可靠保障。所谓优秀的文化素质，就是李晓倡导的"学行见称"，它不止于学术精进，更在于德行高尚。李氏后辈们继承李晓倡导的学行，不断身体力行，其中既具有德行高尚者，也不乏学术精进者。

---

① 《北史》卷100《序传》。

② 邺城，位于今河北省邯郸市临漳县境。

③ 相州，治所在邺城，东魏、北齐改为司州，为京畿之地。

李晓次子李超便是德行高尚之士。北齐末年，晋州白马城①遭到北周大军围攻，此时任北齐晋州别驾的李超表现出坚贞的情操。《序传》记载：

> 及周师围晋州，外无救援，行台左丞侯子钦内图离贰，欲与仲举（李超之字）谋，惮其严正，将言而止者数四。仲举揣知其情，乃谓之曰："城危累卵，伏赖于公，今之所言，想无他事，欲言而还中止也？"子钦曰："告急官军，永无消息，势之危急，旦夕不谋，间欲不坐受夷戮，归命有道，于公何如？"仲举正色曰："仆于高氏恩德未深，公于皇家没齿非答。臣子之义，固有常道，何至今日，翻及此言。"子钦惧泄，夜投周军。

侯子钦见李超秉性忠义，执意抵抗敌人，只得狼狈地连夜投奔北周军队。旋而，晋州终因守城兵力单薄而被攻破，李超成为俘虏。但由于李超品行坚贞，反而获得敌方的敬重，他便利用机会劝说敌将对残败之城施以"德泽"，以图保全受难之民。《序传》接着记载：

> 周将梁士彦素闻仲举名，引与言其议。士彦曰："百里、左车，不无前事，想亦得之。"见逼不已，仲举乃曰："今者官军远来，方申吊伐，当先德泽，远示威怀，明至圣之情，弘招纳之略，令所至之所，归诚有地，所谓王者之师，征而不战也。"士彦深以为然，益相知重。

危难当头，李超不失高风亮节，严厉斥责通敌行径；兵败之后，李超能顾全大局，曲意保全残破之城和落难百姓。如此高尚的德行，不仅在当时受到敌方的敬重，而且事后成为教育后代的榜样。因为以文化治家而熏陶出来的高尚德行，是有益于宗族复兴的长远举措。

北齐灭亡之后，李超无意与北周合作，情愿归还乡里。隋朝取代周朝之后，李超又屡屡以消极的态度辞却官职。《序传》记载：

---

① 白马城，位于今山西省临汾市东北。参见施和金《北周地理志》河北地区（下）37《晋州》，中华书局2008年版，第229－231页。

> （李超）以琴书自娱，优游赏逸，视人世蔑如也。会朝廷举士，著作郎王劭又举以应诏。以前致推迁为责，除冀州清江令。未几，又以疾还。后以资使，授帅都督、洛阳令。彭城刘逸人谓仲举（李超之字）曰："君之才地，远近所知，久病在家，恐贻时论。具为武职，差若自安。"仲举曰："吾性本疏惰，少无宦情，岂以垂老之年，求一阶半级？所言武职，挂徐君墓树耳。"竟不起。终于洛阳永康里宅。时年六十三，当世名贤，莫不伤惜之。

就像父亲那样，李超是一位品性正派而不谋权势的士人，他一直无意于政治而乐意于琴书。李超的德行为子孙树立起正面榜样，但对于他们的仕途却会造成负面影响，所以李超的子孙就只能以文史见长了。

李超的长子名大师。隋朝末年各地农民纷纷起义之际，李大师在窦建德帐下任职。《序传》记载：

> 及窦建德据有山东，被召为尚书礼部侍郎。武德三年，被遣使京师，因送同安公主，遂求和好。使毕，还至绛州，而建德违约，又助世充抗王师于武牢。高祖（李渊）大怒，命所在拘留其使。世充、建德寻平，遂以谴徙配西会州。

李大师曾为窦建德出使唐军，以求和解。不料事后窦建德却违反和约，李大师遂遭受李渊迁怒而受拘留，事后他被徙配西会州。

关于西会州，在《旧唐书》卷38《地理志一》"灵州大都督府关内道"条有所记载：

> 会州上，隋会宁镇。武德二年讨平李轨，置西会州。天宝元年改为会宁郡。乾元元年复为会州。永泰元年升为上州。

该条之下又记载：

> 鸣沙，隋县。武德二年，置西会州，以县属焉。贞观六年，废西会州……

综合这两条记载可知，唐朝于武德二年（619）设置西会州，州治位于隋朝的会宁镇①，州下辖有鸣沙等县；贞观六年（632）废除西会州，将它一度改为会宁郡，此后又改名为会州。西会州接近凉州的治所姑臧。世间人事似乎真有缘分，李大师的先祖李弇逃亡凉州，曾被前凉国主张骏看中而在姑臧发迹；李弇的后裔李大师徙配凉州，竟然也被当时在姑臧主政凉州的杨恭仁召见而受到礼遇。②《序传》记载：

> 大师既至会州，忽忽不乐，乃为《羁思赋》以见其事。侍中、观公杨恭仁时镇凉州，见赋异之，召至河西，深相礼重，日与游处。大师少有著述之志，常以宋、齐、梁、陈、齐、周、隋南北分隔，南书谓北为"索虏"，北书指南为"岛夷"。又各以其本国周悉，书别国并不能备，亦往往失实。常欲改正，将拟《吴越春秋》，编年以备南北。至是无事，而恭仁家富于书籍，得恣意披览。宋、齐、梁、魏四代有书，自余竟无所得。

当初，张骏器重李弇，是因为前凉政权需要军事人才；嗣后，杨恭仁看重李大师，则是受其文才的感染。逃亡者李弇依靠武功，徙配者李大师凭借文才，二人竟然各遂所愿，前者得到官位，后者有了读书的机会。原来，杨恭仁家中富于藏书，酷爱读书的李大师得到了"恣意"阅读的良机，真是不幸之中万幸。

李大师"披览"群书的目的，是要模拟《吴越春秋》，撰写一部囊括十六国、南北朝以及隋朝的历史著述。经过钻研，李大师逐渐构建起著述的框架，但也由于心怀著史的理想，他对于仕途再无兴趣了。《序传》记载：

> 居二年，恭仁入为吏部尚书，大师复还会州。武德九年，会赦，归至京师。尚书右仆射封德彝、中书令房玄龄并与大师亲通，劝留不去，曰："时属惟新，人思自效。方事屏退，恐失行藏之道。"大师曰："昔唐尧在上，下有箕山之节，虽以不才，请慕其义。"于是傲

---

① 会宁镇，位于今甘肃省白银市会宁县境。
② 据《旧唐书》卷62《杨恭仁传》记载，杨恭仁时任凉州总管，封观国公。

装束归。家本多书，因编缉前所修书。贞观二年五月，终于郑州荥阳县野舍，时年五十九。既所撰未毕，以为没齿之恨焉。

可叹人生岁月有限，李大师未能如愿以偿。

幸亏李大师的第四子李延寿，以文史见长，能够继承父亲的事业。《新唐书》卷102《李延寿传》记载：

李延寿者，世居相州。贞观中，累补太子典膳丞、崇贤馆学士。以修撰劳，转御史台主簿，兼直国史。初，延寿父大师，多识前世旧事……常以宋、齐、梁、陈、齐、周、隋天下参隔，南方谓北为"索虏"，北方指南为"岛夷"。其史于本国详，佗国略，往往誉美失传，思所以改正，拟《春秋》编年，刊究南北事，未成而殁。延寿既数与论撰，所见益广，乃追终先志。本魏登国元年，尽隋义宁二年，作本纪十二、列传八十八，谓之《北史》；本宋永初元年，尽陈祯明三年，作本纪十、列传七十，谓之《南史》。凡八代，合二书百八十篇，上之。其书颇有条理，删落酿辞过本书远甚。时人见年少位下，不甚称其书。

《新唐书》在盛赞《北史》"删落酿辞过本书远甚"的同时，颇因当时"不甚称其书"而为李延寿鸣不平。《旧唐书》史臣也对李延寿著史之功给予高度的评价，在其卷73《李延寿传》的文末称赞道：

李延寿研考史学，修撰删补，克成大典，方之班、马，何代无人。

诚如两部《唐书》所赞，李大师与李延寿的成就堪与司马迁和班固等史学巨擘相称。他们父子相承，编撰成《北史》和《南史》，该著全面勾勒出十六国、南北朝以及隋朝之际的历史轨迹与众生之相。这两部史书都被后世列入中华传统二十四史之中，而李大师与李延寿也成为流芳千古的史学大家。

《北史》《南史》二书相比，前者又较后者更佳。这是因为身经十六国、北朝至隋朝的李弇及其后裔几乎都在北方生活，特别是这两部书的策划者李大师与执笔者李延寿对于北方的社会世态体会得最为真切。在《北史》全篇之中，最精彩的篇章是李延寿为自家宗族撰写的《序传》，而《序传》之中更吸引人的部分则应数对于李弇宗族的描述。这是因为李延寿不仅在该部分用力更勤，而且笔尖饱含着对亲人的深刻情意。

宗族是组成社会的单元，要理解某个时代的社会，就应该了解那个时代具有代表性的宗族，以利从中总结出其内在的发展规律。笔者特意选读《序传》，而且尤其中意于有关李弇宗族之内容，正是出于这个缘故。

结语：文化传承文明传播

李氏宗族枝繁叶茂，本文仅从《序传》中抽取从李弇传承十代至李延寿的一系支脉加以探讨。李弇宗族饱经漫长岁月洗礼，虽屡历颠沛却坚持不懈，终于从饱经历练的将军门庭脱胎成为学行儒雅的文化世家。李弇宗族的迁徙经历表明，持续昌明的法宝，既不是武功，也不是权势，而是学行。忠厚传家久，诗书继世长，实在是治家治族的真理。

李弇宗族的历史中，有诸多值得探讨的内容，比如移民与迁居地的结合问题，又如宗族组织的社会作用问题，尤其是文化的传承与文明的传播问题。

晋末至唐初的三百年中，有数不胜数的流民在迁徙，李弇宗族是跋涉得最遥远的。这支宗族的成员曾经远抵古代西域的东端，在目睹边地的景致中体验过异族的文化。他们的血液中，浸透着华夏的传统文化，又在一代接一代纵向传承的过程中不断汲取着来自异地异族的新鲜文化。

晋末至唐初的三百年中，有数不胜数的移民扎根于边地新区，只有少数后裔能够重新返回中原，李弇宗族是在历经曲折之后来到中原的典型例证；再度返回中原的移民，大多沉寂世间，只有个别兴盛昌明，其中佼佼者就是李弇宗族。这支宗族的成员往中原带回了保存在河西走廊的传统文化。这样的文化，虽然本源于中原，却已饱含着移民对传统文化的理解，以及对周边各民族文化的体验。待这样的文化在中原横向传播开来之后，就会促进中华文明的整体升华。

长远来看，正是自古以来众多宗族的迁徙活动，造就了如今中华文明的丰富多彩。研究李弇宗族的意义正在于此。

附记：本文是笔者于 2018 年 10 月 11 日在甘肃武威召开的"凉州文化与丝绸之路国际学术研讨会"上的发言，刊于《社会科学战线》2019 年第 6 期，原有副标题《〈北史·序传〉读后》。后收于中国秦汉史研究会、中国魏晋南北朝史学会、武威市凉州文化研究院主编的《凉州文化与丝绸之路国际学术研讨会论文集》，中国社会科学出版社 2019 年 8 月出版。

附录

李凭主要著述目录

一、专著

[1]《北朝论稿》，北京师范大学出版社 2018 年版。

[2]《李凭学术经典文集》（中国现代史学家学术经典文库），山西人民出版社 2015 年版。

[3]《北朝研究存稿》，商务印书馆 2006 年版。

[4]《百年拓跋》，山西古籍出版社 2004 年初版；浙江文艺出版社 2010年修订版，更名《拓跋春秋》；浙江文艺出版社 2017 年修订版，更名《从草原到中原：拓跋百年》。

[5]《北魏平城时代》，社会科学文献出版社 2000 年初版，上海古籍出版社 2011 年再版，2014 年第三版，2023 年第四版；日本京都大学学术出版会 2021 年日文版，由刘可维、小尾孝夫、小野響合译。本书是 1997 年国家社会科学基金一般资助项目，获 1999 年度中国社会科学院出版基金资助出版，为 2018 年国家社会科学基金中华学术外译项目。

[6]《东方传统》，中国发展出版社 1999 年版。

二、教材

[1]《中国历史文献选读》，浙江文艺出版社 2018 年版。

[2]《中国历史文论选读》，浙江文艺出版社 2018 年版。

三、论文

[1]《继承中华传统文化的深远意义——对读〈三迁〉与〈九衢公行略〉有感》，载澳门《文化杂志》（中文版）第 117 期，2023 年。

[2]《粤港澳大湾区庋置之五省官书局合刻本二十四史对比研究》（李凭、姜霄合著），载《社会科学战线》2021 年第 6 期。

[3]《澳门大学图书馆庋置局刻本二十四史概要》（李凭、姜霄合著），

载澳门《澳门研究》2020 年第 3 期。

[4]《李弇后裔的迁徙经历与文化传承——〈北史·序传〉读后》，载《社会科学战线》2019 年第 6 期。

[5]《〈北史〉再评价》，载澳门《南国学术》2019 年第 3 期。

[6]《隐蔽在历史表象背后的精神世界——北魏常太后与代王夫人的思想契合》，载《南国学术》2018 年第 1 期。

[7]《完备而独特的线装丛书——澳门大学庋置五省官书局合刻本二十四史考察（上）》（李凭、姜霄合著），载《学术研究》2018 年第 1 期。

[8]《书画家邓芬的钤印和墨迹——澳门大学庋置五省官书局合刻本二十四史考察（中）》（李凭、姜霄合著），载《学术研究》2018 年第 3 期。

[9]《中华传统文化凝聚的粤澳书缘——澳门大学庋置五省官书局合刻本二十四史考察（下）》（李凭、姜霄合著），载《学术研究》2018 年第 5 期。

[10]《新加坡抄本〈史记〉通考》，载《历史研究》2017 年第 6 期。

[11]《〈北史〉中的宗族与北朝历史系统——兼论中华文明长存不衰的历史原因》，载《中国社会科学》2016 年第 5 期。

[12]《新加坡访史籍》，载《史学集刊》2016 年第 3 期。

[13]《从华夏始祖到民族共祖——司马迁与魏收对黄帝形象的弘扬》，载《华夏文化》2016 年第 3 期。

[14]《南朝、北朝与南北朝——兼论中国古代史学科术语的时空界定问题》，载《华南师范大学学报》2016 年第 6 期。

[15]《〈魏书〉与〈史记〉的对比研究》，见《中国魏晋南北朝史学会第十一届年会论文集》，中国社会科学出版社 2015 年版。

[16]《〈魏书〉首篇〈序纪〉首句称黄帝问题》，见《田余庆先生九十华诞颂寿论文集》，中华书局 2014 年版。

[17]《源伊信校勘南监本〈北史〉考》（李凭、梁玲华合著），载《历史研究》2014 年第 3 期。

[18]《北魏孝文昭皇后高氏梦迹考实》，载《社会科学战线》2013 年第 8 期。

[19]《北魏宣武帝朝三后之争》，载《学习与探索》2013 年第 10 期。

[20]《南海一号沉船的考古发现及其历史意义》，见《广东社会科学年鉴

（2009/2010/2011 年合卷）》，广东人民出版社 2013 年版。

［21］《王仲荦〈魏晋南北朝史〉的学术贡献》，见《魏晋南北朝史研究》，河南人民出版社 2013 年版。

［22］《黄帝历史形象的塑造》，载《中国社会科学》2012 年第 3 期。

［23］《襄助北魏孝文帝迁都的三位关键人物》，载《江海学刊》2012 年第 3 期。

［24］《北魏文明太皇太后与孝文帝》，载《山西大学学报》2012 年第 3 期。

［25］《北魏太和之初的双簧政治》，载《学术研究》2012 年第 7 期。

［26］《鉴定曹操高陵的各项证据》，载《史学月刊》2012 年第 11 期。

［27］《平城时代北魏北燕高句丽三国关系述略》，见《国学新探》第 1 辑，暨南大学出版社 2012 年版。

［28］《曹操的历史形象与文学艺术形象》，见《中国魏晋南北朝史学会第十届年会暨国际学术研讨会论文集》，北岳文艺出版社 2012 年版。

［29］《曹操形象的变化》，载《安徽史学》2011 年第 2 期。

［30］《广州市所见〈北史〉版本述略》（李凭、梁丽红合著），载《图书馆论坛》2011 年第 6 期。

［31］《从南汉国的创建看封开的历史地位》，见《封开：广府首府论坛》，香港中国评论学术出版社 2011 年版。

［32］《南海 1 号沉船的历史学意义刍议》，见《海上敦煌在阳江——首届南海 1 号与海上丝绸之路论坛文集》，香港中国评论学术出版社 2011 年版。

［33］《北魏における儒學の傳播》，见日本东方学会、中国社会科学院历史研究所合编《第二回日中學者中國古代史論壇論文集——魏晋南北朝における貴族制の形成と三教—歷史學・思想史・文學の連攜による》，日本汲古书院 2011 年版。

［34］《盛乐成为漠南中心的历史背景》，载《学习与探索》2010 年第 3 期。

［35］《应该就曹操高陵的真实性明确表态》，载《学术研究》2010 年第 7 期。

［36］《陈寿〈三国志〉与裴松之注的文献价值——以〈武帝纪〉为例》，载《图书馆论坛》2010 年第 6 期。

[37]《关于曹操与曹操高陵的几点认识》，见《曹操高陵考古发现与研究》，文物出版社 2010 年版。

[38]《北魏盖天保墓砖透露的历史信息》，见《第一届中日学者中国古代史论坛文集》，中国社会科学出版社 2010 年版。

[39]《北魏平城郭城南缘的定位和相关的交通问题》，载《山西大同大学学报》2009 年第 2 期。

[40]《民族融合与制度革新——十六国北魏的历史轨迹》，载《学习与探索》2009 年第 5 期。

[41]《关于奉迎天子策》，见《中国（许昌）三国文化学术研讨会论文集》，高等教育出版社 2009 年版。

[42]《魏晋南北朝人的精神风貌》，见《城市色彩讲坛》第 1 辑，文化艺术出版社 2009 年版。

[43]《北魏道武帝早年经历的问题》，见《中国魏晋南北朝史学会第九届年会论文集》，湖北教育出版社 2009 年版。

[44]《张九龄的文学与仕途》，见《张九龄学术研究论文集》，珠海出版社 2009 年版。

[45]《六朝的历史地位》，载《学术研究》2008 年第 5 期。

[46]《抱残守缺而瑕瑜互见——〈续古文观止〉述论》，载《图书馆论坛》2008 年第 6 期。

[47]《于什门事件与魏燕之争》，见《1—6 世纪中国北方边疆民族社会国际学术研讨会论文集》，科学出版社 2008 年版。

[48]《魏晋南北朝时期的移民运动与中华文明的整体升华》，载《学习与探索》2007 年第 1 期。

[49]《北魏龙城诸后考实》，载《历史研究》2007 年第 3 期。

[50]《再论北魏道武帝早年经历》，载《民族研究》2007 年第 4 期。

[51]《北魏明元帝两皇后之死与保太后得势》，载《史学月刊》2007 年第 5 期。

[52]《制度史研究应重视民族关系——魏晋南北朝时期制度史研究之浅见》，载《史学月刊》2007 年第 7 期。

[53]《两千载传统集萃　三百年蒙学范本——〈古文观止〉述论》，载《图书馆论坛》2007 年第 6 期。

[54]《南贫北富局面的转变及相关经济问题——读蒋福亚〈魏晋南北朝

社会经济〉》，载《中国史研究》2006 年第 3 期。

[55]《北魏天兴元年的高丽移民及其状况》，见《中国魏晋南北朝史学会第八届年会论文集》，巴蜀书社 2006 年版。

[56]《北朝的发展轨迹》，见《4—6 世纪的北中国与欧亚大陆》，科学出版社 2006 年版。

[57]《北魏迁都洛阳述略》，载《文史知识》2005 年第 5 期。

[58]《魏燕战争以后的北魏与高丽》，载《文史哲》2004 年第 4 期。

[59]《北魏迁都的原因与意义》，高光仪译成韩语，见韩国《韩国古代史研究》第 36 辑，2004 年版。

[60]《北魏文成帝初年的三后之争》，见《北朝史研究——中国魏晋南北朝史国际学术研讨会论文集》，商务印书馆 2004 年版。

[61]《魏晋南北朝学术研究的阵地》，载《光明日报》2004 年 11 月 25 日版。

[62]《魏燕战争前后北魏与高句丽的交往》，载《上海师大学报》2002 年第 6 期。

[63]《高句丽与北朝的关系》，见［韩国］高句丽研究会：《高句丽研究》第 14 辑，2002 年。

[64]《北魏两位高氏皇后族属考》，见［韩国］中国史学会：《中国史研究》第 20 辑，2002 年。

[65]《北魏平城时代政治发展的主线》，见［韩国］中国学会《国际中国学研究》第 3 辑，2000 年。

[66]《上世纪洛阳地区北魏考古与北魏洛阳时代研究》，见［韩国］中国学会《国际中国学研究》第 4 辑，2001 年。

[67]《北魏平城政权的发展轨迹》，载《光明日报》2000 年 6 月 16 日。

[68]《1998 年简牍整理与研究述评》，载《中国史研究动态》1999 年第 10 期。

[69]《拓跋焘为太子问题考实》，载《中华文史论丛》第 59 辑，上海古籍出版社 1999 年版。

[70]《近半个世纪日本研究魏晋南北朝隋唐史的最新总结——读〈魏晋南北朝隋唐时代史的基本问题（日）〉》，载《中国史研究》1998 年第 1 期。

[71]《传统与现实》，载《晋阳学刊》1996 年第 5 期。

[72]《救护赵城金藏的策划者力空法师行略》，载《文献》1995 年第 2 期。

[73]《力空法师救护赵城金藏问题考实》，载《文献》1995 年第 3 期。

[74]《再论北魏宗主督护制》，载《晋阳学刊》1995 年第 6 期。

[75]《鸡鸣与斗鸡》，载《文献》1994 年第 1 期。

[76]《改良运动中创办起来的中国报刊》，载《文献》1994 年第 2 期。

[77]《郦道元的生平与学术成就》，载《文献》1994 年第 4 期。

[78]《刘渊与石勒》，载《北京图书馆馆刊》1994 年第 1、2 合期。

[79]《苻坚与王猛》，载《北京图书馆馆刊》1994 年第 3、4 合期。

[80]《辛亥革命前的资产阶级报刊》，载《中国图书馆学报》1994 年第 3 期。

[81]《古人类学与古文化学》，载《文史知识》1994 年第 5 期。

[82]《西方人在华办报活动述略》，载《文史知识》1994 年第 11 期。

[83]《北魏明元帝以太子焘监国考》，见《文史》第 38 辑，中华书局 1994 年版。

[84]《崔浩的生平及为人》，载《北京图书馆馆刊》1993 年第 1、2 合期。

[85]《北魏孝文帝迁都洛阳与丝绸之路的起点》，载《河洛史志》1993 年第 1、2 合期。

[86]《魏晋之际名士风度的两面性》，载《文献》1993 年第 3 期。

[87]《魏晋南北朝之际妇女的精神风貌》，载《文献》1993 年第 4 期。

[88]《十六国北朝时期的豪侠风尚》，载《文史知识》1993 年第 6 期。

[89]《北魏孝文帝非文明太后私生辨》，见《周一良先生八十生日纪念论文集》，中国社会科学出版社 1993 年版。

[90]《北魏道武帝早年经历考》，载《中国史研究》1992 年第 1 期。

[91]《盖棺未必成定论　遗山不独是诗人——评〈元遗山新论〉》，载《社会科学辑刊》1991 年第 5 期。

[92]《北魏子贵母死故事考述》，载《山西大学学报》1990 年第 1 期。

[93]《北魏离散诸部问题考实》，载《历史研究》1990 年第 2 期。

[94]《北魏平城政权的建立与封建化》，载《文献》1990 年第 3 期。

[95]《论北魏正平元年事变》，载《晋阳学刊》1989 年第 6 期。

[96]《论北魏宗主督护制》，载《晋阳学刊》1986 年第 1 期。

［97］《〈霍山志〉与释力空》，载《山西地方志通讯》1986 年第 1 期。

［98］《拓跋珪与雁北的开发》，载《晋阳学刊》1985 年第 3 期。

［99］《评山西的三部山志》，载《五台山研究》1985 年创刊号。

［100］《拓跋珪的历史功绩》，载《光明日报》1984 年 7 月 4 日史学版。

后　记

　　汪虹希女士通知我，要完成一部自选集；嵇春霞女士的两次电话，向我解释了选集的细则。我明白，自选集不应是表功集，不能是大杂烩，应该是反映我40年读书研究的心路历程。按照这样的原则，这本书共选了29篇文章，分作四编。这些文章都已公开发表，有的被收入魏晋南北朝史学会以及其他研讨会的文集，也有的曾录入我以往的论集。

　　这部自选集分编的依据主要是文章的议题，它们与我这些年来研究重点的变化相关，而这种变化又与我的不断迁徙相关。我从北京南下江南，又从江南南下岭南，其间还曾奔赴首尔和喀什各一年，从而体验了不同的风土人情、迥异的人文环境。这些经历开阔了我的视野，拓宽了我的胸怀，升华了我的理念。我的研究方向也自然放开，从局限于北魏，到关心起南朝，进而不自量力地思考起有关古代中华文明的重要问题。

　　研究方向发生这么大的变化，也与我从研究转向教学相关。因为我在大学开了中国通史、中国历史文献和中国历史文论三门课程，它们都是应校方要求面向本科生的。这就促使我不得不认真思考中国历史的脉络、中华文明的特色、中华民族的融合以及中国社会的方向等问题。这些都是课堂上回避不了的议题，于是就有了这本书中的相应内容。只是，不知道我的这些小文谈到位没有，更担心有错误的认识。如果那样，就不但此前已经误人子弟，今后还将贻笑大方了。

　　我有这样的担心，并非出于虚假的客气。原因有二：一、我年纪大了，深感跟不上研究的潮流和思维的更新，这是无可奈何的；二、编入本书的文章也有年头了，深怕它们陈旧不堪。但也不得已，因为这套丛书的体例要求原汁原味。特别要赘述，北魏历史是我早年研究的课题，但也选入本书六篇，用以表示曾经在这个领域耕耘过。

　　由衷感谢广东省委宣传部和社科联的关怀！

由衷感谢汪虹希女士和嵇春霞女士的辛劳付出！

由衷感谢中山大学出版社编校团队对拙著耐心细致的编审和纠谬！

由衷感谢梁玲华、姜霄、陈嘉欣三位学者帮助我搜集和整理论文及图片，并对本书选文的布局提出宝贵建议。

李　凭

2023 年 11 月 27 日

后记

505